KB184612

관광 발전을 위한 50년
관광 미래를 위한

The 50 Year History of the Tourism Sciences Society of Korea

한국관광학회 50년사

CONTENTS

한국관광학회 50년사

1 한국관광학회 지난 50년의 기록

사진으로 보는 한국관광학회 50년/6

역대 학회장 사진/22

한국관광학회 연혁/25

한국관광학회 정관/31

한국관광학회 50주년 기념 엠블럼/48

2 축하와 격려의 글들

1) 발간사_고계성 학회장/50

2) 편찬사_이진형 편찬위원장/52

3) 격려사_이 훈 제26대 학회장/56

4) 축　사_유인촌(문화체육관광부 장관)/58

전재수(국회 문화체육관광위원회 위원장)/60

김승수(국회의원)/62

서영충(한국관광공사 사장직무대행)/64

김세원(한국문화관광연구원 원장)/66

윤영호(한국관광협회중앙회 회장)/68

Harry Hwang(Director, UN Tourism Asia Pacific)/70

Noor Ahmad Hamid(CEO, PATA)/72

Yeong-Hyeon Hwang(Chairman, APTA)/74

Lawrence Hoc Nang Fong(President, Asia Pacific CHRIE)/76

사키모토 타케시(일본국제관광학회 회장)/78

3 한국관광학회 50년의 발자취

1) 국문학술지 및 저서/82

2) 영문학술지/103

3) 정기 학술대회/142

4) 포럼, 심포지엄, 워크숍/158

5) 시상과 수상/174

6) 한국 관광학연구 30년의 회고와 향후 과제/200

7) 역대 학회장 회고/234

8) 우수등재 학술지 등재를 위한 역대 편집위원장 회고/312

한국관광학회 미래 비전

1) 고문 및 역대 편집위원장 초청 대담회/336

2) 대한민국 관광학의 미래/350

Appendix/364

1972~2022 TOSOK 50th Anniversary
th
관광 발전을 위한 50년
관광 미래를 위한 100년

1 한국관광학회 지난 50년의 기록

- 사진으로 보는 한국관광학회 50년 • 역대 학회장 사진 • 한국관광학회 연혁
- 한국관광학회 정관 • 한국관광학회 50주년 기념 엠블럼

觀光學 연구발표

한국관광학회는 29일하오 2시 경희대학교 UNDP호텔학교 3층회의실에서 연구발표회를 갖는다. 발표자는 李長春교수(홍익공전)「관광산업의 비교우위가치의 모형화시도」와 李元雨교수(UNDP호텔학교)「세계각국관광 및 호텔교육관찰보고」.

관광학연구 발표회
(경향신문 1975년 11월 27일 자)

순식

제7회연구発表會
觀光學會來15일에

韓國관광학회(회장 朴龍虎)는 오는 15일하오 2시 세종호텔6층 은하수홀에서 제7회 연구발표회를 갖는다.

이날 발표회에는 金天星교수(경희대)의「호텔기업에 있어서 資産管理人의 役割」、安玉模교수(경희대)의「효율적인 객실운영을 위한 메이드訓鍊計劃」、李仙熙 교수(계명대)의「통역안내원의 실태에 관한 小考」등의 논문발표에 이어 韓國관광협회 호텔분과위원장 崔玉子씨의「80년대 호텔企業의 展望」이라는 주제의 강연도 있을 예정이다.

관광학회 제 7회 연구발표회
(매일경제신문 1978년 12월 13일 자)

1994년 4월 2일 제1호

한국관광학회보

KAST : The Korea Academic Society of Tourism

인사말씀

한국관광 아카데미즘 구축

1994 한국관광학회보

「觀光韓國」기반을다지자

27·28일 漢陽大서 學術발표회

雪嶽山 관광시설 대폭擴充

物量投資보다 서비스 향상

기업가들 風土쇄신도 課題

한국관광 기반을 다지자 27 · 28일
한양대서 학술발표회
(동아일보 1983년 8월 27일 자)

관학회 초대회장을 지냈고, 京畿大 관광경영학과장으로 있는 金䕃發교수가 펴낸「觀光學原論」(日新社발행·大學全書·2백90페이지 값 2천2백원)。황무지에 가까운 관광학분야의 새로운 이론서로 받아들여지고 있다。

▽…관광학이 학문으로 출발하여 오늘에 이르기까지, 관광통계에 관한 단편적인 연구를 제외하면, 불과 그 年輪은 반세기에 그친다。

學的體系갖춘 첫 研究書「觀光學原論」

체계를 갖추지 못하고 있는 실정。따라서 관광학에 대한 올바른 인식과 대상 문제나 다른과학파의 한계 및 관계를 정의한 歐美學界의 論據와 성과를 빨리 수입해야 한다는 요청이 컸다。

▽…이번에 간행된 관광학원론은 관광현상에 관한 현실적인 문제해명을 위한 합리적인 이론과 방법을 체계있게 소개한 책이다。관광이론의 有用性을 강조、신축성있게 이용되도록、해당분야 마다 기초적인 문제를 다루었고、외국의 학설、事例、이론의 생성과정을 분석했다。

학문적 체계 갖춘 첫 연구서 관광학원론
(조선일보 1976년 3월 27일 자)

"관광은 21세기 대표적 지식경영산업"

제회의 유치 고부가가치 창출

고재윤 경희대 호텔경영학 교수

지역축제는 관광활성화 '감초'

도널드 게츠 加 캘거리대 관광경영학 교수

98 단양 국제관광학술대
가 지난 18~21일 충청
도 단양군에서 아시아태
양관광학회 한국관광학
주최, 매일경제신문 문
관광부 충청북도 한국관
공사 경기대학교 동아대
교 후원으로 열렸다. 이
학술대회에는 15개국
여 명의 국내외 관광학
가 참석해 관광산업 발전
향에 관한 열띤 논의가
졌다. 주요 주제발표
지상중계한다.

단양 국제관광학술대회 주제 요약

아시아태평양관광학회가 주최하고 매일경제신문사가 후원하는 '98 단양 국제관광학술대회'가 지난 18~21일 충북 단양에서 15개국 500여 명의 학자가 참가한 가운데 열렸다.

제회의(컨벤션)는 교통의 발달 및 국가간 협력과 상호교류가 확대돼 성세에 있다.

계 각국은 국제회의를 함으로써 외래 관광객을 하는 효과는 물론 외화의 방안으로 큰 비중을 국가 차원에서 지원 강화하고 있다.

리나라도 21세기를 맞아 국제행사인 2000년 아시평양국제회의(ASEM)와 년 한·일 공동 월드컵축회를 앞두고 있는 시점에 국제회의산업의 육성은 더 요해지고 있다.

제회의 용역업의 시장성 망은 국제회의 산업이 고부가가치의 경제적 효과와 국위선양의 기회로 인해 계속 성장하고 있다.

우리나라는 96년 84건의 국제회의를 개최해 세계 26위, 아시아 7위이며 서울이 22위, 아시아 5위로 92년 이후 점차 증가하고 있다.

국제회의산업을 발전시키기 위해서는 전문인력 양성·확보, 국가의 제도적 지원과 육성을 위한 입법 추진, 마케팅기능 강화, 세제혜택 확대, 동시통역사 및 국제회의 전문가 자격증제도 도입 등을 적극 활성화해야 한다.

전세계적으로 이벤트와 축제는 관광지에 없어서는 안될 '감초'로 자리잡아가고 있다.

특히 이벤트와 축제는 어떤 관광지에 대한 잠재 관광객들의 인지도를 높이는 데 결정적 구실을 한다. 그 지역에 대한 긍정적 이미지를 형성하는 데도 큰 몫을 한다.

이벤트의 규모가 대형화하면 그 경제·문화·사회적 파급효과는 지역을 뛰어넘어 국가로까지 확대될 수 있다.

성공적인 이벤트와 축제를 개최하기 위해서는 지역 안팎에서 활동하는 다양한 분야의 전문가와 관련 조직이 포함되어야 한다.

이들은 지역이 보유한 행사개최 능력을 분석하고 각종 기회요인과 제약요인도 파악해야 한다.

또 이벤트 개최를 통해 지자체나 중앙정부도 경제·문화적 이익과 교류의 수혜 대상이 되므로 공공부문의 지원과 협조도 반드시 이루어져야 한다.

관광이벤트 개발과 성공적인 개최를 위해서는 정책적 지원은 물론 민·관의 협력체계 구축이 필요하다.

매력적인 행사내용을 구성하기 위해 축제에 참가하기 원하는 개인이나 조직의 아이디어 공모나 상품기획 공모도 고려해야 한다.

축제개최를 통해 개최지역이 얻는 혜택과 이익을 극대화할 수 있도록 행사 진행, 마케팅과 홍보 등 개최전략의 방향을 올바로 설정해야 한다.

그러나 축제와 이벤트에 상업적인 요소가 지나치게 들어가 고유문화나 독창성이 희석되면 관광객의 기대를 저버리게 되고 축제는 성공할 수 없다.

1998 단양 국제관광학술대회
(매일경제 1998년 8월 28일 자)

1996 관광기업상 시상식

1994 지방화시대의
관광개발을 위한 세미나

1998 8월 관광학회
단양국제관광학술대회 개회식

1998 8월 관광학회
단양국제관광학술대회 전야제

1998 8월 관광학회
단양국제관광학술대회 전체 학회회원

2006 경북 테마 관광 시범단 팸투어

2006 제60차 강원국제학술대회

2006 第60차 강원국제학술대회

2006 한국관광학회 정기총회

2007 第62차 인천국제학술대회

2008 관광분야 대학생 인턴 프로그램

2009 제66차 충남국제관광학술대회

2008 제63차 제주국제학술대회

2008 관광분야 대학생 인턴 프로그램

2008 한일대학생 교류회 필드트립

2010 제67차 강촌엘리시안 학술대회

2010 제67차 강촌엘리시안 학술대회

2010 제 68차 전북국제학술대회

2010 제 68차 전북국제학술대회

2010 제 68차 전북국제학술대회

2010 제 68차 전북국제학술대회

2010 제 68차 전북국제학술대회

2011 제69차 제주국제학술대회

2011 제70차 서울국제학술대회

2011 제69차 제주국제학술대회

2011 제70차 서울국제학술대회

2012 제72차 울산국제학술대회

2012 제72차 울산국제학술대회

2012 제72차 울산국제학술대회

2013 21대 이사회

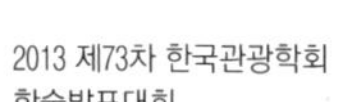

2013 제73차 한국관광학회
학술발표대회

2013 제74차 한국관광학회
국제학술발표대회

2013 제73차 한국관광학회
학술발표대회

2013 제74차 한국관광학회
국제학술발표대회

2013 제74차
국제학술발표대회

2013 질적연구방법론 강연

2014 관광주간
전국 대학생 모니터링 우수작 발표대회

2014 (주)한국갤럽조사연구소 &
(주)밀워드브라운미디어리서치
MOU 체결

2014 제75차 전북학술대회

2014 관광산업 채용박람회

2014 제75차 전북학술대회

2014 제75차
전북학술대회

2014 제76차
강릉국제학술대회

2014 제76차
강릉국제학술대회

2014 관광주간 전국 대학생 모니터링
우수작 발표대회

2014 한국불교문화사업단과
업무협약 체결

2015 제77차 학술대회

2015 (사)한국관광학회
현판식

2015 제78차
서울국제학술대회

2015 제77차
서울국제학술대회

2015 제78차
서울국제학술대회

2015 한국관광학회
제1차 이사회

2016 "관광학 분야 국내 최초 학술지
「관광학연구」전본 디지털화 기념"
관광학 세미나

2016 제79차
남도국제학술대회

2016 능력중심사회 구현을 위한
호텔업 분야 산 · 학 · 관 업무협약

2016 한국관광학회-
한국관광협회중앙회 MOU 체결

2016 제80차 강원 · 평창
국제학술대회

2016 한국관광학회-
대명레저산업 MOU 체결

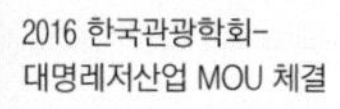

2016 지진쇼크 이후
관광경기 회복방안 토론회

2017 제82차 한국관광학회
울산국제학술대회

2017 제81차
서울국제학술대회

2017 제82차
울산국제학술대회

2017 제82차
울산국제학술대회

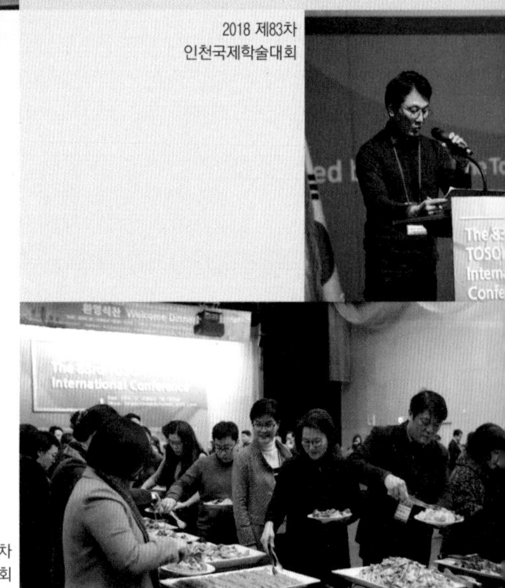

2018 제83차
인천국제학술대회

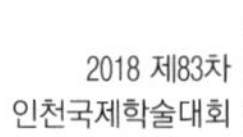

2018 제84차
서울국제학술대회

2018 제83차
인천국제학술대회

2018 제83차
인천국제학술대회

2018 제84차
서울국제학술대회

2018 제84차 서울국제학술대회

2019 제86차
대전국제학술대회

2019 국가균형발전위원회
특별세미나

2019 제86차
대전국제학술대회 시티투어

2019 제86차
대전국제학술대회

2019 제86차
대전국제학술대회

2019 제86차
대전국제학술대회

2020 제87차
부산국제학술대회

2019 제86차
대전국제학술대회

2021 제89차
광주국제학술대회

2020 제90차
서울국제학술대회

2020 제90차
서울국제학술대회

2022 제91차
강원국제학술대회

2022 제91차
강원국제학술대회

2022 제91차
강원국제학술대회

2022 제91차
강원국제학술대회

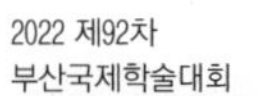

2022 제92차
부산국제학술대회

2022 제92차
부산국제학술대회

역대 학회장 사진

1,2대 회장(1972~1975)

김진섭
경기대학교 교수

3,4대 회장(1975~1979)

박용호
경기대학교 교수

5대 회장(1979~1981)

김용원
경기대학교 교수

6,7대 회장(1981~1985)

안종윤
한양대학교 교수

8대 회장(1985~1987)

이종문
경원대학교 교수

9,10대 회장(1987~1991)

정경훈
경원대학교 교수

11대 회장(1991~1993)

이장춘
경기대학교 교수

12대 회장(1993~1995)

손대현
한양대학교 교수

13대 회장(1995~1997)

신현주
세종대학교 교수

14대 회장(1997~1999)

김사헌
경기대학교 교수

15대 회장(1999~2001)

손해식
동아대학교 교수

16대 회장(2001~2003)

김상무
계명대학교 교수

17대 회장(2003~2005)

김정만
경희대학교 교수

18대 회장(2005~2007)

정의선
강릉대학교 교수

19대 회장(2007~2009)

조명환
동아대학교 교수

20대 회장(2009~2011)

한범수
경기대학교 교수

역대 학회장 사진

21대 회장(2011~2013)

오익근
계명대학교 교수

22대 회장(2013~2015)

김경숙
강릉대학교 교수

23대 회장(2015~2017)

변우희
경주대학교 교수

24대 회장(2017~2019)

김남조
한양대학교 교수

25대 회장(2019~2021)

정병웅
순천향대학교 교수

26대 회장(2021~2023)

이훈
한양대학교 교수

27대 회장(2023~2025)

고계성
경남대학교 교수

한국관광학회 연혁

1972. 9.	한국관광학회 창립총회(초대회장: 김진섭 교수) 및 현판식
1975. 9.	박용호 교수(경기대) 제3대 한국관광학회 회장으로 취임
1977. 6.	학술지 『관광학』 창간
1979. 9.	김용원 교수(경기대) 제5대 한국관광학회 회장으로 취임
1981. 9.	안종윤 교수(한양대) 제6대 한국관광학회 회장으로 취임
1985. 9.	학회지 명칭을 「관광학」(Study on Tourism)에서 「관광학연구」(The Tourism Journal)로 바꿈
1985. 9.	이종문 교수(경원대) 제8대 한국관광학회 회장으로 취임
1987. 9.	정경훈 교수(경원대) 제9대 한국관광학회 회장으로 취임
1991. 9.	이장춘 교수(경기대) 제11대 한국관광학회 회장으로 취임
1993. 9.	손대현 교수(한양대) 제12대 한국관광학회 회장으로 취임
1994. 9.	학회지를 연 2회 발간체제로 개편하고 학회지 영문 명칭을 Journal of Tourism Sciences로 개칭
1995. 2.	문화관광부로부터 사단법인 인가
1995. 9.	신현주 교수(세종대) 제13대 한국관광학회 회장으로 취임
1997. 9.	김사헌 교수(경기대) 제14대 한국관광학회 회장으로 취임
1998. 2.	1998년 2월까지 43회의 논문 발표회와 通券25호의 논문집 발간
1998. 3.	김사헌 교수(경기대) 제14대 한국관광학회 회장으로 취임
1998. 8.	충청북도 단양에서 아시아태평양관광학회와 제휴하여 세계 20여 국가로부터 120명의 외국 학자와 약 300명의 국내학자가 참가한 가운데 국제관광학술대회를 개최
1999. 9.	손해식 교수(동아대) 제15대 한국관광학회 회장으로 취임
2000. 2.	2000년부터 연 3회 발간하는 학술지 『관광학연구』가 한국학술진흥재단 색인 등재학술지로 선정됨. 매년 1회 이상 영문학술지(International Journal of Tourism Sciences)도 발간
2000. 3.	손해식 교수(동아대) 제15대 한국관광학회 회장으로 취임
2001. 9.	김상무 교수(계명대) 제16대 한국관광학회 회장으로 취임

2002. 2. 제51차 관광학술대회가 '전통문화 계승과 관광의 역할'이라는 주제로 안동에서 개최되었으며 정기총회에서 김상무 교수(계명대)가 제16대 한국관광학회 회장으로 취임

2002. 8. 제52차 국제관광학술대회가 '역사문화자원의 관광상품화 전략'이라는 주제로 충남 부여에서 개최

2003. 2. 제53차 관광학술대회가 '관광개발정책의 진단: 회고와 과제'라는 주제로 관광자원개발분과학회의 주관 하에 경기도 이천에서 개최

2003. 8. 제54차 국제관광학술대회가 '동북아 관광허브 전략'이라는 주제로 제주도에서 개최되었으며 정기총회에서 김정만 교수(경희대)가 제17대 회장으로 취임

2003. 9. 김정만 교수(경희대) 제17대 한국관광학회 회장으로 취임

2004. 2. 제55차 관광학술대회가 '한국 관광산업의 지역혁신과제'라는 주제로 용인대에서 개최

2004. 7. 제56차 국제관광학술대회가 '지역발전의 성장동력: 관광산업'이라는 주제로 충북 단양에서 개최

2005. 2. 제57차 관광학술대회가 '지역혁신과 울주지역 관광개발의 방향'이라는 주제로 울산광역시에서 개최

2005. 7. 제58차 국제관광학술대회가 '아시아 태평양 관광의 도전과 기회'라는 주제로 경기도 킨텍스에서 개최되었으며 정기총회에서 정의선 교수(강릉대)가 제18대 회장으로 취임

2005. 9. 정의선 교수(강릉대) 제18대 한국관광학회 회장으로 취임

2006. 2. 제59차 관광학술대회가 '지역관광개발과 관광레져 기업도시 조성 방향'이라는 주제로 전남 목포에서 개최

2006. 7. 제60차 국제관광학술대회가 '레저스포츠와 관광: 한국관광의 새 동력'이라는 주제로 강원도 평창군에서 개최

2006. 11. 제7차 관광정책포럼이 '경기도, 한국관광의 중심지, 그 가능성과 대안은?'이라는 주제로 경기도 킨텍스에서 개최

2007. 2. 제61차 관광학술대회가 'Hospitality & Franchising'이라는 주제로 세종대학교에서 개최

2007. 7. 제62차 국제관광학술대회가 '동북아의 허브, 인천: 한반도의 신성장동력과 관광산업'이라는 주제로 인천하얏트리젠시 호텔에서 개최되었으며, 정기총회에서 조명환 교수(동아대)가 제19대 한국관광학회 회장으로 취임

2007. 9. 조명환 교수(동아대) 제19대 한국관광학회 회장으로 취임

2007. 11. 제8차 관광정책포럼이 '관광수지 적자 해소 등 관광산업 발전방안 모색'이라는 주제로 한국관광공사 T2 아카데미에서 개최

2008. 2. 제9차 관광정책포럼이 '관광 산업 발전을 위한 차기정부의 과제와 정책 방향'이라는 주제로 한국관광공사 T2 아카데미에서 개최

2008. 2. 제63차 관광학술대회가 '한국관광자원개발의 새로운 과제와 대응전략'이라는 주제로 제주국제컨벤션센터에서 개최

2008. 5. 유류피해 극복과 서해안 관광활성화를 위한 『서해안 관광심포지엄』이 태안문화예술회관에서 개최

2008. 7. 第64차 국제관광학술대회가 '동북아 관광발전을 위한 신 패러다임: 한·중·일 협력체계 구축'이라는 주제로 부산파라다이스호텔에서 개최

2009. 2. 第65차 관광학술대회가 '관광사업 창업과 프랜차이즈'라는 주제로 세종대에서 개최

2009. 7. 第66차 국제관광학술대회가 '새로운 관광패러다임의 모색: 저탄소 녹색성장'이라는 주제로 충남 안면도 오션캐슬에서 개최. 정기총회에서 한범수 교수(경기대)가 제20대 한국관광학회 회장으로 취임. 수석부회장으로 오익근 교수(계명대)가 취임

2009. 9. 한범수 교수(경기대) 제20대 한국관광학회 회장으로 취임

2009. 10. 제20대 제1차 관광정책포럼이 '관광개발의 가치, 개발규제의 암적 요소, 그 실패의 그늘'이라는 주제로 한국관광공사 TIC 상영관에서 개최

2009. 11. 제20대 제2차 관광정책포럼이 '한국에서 카지노산업으로 살아남기란?'이라는 주제로 한국관광공사 T2 아카데미에서 개최

2009. 12. 제20대 제3차 관광정책포럼이 'F1 코리아 그랑프리를 통한 국가브랜드 제고 전략'이라는 주제로 국회의사당 국회의원회관 대회의실에서 개최

2010. 2. 第67차 관광학술대회가 '녹색강원:관광상품개발의 수도권화 및 선진화 전략'이라는 주제로 엘리시안 강촌에서 개최

2010. 2. 제20대 제4차 관광정책포럼이 '관광산업 일자리 창출 정책포럼'이라는 주제로 삼성동 COEX C 3,4 Hall에서 개최

2010. 3. 제20대 제5차 관광정책포럼이 '창조적 문화경제도시 건설과 문화·관광산업 활성화를 위한 광주문화관광공사 설립 관광정책 포럼'이라는 주제로 광주광역시의회 예결위회의장에서 개최

2010. 3. 제20대 제6차 관광정책포럼이 '특화관광사업 유인력 강화를 통한 한국 인바운드 규모 확대방안'이라는 주제로 한국프레스센터 기자회견장에서 개최

2010. 4. 제20대 제7차 관광정책포럼이 '대체휴일제 도입 및 휴가제도 개선을 통한 관광 수요확대 방안'이라는 주제로 한국관광공사 TIC상영관에서 개최

2010. 4. 2010 대전국제관광학술포럼 및 워크숍이 '2010 대충청 방문의 해와 지역관광진흥'이라는 주제로 대전컨벤션센터에서 개최

2010. 5. 제20대 제8차 관광정책포럼이 '관광산업 투자확대방안'이라는 주제로 대한상공회의소 중회의실에서 개최

2010. 6. 제20대 제9차 관광정책포럼이 '기후변화에 따른 관광산업 대처방안'이라는 주제로 한국관광공사 T2 아카데미 소백실에서 개최

2010. 7. 第68차 전북 국제관광학술대회 '전라북도 관광의 새로운 지평: 내륙부터 해양까지'를 주제로 전북 부안 대명리조트에서 개최

2010. 9. 수변관광개발 국제학술대회가 국립중앙박물관 대강당에서 개최

2010. 9. 한국관광공사가 주최하고 (사)한국관광학회가 주관한 2010 FIT 국제 세미나가 대한상공회의소 국제회의실에서 개최

2010. 12. 제20대 제11차 관광정책포럼이 '산업관광 축제관광 콘텐츠 경쟁력 강화방안'이라는 주제로 한국관광공사 T2 아카데미 한라실에서 개최

2011. 2. 제69차 제주 국제관광학술대회가 '동북아 관광 허브 제주특별자치도의 현안과 과제(안)'을 주제로 제주시 제주 KAL 호텔에서 개최

2011. 4. 제20대 제1차 한국관광포럼이 '관광법령 및 제도개선을 통한 관광산업 경쟁력 강화, 지방관광 활성화'이라는 주제로 팬스타드림호 선상에서 개최

2011. 7. 제70차 UNWTO 총회 유치기념 2011 관광학 국제학술대회가 '글로벌 관광도시의 도전과 과제'를 주제로 경기대학교와 서울 팔레스 호텔에서 개최. 정기총회에서 오익근 교수(계명대)가 제21대 한국관광학회 회장으로 취임. 수석부회장으로 김경숙 교수(대구가톨릭대)가 취임

2011. 10. UNWTO 총회 기념 연합관광정책포럼이 '한국관광의 국제경쟁력 강화를 위한 관광산업의 동반성장 방안 모색'이라는 주제로 경주 현대호텔에서 개최

2011. 10. 제20대 제2차 한국관광포럼이 '여행 산업의 관광경쟁력 강화와 평창 동계올림픽 성공적 유치 및 강원 지역 경쟁력 확보 방안 모색'이라는 주제로 강릉 선교장에서 개최

2011. 11. 2011 국제 녹색생태관광 컨퍼런스가 '수변자원과 지역개발의 연계를 통한 녹색관광활성화'를 주제로 워커힐 호텔 코스모스 홀에서 개최

2011. 12. 2011 관광산업과 한방의료관광 융복합 발전 전략 심포지엄이 '관광산업과 한방의료관광의 융복합 발전 전략 모색 및 정책 제언'을 주제로 한국관광공사 T2아카데미 지리실에서 개최

2012. 2. 제71차 포항 관광학술대회가 '국제화 시대의 관광선진화 전략'을 주제로 포항 포스코 국제관에서 개최

2012. 3. 2012 국민국내관광 활성화 세미나가 '해외 국민국내관광활성화 정책 및 사례연구'를 주제로 한국관광공사 T2 아카데미 백두실에서 개최

2012. 7. 제72차 울산 국제관광학술대회가 '해양관광의 새로운 가치 발견과 지방관광 활성화'를 주제로 울산남구 문수컨벤션센터에서 개최

2012. 7. 2012 질적연구방법연구워크샵이 우송대학교에서 1박 2일로 진행

2012. 11. 2012 한국관광정책포럼이 '일자리 창출, 경제 활성화! 1,000만 관광인, 신정부에 바란다!'를 주제로 코엑스 오디토리움에서 개최

2013. 1. 2013 질적연구방법론특강이 서울과 부산에서 각 1박 2일로 진행

2013. 2. 제73차 한국관광학회 학술논문발표대회가 호텔외식경영분과 주관으로 경기대학교 수원캠퍼스에서 개최

2013. 2. 제1회 관광데이터마이닝 대회 개최

2013. 4.	창조관광 토론회 개최
2013. 6.	관광산업 채용박람회 특별토론회 개최
2013. 7.	제74차 한국관광학회 학술논문발표대회가 '아웃도어 레저산업과 국민행복의 만남' 이라는 주제로 세종대학교에서 개최
2013. 9.	김경숙 교수(강릉대) 제22대 한국관광학회 회장으로 취임
2014. 2.	제75차 한국관광학회 전북학술대회가 자원개발분과 주관으로 '지역관광산업 성공모델의 창조' 라는 주제로 전라북도 무주리조트에서 개최
2014. 2.	관광정책세미나가 코엑스에서 개최
2014. 7.	제76차 한국관광학회 강릉국제학술대회가 강원도 강릉시 라카이샌드파인에서 '2018 동계올림픽과 스포츠관광의 진흥'이라는 주제로 개최
2014. 9.	채용박람회 개최 (포럼, CEO특강, 설문조사)
2015. 2.	제77차 한국관광학회 학술대회가 호텔외식경영분과 주관으로 '韓스테이와 한류 식문화의 가치 조명'을 주제로 동국대학교 서울 캠퍼스에서 개최
2015. 7.	제78차 한국관광학회 국제학술대회가 '한국관광 콘텐츠 혁신과 카지노산업의 역할'을 주제로 THE-K HOTEL 서울에서 개최
2015. 9.	변우희 교수(경주대) 제23대 한국관광학회 회장으로 취임
2016. 2.	제79차 국제학술대회가 '2016 남도문화관광! 장흥(水), 강진(土), 영암(氣)의 가치조명과 상생발전구상'이라는 주제로 현대호텔 영암에서 개최
2016. 7.	제80차 한국관광학회 강원 · 평창 국제학술대회가 '2018 평창동계올림픽 성공을 위한 국제 관광의 역할과 기대'를 주제로 평창 알펜시아 리조트에서 개최
2017. 2.	제81차 한국관광학회 호텔외식경영분과학회 학술대회가 '호텔 · 외식 · 관광의 NEW PARADIGM'를 주제로 세종대학교에서 개최
2017. 7.	제82차 국제학술대회 '전환기시대의 새로운 지역관광 패러다임 모색 – 울산관광의 성장과 도약'이라는 주제로 울산광역시에서 개최
2017. 8.	"관광학 연구"우수등재학술지 선정
2017. 9.	김남조 교수(한양대) 제24대 한국관광학회 회장으로 취임
2018. 2.	한국관광학회 제83차 국제학술대회가 '지속가능한 지역관광의 새로운 패러다임'이라는 주제로 인천 송도 컨벤시아에서 개최
2018. 7.	한국관광학회 제84차 국제학술대회가 '제4차 산업혁명시대에 대응한 관광학의 새로운 시각'이라는 주제로 한양대학교 서울캠퍼스에서 개최
2019. 2	한국관광학회 제85차 학술대회가 '고용정책 변화에 따른 호스피탈리티관광산업 전망 및 대책'이라는 주제로 수원대학교 캠퍼스에서 개최
2019. 3	정병웅 교수(순천향대) 제25대 한국관광학회 회장으로 취임

2019. 7. 한국관광학회 제86차 국제학술대회가 '제4차 산업혁명시대 지역관광활성화: 변화와 성장'이라는 주제로 대전 한남대학교에서 개최

2020. 2. 한국관광학회 제87차 국제학술대회가 '지속가능한 지역 관광 및 MICE산업 경쟁력강화: 글로벌 관광 · MICE도시 부산'이라는 주제로 부산 벡스코에서 개최

2020. 11. 한국관광학회 제88차 국제학술대회가 '포스트코로나 시대의 지역관광활성화'라는 주제로 대구 엑스코에서 개최

2021. 2. 한국관광학회 제89차 국제학술대회가 '뉴노멀, 지역관광의 길을 모색하다'라는 주제로 광주 김대중컨벤션센터에서 개최

2021. 3. 이훈 교수(한양대) 제26대 한국관광학회 회장으로 취임

2021. 7 한국관광학회 제90차 국제학술대회가 '새로운 시대를 맞이하는 관광: 기회와 혁신(Rebuilding Tourism for a New Era: Opportunities and Innovative Ideas)'라는 주제로 서울 롯데호텔에서 개최

2022. 2. 한국관광학회 제91차 강원국제학술대회가 '위드 코로나, 강원도 뉴노멀 관광의 비전과 전략'이라는 주제로 강원도 평창 알펜시아에서 개최

2022. 7. 한국관광학회 제92차 부산국제학술대회가 '관광의 미래에 대한 새로운 상상 – 관광학 100년'이라는 주제로 부산 벡스코(Bexco)에서 개최

한국관광학회 정관

1975년 10월 17일 제정, 1977년 5월 21일 1차 개정, 1995년 2월 25일 2차 개정, 1998년 8월 20일 3차 개정, 2000년 8월 20일 4차 개정, 2001년 6월 25일 5차 개정, 2002년 8월 23일 6차 개정, 2003년 2월 14일 7차 개정, 2003년 8월 19일 8차 개정, 2004년 7월 20일 9차 개정, 2007년 7월 4일 10차 개정, 2016년 7월 13일 11차 개정, 2018년 1월 3일 12차 개정, 2018년 10월 24일 13차 개정, 2021년 2월 1일 14차 개정, 2021년 6월 2일 15차 개정, 2024년 10월 10일 16차 개정

제 1 장 | 총 칙

제1조(명칭)

본 법인은 "사단법인 한국관광학회"(영문명칭: The Tourism Sciences Society of Korea: TOSOK)(이하 "학회"라 함)라 한다.

제2조(소재지)

본 법인의 주된 사무소는 서울에 두고 당기회장의 활동지에 임시사무소를 두며 필요에 따라 각 지역에도 지부를 둘 수 있다.

제3조(목적)

본 법인은 학술활동을 통해 관광・여가분야의 학문적 발전과 국가 관광정책 및 관련산업에 기여하고, 우리나라 관광발전과 지역문화관광 활성화를 통해 국민 여가생활의 질적 향상에 이바지함을 목적으로 한다.

제4조(사업)

본 법인은 제3조의 목적을 달성하기 위하여 다음 각 호의 사업을 수행한다.

1. 관광학의 이론과 실무에 관련된 연구
2. 산관학 협동 차원의 연구, 교육 및 정책 개발
3. 관광 · 여가 · 호스피탈리티 관련 학회 학술대회 개최
4. 국내외 학술단체, 정부 및 지자체, 기관 및 협회 등과의 제휴
5. 학회지, 학술지, 학회보, 서적 등의 간행
6. 연구발표, 학술세미나, 강습, 강연회, 포럼 등의 개최
7. 기타 본회의 목적달성에 필요한 사항(위탁교육, 용역, 대행사업, 연구수주 · 표창 수여 및 수익사업 수행 등)

제5조(분과학회 운영)

본 법인은 특정 학문분야를 보다 심층적으로 다루고 발전시키기 위해 분과학회를 둘 수 있다. 분과학회 구성 및 운영에 관한 세부사항은 "정관 시행세칙(이하, 시행세칙)"에서 정한다.

제6조(수익사업)

본 법인은 제4조의 목적사업의 경비를 충당하기 위하여 필요한 때에는 그 본질에 반하지 아니하는 범위 안에서 수익사업을 할 수 있으며 그 수입은 회원의 이익이 아닌 공익을 위해 사용하고 사업의 직접 수혜자는 불특정 다수인으로 한다. 다만, 이때는 미리 문화체육관광부장관의 승인을 얻어야 한다.

제7조(이익의 제공)

본 법인은 제6조에 의한 목적사업을 수행함에 있어서 수혜자에게 제공하는 이익은 이를 무상으로 하며, 수혜자에게 그 대가의 일부를 부담시킬 때에는 미리 문화체육관광부장관의 승인을 얻어야 한다. 또한 본 법인의 목적사업으로 제공하는 이익은 특별히 그 목적을 한정한 경우를 제외하고는 수혜자의 사회적 배경과 관련하여 부당하게 차별을 하지 아니한다.

제 2 장 | 회 원

제8조(회원의 종류 및 자격)

본 법인의 회원은 법인의 목적에 동의하고 소정의 입회신청서를 제출하여 이사회의 승인을 얻은 개인 및 단체로서, 준회원, 정회원(연회원, 평생회원), 기관회원, 해외학자회원으로 구분한다.

① (준회원) 학사 학위를 보유하고 국내외 정규대학에서 대학원에 재학 중인 자

② (정회원) 정회원은 다음의 자격요건을 구비한 자 중 소정의 입회비 및 회비 납부 등 입회 절차를 마친 자로 한다.

1. 국내 · 외에서 정규대학 석사 이상의 학위를 보유하고 관광 · 여가 · 호스피탈리티 분야 연구, 교육, 산업 등에 종사하는 자
2. 이와 동등한 자격을 가졌다고 이사회가 인정하는 자

③ (정회원의 구분) 정회원은 연회원과 평생회원으로 구분한다. 연회원은 입회비와 연회비를 납부한 자로서, 연회원의 자격은 가입일로부터 1년으로 하며 연회비 납부로 연회원 자격이 갱신된다. 평생회원은 평생회비를 납부한 자로 한다.

④ (기관회원) 기관회원은 소정의 기관회비를 납부한 법인이나 일반단체로서 이사회의 인정을 받은 자로 한다.

⑤ (해외학자회원) 해외학자회원은 외국 국적을 소유한 관광 · 여가 · 호스피탈리티 관련 분야의 학자로서 이사회의 인정을 받은 자로 하며 국내학자회원과 동일하게 연회원과 평생회원으로 구분하고 동일한 자격요건을 갖는다.

제9조(회비)

본 법인의 회비는 입회비, 준회원비, 정회원비(연회비, 평생회원비), 기관회원비로 하며, 세부사항은 시행세칙에서 정한다.

제10조(회원의 의무와 권리)

본 법인의 모든 개인 회원은 다음의 의무와 권리를 갖는다.

1. 본 법인의 정관 및 제 규약을 성실히 준수해야 한다.
2. 총회, 대의원회 및 이사회의 결의사항을 성실히 이행해야 한다.
3. 근무지 또는 주소지 변경 시 즉시 사무국에 통보하여 우편물이 반송되지 않도록 하여야 한다.
4. 회원은 회비 납부, 학술발표회 및 각종 세미나 참석 등 기타 학회의 운영에 협력해야 한다.
5. 총회 및 대의원회를 통하여 본 학회의 운영에 참여할 권리를 가진다.
6. 본 법인이 제공하는 학술정보 등 각종 혜택을 수혜할 권리를 가진다.
7. 정회원 중 평생회원은 선거권 및 피선거권을 가진다. 다만, 본 법인에 가입한 후 3년이 경과되지 않은 평생회원은 선거권 및 피선거권을 갖지 못한다.

제11조(회원의 탈퇴)

회원은 사무국에 탈퇴서를 제출함으로써 자유롭게 탈퇴할 수 있다.

제12조(회원의 상벌)

1. 본 법인의 회원으로서 본 학회의 발전에 기여한 자는 이사회의 의결을 거쳐 포상할 수 있다.
2. 본 법인의 회원으로서 본 학회의 목적에 위배되는 행위 또는 명예와 위신에 손상을 가져오는 행위에 대하여는 이사회의 의결을 거쳐 회장이 경고, 제명 등의 징계를 가할 수 있다. 한편 이사회의 의결을 거쳐 제명 처분을 받은 회원은 재가입을 불허한다.

제13조(회원의 자격정지 및 회복)

1. 본 법인의 회원으로서 3년 이상 회비를 연속 납부하지 아니하였을 때는 휴면회원으로 간주, 별도의 고지 없이 자동적으로 회원자격이 정지되며 2호의 절차에 따라 회원자격 회복시까지 제10조의 권리행사가 정지된다.
2. 회원자격이 정지된 자는 새롭게 가입원서를 제출하고 1회 연회비 또는 평생회비 납부 시 회원자격이 회복된다.

제 3 장 | 임 원

제14조(임원의 종류와 정수)

본 법인은 다음의 임원을 두되, 법원에 등재하는 임원은 회장, 수석부회장, 분과학회회장으로 한다.

1. 회장 1인
2. 수석부회장(차기회장) 1인
3. 분과학회회장 2인
4. 부회장 17인 이하
5. 이사는 회장단(회장 1인, 수석부회장 1인, 부회장(분과학회회장 및 운영위원장 19인 이하), 사무국(사무국장 등 10인 내외), 그리고 선임이사 · 기획이사(69인 이하) 등 이사회 총 정원은 100인 이하로 한다.
6. 감사 2인

제15조(임원의 선임)

1. 임원은 총회 또는 대의원회에서 선출하고, 그 취임에 관하여 지체 없이 문화체육관광부장관에게 보고하여야 한다.
2. 임원의 보선은 결원이 발생한 날로부터 2월 이내에 하여야 한다. 회장 유고시에는 수석부회장이 그 직무를 대리한다.

제16조(선거관리위원회 및 선거인단의 역할과 구성)

① 선거관리위원회는 선거인단의 구성 및 차기 수석부회장 추천 등을 총괄 관리하며 세부 역할은 시행세칙에 정한다.

② 선거인단은 선거관리위원회와 함께 선거에 공정히 임해야 한다.

③ 선거관리위원회는 회장, 수석부회장, 분과학회회장 및 부회장단으로 21인 이하로 구성한다. 수석부회장이 위원장이 된다.

④ 차기 수석부회장에 입후보하고자 하는 자는 평생회원으로서 교수급 이상 또는 이에 상당하다고 이사회가 판단하는 자로서 입후보 당시 본 학회의 학술지에 최근 5년간

총 3회 이상 논문을 게재한 실적이 있는 자로서, 선거권이 있는 평생회원 30인 이상의 추천을 받아 선거일 30일전까지 선거관리위원회에 후보로 등록해야 한다. 현 분과학회회장 또는 부회장이 입후보하는 경우, 선거관리위원회의 위원을 사퇴하여야 한다. 선거관리위원회는 후보자 자격의 적절성을 판단하여 입후보자에게 통지해야 한다. 선거관리위원회는 차기 수석부회장 입후보자의 약력, 주요 정책소견 등을 후보등록 후 1주일 내에 학회 홈페이지에 공식적으로 게시하여야 한다.

⑤ 선거인단의 자격은 본 법인 가입 후 3년 이상 경과한 평생회원으로 하며, 선거관리위원회는 자격을 갖춘 평생회원을 선거인단으로 선출하고 선거인 명부를 작성한다.

⑥ 선거는 모바일온라인투표로 진행되며 선거인단의 과반수 이상이 투표에 참여해야 한다. 투표에 참여한 선거인단의 총 득표수의 과반수 이상을 득표한 차기 수석부회장 후보 1인을 선출한다. 만약 1차 투표에서 과반수를 득하지 못했을 경우, 상위 득표자 2인을 대상으로 결선투표를 시행해 다득표자를 차기 수석부회장 후보로 선출한다. 만약 차기 수석부회장 후보가 단독일 경우, 1차 투표결과 과반수를 득하지 못하면 선출되지 못하고, 재선거를 실시한다.

⑦ 선거관리위원회는 선출된 차기 수석부회장 후보를 총회 또는 대의원회에 추천하고 총회 또는 대의원회는 추천된 차기 수석부회장 후보를 인준한다. 다만, 총회 또는 대의원회에서 인준이 거부되었을 시는 선거관리위원회의 재추천 절차를 밟아 다시 총회 또는 대의원회의 인준을 받는다.

제16조의 2(선거운동)

1. 선거운동 기간은 선거관리위원회가 입후보자 등록・확정・공고를 한 다음날로부터 선거일 전일까지로 한다.
2. 차기 수석부회장에 입후보한 자들은 선거일 3주 전까지 선거홍보물(온라인 기반의 전자문서로 작성・발송)을 작성하여 선거관리위원회에 제출하여야 한다. 선거 홍보물에는 입후보자의 사진, 이력, 경력, 공약 등의 내용을 담을 수 있다.
3. 선거관리위원회는 선거권이 있는 회원들에게 본 학회를 통해서만 선거홍보물을 발송하고 후보자 토론회를 개최할 수 있다.

4. 입후보자들은 선거운동 기간 중에 통신(전화, 팩스, 이메일, 문자메시지, SNS 등)을 제외한 개별 방문, 향응, 도서기증, 기타 선거관리위원회에서 정한 행위를 할 수 없다.
5. 선거관리위원회는 입후보 예정자나 입후보자가 선거관리위원회가 정한 사항을 위반하였거나 선거운동과정에 본 학회의 품위를 손상시켰을 경우 등과 관련한 사항은 별도의 세칙으로 정한다.

제17조(이사와 감사)

1. 이사는 회장이 지명한다.
2. 이사는 이사회를 구성하여 본 법인 업무에 관한 제31조의 사항을 심의 · 의결한다.
3. 정기총회 또는 정기대의원회는 본 법인담당 감사 1인, 산하 분과학회담당 감사 1인, 계 2인을 선임한다.

제18조(임원의 해임)

임원이 다음 각 호에 해당하는 행위를 한 때에는 총회 또는 대의원회의 의결을 거쳐 해임할 수 있다.

1. 본 법인의 목적에 위배되는 행위
2. 임원간의 분쟁 · 회계부정 또는 현저한 부당 행위
3. 본 법인의 업무를 방해하는 행위

제19조(임원의 선임과 보선)

① 수석부회장은 회장 임기 만료와 동시에 회장으로 취임한다.

② 차기 수석부회장은 선거관리위원회가 선출하여 총회 또는 대의원회에 추천, 총회 또는 대의원회의 의결정족수에 따라 의결한다.

③ 부회장은 추천 당시 회원가입 후 통산 5년(휴면기간 제외) 이상 적극적으로 학회활동을 하여 본 법인 활동에 크게 이바지해온 조교수급 이상인 자로서, 회원 중에서 회장이 추천하고 이사회의 승인을 받아 임명된다. 다만, 본 법인 산하 분과학회회장은 본 법인의 당연직 부회장이 된다.

제20조(임원의 임기)

1. 회장, 수석부회장, 부회장(당연직 분과학회회장 포함), 이사, 감사의 임기는 2년으로 한다. 다만, 회장, 수석부회장, 감사는 단임으로 하고, 부회장과 이사는 연임할 수 있다.
2. 보선에 의하여 취임한 임원의 임기는 전임자의 잔여기간으로 한다.

제21조(임원의 직무)

① 회장은 본 법인을 대표하고 법인의 업무를 통괄하며, 총회, 대의원회 및 이사회 등 주요 회의의 의장이 된다.

② 이사는 이사회에 출석하여 본 법인의 업무에 관한 사항을 의결하며 이사회 또는 회장으로부터 위임받은 사항을 처리한다.

③ 감사는 다음의 직무를 수행한다.

1. 본 법인 및 산하 분과학회의 재산상황, 기금관리 상태를 감독하고 회계를 감사하는 일
2. 총회, 대의원회 및 이사회의 운영과 그 업무에 관한 사항을 감사하는 일
3. 제1호 및 제2호의 감사 결과, 부정 또는 부당한 점이 있음을 발견한 때에는 이사회 또는 총회, 대의원회에 그 시정을 요구하는 일
4. 제3호의 보고를 하기 위하여 필요한 때에는 총회, 대의원회 또는 이사회의 소집을 요구하는 일
5. 총회, 대의원회나 이사회에 출석하여 의견을 진술하는 일

제22조(회장의 직무대행)

1. 회장 유고시에는 수석부회장이 회장의 직무를 대행한다.
2. 회장과 수석부회장이 동시 유고시에는 부회장 중에서 연장자 순으로 회장의 직무를 대행한다.
3. 제2호의 규정에 의하여 회장의 직무를 대행하는 부회장은 지체 없이 제15조의 규정에 따라 선거관리위원회를 소집하여 회장 직무를 대행할 수석부회장 선출의 절차를 밟아야 한다.

제23조(고문의 추대)

본 법인은 다음과 같이 약간 명의 고문을 추대할 수 있다.

1. 회장은 본 법인의 발전에 현저한 공이 있고 학식과 덕망이 있는 자를 이사회에 추천하여 재적이사 과반수의 의결로 고문으로 위촉할 수 있다.
2. 회장은 전임회장을 임기 완료 후 당연직 고문으로 위촉할 수 있다.
3. 위촉된 고문에게는 모든 학회활동 및 행사에서 적절한 예우를 한다. 고문은 정족수에 관계없이 이사회 등 각종 학회 활동에 참석하여 조언을 할 수 있다.

제 4 장 | 총 회

제24조(회의의 구분 및 소집)

1. 총회는 대의원회와 더불어 본 학회의 최고 의결기관으로서, 정기총회와 임시총회로 구분하며, 회장이 이를 소집한다.
2. 정기총회는 매 회계연도 개시 6월 전후에 소집하며, 임시총회는 회장이 필요하다고 인정할 때에 소집할 수 있다.
3. 총회의 소집은 회장이 회의 안건 · 일시 · 장소 등을 명기하여 회의 개시 7일 전까지 문서로 각 회원에게 사전 통지하여야 한다.

제25조(총회소집의 특례)

① 회장은 다음 각 호의 어느 하나에 해당하는 소집요구가 있을 때에는 그 소집 요구일로부터 30일 이내에 총회를 소집하여야 한다.

1. 재적이사 1/3 이상이 회의의 목적을 제시하여 소집을 요구할 때
2. 제21조 3항 4호의 규정에 의하여 감사가 소집을 요구할 때
3. 정회원 30인 이상이 회의의 목적을 제시하여 소집을 요구할 때

② 총회 소집권자가 궐위되거나 이를 기피함으로써 7일 이상 총회소집이 불가능할 때에는 재적이사 과반수 또는 재적회원 3분의 1 이상의 찬성으로 총회를 소집할 수 있다. 이때 수석부회장, 최연장 부회장순으로 의장이 된다.

제26조(총회 의결정족수)

1. 총회는 정회원 과반수의 출석으로 성립되고 출석회원 과반수의 찬성으로 의결한다.
2. 개인 신병, 해외출장 등 부득이한 사정으로 참석치 못하는 정회원은 그 의결권을 회장에게 총회 개시 전까지 서면(위임장)이나 전자문서, 전자위임 등의 전자적 방식으로 위임할 수 있다. 사전 제출된 위임장은 총회의 다수의 의견에 따른다. 다만, 27조 2항의 '본회의 해산 및 정관변경에 관한 사항'은 위임장으로 대체할 수 없다.

제27조(총회의 기능)

총회는 다음의 사항을 의결한다.

1. 수석부회장(차기회장)의 인준 및 감사의 선출
2. 본 법인의 청산 및 해산에 관한 사항
3. 정관변경에 관한 사항
4. 기본재산의 처분 및 취득과 자금의 차입에 관한 사항
5. 예산 및 결산의 승인
6. 사업계획의 승인
7. 평생회비 원금의 사용승인
8. 기타 중요사항

제 5 장 | 대의원회

제28조(대의원회)

1. 대의원회는 총회와 더불어 본 법인의 최고 의결기관으로서 정기대의원회와 임시대의원회로 구분하며, 회장이 이를 소집한다.
2. 정기대의원회는 본 학회의 학술대회기간에 소집하며, 임시대의원회는 회장이 필요하다고 인정할 때에 소집할 수 있다.
3. 대의원회의 소집은 회장이 회의 안건 · 일시 · 장소 등을 명기하여 회의 개시 7일 전까지 문서로 각 대의원에게 사전 통지하여야 한다.

제29조(대의원회소집의 특례)

① 회장은 다음 각 호의 어느 하나에 해당하는 소집요구가 있을 때에는 그 소집 요구일로부터 30일 이내에 대의원회를 소집하여야 한다.

1. 재적이사 1/3 이상이 회의의 목적을 제시하여 소집을 요구할 때
2. 제21조 3항 4호의 규정에 의하여 감사가 소집을 요구할 때
3. 정회원 30인 이상이 회의의 목적을 제시하여 소집을 요구할 때

② 대의원회 소집권자가 궐위되거나 이를 기피함으로써 7일 이상 대의원회소집이 불가능할 때에는 재적이사 과반수 또는 재적회원 3분의 1 이상의 찬성으로 대의원회를 소집할 수 있다. 이때 수석부회장, 최연장 부회장순으로 의장이 된다.

제30조(대의원회 의결정족수)

1. 대의원회는 대의원 과반수의 출석으로 성립되고 출석대의원 과반수 찬성으로 의결한다.
2. 개인 신병, 해외출장 등 부득이한 사정으로 참석치 못하는 대의원은 그 의결권을 회장에게 대의원회 개시 전까지 서면(위임장)으로 위임할 수 있다. 사전 제출된 위임장은 대의원회의 다수의 의견에 따른다.

제31조(대의원회의 기능)

대의원회는 다음의 사항을 의결한다.

1. 수석부회장(차기회장)의 인준 및 감사의 선출
2. 정관 변경에 관한 사항
3. 기본재산의 처분 및 취득과 자금의 차입에 관한 사항
4. 예산 및 결산의 승인
5. 사업계획의 승인
6. 평생회비 원금의 사용승인
7. 기타 중요사항

제32조(대의원회의 구성)

대의원회는 다음과 같이 구성한다.

1. 학회 당연직 5인(회장 1인, 수석부회장 1인, 사무국장 1인, 전임회장 1인, 전임사무국장 1인)
2. 회장 추천 회원 8인(학회 정회원 중 지역과 학교를 안배하여 회원을 대표할 수 있는 회원 8인 추천)
3. 수석부회장 추천 회원 8인(학회 정회원 중 지역과 학교를 안배하여 회원을 대표할 수 있는 회원 8인 추천)
4. 각 분과학회회장 추천 회원 8인(학회 분과학회 정회원 중 지역과 학교를 안배하여 회원을 대표할 수 있는 회원 각각 8인, 총 16인 추천)
5. 회장, 수석부회장과 각 분과학회회장 추천 회원은 중복될 수 없다.
6. 대의원회는 학회 회원을 대표할 수 있는 37명으로 구성한다.
7. 추천방법은 시행세칙에 정한다.

제33조(대의원회의결 제척사유)

대의원이 다음 각 호의 1에 해당하는 때에는 그 의결에 참여하지 못한다.

1. 임원의 선출 및 해임에 있어 자신에 관한 사항을 의결할 때
2. 금전 및 재산의 수수 또는 소송에 관련되는 사항으로서 자신과 회의 이해가 상반될 때

제 6 장 | 이사회

제34조(이사회의 구성)

이사회 구성은 제 14조 4호에 따라 총 정원을 100인 이하로 한다.

제35조(이사회의 소집)

1. 이사회는 회장이 필요하다고 인정할 때, 재적이사 1/3이상이 회의의 목적을 제시하여 소집을 요구 할 때, 제21조 3항 4호의 규정에 의하여 감사가 소집을 요구할 때 회장이 소집한다.

2. 이사회의 소집은 회장이 회의 안건・일시・장소 등을 명기하여 회의개시 15일 전까지 문서로 각 이사 및 감사에게 통지하여야 한다.

제36조(서면 결의)

1. 회장은 이사회에 부의할 사항 중 경미한 사항 또는 긴급을 요하는 사항에 관하여는 이를 서면으로 의결 할 수 있다. 이 경우에 회장은 그 결과를 즉시 이사회에 보고하여야 한다.
2. 제1호의 서면결의 사항에 대하여 재적이사 과반수가 이사회에 부의할 것을 요구할 때에는 회장은 이에 따라야 한다.

제37조(이사회 의결정족수)

1. 이사회는 재적이사 과반수의 출석으로 개의하고 출석이사 과반수의 찬성으로 의결한다. 다만, 가부 동수인 경우에는 의장이 결정한다.
2. 이사회의 의결권은 서면으로 위임할 수 있다. 위임사항은 이사회의 다수의 의견에 따른다. 다만, 1년 이상 연속불참자, 장기간 해외 출타자, 신병 등인 자는 정족수에서 제외한다. 단, 38조 4항의 '정관 변경에 관한 사항'은 위임장으로 대체할 수 없다.

제38조(이사회의 의결사항)

이사회는 다음의 사항을 심의・의결한다.

1. 업무집행에 관한 사항
2. 사업계획의 운영에 관한 사항
3. 예산 및 결산서의 작성에 관한 사항
4. 정관 변경에 관한 사항
5. 재산관리에 관한 사항
6. 총회 또는 대의원회에 부의할 안건의 작성
7. 총회 또는 대의원회에서 위임받은 사항
8. 정관의 규정에 의하여 그 권한에 속하는 사항
9. 제 규정의 제정과 개폐에 관한 사항

10. 회칙개정의 발의

11. 회원의 가입 의결

12. 회원의 상벌 및 제명 결의

13. 고문의 추대

14. 기타 본 학회의 운영상 중요하다고 회장이 부의하는 사항

제 7 장 | 위원회 및 사업

제39조(위원회의 종류 및 역할)

① 회장은 분야별 업무의 능률적 수행을 위해 편집위원회 등 다양한 운영위원회를 둘 수 있으며 기타 본회의 목적달성에 필요한 사항(위탁교육, 연구수주 및 수익사업 등)을 위해 연구소를 둘 수 있다.

② 운영위원회는 20개 이내로 구성한다. 운영위원장(부회장 겸임)은 회장이 선임하며, 운영위원은 운영위원장의 제청으로 회장이 임명한다. 다만, 제5조에 의해 설치된 산하 분과학회의 편집위원장은 자동적으로 본 법인 편집위원회 부위원장이 된다.

③ 각 운영위원회의 위원장은 활동 결과를 이사회에 보고하여야 한다.

제 8 장 | 재산과 회계

제40조(재산 및 회계 보고)

① 본 학회의 재산은 다음과 같이 기본재산과 보통재산으로 구분한다.

1. 기본재산은 이사회에서 기본재산으로 정한 재산으로 한다.

2. 보통재산은 기본재산 이외의 재산으로 한다.

② 본회의 기본재산은 연1회 그 목록을 작성하여 문화체육관광부장관에게 보고하여야 한다.

제41조(기본재산의 처분)

본 학회의 기본재산을 매도·증여·임대·교환 또는 담보로 제공하거나 의무의 부담, 권리의 포기 및 기채를 하고자 할 때에는 총회 또는 대의원회의 의결을 거쳐 문화체육관광부장관의 승인을 얻어야 한다.

제42조(수입금 및 회계의 공개)

본 학회의 수입금은 회원의 회비, 찬조금, 기부금과 기타 수입으로서 충당한다. 회비와 찬조금의 금액과 징수방법은 이사회에서 결정한다. 연간 기부금 모금액 및 활용실적은 인터넷 홈페이지를 통해 매년 4월 공개한다.

제43조(차입금)

본 학회가 목적사업을 위하여 장기차입을 하고자 할 때에는 이사회의 의결을 거쳐 총회 또는 대의원회의 승인을 얻어야 한다.

제44조(평생회비의 적립)

평생회원이 납부한 평생회비 원금은 기금으로 계속 적립하는 것을 원칙으로 하되, 불가피한 경우에 한하여 이사회의 의결을 거쳐 수석부회장 및 총회 또는 대의원회의 승인을 득하여 지출한다.

제45조(회계연도)

본 학회의 회계연도는 매년 1월 1일부터 12월 31일까지로 한다.

제46조(예산편성)

본 학회의 세입·세출 예산은 매 회계연도 개시 1월전까지 편성하여 이사회의 의결을 거쳐 총회 또는 대의원회의 승인을 얻어 정한다.

제47조(결산)

본 학회는 매 회계연도 종료시점에 결산서를 작성하여 이사회의 의결을 거쳐 총회 또는 대의원회의 승인을 얻어야 한다.

제48조(회계감사)

감사는 회계감사를 연 1회 이상 실시하여야 한다.

제49조(학회 업무 전담자의 보수)

본 학회 업무의 원활한 수행을 위하여 예산의 범위 내에서 학회 업무를 전담하는 자에게 실비수준의 보수를 지급하며 보수액은 회장이 정한다.

제 9 장 | 사무부서

제50조(사무국)

회장의 지시를 받아 본 학회의 사무를 처리하기 위하여 다음과 같이 사무국을 둘 수 있다.

1. 사무국에 사무국장과 필요한 사무국 이사 및 직원을 둘 수 있다.
2. 사무국장은 이사회의 승인을 얻어 회장이 임명한다.

제 10 장 | 보 칙

제51조(법인해산)

1. 본 학회가 해산하고자 할 때에는 총회에서 재적회원 3분의 2 이상의 찬성으로 의결하여 문화체육관광부장관에게 보고하여야 한다.
2. 본 학회가 해산할 때의 잔여재산은 문화체육관광부장관의 승인을 얻어 국가, 지방자치단체 또는 본 학회와 유사한 목적을 가진 다른 비영리 법인에게 귀속 한다.

제52조(정관변경)

본 정관을 변경하고자 할 때에는 다음 각 호의 어느 하나에 따른다.

1. 총회 정회원의 과반수 출석과 출석회원 3분의 2이상의 찬성으로 의결한다.
2. 대의원회 과반수 출석과 출석대의원 3분의 2이상의 찬성으로 의결한다.

제53조(업무보고)

익년도의 사업계획서 및 예산서와 당해 연도 사업실적서 및 수지결산서는 회계 연도 종료 후 2월 이내에 문화체육관광부장관에게 보고하여야 한다. 이 경우에 재산목록과 업무현황 및 감사결과보고서도 함께 제출하여야 한다.

제54조(규칙제정)

본 정관에 규정되지 않은 사항은 통상 관례를 따르며, 본 학회의 운영에 관하여 필요한 사항은 이사회의 의결을 거쳐 시행세칙에 정한다.

부 칙

제1조(시행일)

이 정관은 문화체육관광부장관의 허가를 받아 법원에 등기를 한 날로부터 시행한다.

제2조(개정정관 효력)

이 개정정관은 문화체육관광부장관의 허가를 받은 날로부터 효력을 발생한다.

한국관광학회 50주년 기념 엠블럼

• 50주년 엠블럼(컬러)

• 50주년 엠블럼(백색)

• 한국관광학회 로고(컬러)

• 한국관광학회 로고(백색)

2 축하와 격려의 글들

• 발간사 • 편찬사 • 격려사 • 축사

발간사

대한민국 관광산업 발전을 이끌기 위해 한국관광학회는 앞으로도 더욱 노력할 것입니다

1972년부터 창립된 한국관광학회가 이제 반세기 역사를 뒤로하고 앞으로의 100년을 준비하며 관광학을 대표하는 선도적인 학술단체를 넘어 대한민국을 대표하는 사회과학 분야 학회 중 하나로 성장해 가고 있습니다. 지난 50여 년 동안 한국관광학회가 양적 및 질적인 성장을 거듭하면서 대한민국 관광산업 발전의 기틀을 다지는데 중요한 역할을 수행하였다는 것은 누구도 부인할 수 없는 사실인 바, 이러한 금자탑을 세울 수 있도록 애써주신 한국관광학회 모든 회원님들의 헌신과 노력에 깊은 감사의 마음을 전합니다.

우리 학회는 지난 반세기 동안 관광학술단체 본연의 사명인 학문적 연구 영역 개척과 확장, 산관학 간의 소통과 협력, 관광 인재 양성에 매진해 왔으며, 지금 이 순간에도 8,000여 회원이 대한민국 구석구석에서 관광학과 관광산업 발전을 위해 힘차게 걸음을 내딛고 있습니다. 2017년에는 우리 학회의 학술지 『관광학연구』가 한국연구재단의 852개 평가 대상 학술지 중에서 34개에만 수여되는 우수등재학술지로 선정되기도 했고, 2026년도에는 제100차 학술대회를 개최하는 순간을 맞이하게 될 것입니다.

우리의 학문인 관광학은 살아있는 생명체와 같아 여전히 광범위한 분야로 확장 중에 있으며, 4차 산업혁명 등 산업구조의 변화와 기술 발전에 따라 융복합형 학문으로서 변

제27대 한국관광학회 회장

고계성

신을 계속해 가고 있습니다. 앞으로 여가와 관광, 환대 산업이 일자리가 더욱 늘어나고 교육 수요도 늘어날 것인 만큼 미래 관광산업의 경쟁력 확보를 위해서 한국관광학회의 선제적인 대응이 더욱 절실한 시점입니다. 외부 환경이 급변하고 있는 이때 지난 반세기 동안 다양한 이슈와 아젠다에 주목하면서 역량을 발휘해 왔듯이, 우리 학회는 앞으로도 미래 대한민국 관광산업 경쟁력 향상을 위해서도 그 역할을 다해야 할 것입니다.

이번 50년사에는 우리 학회의 과거 발자취 뿐만 아니라 더욱더 개방적이고 유연한 학회로서의 변신을 위한 몸부림도 담겨 있습니다. 이번에 출판된 50년사는 우리 학회의 자산이지만 학회 회원 모두의 흔적이 깃든 유산이라고도 하겠습니다. 초창기 사진 자료나 문서자료가 충분히 수록되지 못한 아쉬움도 있지만, 창립 후 지금까지 우리 학회가 학문적, 교육적, 사회적 책무를 다하기 위해 얼마나 치열하게 달려왔는지를 보여주는 내용이 잘 담겨 있다고 생각합니다. 아무쪼록 이번에 출간된 50년사가 학회 회원뿐만 아니라 대한민국 관광 · 환대산업 이해관계자 모든 분들께 의미 있고 재미있는 자료가 되기를 간절히 바라봅니다. 감사합니다.

제27대 한국관광학회 회장
경남대학교 교수
고 계 성

미래 50년을 향해 담대히 나아갈 수 있는 밑거름이 되길 바랍니다

우리 학회 50년 역사를 책자로 발간하는 일은 단순히 우리의 역사를 기록하고 보존하는 의미를 넘어서는 일입니다. 우리가 걸어온 발자취를 평가해 보고 미래 비전을 제시하는 중차대한 작업이라고 할 수 있습니다. 2024년 3월 중순 한국관광학회 50년사 편찬위원회가 구성된 이후 약 1년에 걸쳐 편찬위원들을 중심으로 사료를 수집하고 온오프라인에서 여러 차례 만나 50년사의 방향과 구성, 편집에 대해 함께 고민하고 작업한 결과 50년사를 발간할 수 있게 되었습니다. 지난 7월에는 제96차 한국관광학회 전남 · 여수국제학술대회에서 특별 세션을 운영하여 그간의 작업 경과를 회원들과 공유한 바 있습니다.

편찬위원회에서는 이번 50년사를 학문의 역사(學史)보다는 학회의 역사(學會史)의 관점에서 편찬하였고, 크게 4부로 나누어 내용을 구성하였습니다.

Ⅰ부에서는 우리 학회가 걸어온 길을 화보로 정리함으로써 백서를 들여다보는 재미를 더하면서 우리 학회의 역사성을 보여주려 했습니다.

Ⅱ부에서는 발간사, 편찬사, 격려사와 함께 국내외 유관기관들의 축사를 담아 우리학회 50년사 발간을 기념하고자 했습니다.

Ⅲ부에서는 우리 학회의 발자취를 국 · 영문학술지, 학술대회, 각종 시상, 세미나와 포럼 등으로 나누어 살펴보는 한편 고문님들의 회고록을 담아 우리 학회의 학문적 발전의 궤적을 들여다보고 산관학 협력을 통해 우리 학회가 국가와 사회에 기여해 온 바를 정리하려 했습니다. 뿐만아니라 한국관광학회 30주년을 맞아 『관광학연구』에 게재

한국관광학회 50년사 편찬위원장
이진형

된 한국 관광학연구 30년의 회고와 향후 과제 원고도 포함시켜 학회 초창기부터 1990년대까지 우리 학회의 발전상을 파악할 수 있게 하였습니다. 아울러 전임 편집위원장들의 회고를 통해『관광학연구』가 우수등재 학술지로 등재되는 과정에 대한 기록도 남겨 두었습니다.

마지막으로 Ⅳ부에서는 지난 9월 역대 회장님들과 편집위원장님들을 모시고 진행된 한국관광학회 50년사 발간 대담회의 내용을 요약 정리하여 게재하였고, 우리 학회의 미래 비전을 학문 발전이라는 측면에서 제시하였습니다.

백서의 발간 과정에서 제일 어렵고 아쉬웠던 점 중의 하나가 사료 특히 학회 창립 초창기부터 1990년대 후반까지의 사진이나 문서자료가 학회 사무국에 잘 보관되어 있지 않은 점이었습니다. 국영문 학회지와 학술대회 논문집 등은 비교적 잘 보관되어 온 데 비해 1990년대까지 학회의 역사를 보여줄 수 있는 사진 자료가 희박하여 사진으로 화보를 통해 학회의 역사성을 보여주는 데 한계가 있었습니다.

초창기 학회를 이끌어 오셨던 고문님들의 회고와 제공해 주신 사진 자료, 옛날 신문 등이 초창기 학회의 편린을 기록으로 남기는데 그나마 도움이 되었습니다. 학회에서 회원들과 업계, 정부나 지자체 등에 수여한 각종 시상 내역이나 심포지엄, 포럼 등에 대한 자료가 체계적으로 관리되고 있지 못해 편찬위원들께서 이 부분을 복원해 내는데도 애를 먹었습니다.

90년대까지만 해도 아날로그의 시대였고 몇 차례가 학회 사무실을 이전했던 점이나 학회 차원에서 사진과 기록의 중요성을 충분히 인지하지 못하는 점 등이 연유였을 것입니다. 앞으로라도 학회 차원에서 더욱 체계적으로 중요 문서와 사진을 기록하고 보존해 나가야 할 것 같습니다.

이번 편찬 작업에 도움을 주신 분들께 머리숙여 깊이 감사드립니다. 무엇보다 50년사의 발간을 과감하게 추진하시고 물심양면으로 편찬위원회의 든든한 버팀목이 되어 주신 고계성 회장님께 감사드립니다. 더 좋은 50년사를 만들기 위해 지난 1년간 바쁜 시간을 쪼개어 함께 고민하고 애써주신 편찬위원회 정진영 부위원장님을 비롯한 편찬위원님들께(김태린, 박창환, 이예진, 정젤나, 한승훈 가나다순) 감사드립니다. 제26대 한국관광학회에서 학회 창립 50주년을 맞아 제작 및 수집해 놓은 각종 자료를 이관해 주신 김상혁, 윤혜진 교수님께도 감사의 마음을 전합니다. 국내외 각 기관장으로부터의 축사와 고문님들 회고 원고를 받는데 힘써주신 강준수 사무국장님, 채혜정 이사님, 그리고 50년사의 사전홍보를 위해 노력해 주신 미디어홍보위원회 김영국 위원장님과 남장현 부위원장님께도 감사드립니다. 책이 잘 읽히고 판매될 수 있도록 멋지게 디자인과 편집, 제작을 해주신 주신 백산출판사의 진성원 상무님과 김경수 부장님을 비롯한 관계자분들께도 감사드립니다.

인생 50이면 지천명(知天命)입니다. 하늘의 뜻을 아는 나이라는 의미입니다. 이번 50년사 발간이 지난 50여 년간 국가와 사회에 이바지해온 연구 공동체 우리 한국관광학회가 학회에 부여된 하늘의 뜻을 알아 미래 50년을 향해 담대히 나아갈 수 있는 밑거름이 되길 바랍니다.

한국관광학회 50년사 편찬위원장
국립목포대학교 관광학과 교수
이진형

한국 관광학의 역사는 연구자들의 부단한 노력으로 만들어 낸 결과입니다

한국관광학회 50년사를 축하합니다.

역사학자 EH Carr는 역사란 '현재와 과거 사이의 끊임없는 대화'라고 합니다.
한국 관광학의 역사도 그동안 해왔던 성과와 오늘 그 의미를 새롭게 해석하고 더 가치 있게 이어 나가려는 연구자들의 부단한 노력으로 만들어 낸 결과입니다.

우리 관광의 역사는 대한민국의 근대사와 더불어 평탄하지는 않았습니다. 전쟁의 잔해에서 시작하여 독재의 파고를 넘고 민주화와 산업화의 성과도 함께 했습니다. 특히, 사회의 발전과 함께 1989년 해외여행 자유화를 계기로 국내외 관광은 오늘까지 급속히 증가하였습니다. 하지만 외환위기와 코로나19 등의 외적 위기는 우리 관광을 주기적으로 위축시켰던 것도 사실입니다.

그럼에도 한국 관광학의 50년 역사는 한국 관광의 틀을 만들고 미래 비전을 형성하는 학술 노력을 지속했습니다. 그동안 학문의 결과는 대학을 통해 전문 인재를 양성하여 관광산업의 기반을 마련하였습니다. 소수에 불과했던 한국관광학회는 이제 팔천 명이 넘는 회원이 등록한 전국학회이며, 아시아에서 가장 큰 학술대회를 개최하는 국제적인 학회가 되었습니다.

26대 한국관광학회 회장 이 훈

한국 관광학은 새로운 변화에 직면해 있습니다. AI와 빅데이터를 통한 디지털경제로의 변화, 경계가 모호해진 휴머니즘에 대한 문제, 국제관광에서 우주 관광으로 공간의 확대 등 새로운 변화를 관광학은 어떻게 이론적 맥락으로 정리할 것인가 고민해야 합니다.

EH Carr는 마지막에 ' 그래도 역사는 움직인다'라고 했습니다. 어떤 어려움을 겪더라도 진화한다고 합니다. 한국 관광학의 역사는 새로운 과제를 만들고 해결하면서 더 단단해지는 여정을 보였습니다.

50년의 긴 여정을 함께 해 온 스승, 선배, 동료, 그리고 후배 연구자 여러분. 그동안 수고 많았습니다.

그리고 다시 한번 한국관광학회 50년사를 축하합니다.
여러분이 더 진화하는 한국관광학의 향후 100년 역사를 만들 것입니다.

26대 한국관광학회 회장
한양대학교 국제관광대학원 원장

이 훈

한국관광학회가 대한민국 관광산업의 미래를 밝히는 등불이 되기를 기대합니다

안녕하십니까? 문화체육관광부 장관 유인촌입니다.

한국관광학회가 걸어온 50년 세월을 조망하는 뜻깊은 기록이 한 권의 책에 담겼습니다. 한국 관광학계의 소중한 유산이 될 '한국관광학회 50년사' 발간을 진심으로 축하드립니다.

1972년에 창립된 한국관광학회는 지난 반세기 동안 다양한 학술지와 연구보고서를 발표하고 학문적 토론의 장을 마련하는 등 관광학 발전을 도모해 왔습니다. 나아가 국제학술대회, 포럼, 세미나 등을 개최하여 연구자들 간 교류를 촉진하고 국제적인 네트워크를 구축하는 데도 크게 기여했습니다. 대한민국 관광산업의 경쟁력을 높이고 글로벌 관광시장에서 입지를 강화하는 데 힘써주신 한국관광학회 관계자분들께 깊은 감사를 드립니다.

시대의 변화에 발맞춰 한국 관광학계에 참신하고 다양한 아이디어를 제시해 온 한국관광학회의 50년사 발간은 지난 발자취를 되돌아보며 역사와 성과를 정리하고, 앞으로 50년을 향한 대한민국 관광의 새로운 도전과 기회를 모색하는 데 귀중한 자료가 될 것이라고 확신합니다.

문화체육관광부 장관 유인촌

세계경제포럼(WEF)이 2023년 발표한 관광 발전지수 평가 결과, 대한민국은 119개 국가 중 14위를 기록하며 세계적 수준의 관광잠재력이 있음을 증명했습니다. 이 같은 성과의 배경에는 학문적·정책적으로 든든하게 대한민국 관광을 뒷받침해 온 한국관광학회 회원 여러분의 헌신과 열정이 있었다고 생각합니다. 앞으로도 한국관광학회가 대한민국 관광산업의 미래를 밝히는 등불이 되기를 기대합니다.

마지막으로 '한국관광학회 50년사' 발간을 위해 애써주신 고계성 회장님과 집필진을 비롯한 학회 회원 모두에게 감사드립니다. 이 책이 관광학계 관계자뿐 아니라 모든 관광 참여자에게 널리 읽히며, 관광학과 관광산업 발전에 기여하는 소중한 문헌이 되기를 바랍니다. 감사합니다.

문화체육관광부 장관

유 인 촌

한국관광학회가 우리나라 관광학의 발전과 관광 전문가 양성, 산학 협력 및 관학 협력을 통해 대한민국 관광산업 진흥에 더욱 이바지해 주실 것을 기대합니다.

반갑습니다.

국회 문화체육관광위원회 위원장 전재수입니다.

한국관광학회의 '한국관광학회 50년사' 발간을 진심으로 축하드립니다. 한국관광학회는 관광산업의 발전을 위해 산 · 관 · 학 · 연 간의 지속적인 협력체계를 구축하여 소통 창구가 되어왔습니다. 50년이라는 긴 시간동안 우리 관광산업 발전에 든든한 기둥이 되어주신 한국관광학회에 깊은 감사의 말씀을 전합니다.

관광산업은 국민들의 삶의 질을 높이고 경제발전에 이바지하는 미래 성장 동력입니다. 코로나 엔데믹 이후 관광산업의 재활성화를 위해 논의되는 '지역기반의 지속가능한 관광생태계 구축'은 국가적 위기인 지방 소멸 문제를 해결하고 국가균형발전을 이루는 방안이기도 합니다. 이처럼 관광산업의 역할이 중요한 시기에, 앞으로도 한국관광학회가 우리나라 관광학의 발전과 관광 전문가 양성, 산학 협력 및 관학 협력을 통해 대한민국 관광산업 진흥에 더욱 이바지해 주실 것을 기대합니다. 이번 '한국관광학회 50년사'의 발간이 한국관광학회 100년을 향한 재도약의 발판이 되리라 믿습니다.

국회의원 전재수

저도 국회 문화체육관광위원장이자 국회관광산업포럼 공동대표로서 우리 관광산업의 미래를 위해 한국관광학회와 함께하겠습니다. 다시 한번 '한국관광학회 50년사' 발간을 축하드리며, 대한민국 관광학의 발전을 위해 변함없이 힘써주시는 모든 분들의 무궁한 발전을 기원합니다. 고맙습니다.

국회 문화체육관광위원회 위원장

국회의원

전재수

관광학의 발전을 견인하고 대한민국 관광산업의 경쟁력을 강화하는 중심축으로서 그 역할을 다해주기를 기대합니다

안녕하십니까,

국회 문화체육관광위원회 위원, 국민의힘 대구 북구을 김승수입니다.

반세기라는 긴 시간 동안 우리나라 관광산업과 관광학 발전에 헌신해온 한국관광학회의 「한국관광학회 50년사」 발간을 진심으로 축하드립니다.

지난 50년은 대한민국 관광산업이 눈부신 성장을 이룬 시기였습니다. 그리고 이러한 성장은 학회 회원 여러분의 헌신과 열정, 그리고 깊이 있는 연구가 있었기에 가능했습니다.

「한국관광학회 50년사」는 한국관광학회가 걸어온 길을 되짚어보는 계기를 마련함과 동시에, 향후 한국 관광의 미래를 제시하는 이정표가 될 것이라 믿어 의심치 않습니다. 무엇보다 50년이라는 긴 세월 동안 학회를 통해 연구와 지식을 축적해온 만큼, 후배 연구자와 현장 종사자들에게는 지침서와 같은 역할을 할 것으로 기대됩니다.

오늘날 관광산업은 단순한 경제활동을 넘어 문화교류와 글로벌 커뮤니케이션의 중요한 수단으로 자리 잡았습니다. 한국관광학회는 이러한 변화에 발맞추어 관광산업의 다양한 흐름을 연구하고, 시대의 요구에 부응하는 학문적 발전을 선도해 왔습니다.

한국관광학회의 활동은 정부의 관광정책에도 큰 영감을 주고 있습니다. 관광은 경제와 고용뿐 아니라 우리나라의 이미지와 문화적 가치를 세계에 알리는 중요한 분야이기에, 학회의 학문적 성과와 연구는 정부 정책의 매우 소중한 밑거름이 됩니다. 우리 사회는 점차 '삶의 질'을 중시하는 방향으로 변모하고 있습니다. 이에 따라 관광산업도 관광객의 경험을 풍요롭게 하고, 현지 문화와 환경을 존중하는 방향으로 발전해가는 추세입니다. 한국관광학회가 이러한 변화를 선도하고, 이를 뒷받침하는 연구를 통해 다양한 방안을 모색해 주시리라 믿습니다. 아울러, 한국관광학회가 앞으로도 관광학의 발전을 견인하고 대한민국 관광산업의 경쟁력을 강화하는 중심축으로서 그 역할을 다해주기를 기대합니다.

다시 한번 「한국관광학회 50년사」 발간을 진심으로 축하드리며, 앞으로도 한국관광학회가 한국 관광의 미래를 밝히는 선구자로서 학문적 열정과 헌신을 계속해 주시기를 기원합니다. 감사합니다.

국민의힘 대구북구을 국회의원

김 승 수

김 승 수

관광산업 발전을 통해 국민의 삶을 보다 풍족하게 하고, 국가경제 발전에 기여할 수 있기를 진심으로 기대합니다

안녕하십니까. 한국관광공사 사장직무대행 서영충입니다.

1972년 설립 이후 지난 반세기 동안 학술단체로서 탄탄한 위상을 구축하고, 특히 정기 대형 국제학술대회 개최 역량을 갖춘 국내 최대 규모의 국제학술단체로 공고히 자리매김한 한국관광학회의 50년사 발간을 진심으로 축하드립니다.

또한, 한국관광학회는 외부로부터 우수한 평가와 인정을 받는 학술지 발간을 통해 관광학 연구의 심화와 확장을 선도해 왔습니다. 이러한 활동들은 우리나라의 주요 관광산업 정책 수립에 기여하였으며, 관광학 발전을 위한 귀중한 토대가 되었다고 생각합니다.

관광은 단순한 여가활동을 넘어, 국가 경제와 문화 교류에 중대한 영향을 미치는 산업입니다. 학회는 국민 여가생활의 질적 향상과 우리나라 관광산업의 발전을 위한 연구와 정책 제안에 힘쓰고 있으며, 디지털 전환 및 포스트 코로나 시대의 정책 방향 모색 등 관광산업의 새로운 경쟁력 확보를 위한 다양한 연구 활동을 수행해오고 있습니다.

한국관광공사 사장직무대행

서영충

우리 공사 또한 외래객 방한 수요 다각화, 관광을 통한 지역 균형 발전, 관광업계 경쟁력 강화 등 여러 방면에서 다양한 사업들을 전개하며 지속가능한 관광 산업 발전을 위해 노력하고 있습니다.

귀 학회와 공사가 앞으로도 함께 힘을 모아 관광산업 발전을 통해 국민의 삶을 보다 풍족하게 하고, 국가경제 발전에 기여할 수 있기를 진심으로 기대합니다.

다시 한 번, 귀 학회의 50년사 발간을 축하드리며 지속적인 발전을 기원합니다. 감사합니다.

한국관광공사 사장직무대행

서영충

서 영충

새로운 미래 50년을 계획하고 준비하는 소중한 계기가 마련되기를 바라겠습니다

우리나라 관광학 분야를 대표하는 (사)한국관광학회의 창립 50주년을 진심으로 축하드립니다. 학회가 창립된 지난 1972년 이후 우리나라 관광산업은 눈부신 성장을 이뤄냈습니다. 그동안 국내 관광 분야의 발전과 성장을 위해 힘써주신 역대 회장님들과 학회 회원 여러분께 감사드립니다.

우리나라는 2023년 세계경제포럼(WEF)의 관광발전지수 평가 결과, 총 119개 평가 대상 국가들 중에서 종합 14위를 기록한 바 있습니다. 우리나라는 일본, 중국, 싱가포르와 함께 높은 국제관광경쟁력을 갖춘 목적지로서, 아시아지역의 관광산업을 주도하는 국가라 할 수 있습니다.

또한, 관광은 우리 국민들이 가장 선호하고 희망하는 여가활동으로 지난 50년간 지역경제의 활력 제고와 내수 진작에 크게 기여해왔습니다. 특히, 인구감소, 지방소멸 등 현재 우리나라가 당면한 과제들을 해결하는데 관광분야가 매우 효과적이고 중요한 역할을 할 수 있습니다.

그동안 (사)한국관광학회는 국・영문 학술지 발간, 저술 출판, 국내・국제 학술대회 개최 등 많은 업적과 성과를 일궈냈으며, 한국관광학과 관광교육을 이끄는 선도적인 역할을 해왔습니다. 또한, 학술단체로서의 위상 강화, 연구영역 확대, 관・산・학간 소통 등 많은 노력을 기울여왔습니다.

한국문화관광연구원 원장

김세원

앞으로도 (사)한국관광학회가 관광산업의 미래 방향을 제시하고, 현장형 · 융합형 관광인재를 육성하는데 든든한 버팀목이 되어 주리라 믿습니다. 국책연구기관인 한국문화관광연구원은 학회의 중요한 파트너로서, 더욱 활발한 교류와 협력을 통해 관광산업의 발전을 도모해나갈 것입니다.

(사)한국관광학회 창립 50주년을 맞이하여 그동안 우리나라 관광산업의 성장과 발전에 학회가 함께 해 온 과정을 되돌아보고, 이를 통해 새로운 미래 50년을 계획하고 준비하는 소중한 계기가 마련되기를 바라겠습니다.

다시 한 번, (사)한국관광학회의 역사적 발자취 성찰과 미래 비전 제시를 위한 50년사 발간을 진심으로 축하드리며, 학회의 무궁한 발전을 기원합니다. 감사합니다.

한국문화관광연구원 원장

김세원

그동안의 성과를 기념하는 동시에, 앞으로의 50년을 향한 도약의 발판이 되기를 진심으로 바랍니다

한국관광학회 창립 50주년을 맞이하여 '한국관광학회 50년사' 발간을 진심으로 축하드립니다. 한국관광학회는 우리나라 관광학 분야 최초이자 가장 권위 있는 학회로서, 지난 50년간 한국 관광학의 발전을 이끌며 관광산업의 성장에 크게 기여해 왔습니다. 이번 50년사 발간은 학회의 이러한 자랑스러운 업적을 갈무리하고, 나아가 미래 비전을 제시하는 중요한 이정표라 할 수 있습니다.

관광산업은 단순한 경제 활동을 넘어서, 문화적 교류와 사회적 발전을 이루는 중요한 분야로 자리 잡았습니다. 이러한 가운데 한국관광학회는 학문적 연구와 정책 제언을 통해 한국 관광산업이 국내외에서 경쟁력을 갖추고 성장할 수 있도록 학문적 뒷받침을 제공해 왔습니다. 학회의 연구는 관광업계뿐만 아니라 정책 입안자들에게도 깊은 통찰과 전략을 제공하였고, 그 결과 한국은 관광 선진국으로서의 위상을 확립할 수 있었습니다.

지난 50년간의 성과를 되돌아보면, 한국관광학회의 기여는 매우 큽니다. 관광학의 기초부터 응용 분야까지 폭넓은 연구를 수행해온 학회는, 관광업계가 필요로 하는 새로운 지식과 해법을 제시하며 업계의 발전을 견인해 왔습니다. 또한, 다양한 국제적 네트워크와 협력관계를 구축하여 글로벌 관광 트렌드를 선도하고, 한국 관광산업이 세계 속에서 성장할 수 있는 기반을 마련해 주었습니다.

한국관광협회중앙회 회장

윤영호

이번 50년사 발간 작업은 학회가 그동안 이룩한 다양한 성과를 정리하고, 그 성과를 토대로 향후 관광학의 미래를 구체적으로 구상하고자 하는 노력의 일환입니다. 특히, 급변하는 글로벌 환경 속에서 관광산업이 지속 가능한 성장을 이룰 수 있도록 학문적 비전을 제시해 주신 한국관광학회에 깊은 감사를 표합니다. 한국관광학회는 업계의 변화를 읽고, 시대에 맞는 새로운 관광 패러다임을 제시함으로써 앞으로도 관광업계의 나침반 역할을 할 것이라 믿어 의심치 않습니다.

한국관광협회중앙회는 한국관광학회와 함께 지난 반세기 동안 한국 관광산업의 발전을 위해 긴밀하게 협력해 왔습니다. 앞으로도 학회가 제시하는 미래 비전을 바탕으로 관광업계가 더욱 발전할 수 있기를 기대하며, 함께 지속 가능한 관광산업을 위해 힘을 모으겠습니다. 이번 50년사 발간이 그동안의 성과를 기념하는 동시에, 앞으로의 50년을 향한 도약의 발판이 되기를 진심으로 바랍니다.

다시 한번, 한국관광학회의 창립 50주년과 50년사 발간을 진심으로 축하드리며, 학회의 무궁한 발전을 기원합니다. 감사합니다.

2024년 12월 31일
한국관광협회중앙회 회장

윤영호

Congratulatory Message

On behalf of UN Tourism, I extend my heartfelt congratulations to the Tourism Sciences Society of Korea on this momentous occasion of the publication of its 50-year history.

The Tourism Sciences Society of Korea was established for the first time in the field of tourism in 1972, when the foundation of the tourism and hospitality industry was still taking baby steps in Korea. Over the past five decades, the Society has presented various theoretical foundations and practical solutions for the growth and development of the tourism sector of Korea. It has also been a pioneering force in driving research, education, and the formation of tourism policy, sharing its history with the development of the Korean tourism industry, and has grown into the largest research society in the tourism sector of Korea. Its dedication to academic excellence, policy advocacy, and industry collaboration has profoundly shaped the tourism landscape not only in Korea but also on the global stage. This publication of its 50-year history is a testament to the Society's unwavering commitment to fostering knowledge, promoting sustainable practices, and inspiring the next generation of tourism professionals and scholars.

The tourism industry, which has suffered more than any other sector from the COVID-19 pandemic, has since shown remarkable resilience. According to UN Tourism's latest World Tourism Barometer, international tourist arrivals are expected to reach 2019 levels in 2024, and international tourism receipts already virtually achieved pre-pandemic levels in 2023. Despite the generally strong results, the tourism industry's environment is changing due to globalization, technological innovations, sustainability pressures, shifting traveler preferences, and unpredictable

global challenges like pandemics and climate change. These factors require the industry to adapt continuously in order to remain resilient, innovative and sustainable.

As the tourism industry faces dynamic changes, the Society's leadership and contributions are more critical than ever. And Tourism Sciences Society of Korea has the capacity and resources to play an important role in presenting the way forward for the tourism industry in response to potential environmental changes and providing new insights into the future of society. Due to Korea's remarkable economic growth, the development of democracy, and the influence of K-Culture, the world is more interested in Korea now than ever. In order for this interest to lead to the development of the Korean tourism industry, it is expected that the Tourism Sciences Society of Korea will be able to fulfill its role as a compass for the formation of policies in the tourism sector and the sustainable development of the ecosystem of the tourism industry.

May the next 50 years bring even greater achievements, impactful research, and continued success. Congratulations once again on this remarkable milestone, and I wish the Tourism Sciences Society of Korea continued growth and prosperity in its future endeavors.

Director
UN Tourism Asia Pacific
Harry Hwang

Congratulatory Message

On behalf of the Pacific Asia Travel Association (PATA), it is my pleasure to extend our heartfelt congratulations to the Tourism Sciences Society of Korea (TOSOK) on your 50th anniversary. This milestone reflects TOSOK's longstanding commitment to advancing tourism studies and highlights your significant impact on tourism research, education, and professional development.

Since its founding, TOSOK has grown into a leading academic organization, fostering a deep understanding of the tourism industry and its complexities. Over five decades, TOSOK's efforts to produce high-quality research, publish reputable journals, and convene international conferences have been vital in shaping tourism discourse. You have united scholars, practitioners, and students from around the world to exchange ideas and address the challenges and opportunities facing the sector. TOSOK's accomplishments are a testament to your organization's strength and the dedication of your members. Your contributions have advanced the understanding of tourism as a critical driver of global economic development, cultural exchange, and sustainable growth. By promoting research and collaboration, TOSOK has ensured that tourism remains a field of scholarly inquiry and a force for positive change.

At PATA, we share similar goals. We are dedicated to promoting responsible and sustainable travel development across the Asia Pacific region. Like TOSOK, we believe in the power of knowledge-sharing and innovation to drive the industry forward. Our commitment to bringing together public and private stakeholders and promoting sustainable practices aligns closely with TOSOK's mission.

We greatly value the role of academic institutions like TOSOK in fostering industry growth. Your focus on research and academic discourse has enriched the tourism field and provided critical insights to guide policymakers and industry leaders. By cultivating a culture of curiosity and scholarly rigor, TOSOK has set a high standard for tourism research and education.

As we look to the future, we are confident that TOSOK will continue to shape the direction of tourism research. Your work will be pivotal in addressing the evolving challenges in the industry, from technological advancements to sustainability. We at PATA look forward to ongoing collaboration with academic institutions and organizations like TOSOK as we work toward a brighter future for tourism.

As you celebrate this milestone, take pride in the accomplishments of the past 50 years and look forward with optimism to the opportunities ahead. Your legacy of academic excellence, innovative research, and commitment to tourism will inspire future generations of scholars and professionals. Once again, on behalf of the entire PATA team, I extend my warmest congratulations to TOSOK on your 50th anniversary. We wish you continued success and look forward to witnessing your ongoing contributions to the global tourism landscape.

Chief Executive Officer
Pacific Asia Travel Association (PATA)
Noor Ahmad Hamid

Congratulatory Message

It is with immense pride and admiration that I contribute these words to the 50-Year History of TOSOK, a volume that celebrates five decades of extraordinary achievement of the Tourism Sciences Society of Korea (TOSOK). The TOSOK with over 50-year history is an institution that has profoundly shaped the landscape of tourism research in Korea and beyond. As the Chairman of the Asia Pacific Tourism Association (APTA) and a lifetime member of TOSOK, I am both humbled and honored to contribute these words to a publication that reflects on such a significant milestone.

Since its founding, TOSOK has stood as a beacon of academic leadership in tourism, not only as Korea's first tourism-related academic society but also as a cornerstone of innovation and scholarship in the field. Today, with over 8,000 members, TOSOK represents the largest body of tourism scholars in Korea, fostering a vibrant and collaborative academic community that continues to drive forward the frontiers of tourism research.

The society's commitment to academic excellence is further demonstrated by its prolific publication of academic journals, eight times per year, setting a remarkable standard within the discipline. Since 2000, the International Journal of Tourism Science (IJTS) has served as a vital platform for the internationalization of Korean tourism research, connecting scholars across borders and contributing to the global dialogue on tourism.

Chairman, APTA Yeong-Hyeon Hwang

TOSOK's annual international academic conference has become a highly anticipated event, bringing together leading minds from around the world to exchange knowledge, share insights, and explore new frontiers in tourism. Through these conferences, as well as the society's numerous seminars, discussions, and competitions, TOSOK has fostered an environment where ideas flourish, and future talent is cultivated. I have no doubt that TOSOK will continue to lead the way, influencing the evolution of tourism research and contributing to the advancement of the global tourism industry.

As we reflect on TOSOK's impressive 50-year journey, this book stands as both a testament to the society's past achievements and a beacon guiding its future. It captures the essence of a half-century of dedication, innovation, and collaboration that has shaped the study of tourism as we know it today.

I extend my heartfelt congratulations to TOSOK on this remarkable milestone. It is my hope that this historical record will not only honor the legacy of those who have contributed to its success but also inspire future generations of scholars to continue the important work of advancing tourism research in Korea and in the world.

Chairman

Asia Pacific Tourism Association(APTA)

Yeong-Hyeon Hwang

Congratulatory Message

On behalf of the Asia-Pacific Council on Hotel, Restaurant, and Institutional Education (Asia-Pacific CHRIE), I am deeply honored to extend my heartfelt congratulations to the Tourism Science Society of Korea (TOSOK) on the remarkable milestone of your 50th anniversary.

This momentous occasion marks not only a half-century of your excellence in the field of tourism and hospitality research and education but also reflects your unwavering commitment to advancing knowledge, research, and best practices across this vibrant and dynamic sector. Your efforts in supporting education, conducting research, and cultivating international partnerships have laid a strong foundation for continued growth and success in the years to come. As we reflect on the achievements of TOSOK, we are reminded of the importance of collaboration, continuous learning, and the shared goal of elevating the standards of hospitality and tourism worldwide.

At APacCHRIE, we are proud to count TOSOK as a valued member of our global network. Our shared vision for the advancement of hospitality and tourism education continues to inspire us to pursue excellence, and we look forward to the future of our partnership in promoting industry best practices and nurturing the next generation of professionals.

As TOSOK celebrates this incredible milestone, we commend your leadership, dedication, and achievements. May the next 50 years bring even greater success, innovation, and opportunities for growth as you continue to shape the future of tourism and hospitality research and education in Korea and beyond.

Once again, congratulations on this extraordinary achievement. Here's to another 50 years of excellence and progress.

President
Asia-Pacific CHRIE
Lawrence Hoc Nang Fong

創立50周年 祝辞

このたび貴学会におかれましては創立５０周年を迎えられ、まことにおめでとうございます。心よりご祝福申し上げます。また、御学会創立５０周年記念誌のご発刊を、重ねてご祝福申し上げます。

貴学会は１９７２年の創立以来、５０年という長期にわたり幾多の困難を乗り越えられ、韓国のみならずアジアの観光学を牽引してこられました貴学会の諸先輩方、現役の会員の皆様に、深甚なる敬意を申し上げます。特に、韓国やアジアの観光産業や観光学術が微細な時代から支えてこられ、現在8,000名を超えるアジア最大級の観光学術の府へと導かれた貴学会の歴代の会長様、副会長様、事務局長様はじめ役員に携われた皆様の多大なるご尽力につきましても、心から敬意を申し上げます。

貴学会と我が日本国際観光学会との共通点は、東アジアにおいて海外に向けた観光産業が勃興した時代に誕生し、観光研究と観光産業との両立を図ることで観光の発展を支えてきた点にあると考えております。そして、貴学会と我が学会は、韓日両国の観光産業や旅行産業の成長や発展に、研究とビジネス、政策の面から貢献を果たした点も共通点であります。

貴学会では年間８回学会誌を発行されるなど韓国における観光学術の雄としての地位を不動のものにされ、さらにはアジア各国に先んじて国際学術大会を開催され、

日本国際観光学会 会長 **崎本 武志**

２０００年からは英文学術誌International Journal of Tourism Scienceを発行されるなど、韓国国内だけでなく世界的な観光発展に寄与してこられました。これらの業績は世界的に見ましても非常に素晴らしく輝かしいものであり、日本をはじめアジア全体の観光関連学会の模範となるものと、心から称賛申し上げます。

貴学会は2024年７月に、第96回全南·麗水国際大会を盛大に開催されました。私は日本国際学会を代表し、基調講演をさせていただく栄誉を賜りました。日本で観光研究に携わられ、観光産業に従事している皆様や、日本から韓国にわたり研究活動や観光産業に励んでおられる皆様にお会いすることができ、心から感激いたしました。

未曾有の災難であるCOVID19が収まり、韓国も日本も外国人観光客受け入れ数が非常に増え、今後観光が急成長することが期待されています。このような時代を見据えて、これからも韓日観光発展のために貴学会と我が学会とがさらに友好的な交流を図り、激動の国際社会の中で両国における観光の成長と発展を共に支えていこうではありませんか。

最後になりますが、記念誌に稿を寄せられた研究者の皆様、編纂のため労をおとり賜りました事務局の皆様に、心から敬意を表しますとともに、貴学会のますますのご発展を、心から祈念申し上げます。

日本国際観光学会　会長

崎本　武志

崎本武志

th
관광 발전을 위한 50년
관광 미래를 위한 100년

3 한국관광학회 50년의 발자취

- 국문학술지 및 저서 • 영문학술지 • 정기 학술대회 • 포럼, 심포지엄, 워크숍
- 시상과 수상 • 한국 관광학연구 30년의 회고와 향후 과제
- 역대 학회장 회고 • 우수등재 학술지 등재를 위한 역대 편집위원장 회고

국문학술지 및 저서

김 태 린(Kim, Taelyn)
상지대학교 교수

● 국문학술지 '관광학연구'의 발간

1. 관광학연구의 시작

한국관광학회의 국문학술지 '관광학연구'는 1977년 6월 창간되었다. 창간 당시의 학술지명은 '관광학'이었으며, 이후 1985년에 현재의 학술지명인 '관광학연구'로 명칭을 변경하였다. 1977년 6월 창간호의 첫 페이지에는 당시 한국관광학회회장 박용호 경기대학교 교수의 권두언이 실려있는데, 해당 권두언을 통해 관광학연구 창간의 의의를 되새겨 볼 수 있다. 박용호 교수는 공학자들이 인간의 달 착륙이라는 업적을 만들며 인류의 진보에 기여한 바와 같이, 사회과학자로서 관광학자들 또한 깊이 있는 연구를 통해 인류 본연의 염원으로서 세계 평화 실현에 기여할 수 있어야 함을 명시하고 있다. 즉, 관광학연구의 창간이 비단 관련 연구의 결과를 집대성하기 위함 만은 아니며, 궁극적인 관광 본질의 역할로서 인류 교류와 세계 평화에 이바지 하는데 목적을 두고 있음을 확인할 수 있다.

"觀光學" 創刊號를 發刊함에 즈음하여

人類가 地球上에 出現한 以來로 自然科學者들이 科學과 技術의 힘을 빌려 우리 世代에 와서 外界 달나라를 往來하면서 宇宙探索의 門을 열게한 知性에 對해 우리는 함께 기뻐하면서 이를 높이 評價하여야 할 줄로 생각한다.

이제 平和를 追求하는 온 人類의 念願에 副應하기 위해서 社會科學者 및 其他學者들도 協力하여 地上에서 平等과 自由에 立脚한 人間相互尊重, 相互理解 및 相互共存繁榮을 理念으로 하는 觀光學의 理論的 體系化에 온 知性과 智慧를 傾注하여야 할 時點에 到達하였다고 判斷된다.

歷史上, 平和維持에 관한 理論이 主張된바 없었던바는 아니나 人類가 自體絶滅을 願치 않으며 지금과 같이 具體的인 觀光交流를 方便으로 하여 그 實現에로 方向을 돌리도록 條件이 成熟된 적이 없었다. 우리는 누구나가 現實的으로 平和의 實現可能한 理論提示를 熱望하여 왔으며 또한 이제와서는 人類將來를 위해 그 길만이 生存의 길이란 點을 아무리 强調하더라도 過言이 아니라고 確信한다.

그러나 現實은 아직도 人類의 念願인 平和에 直結하는 生活속에 뿌리박는 健全한 觀光哲學이 確立되지 못한채 世界 各地의 一部 輕率하고 無責任한 者들의 直接的, 物質的, 經濟的 利益만을 두둔하는 主張에 左右되어 近視眼的으로 觀光交流가 偏狹하게 論議되는 듯한 느낌을 갖게 하고 있음은 至極히 遺憾된 일이라 아니할 수 없다.

이러한 狀況下에서 純粹히 觀光學을 硏究하는 者 또는 이와 關聯있는 分野에 關心을 갖고 硏究하는 者들이 使命感을 갖고 毅然한 姿勢로 協同하여 人類本然의 念願인 平和實現으로 誘導하는 緻密하고도 正確한 科學的 理論을 早速히 마련하여 提示하여야 할 줄로 안다.

韓國의 觀光學會會員들이 이러한 努力의 한 表示로 協同하여 이 "觀光學" 創刊號를 發刊함에 있어 깊은 謝意를 表하며 國內外의 이 分野의 關聯硏究者들의 많은 協助와 鞭撻이 있기를 期待하는 바이다.

韓國 觀光學會
會長 朴 龍 虎

그림 3-1-1. 관광학연구의 첫 서문, '관광학 창간호를 발간함에 즈음하여' (박용호, 1977)

2. 관광학연구의 주요 연혁

1) 편집위원장

관광학연구에 편집위원제도가 도입된 것은 1994년 3월이며, 김사헌 경기대 교수를 초대 편집위원장으로 하였다. 초대 편집위원회는 2인 익명심사제도를 도입하고 투고규정, 심사규정, 심사방법 및 평가기준을 제정하였으며, 이후 1996년 3인 익명심사제도로 심사위원 수를 확대하였다.

관광학연구 편집위원장의 기수는 한국관광학회의 회장단 기수와 맥을 같이 함에 따라, 초대 편집위원장 김사헌 경기대 교수를 이후로, 13대 편집위원장 김사헌 경기대 교수, 14대 편집위원장 오익근 계명대 교수, 15대 편집위원장 김성혁 세종대 교수, 16대 편집위원장 한범수 경기대 교수, 17대 편집위원장 최승담 한양대 교수, 18대 편집위원장 변우희 경주대 교수, 19대 편집위원장 이돈재 용인대 교수, 20대 편집위원장 장병권 호원대 교수, 21대 편집위원장 김철원 경희대 교수, 22대 편집위원장 김남조 한양대 교수, 23대 이봉구 동의대 교수, 24대 편집위원장 전병길 동국대 교수, 25대 편집위원장 이진형 목포대 교수, 26대 편집위원장 조광익 대구가톨릭대 교수가 역할을 맡아왔다.

표 3-1-1. 역대 관광학연구 편집위원장

	연도	성명	대학
초대	94	김사헌	경기대
13대	95-96	김사헌	경기대
14대	97-98	오익근	계명대
15대	99-00	김성혁	세종대
16대	01-02	한범수	경기대
17대	03-04	최승담	한양대
18대	05-06	변우희	경주대
19대	07-09	이돈재	용인대
20대	09-11	장병권	호원대
21대	12-13	김철원	경희대
22대	14-15	김남조	한양대
23대	16-17	이봉구	동의대
24대	18-19	전병길	동국대
25대	20-21	이진형	목포대
26대	22-23	조광익	대구가톨릭대

※ 편집위원장의 기수는 한국관광학회 회장단의 기수와 동일함
출처: 관광학연구 홈페이지, 한국관광학회(2008) 회원명부

2) 학술지 명칭

1977년 6월 창간 당시, 관광학연구의 국문 학술지명은 '관광학'이었으며, 영문명은 'Study on Tourism'이었다. 이후, 1985년 9월 학술지의 국문명을 '관광학연구'로 변경하였으며, 1994년 9월 학술지의 영문명을 'Journal of Tourism Sciences'로 변경하였다. 이후부터 현재까지 '관광학연구' 및 'Journal of Tourism Sciences'라는 명칭이 사용되어 오고 있다.

표 3-1-2. 관광학연구의 국문 및 영문 명칭 변경

시기	국문학술지명	영문학술지명
1977년 6월	관광학	Study on Tourism
1985년 9월	관광학연구	Study on Tourism
1994년 9월	관광학연구	Journal of Tourism Sciences

출처: 관광학연구 홈페이지

3) 학술지 위상

관광학연구는 1977년 6월 창간 이후, 1998년 7월 KCI 등재학술후보지로 선정되었으며, 2001년 1월 KCI 등재학술지로 선정되었다. 이후 2017년 1월 한국연구재단 우수등재학술지로 선정되었으며, 2022년 현재, 국내 유일의 관광 분야 우수등재학술지로서 관광학 연구의 구심점 역할을 하고 있다.

표 3-1-3. 관광학연구 위상 변화

시기	위상
1977년 6월	창간
1998년 7월	KCI 등재학술후보지 선정
2001년 1월	KCI 등재학술지 선정
2017년 1월	KCI 우수등재학술지 선정

출처: 한국학술지인용색인(KCI) 홈페이지

4) 표지 및 내지 디자인

시대의 흐름에 따라 관광학연구의 표지 및 내지의 디자인도 개편되어 왔다. 1977년 창간호 이후, 1979년, 1994년, 1999년, 2015년, 2022년 총 다섯 번의 개편이 있었으며, 2022년에 개편된 표지 및 내지가 현재의 표지 및 내지로 사용되고 있다.

표 3-1-4. 관광학연구 표지 및 내지의 변화

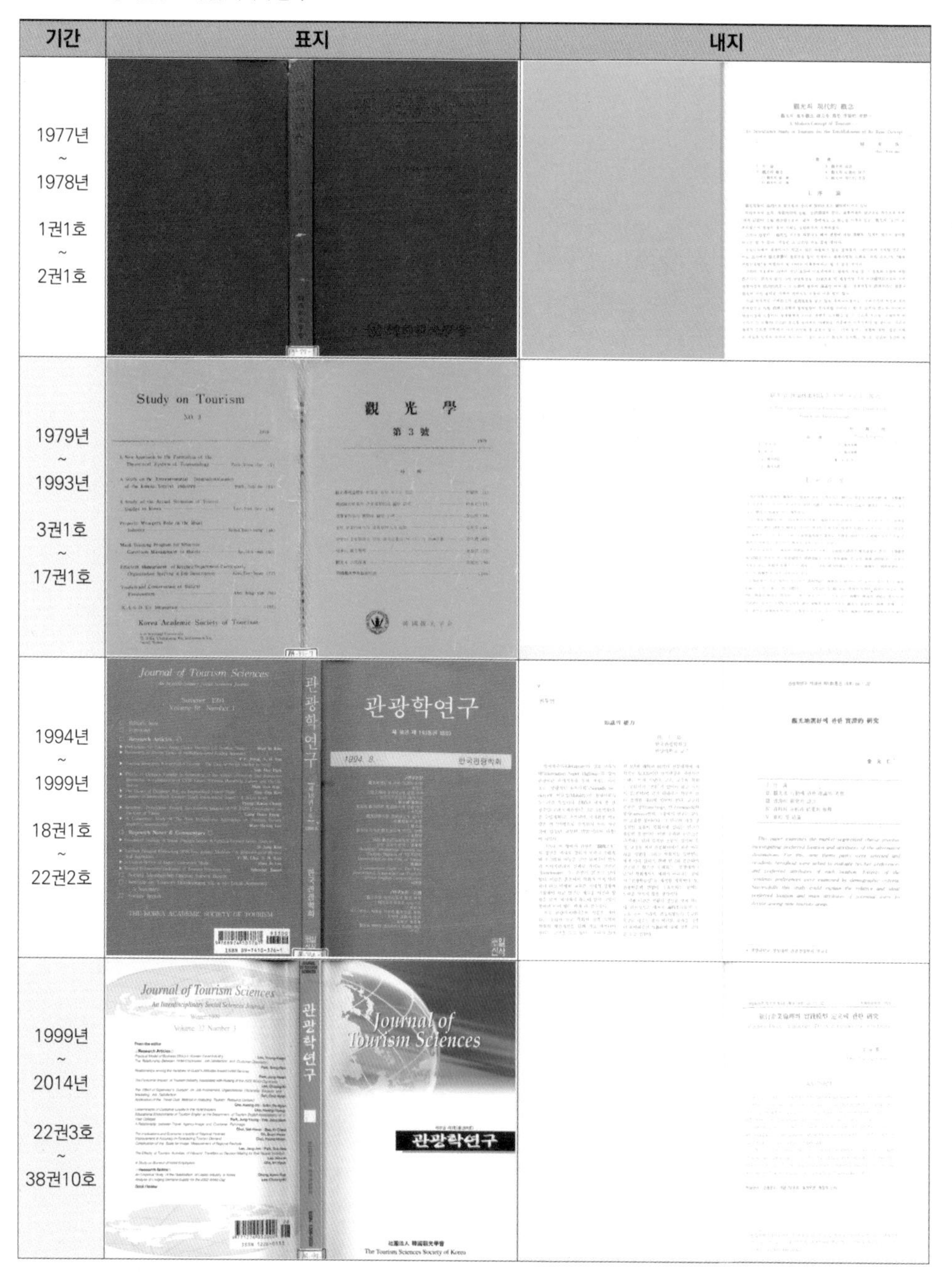

기간	표지	내지
1977년 ~ 1978년 1권1호 ~ 2권1호		
1979년 ~ 1993년 3권1호 ~ 17권1호		
1994년 ~ 1999년 18권1호 ~ 22권2호		
1999년 ~ 2014년 22권3호 ~ 38권10호		

표 3-1-4. 관광학연구 표지 및 내지의 변화(계속)

기간	표지	내지
2015년 ~ 2022년 39권1호 ~ 46권5호		
2022년 ~ 46권6호 ~		

5) 학술지 발간 호 수 및 편 수

관광학연구의 발간은 창간 해인 1977년부터 1994년까지 연 1호를 발간하였으며(1981년 미발간), 1995년부터 2호, 2000년부터 3호, 2002년부터 4호(2005년 3호), 2006년부터 6호, 2009년 7호, 2010년 9호, 2011년부터 10호를 발간하며 그 수를 점차 늘려갔다. 이후 2019년부터는 연 8호를 발간하였으며, 2022년 현재에도 연 8호 발간을 유지하고 있다.

한편 발간 호 수의 증가와 함께 발간 논문 편 수도 증가했다. 1977년 창간호에 실은 9편의 논문을 시작으로, 1980년대에는 10~20여 편의 논문, 1990년대에는 적게는 14편, 많게는 111편의 논문이 실렸다. 2000년대 초기에는 70~80여 편의 논문이 실렸으며 후기에는 120~130여 편의 논문이 실렸다. 202편이 발간된 2011년을 정점으로 논문 편수는 다시 감소하였으며, 2022년 현재 연간 80편 내외의 논문이 발간되고 있다.

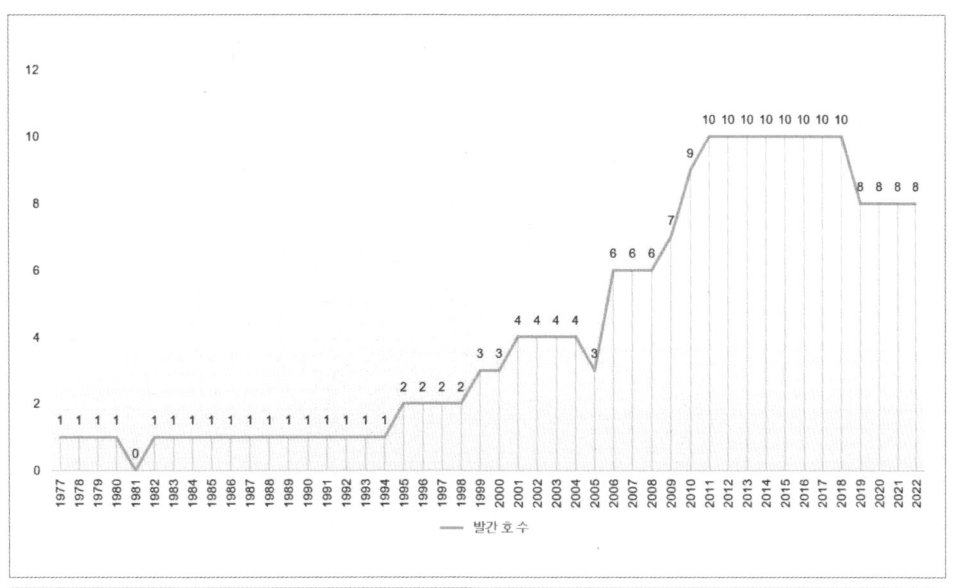

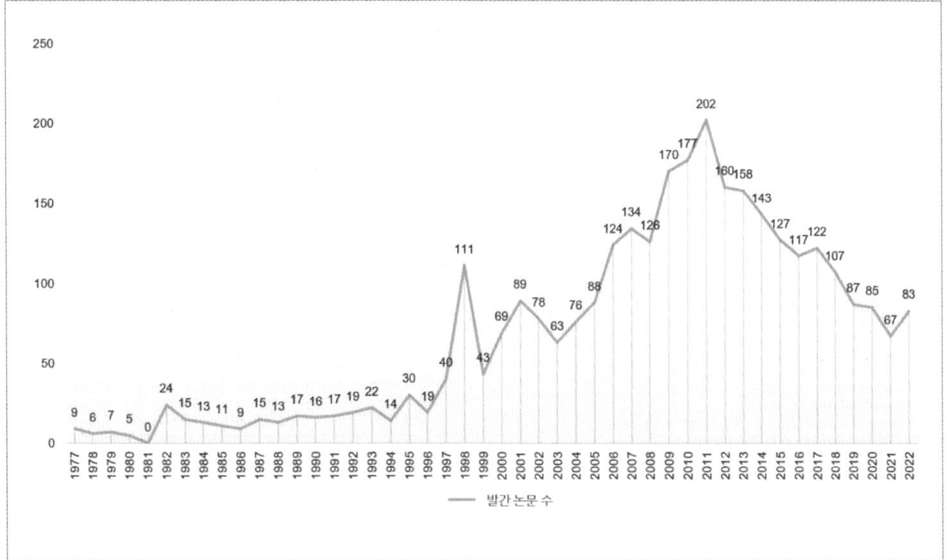

그림 3-1-2. 관광학연구 발간 호 수(상) 및 발간 논문 수(하)

3. 관광학연구 논문 키워드의 변화

1) 분석 방법

관광학연구 논문 키워드의 변화를 분석하기 위해, 논문 제목에 사용된 단어의 1) 빈도분석과 2) 연결성 분석을 진행하였다. 분석을 위한 자료는 관광학연구 홈페이지에 게시된 논문 목록에서 논문의 제목과 연도를 추출하여 활용하였다. 또한 논문 발행 시기를 7-80년대(1977-1999년), 90년대(1990-1999년), 2000년대(2000-2009년), 2010년대(2010-2019년), 2020년대(2020-2022년)까지의 다섯 개의 기간로 구분하여 시기별 키워드의 변화를 검토하였다.

1) 빈도분석은 파이썬(Python)의 KoNLPy 패키지를 활용하여 논문 제목에 대한 전처리 분석을 진행한 후 단어를 빈도 순으로 목록화하였으며, 이후 목록화된 단어들에 대한 반복적 검토 과정을 거쳐 의미 있는 범주로 분류해냈다. 예컨대, (1) 연구대상으로서 산업과 관광목적지, (2) 연구부문으로서 개발이용정책, 경영관리, 관광객심리행태, (3) 분석현상 및 방법, (4) 배경 및 이슈 등의 범주로 구분하고, 각 범주별로 시기별 빈도순위 상위 15위까지의 키워드들을 목록화하여 변화를 분석하였다.
2) 연결성 분석은 텍스톰의 N-gram 분석을 통해 논문 제목의 문자열에서 연속 등장하는 3개 단어군을 추출(예: 관광-호텔-종사원)하는 방식으로 진행하였다. 각 시기 별 논문 편 수의 차이가 있어 연속 등장 단어군의 최소 출현빈도를 시기별로 달리 적용했는데, 7-80년대와 90년대는 출현빈도 2회이상, 2000년대는 4회 이상, 2010년대에는 5회 이상, 2020년대에는 2회 이상을 최소 기준으로 하였다. 이후, 각 시기별로 도출된 키워드의 연결성 변화를 분석하였다.

2) 빈도 분석 결과

(1) 연구대상

① 관광산업

연구대상으로서 관광산업의 경우, 전 기간에 걸쳐 호텔이 가장 많이 등장한 키워드로 나타났으며, 축제, 외식 등의 키워드가 그 뒤를 이었다. 시기별로 15대 키워드 목록에서 등장하거나 제외된 키워드들을 검토해보면, 7-80년대는 호텔, 올림픽, 식음료, 프렌차이즈 등의 키워드가 등장했으며, 90년대는 축제, 외식, 카지노 등의 키워드가 등장하였고, 월드컵, 엑스포, 콘도미니엄 등의 키워드가 등장했으나 해당 기간에만 15대 키워드 목록에 머물고 제외됐고, 식음료는 해당 기간을 마지막으로 15대 키워드 목록에서 제외됐다. 2000년대에는 컨벤션과 와인 등의 키워드가 등장했으며, 전시, 드라마 등의 키워드가 등장했으나 해당 기간을 마지막으로 제외됐고, 이벤트, 관광호텔 등의 키워드가 제외됐다. 2010년대에는 공유숙박, 특급 등의 키워드가 등장했고, 의료관광, 커피, 전문점 키워드가 등장 후 제외됐으며, 레스토랑, 프렌차이즈, 와인 등의 키워드가 해당 기간을 마지막으로 제외됐다. 2000년대에는 배달, 스타, 팬덤, 디자인, 한류, 푸드 등의 키워드가 등장했다.

표 3-1-5. 키워드 빈도분석 결과: 연구대상 중 관광산업

순위	1977-1989		1990-1999		2000-2009		2010-2019		2020-2022	
	단어	빈도	단어	빈도	단어	빈도	단어	빈도	단어	빈도
1	호텔	17	호텔	51	호텔	123	호텔	134	호텔	16
2	관광호텔	8	축제	8	축제	57	축제	56	외식	9
3	올림픽	7	관광호텔	7	레스토랑	37	항공(사)	54	항공사	7
4	식음료	2	외식	4	외식	33	외식	53	카지노	7
5	프랜차이즈	2	카지노	4	항공(사)	16	카지노	33	공유숙박	7
6	토산품	2	월드컵	3	여행사	16	레스토랑	30	배달	6
7	온천	2	여행사	3	컨벤션	16	의료관광	28	스타	5
8			이벤트	3	카지노	16	커피	26	리조트	4
9			레스토랑	3	이벤트	15	컨벤션	20	여행사	4
10			식음료	3	패밀리	15	전문점	26	팬덤	4
11			엑스포	2	관광호텔	9	프랜차이즈	18	디자인	4
12			콘도미니엄	2	프랜차이즈	8	공유숙박	16	한류	4
13			리조트	2	와인	8	특급	16	푸드	4
14			항공(사)	2	전시	7	리조트	15	컨벤션	3
15					드라마	6	와인	15	항공	3

※ 붉은색 음영: 해당기간에 TOP 15에 들어선 키워드, 파란색 음영: 해당기간에 TOP 15에 머문 것이 마지막인 키워드, 노란색 음영: 해당기간에 TOP 15에 들어섰으나 마지막인 키워드

② 관광목적지

연구대상으로서 관광목적지의 경우, 전 기간에 걸쳐 지역이라는 키워드가 가장 많은 빈도로 나타났으며, 그 뒤를 잇는 키워드로는 7-80년대는 공간, 서울, 90년대는 공원, 목적지, 2000년대는 목적지, 농촌, 2010년대는 농촌, 도시, 2020년대는 장소, 목적지 등이 나타났다. 시기별로 15대 키워드 목록에 새로 등장하거나 제외된 키워드를 검토해보면, 7-80년대는 지역, 공간, 서울, 공원 등의 키워드가 등장했으며, 90년대의 경우, 목적지, 경주, 농촌 등의 키워드가 등장했고, 지방, 휴양, 관광특구, 대전 등의 키워드가 등장했으나 해당 기간에만 15대 키워드 목록에 머물고 제외됐다. 2000년대는 제주, 장소, 자연 등의 키워드가 등장했고, 섬, 해양, 어촌 등의 키워드가 등장했으나 해당 기간을 이후로 제외됐으며, 경주 등의 키워드가 해당 기간을 이후로 제외됐다. 2010년대에는 마을이 새로운 키워드로 등장했고, 부산, 강원도, 평창 등이 새로운 키워드로 등장했으나 해당 기간 이후 제외됐으며, 공원이 해당 기간을 마지막으로 제외됐다. 2020년대에는 거리, 박물관, 숲 등의 새로운 키워드가 등장했다.

표 3-1-6. 키워드 빈도분석 결과: 연구대상 중 관광목적지

순위	1977-1989		1990-1999		2000-2009		2010-2019		2020-2022	
	단어	빈도	단어	빈도	단어	빈도	단어	빈도	단어	빈도
1	지역	10	지역	24	지역	78	지역	85	지역	16
2	공간	4	공원	7	목적지	22	농촌	30	장소	8
3	서울	4	목적지	3	농촌	19	도시	27	목적지	7
4	공원	3	경주	2	제주(도)	15	목적지	27	공간	6
5	시설	3	지방	2	공원	14	공간	28	제주(도)	5
6	수도	3	도시	2	장소	9	장소	20	도시	4
7	도시	2	농촌	2	시설	8	공원	19	농촌	4
8	동굴	2	휴양	2	공간	8	제주(도)	27	거리	3
9			관광특구	2	도시	8	마을	17	자연	3
10			대전	2	자연	8	자연	13	박물관	2
11			공간	2	경주	6	부산	11	숲	2
12			시설	2	서울	4	서울	10	시설	2
13					섬	3	강원도	8	지방	2
14					해양	2	시설	8	서울	2
15					어촌	2	평창	5	공원	2

※ 붉은색 음영: 해당기간에 TOP 15에 들어선 키워드, 파란색 음영: 해당기간에 TOP 15에 머문 것이 마지막인 키워드, 노란색 음영: 해당기간에 TOP 15에 들어섰으나 마지막인 키워드

(2) 연구부문

① 개발이용정책

연구부문으로서 관광의 개발, 이용, 정책의 경우, 7-80년대부터 2000년대까지는 개발이라는 키워드가, 2010년대부터 2020년대 현재까지는 이용이라는 키워드가 가장 많은 빈도로 나타났다. 이 외, 활용, 정책, 등의 키워드가 전 기간에 걸쳐 높은 빈도로 나타났다. 시기별로 15대 키워드에 새로 등장하거나 제외된 키워드를 검토해보면, 7-80년대는 개발, 방향, 정책, 개선, 접근 등의 키워드가 등장했으며, 제도, 대책, 증대라는 키워드도 등장했으나 해당 기간을 마지막으로 제외됐다. 90년대에는 체계, 활용, 활성 등의 키워드가 등장했고, 설정, 진흥 등의 키워드가 등장했으나 해당 기간을 마지막으로 제외됐으며, 개선, 과제, 시스템 등의 키워드가 해당 기간을 마지막으로 제외됐다. 2000년대에는 척도, 회복 등의 키워드가 등장했고, 기준, 규정, 제약, 경쟁 등의 키워드가 등장했으나 해당 기간을 마지막으로 제외됐으며, 체계, 법 등의 키워드가 제외됐다. 2010년대에는 확장, 수용 등의 키워드가 등장했고, 위험, 책임, 전환 등의 키워드가 등장했으나 이후 제외됐으며, 전략, 방안, 척도, 활성 등의 키워드가 제외됐다. 2020년대에는 공공, 지원, 정부 등의 키워드가 등장했다.

표 3-1-7. 키워드 빈도분석 결과: 연구부문 중 개발이용정책

순위	1977-1989		1990-1999		2000-2009		2010-2019		2020-2022	
	단어	빈도	단어	빈도	단어	빈도	단어	빈도	단어	빈도
1	개발	17	개발	27	개발	94	이용	95	이용	25
2	방향	9	전략	15	기준	42	개발	80	활용	14
3	정책	7	정책	14	규정	42	활용	49	개발	14
4	개선	7	개선	11	활용	25	정책	47	정책	7
5	접근	7	방안	10	전략	25	확장	28	공공	7
6	전략	5	계획	9	정책	22	수용	26	회복	6
7	방안	5	방향	7	척도	17	위험	26	접근	5
8	발전	5	과제	7	활성	16	전략	26	확장	5
9	과제	4	체계	7	회복	15	방안	20	계획	6
10	제도	4	설정	6	방안	14	계획	18	지원	5
11	대책	3	시스템	6	발전	12	책임	18	정부	5
12	법	3	활용	6	체계	11	척도	16	수용	3
13	증대	2	진흥	5	법	7	활성	16	방향	3
14	시스템	2	발전	5	제약	7	회복	12	발전	3
15			활성	4	경쟁	7	전환	11	전략	3

※ 붉은색 음영: 해당기간에 TOP 15에 들어선 키워드, 파란색 음영: 해당기간에 TOP 15에 머문 것이 마지막인 키워드, 노란색 음영: 해당기간에 TOP 15에 들어섰으나 마지막인 키워드

② 경영관리

연구부문으로서 경영관리의 경우, 7-80년대의 경우 관리, 효율, 가격 등의 키워드가 높은 빈도로 나타났으며, 90년대는 서비스, 직무, 상품, 2000년대는 서비스, 직무, 조직, 2010년대는 효과, 서비스, 브랜드, 2020년대는 효과, 서비스, 품질 등의 키워드가 높은 빈도로 나타났다. 시기별로 새롭게 등장하거나 제외된 키워드를 보면, 7-80년대 효율, 경영, 종사원 등의 키워드가 등장했으며, 관리, 가격, 운영 등의 키워드가 등장했으나 해당 기간을 마지막으로 제외됐다. 90년대는 서비스, 직무, 상품, 이미지 등의 키워드가 등장했으며, 종업원, 이직 등의 키워드가 등장했으나 해당 기간을 마지막으로 제외되었고, 효율 등의 키워드가 해당 기간을 마지막으로 제외됐다. 2000년대는 브랜드, 지원 등의 단어가 등장했고, 학연 등의 키워드가 등장했으나 이후 제외됐다. 2010년대는 질이라는 키워드가 등장했고, 자본, 전문 등의 키워드가 등장했으나 해당 기간을 마지막으로 제외됐으며, 마케팅 등의 키워드가 제외됐다. 2020년대는 승무원 등이 새로운 키워드로 등장했다.

표 3-1-8. 키워드 빈도분석 결과: 연구부문 중 경영관리

순위	1977-1989		1990-1999		2000-2009		2010-2019		2020-2022	
	단어	빈도	단어	빈도	단어	빈도	단어	빈도	단어	빈도
1	관리	10	서비스	21	서비스	71	효과	127	효과	30
2	효율	5	직무	16	직무	46	서비스	123	서비스	19
3	가격	3	상품	9	조직	45	브랜드	102	품질	14
4	운영	3	경영	9	이미지	42	직무	88	브랜드	11
5	경영	3	이미지	8	성과	40	품질	57	상품	8
6	이익	2	효과	8	효과	33	이미지	53	승무원	6
7	종사원	2	성과	7	브랜드	29	상품	42	역할	6
8	안내원	2	품질	7	품질	28	역할	37	성과	5
9	회계	2	마케팅	6	경영	27	종사원	34	이미지	4
10	사업자	2	종업원	6	상품	23	직원	30	조직	4
11			조직	6	종사원	22	성과	30	질	4
12			종사원	6	마케팅	21	질	25	성공	4
13			효율	5	학연	20	마케팅	21	직무	3
14			역할	5	직원	14	자본	17	종사자	3
15			이직	5	역할	14	전문	17	직원	3

※ 붉은색 음영: 해당기간에 TOP 15에 들어선 키워드, 파란색 음영: 해당기간에 TOP 15에 머문 것이 마지막인 키워드, 노란색 음영: 해당기간에 TOP 15에 들어섰으나 마지막인 키워드

③ 관광객심리행태

연구부문으로서 관광객심리행태의 경우, 7-80년대는 의식이라는 키워드가 가장 높은 빈도로 나타났으며, 90년대는 만족(도), 선택, 행동, 2000년대는 만족(도), 지각, 행동, 2010년대는 만족(도), 행동, 의도, 2020년대는 행동, 의도, 경험 등의 키워드가 높은 빈도로 나타났다. 시기별로 새로 등장하거나 제외된 키워드를 검토해보면, 7-80년대 의식, 결정, 성향 등의 키워드가 등장했으며, 시각 등의 키워드가 등장했으나 해당 기간을 이후로 제외됐다. 90년대는 만족(도), 선택, 행동, 태도, 활동 등의 키워드가 등장했으며, 성향, 의식 등의 키워드가 제외됐다. 2000년대에는 의도, 동기, 인식, 구매, 감정, 체험 등의 키워드가 등장했으며, 충성 등의 키워드가 등장했으나 해당 기간을 이후로 제외되었고, 활동 등의 키워드가 제외됐다. 2010년대는 경험 등의 키워드가 등장했고, 동기, 체험, 몰입, 구매 등의 키워드가 제외됐다. 2020년대는 반응, 신뢰 등의 키워드가 등장했다.

표 3-1-9. 키워드 빈도분석 결과: 연구부문 중 관광객심리행태

순위	1977-1989		1990-1999		2000-2009		2010-2019		2020-2022	
	단어	빈도	단어	빈도	단어	빈도	단어	빈도	단어	빈도
1	의식	8	만족(도)	24	만족(도)	108	만족(도)	201	행동	33
2	시각	3	선택	19	지각	60	행동	174	의도	31
3	결정	3	행동	15	행동	51	의도	161	경험	26
4	성향	2	결정	9	특성	43	지각	98	만족(도)	23
5			태도	7	결정	38	인식	86	지각	16
6			활동	7	의도	38	동기	71	결정	15
7			성향	5	동기	36	활동	64	인식	12
8			특성	5	인식	32	경험	62	선택	11
9			지각	5	선택	27	체험	59	태도	9
10			의식	3	태도	26	태도	59	반응	9
11			의사	2	충성	20	선택	53	의사	9
12			몰입	2	활동	16	몰입	53	감정	7
13					구매	16	특성	53	구매	7
14					감정	15	결정	51	활동	7
15					체험	13	구매	49	신뢰	6

※ 붉은색 음영: 해당기간에 TOP 15에 들어선 키워드, 파란색 음영: 해당기간에 TOP 15에 머문 것이 마지막인 키워드, 노란색 음영: 해당기간에 TOP 15에 들어섰으나 마지막인 키워드

(3) 분석현상 및 방법

분석현상 및 방법에 있어서는 7-80년대는 조사, 소고, 영향의 순으로 높은 빈도로 나타났다. 이후 90년대부터 2020년대 현재까지 영향이라는 빈도가 가장 높은 빈도로 나타났으며, 이외 평가, 모형/모델 등의 키워드가 높은 빈도에서 나타나고 있다. 시기에 따라 새로 등장하거나 제외된 키워드를 검토해보면, 7-80년대의 경우, 조사, 영향, 실태, 고찰, 비교, 평가 등의 키워드가 등장했으며, 소고, 계량 등의 키워드가 등장했으나 해당 기간을 마지막으로 제외됐다. 90년대는 모형/모델, 실증, 측정, 차이 등의 키워드가 등장했고, 퍼지, 포지셔닝 등의 키워드가 등장했으나 해당 기간을 마지막으로 제외됐고, 실태, 고찰, 조사, 현황 등의 키워드가 제외됐다. 2000년대는 탐색, 이해, 네트워크 등의 키워드가 등장했고, 추정, 세분화, 비판 등의 키워드가 등장했으나 해당 기간을 마지막으로 제외됐으며, 예측, 실증 등의 키워드가 제외됐다. 2010년대는 조절, 매개, 사례, 동향, 검증 등의 키워드가 등장했고, 차이, 평가, 측정 등의 키워드가 해당 기간을 마지막으로 제외됐다. 2020년대는 현상학, 근거, 개념 등의 키워드가 등장했다.

표 3-1-10. 키워드 빈도분석 결과: 분석현상 및 방법

순위	1977-1989		1990-1999		2000-2009		2010-2019		2020-2022	
	단어	빈도	단어	빈도	단어	빈도	단어	빈도	단어	빈도
1	조사	9	영향	32	영향	198	영향	439	영향	64
2	소고	6	평가	20	평가	92	모형/모델	78	이론	32
3	영향	6	모형/모델	16	모형/모델	59	조절	72	조절	20
4	실태	6	실증	11	비교	40	구조	68	모형/모델	19
5	고찰	5	측정	10	구조	37	이론	62	구조	12
6	비교	5	비교	9	탐색	33	비교	61	현상학	10
7	평가	3	차이	8	추정	25	탐색	53	사례	9
8	현황	2	예측	8	차이	20	차이	48	매개	9
9	계량	2	구조	6	이론	19	평가	41	동향	8
10	심리학	2	실태	6	세분화	18	매개	28	탐색	7
11	예측	2	고찰	6	예측	17	사례	23	네트워크	7
12	이론	2	조사	6	이해	15	측정	21	근거	7
13	구조	2	현황	3	실증	13	네트워크	20	개념	7
14			퍼지	2	네트워크	12	동향	18	비교	6
15			포지셔닝	2	비판	12	검증	17	이해	6

※ 붉은색 음영: 해당기간에 TOP 15에 들어선 키워드, 파란색 음영: 해당기간에 TOP 15에 머문 것이 마지막인 키워드, 노란색 음영: 해당기간에 TOP 15에 들어섰으나 마지막인 키워드

(4) 배경 및 이슈

배경 및 이슈에 있어서는, 7-80년대는 자원, 국제, 교육, 90년대는 산업, 문화, 국제, 2000년대는 문화, 산업, 시장, 2010년대는 사회, 문화, 정보, 2020년대는 사회, 코로나, 문화 등의 키워드가 높은 빈도로 나타났다. 시기별로 새로 등장하거나 제외된 키워드를 검토해보면, 7-80년대에는 자원, 국제, 교육, 산업 등의 키워드가 등장했고, 통역, 역사, 현대, 미래 등의 키워드가 등장했으나 해당 기간을 마지막으로 제외됐다. 90년대는 시장 등의 키워드가 등장했고, 일본, 가족, 해외, 교통수단, 노인 등의 키워드가 등장했으나 해당 기간을 마지막으로 제외됐으며, 전통 등의 키워드가 제외됐다. 2000년대는 정보, 참여, 지속 등의 키워드가 등장했고, 인터넷, 웹사이트 등의 키워가 등장 후 제외됐으며, 국제 등의 키워드 제외됐다. 2010년대는 중국(인), 온라인, 삶 등의 키워드가 등장했고, 참여, 경제 등의 키워드가 제외됐다. 2020년대는 코로나, 데이터, 행복, 스마트 등의 키워드가 등장했다.

표 3-1-11. 키워드 빈도분석 결과: 배경 및 이슈

순위	1977-1989		1990-1999		2000-2009		2010-2019		2020-2022	
	단어	빈도	단어	빈도	단어	빈도	단어	빈도	단어	빈도
1	자원	11	산업	30	문화	51	사회	86	사회	13
2	국제	10	문화	14	산업	50	문화	77	코로나	10
3	교육	5	국제	14	시장	33	정보	60	문화	9
4	산업	5	환경	12	사회	30	참여	52	데이터	9
5	통역	4	시장	12	자원	27	산업	50	온라인	8
6	환경	4	자원	11	환경	25	자원	43	자원	8
7	주민	3	경제	10	정보	24	환경	40	정보	8
8	문화	3	전통	5	주민	23	중국(인)	39	산업	7
9	역사	2	일본	5	교육	19	시장	28	지속	7
10	전통	2	사회	5	인터넷	18	주민	26	행복	6
11	사회	2	가족	5	국제	17	교육	26	주민	6
12	경제	2	해외	5	경제	17	경제	25	교육	6
13	현대	2	교육	4	참여	17	지속	24	참여	5
14	미래	2	교통수단	3	웹사이트	16	온라인	20	환경	5
15			노인	3	지속	12	삶	16	스마트	5

※ 붉은색 음영: 해당기간에 TOP 15에 들어선 키워드, 파란색 음영: 해당기간에 TOP 15에 머문 것이 마지막인 키워드, 노란색 음영: 해당기간에 TOP 15에 들어섰으나 마지막인 키워드

3) 연결성 분석 결과

키워드 간 연결성 분석 결과, 7-80년대는 조사, 연구, 교육, 개발, 통역, 안내 등의 키워드가 주요 연결성을 지닌 것으로 나타났다. 90년대는 키워드 간 연결성이 보다 복잡해졌는데, 수요예측, 관광지 이미지, 영어 교육, 축제, 관광 개발, 지역 경제, 효과 분석, 파급 효과, 호텔 서비스, 호텔 경영, 종사원 직무, 고객 만족, 선택 결정 요인 등의 키워드 등의 연결성이 두드러지게 나타났다. 2000년대는 연결성의 복잡도가 보다 심화되어, 산업 서비스, 산업 품질, 고객 만족, 이미지 형성, 농촌 마을, 축제 상품, 가치 평가, 선택 속성, 경영 성과, 시장 세분화, 수요 결정 요인, 라이프 스타일 유형, 경제 파급효과 등의 키워드가 연결성을 보였다. 2010년대는 고객 행동, 방문 의도, 이용 태도, 수요 결정, 삶의 질, 시장 세분화, 방한 외래관광객, 관광 목적지 브랜드, 항공사 객실 승무원, 조절 효과, 매개 효과 등의 키워드가 연결성을 보였다. 2020년대는 현상학, 스마트, 감성, 팬덤, 여성 여가, 시니어 여행, 모바일 배달 앱, 프리미엄 지불 등의 키워드가 연결성을 보였다.

표 3- 1-12. 연결성 분석 결과

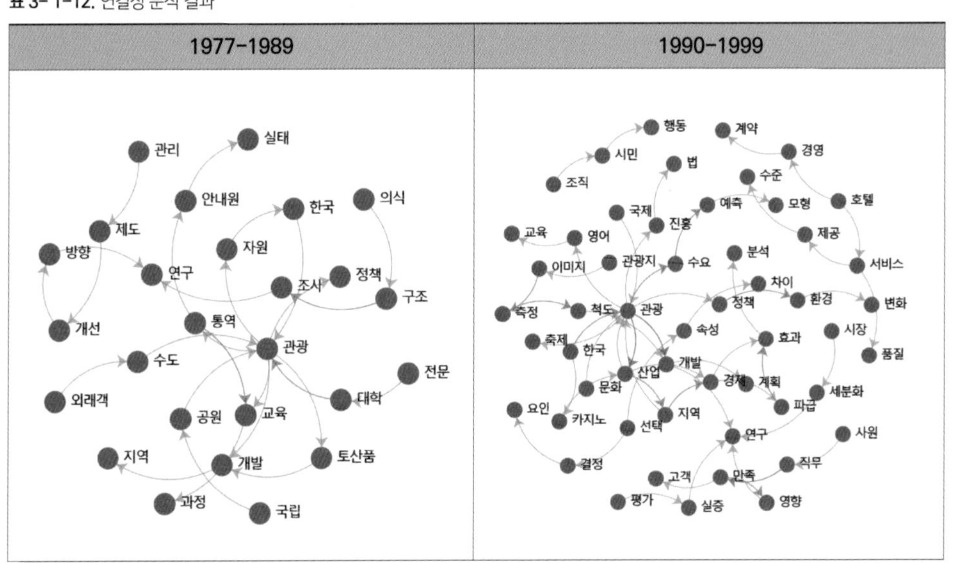

표 3- 1-12. 연결성 분석 결과(계속)

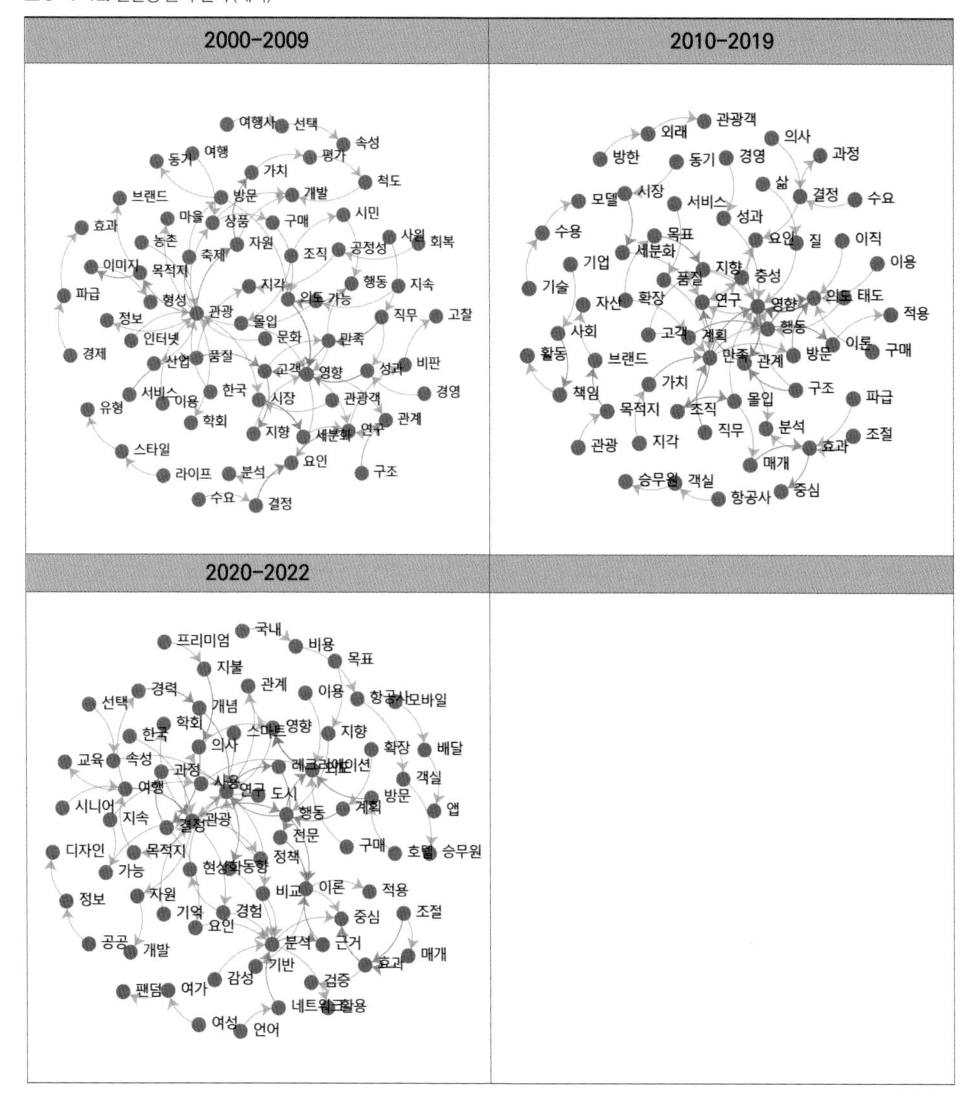

저서의 발간

한국관광학회에서는 회원 연구자들의 참여로 2022년 현재까지 다섯권의 저서를 발간하였으며, 관광학총론(2009, 55인의 저자), 한국현대관광사(2012, 12인의 저자), 관광학원론(2017. 59인의 저자), 관광사업론(2017, 61인의 저자), 문화관광론(2024년〈제3판〉, 11인의 저자)이 그 것이다.

① 관광학총론(2009)

2009년 발간된 관광학총론은 55인의 저자가 참여했으며, 관광의 이해와 학문적 접근, 관광산업의 이해, 관광경영학의 이해, 관광자원개발과 관광정책의 이해, 오락 · 스포츠 · 문화관광의 이해, 관광의 새로운 발견 등 관광학 전반에 대한 접근, 개념, 분야, 논의 등을 포괄적으로 담고 있다.

표 3-1-13. 관광학총론(2009)의 목차 및 저자

관광학총론

제1편 관광의 이해와 학문적 접근

제1장 관광의 기초개념 [조명환]
제2장 관광의 역사 [한경수]
제3장 여가와 관광의 철학적 의미 [조광익]
제4장 관광경제학적 접근 [김사헌]
제5장 관광사회학적 접근 [최석호]
제6장 관광지리학적 접근 [이승곤]
제7장 관광생태환경론적 접근 [김남조]
제8장 관광문화인류학적 접근 [이진형]
제9장 관광 행동과 심리학적 접근 [고동우]

제2편 관광산업의 이해

제10장 여행업 [박시사]
제11장 항공운송업 [김경숙]
제12장 해양관광과 크루즈 업 [여호근]
제13장 호텔업 [김영국]
제14장 리조트업 [오상훈]
제15장 외식업 [윤지환]
제16장 관광이벤트와 문화관광축제 [정강환]
제17장 컨벤션 산업 [김철원]
제18장 카지노 산업 [이충기]
제19장 테마파크 [박석희]

제3편 관광경영학의 이해

제20장 관광마케팅 [김홍범]
제21장 관광인적자원관리 [전병길]
제22장 관광 회계와 재무 [구태회]
제23장 관광산업의 안전과 위험경영 [로예석]

표 3-1-13. 관광학총론(2009)의 목차 및 저자(계속)

제4편 관광자원개발과 관광정책의 이해	제6편 관광의 새로운 발견
제24장 관광자원개발 [양광호]	제36장 지속가능관광 [민창기]
제25장 관광자원개발계획 [장성수]	제37장 실버관광 [변우희]
제26장 관광자원의 상품화 [한상현]	제38장 복지관광 [이봉구]
제27장 관광정책 [장병권]	제39장 문학관광 [이장주]
	제40장 의료관광 [하동현]
제5편 오락 · 스포츠 · 문화관광의이해	제41장 녹색관광 [강신겸]
제29장 관광과 엔터테인먼트의 신지평을 향하여 [손대현]	제42장 해양과 섬관광 [이정열]
제30장 놀이와 관광의 새로운 접근 [이훈]	제43장 교육관광 [최규환]
제31장 스포츠관광 [차석빈]	제44장 슬로시티와 관광 [장희정]
제32장 문화유산관광 [오익근]	제45장 다크투어리즘 [서철현]
제33장 음식문화 · 와인관광 [고재윤]	
제34장 영상미디어관광 [이후석]	
제35장 문화콘텐츠와관광 [권유홍]	

② 한국현대관광사(2012)

2012년 발간된 한국현대관광사에는 12인의 저자가 참여했다. 한반도 관광산업의 태동이라는 주제를 시작으로, 호텔업, 리조트업, 외식산업, 여행사, 컨벤션산업, 축제, 카지노, 관광교통업, 관광(단)지, 관광교육기관, 관광정보 등 관광업의 부문별 역사를 담고 있다.

표 3-1-14. 한국현대관광사(2012) 목차 및 저자

한국현대관광사

제1장 한반도 관광산업의 태동(개화 및 일제강점기) [한경수]
제2장 호텔업의 역사 [정규업]
제3장 리조트의 역사 [이태희]
제4장 외식산업의 역사 [정유경]
제5장 여행사의 역사 [박시사]
제6장 컨벤션산업의역사 [김철원]
제7장 축제의 역사 [이 훈]
제8장 카지노의 역사 [이충기]
제9장 관광교통업의 역사 [김경숙]
제10장 관광(단)지의 역사 [고동완]
제11장 관광교육기관의 역사 [최규환]
제12장 관광정보의 역사 [변우희]

③ 관광학원론(2017)

2017년에 발간된 관광학원론은 59인의 저자가 함께 집필하였다. 관광학론적 담론의 이해, 관광정책개발론의 이해, 관광행동론의 이해, 관광생태론의 이해, 관광사업의 새로운 접근, 문화진흥사업의 이해, 미디어관광의 이해, 지속가능・푸드사업의 이해, 문학과 해양관광의 이해 등 관광학의 부문별 이론, 논의, 실제 등을 담고 있다.

표 3-1-15. 관광학원론(2017)의 목차 및 저자

관광학원론

제1편 관광학론적 담론의 이해

제1장 문화와 관광 [변우희 · 한상현]
제2장 관광의 역사 [한경수 · 고계성]
제3장 관광의 사회학적 이해 [정병웅 · 심창섭]

제2편 관광정책개발론의 이해

제1장 관광자원개발의 이론과 실제 [양광호 · 김규호]
제2장 관광정책 [조현호 · 채은경]
제3장 관광법규 [류인평 · 김미라]

제3편 관광행동론의 이해

제1장 관광자행동의 이해 [고동우 · 김병국]
제2장 여가행동론 [박봉규 · 최수진]
제3장 관광의 물리적 환경 [서승윤 · 성연]

제4편 관광생태론의 이해

제1장 지속가능한 관광 [김남조 · 김상태]
제2장 슬로시티와 관광 [장희정 · 양승훈]
제3장 그린투어리즘 [강신겸 · 도경록]

제5편 관광학의 새로운 접근

제1장 감각유산과 전략적 관광체험 연출 [이태희·유영준]
제2장 관광지리학 [이승곤·임근욱]

제6편 관광자원경제론의 이해

제1장 관광경제학 [김사헌·박세종]
제2장 관광자원의 관광상품화 [오순환·배만규]
제3장 관광 회계와 재무 [김재석·한승훈]

제7편 관광환경론의 이해

제1장 문화유산관광 [고승익·김의근]
제2장 공정관광 [이재성·김재호]
제3장 노인복지관광 [이봉구·허중욱]

제8편 관광경영론의 이해

제1장 관광마케팅 [김홍범·김석출]
제2장 관광경영 전략 [임상택·전효재]
제3장 관광인적자원관리 [전병길·김병용]]

제9편 안전관광의 이해

제1장 관광산업의 안전과 위험관리
[Eugene Y, ROH·최현식]
제2장 다크투어리즘 [서철현·김보미]

④ 관광사업론(2017)

2017년에 발간된 관광사업론의 집필에는 61인의 저자가 참여하였다. 관광외식 · 숙박사업의 이해, 관광교통 · 여행사업의 이해, 신 성장 관광사업의 이해, 문화관광이벤트사업의 이해, 관광사업의 새로운 접근, 문화진흥사업의 이해, 미디어관광의 이해, 지속가능 · 푸드관광사업의 이해, 문학과 해양관광의 이해 등 관광사업의 업종별 구조, 비전, 이슈 등에 대한 내용을 담고 있다.

표 3-1-16. 관광사업론(2017)의 목차 및 저자

관광사업론

제1편 관광외식 · 숙박사업의 이해

제1장 외식문화의 변천과 미래발전 [정유경 · 김맹진]
제2장 호텔경영 [박대환 · 원철식]
제3장 리조트의 이해 [오상훈 · 박운정]

제2편 관광교통 · 여행사업의 이해

제1장 해양관광과 크루즈 [여호근 · 정연국]
제2장 여행업의 이해 [박시사 · 박근영]
제3장 항공운송업 [전약표 · 김홍일]

제3편 신 성장 관광사업의 이해

제1장 테마파크 [장인식 · 원문규]
제2장 컨벤션산업의이해 [김이태 · 이병철]
제3장 카지노산업 [이충기 · 송학준]

제4편 문화관광이벤트사업의 이해

제1장 관광과 디자인 [김현선 · 김혜련]
제2장 문화관광축제의 이해와 정책방향 [오훈성 · 이훈]
제3장 관광이벤트 [김규영 · 이정은]

제5편 관광사업의 새로운 접근

제1장 빅데이터시대의관광정보 [변성희 · 정유준]
제2장 한국형 의료관광산업 [하동현 · 이용근]
제3장 스마트관광의 현재와 미래 [박은경 · 김경태]

제6편 문화진흥사업의 이해

제1장 문화콘텐츠와관광스토리텔링 [박종구 · 김보경]
제2장 교육관광의 이해 [최규환 · 김재원]
제3장 스포츠관광 [차석빈 · 이규민]

제7편 미디어관광의 이해

제1장 관광과 미디어 [황인석 · 박효연]
제2장 관광과 엔터테인먼트의 신지평을 향하여 [손대현 · 박희정]
제3장 영상미디어관광의 이해 [이후석 · 오민재]

제8편 지속가능 · 푸드관광사업의 이해

제1장 지속가능관광의 이해 [민창기 · 정철]
제2장 음식관광 [한경수 · 조미나]
제3장 푸드관광·와인관광의 이해 [고재윤 · 차새미나]

제9편 문학과 해양관광의 이해

제1장 문학관광의 이해 [최영기 · 김판영]
제2장 해양과 섬 관광 [이정열 · 서용건]

⑤ 문화관광론(2024, 제3판)

문화관광론은 2019년에 초판이 발간되었으며, 이후 2022년에 제2판, 2024년에 제3판이 발간되었다. 2024년에 발간된 제3판을 기준으로 12인의 저자가 참여하였다. 주요 내용으로는 문화관광이란 무엇인가, 근대성과 문화관광, 관광과 문화자본, 공정관광과 관광 문화, 관광과 진정성, 문화관광과 오버투어리즘, 유산관광과 문화유산, 문화와 종교관광, 문화와 예술관광, 축제와 문화관광, 음식관광, 문화와 커뮤니티 관광 등 문화를 기반으로 나타나는 관광현상에 대한 이해를 담고 있다.

표 3-1-17. 문화관광론(2024, 제3판) 목차 및 저자

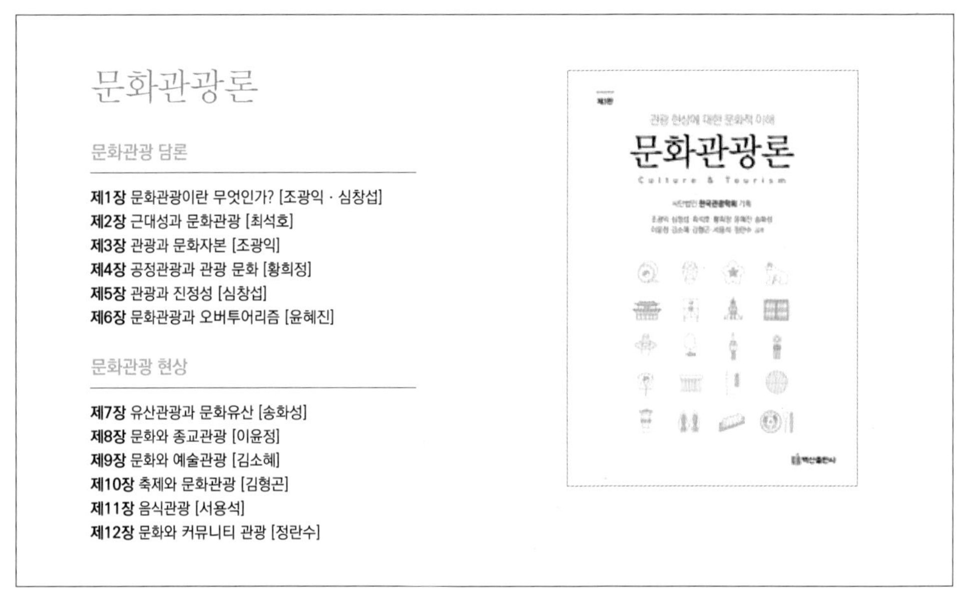

문화관광론

문화관광 담론

제1장 문화관광이란 무엇인가? [조광익 · 심창섭]
제2장 근대성과 문화관광 [최석호]
제3장 관광과 문화자본 [조광익]
제4장 공정관광과 관광 문화 [황희정]
제5장 관광과 진정성 [심창섭]
제6장 문화관광과 오버투어리즘 [윤혜진]

문화관광 현상

제7장 유산관광과 문화유산 [송화성]
제8장 문화와 종교관광 [이윤정]
제9장 문화와 예술관광 [김소혜]
제10장 축제와 문화관광 [김형곤]
제11장 음식관광 [서용석]
제12장 문화와 커뮤니티 관광 [정란수]

영문학술지

이 예 진(Lee, Yejin)
경희대학교 교수

1. 개요

한국관광학회(TOSOK)의 공식 영문 학술지인 International Journal of Tourism Sciences (IJTS)는 2000년에 처음 발간되었다. 그 이후로 학회 50주년이 되는 2022년까지 총 289편(총 21권 47호)의 논문이 게재되며, 관광학 연구 분야에서 중요한 학술적 기여를 해왔다. 2015년부터는 Taylor & Francis 출판사와의 계약을 통해 IJTS가 Routledge에 발간되기 시작하였다. 온라인 발간은 IJTS의 독자층을 넓히고 국제적인 영향력을 강화하는데도 중요한 역할을 수행하였다.

학회의 50주년을 맞이하여, 이제까지 발간된 연구들을 살펴봄으로써 이제까지 IJTS가 걸어온 길을 짚어보고 이를 바탕으로 향후 발전 가능성을 모색하는 것이 필요하다. 이를 통해 학문적 트렌드와 변화하는 관광 산업 환경에 맞춰 IJTS가 어떤 연구 주제를 더 깊이 다룰지, 어떤 방향으로 발전해 나가야 할지를 구체적으로 논의할 수 있을 것이다.

아래의 그림 3-2-1과 그림 3-2-2는 IJTS가 최초 발행됐던 2000년의 1권 1호에 해당하는 표지와 첫 번째 페이지이다. 표지는 짙은 적색을 띄고 있으며, 속지의 첫 페이지는 IJTS의 편집위원들의 이름과 소속이 명시되어 있다.

International Journal of Tourism Sciences

The Official Journal of The Tourism Sciences Society of Korea

December, 2000

Volume 1, Number 1

Forward

Editor's Note

Articles

GIS Application of Outdoor Recreation Management: Social and Physical Variables of Carrying Capacity — Nam-jo Kim and Alan R. Graefe

Hawaii and Its Potential to Be a Gaming Nation: An Overview of Hawaiian Sovereignty — Jerome F. Agrusa and John Tanner

A Study of Pleasure Trip Planning Behavior: Implications for Timing Tourism Promotional Messages — Se-mok Yoon

Qualitative Measurement of Immediately Recalled Tourist Experience: Introduction and Evaluations of the Self-Initiated-Tape-Recording Method — Youngkhill Lee

Effects of Information Messages on Consumers' Decision Making in the Context of Public Parks — Seong-Seop Kim

Five Aspects of Tourism Image: A Review — Dong-Woo Ko and Suk-Hee Park

Benefits Sought: A Case Study of Gambling Travelers to Black Hawk, Colorado, USA — Bong-Koo Lee, Min-Kyung Park and Ho-Chan Jang

Evaluating Customer's Satisfaction Level as an Influential Factor to revisit Theme Park — Sung-Hyuk Kim and Young-Min Choi

An Analysis of Gap of Hotel Service Quality and Customer Satisfaction — Yong-Ki Lee, Young-Jae Lee and Dae-Hwan Park

Research Notes and Reports

How Can the Experience of the U.S. Casino Industry be Adopted to South Korea? — Jin-soo Han and Jong-bo Kim

International Journal of Tourism Sciences

An Interdisciplinary Social Sciences Journal

Volume 1, Number 1, 2000 ISSN 1598-0634

그림 3-2-1. International Journal of Tourism Sciences 초판 발행본(표지)

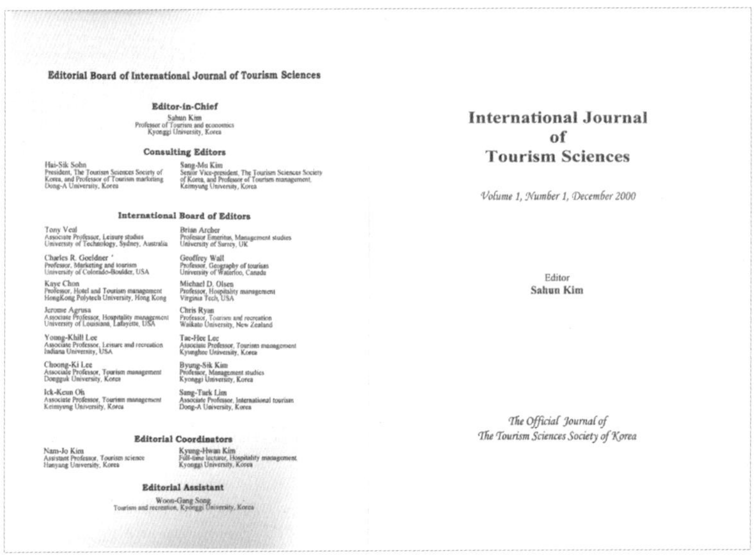

International Journal of Tourism Sciences

Volume 1, Number 1, December 2000

Editor
Sahun Kim

The Official Journal of The Tourism Sciences Society of Korea

그림 3-2-2. International Journal of Tourism Sciences, 초판 발행본(속지)

아래의 그림 3-2-3과 그림 3-2-4는 IJTS가 Taylor & Francis 출판사를 통해 발행되었던 2015년의 디자인이다. 기존의 IJTS 표지와는 상이한 디자인을 보여주고 있음을 확인할 수 있다. 표지는 기존의 IJTS 디자인보다 단조로운 색채를 띄고 있으며, 또한 속지의 첫 페이지에는 IJTS 편집위원들의 이름과 소속 대학교가 명시되어 있다.

그림 3-2-3. International Journal of Tourism Sciences, Taylor & Francis 발행본(표지)

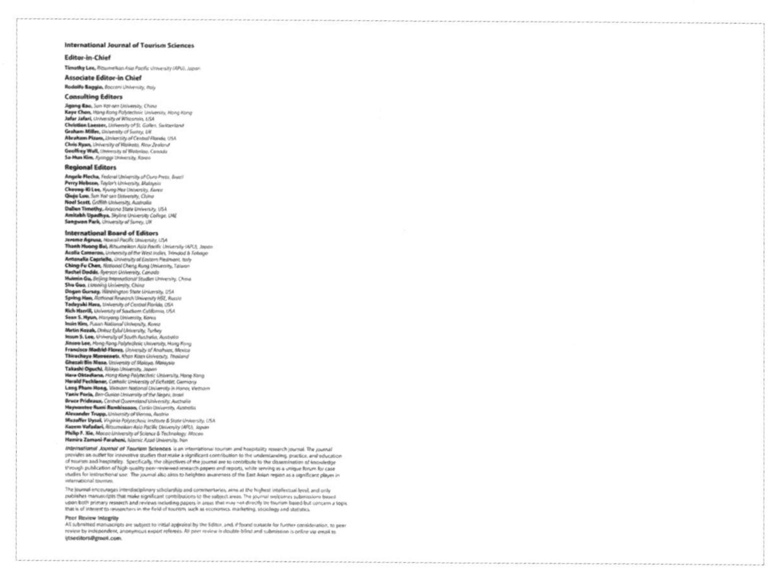
International Journal of Tourism Sciences

Editor-in-Chief
Timothy Lee, Ritsumeikan Asia Pacific University (APU), Japan

Associate Editor-in Chief
Rodolfo Baggio, Bocconi University, Italy

Consulting Editors
Jigang Bao, Sun Yat-sen University, China
Kaye Chon, Hong Kong Polytechnic University, Hong Kong
Jafar Jafari, University of Wisconsin, USA
Christian Laesser, University of St. Gallen, Switzerland
Graham Miller, University of Surrey, UK
Abraham Pizam, University of Central Florida, USA
Chris Ryan, University of Waikato, New Zealand
Geoffrey Wall, University of Waterloo, Canada
Sa-Hun Kim, Kyonggi University, Korea

Regional Editors
Angela Flecha, Federal University of Ouro Preto, Brazil
Perry Hobson, Taylor's University, Malaysia
Choong-Ki Lee, Kyung Hee University, Korea
Qiuju Luo, Sun Yat-sen University, China
Noel Scott, Griffith University, Australia
Dallen Timothy, Arizona State University, USA
Amitabh Upadhya, Skyline University College, UAE
Sangwon Park, University of Surrey, UK

International Board of Editors
Jerome Agrusa, Hawaii Pacific University, USA
Thanh Huong Bui, Ritsumeikan Asia Pacific University (APU), Japan
Acolla Cameron, University of the West Indies, Trinidad & Tobago
Antonella Capriello, University of Eastern Piedmont, Italy
Ching-Fu Chen, National Cheng Kung University, Taiwan
Rachel Dodds, Ryerson University, Canada
Huimin Gu, Beijing International Studies University, China
Shu Guo, Liaoning University, China
Dogan Gursoy, Washington State University, USA
Spring Han, National Research University HSE, Russia
Tadayuki Hara, University of Central Florida, USA
Rich Harrill, University of Southern California, USA
Sean S. Hyun, Hanyang University, Korea
Insin Kim, Pusan National University, Korea
Metin Kozak, Dokuz Eylul University, Turkey
Insun S. Lee, University of South Australia, Australia
Jinsoo Lee, Hong Kong Polytechnic University, Hong Kong
Francisco Madrid-Flores, University of Anahuac, Mexico
Thirachaya Maneenetr, Khon Kaen University, Thailand
Ghazali Bin Musa, University of Malaya, Malaysia
Takashi Oguchi, Rikkyo University, Japan
Hera Oktadiana, Hong Kong Polytechnic University, Hong Kong
Harald Pechlaner, Catholic University of Eichstätt, Germany
Long Pham Hong, Vietnam National University in Hanoi, Vietnam
Yaniv Poria, Ben-Gurion University of the Negev, Israel
Bruce Prideaux, Central Queensland University, Australia
Haywantee Ruhi Ramkissoon, Curtin University, Australia
Alexander Trupp, University of Vienna, Austria
Muzaffer Uysal, Virginia Polytechnic Institute & State University, USA
Kazem Vafadari, Ritsumeikan Asia Pacific University (APU), Japan
Philip F. Xie, Macao University of Science & Technology, Macao
Hamira Zamani-Farahani, Islamic Azad University, Iran

International Journal of Tourism Sciences is an international tourism and hospitality research journal. The journal provides an outlet for innovative studies that make a significant contribution to the understanding, practice, and education of tourism and hospitality. Specifically, the objectives of the journal are to contribute to the dissemination of knowledge through publication of high quality peer-reviewed research papers and reports, while serving as a unique forum for case studies for instructional use. The journal also aims to heighten awareness of the East Asian region as a significant player in international tourism.

The journal encourages interdisciplinary scholarship and commentaries, aims at the highest intellectual level, and only publishes manuscripts that make significant contributions to the subject areas. The journal welcomes submissions based upon both primary research and reviews including papers in areas that may not directly be tourism based but concern a topic that is of interest to researchers in the field of tourism, such as economics, marketing, sociology and statistics.

Peer Review Integrity
All submitted manuscripts are subject to initial appraisal by the Editor, and, if found suitable for further consideration, to peer review by independent, anonymous expert referees. All peer review is double-blind and submission is online via email to ijtseditors@gmail.com.

그림 3-2-4. International Journal of Tourism Sciences, Taylor & Francis 발행본(속지)

2. IJTS 편집위원회(Editorial Board)

최초의 IJTS의 편집위원회는 아래의 표 3-2-1에 명시되어 있는 바와 같이 출범하였다.

표 3-2-1. IJTS 편집위원회(2000년 기준)

	이름	소속
편집위원장	김사헌	경기대학교
자문 편집위원	손해식	동아대학교
	김상무	계명대학교
편집위원회	김병식	경기대학교
	오익근	계명대학교
	이용길	Indiana University, USA
	이충기	동국대학교
	이태희	경희대학교
	임상택	동아대학교
	Brian Archer	University of Surrey, UK
	Charles R. Goeldner	University of Colorado-Boulder, USA
	Chris Ryan	Waikato University, New Zealand
	Geoffrey Wall	University of Waterloo, Canada
	Jerome Agrusa	University of Louisiana, Lafayette, USA
	Kaye Chon	Hong Kong Polytech University, Hong Kong
	Michael D. Olsen	Virginia Tech, USA
	Tony Veal	University of Technology, Sydney, Australia
편집 코디네이터	김남조	한양대학교
	김경환	경기대학교
편집 조교	송운강	경기대학교

현재 IJTS의 편집위원회는 다양한 국가의 학자들로 구성되어 있으며, 그 세부 사항은 아래의 표 3-2-2에 나타나 있다. 다수의 편집위원들은 한국의 여러 대학교에 소속되어 있으며, 사우디 아라비아, 미국, 체코, 호주, 마카오, 태국, 중국에 위치한 대학교에서 활동하는 학자들도 포함되어 있다.

표 3-2-2. IJTS 편집위원회(2022년 기준)

	이름	소속
편집위원장	허진무	연세대학교
편집위원회	강상국	강릉원주대학교
	구철모	경희대학교
	김병국	대구대학교
	김보나	인하대학교
	김형곤	세종대학교
	류정수	Marshall University, USA
	안소영	George Washington University, USA
	이경희	Central Michigan University, USA
	이병철	경기대학교
	이선우	Charles University in Prague, Czech Republic
	이정섭	California State University – Long Beach, USA
	이진형	목포대학교
	정진영	인천대학교
	정철	한양대학교
	최윤선	Arizona State University, Korea
	황조혜	경희대학교
	Chen-Kuo Pai	Macau University of Science and Technology, Macau
	Hera Oktadiana	James Cook University, Australia
	Naho Maruyama	Takasaki City University, Australia
	Pairach Piboonrungroj	Chiang Mai University, Thailand
	Senyao Sang	Zhanjiang Ocean University, China
	Sultan Alharbi	University of Prince Mugrin, Saudi Arabia
편집조교	김쟈스민	연세대학교

3. 역대 편집위원장

IJTS가 처음 출판된 2000년을 시작으로 편집위원장의 명단은 아래와 같다(표 3-2-3 참조).

표 3-2-3. 역대 편집위원장 명단

연도	이름	소속
2000-2003	김사헌	경기대학교
2004-2005	오익근	계명대학교
2006-2007	김철원	경희대학교
2008-2009	황영현	동아대학교

표 3-2-3. 역대 편집위원장 명단(계속)

연도	이름	소속
2010-2013	Joseph T. O'Leary & SooCheong (Shawn) Jang	Colorado State University & Purdue University
2014	김철원	경희대학교
2015-2019	Timothy Lee	Macau University of Science and Technology
2021-2022	허진무	연세대학교

4. 출판된 저널 수

IJTS는 대체로 매년 3~4회 정도 출간되었으며, 연도별로 출판된 논문 수는 학회 활동과 연구자들의 투고 활성화에 따라 변화해왔다.

첫 발간이 이루어진 2000년에는 총 11편의 논문이 게재되었고, 2002년에는 11편, 2003년에는 22편으로 크게 증가하였음을 확인할 수 있다. 그러나 2005년부터 2008년까지는 7~9편 정도의 논문이 출판되었다. 이후 2009년부터 다시 출판된 논문의 수가 증가하였다. 전 세계적으로 코로나19 팬데믹이 발생하였던 2020년에는 별도의 논문이 출판되지 않았다. 이후, 2021년에는 6편, 2022년에는 4편의 논문이 게재되었다.

아래의 표 3-2-4는 각 연도별 출판된 통권과 발간횟수에 게재된 총 편수를 통해, IJTS의 지속적인 동향을 한눈에 확인할 수 있다. 출판된 논문들에 대한 구체적인 내용(출간연도, 연구 제목, 저자, 권/호)은 Appendix에 기록되어 있다.

표 3-2-4. 연도별 출판된 논문 수

연도	통권/발간횟수	게재논문 편수	연도	통권/발간횟수	게재논문 편수
2000	1/1	11	2012	12/3	16
2001	-	-	2013	13/3	16
2002	2/1	11	2014	14/3	22
2003	3/2	22	2015	15/2	11
2004	4/2	16	2016	16/3	15
2005	5/1	7	2017	17/4	21
2006	6/1	9	2018	18/4	23
2007	7/1	9	2019	19/4	21
2008	8/1	6	2020	-	-

표 3-2-4. 연도별 출판된 논문 수(계속)

연도	통권/발간횟수	게재논문 편수	연도	통권/발간횟수	게재논문 편수
2009	9/3	13	2021	20/1	6
2010	10/3	13	2022	21/1	4
2011	11/3	17			

5. IJTS 출판 연구 분석

IJTS가 최초 출판된 2000년부터 (사)한국관광학회의 50주년이 되는 2022년까지의 22년 동안에 게재된 총 289편의 연구에 대한 내용을 분석하였다. 이를 위해 289편의 연구 제목과 키워드를 전수조사하여 IJTS에 실린 연구들이 어떤 단어들을 자주 사용했는지, 자주 등장하는 단어들에 어떤 특징이 있는지, 그리고 시간이 지나면서 이러한 특징들이 어떻게 변화했는지 확인하고자 했다.

해당 데이터에 대한 분석을 위해 빅데이터 분석 프로그램인 KH Coder를 사용하였다. KH Coder는 컴퓨터 지원 질적 데이터 분석(CAQDAS)을 위해 설계된 오픈 소스 소프트웨어로, 특히 양적 콘텐츠 분석 및 텍스트 마이닝에 효과적이다. 또한, 계산 언어학에 활용될 수 있으며, 단어 빈도 통계, 품사 분석, 그룹화, 상관 분석, 시각화 등의 다양한 분석 기능을 제공한다.

구체적으로 해당 파트에서는 KH Coder를 이용하여 동시출현 네트워크(Word Co-occurrence Network) 분석을 수행하고자 한다. 이 방법은 텍스트 내에서 자주 함께 등장하는 단어들이 어떤 관계를 형성하고 있는지를 시각적으로 보여준다. 이를 통해 논문 내 주요 개념들이 어떻게 연결되어 있는지를 명확히 파악할 수 있다.

또한, 분석 과정에서 자카드 계수(Jaccard Coefficient)를 활용하여 두 집합 간의 유사도를 측정할 수 있다. 자카드 계수는 두 집합의 공통 원소 비율을 나타내며, 값은 0에서 1 사이를 가지게 된다. 두 집합이 동일할 경우 자카드 계수는 1에 가까워지고, 공통 원소가 없을 경우 0에 가까워진다. 이를 통해 논문 간의 유사성을 수치적으로 분석하고, 연구 경향을 파악하는 데 중요한 통계적 근거를 제공할 수 있다. 아래의 공식을 통해 자카드 계수를 구하는 방법을 확인할 수 있다.

$$J(A,B) = \frac{|A \cap B|}{|A \cup B|} = \frac{|A \cap B|}{|A| + |B| - |A \cap B|}$$

6. 데이터 분석 결과

1) 연구 제목 기반의 단어 클러스터(2000년~2022년)

다음으로 연구 제목을 기반으로 자주 등장하는 클러스터를 분석하였다. 그림 3-2-5에서 약 10개의 하위 그래프가 나타나는 것을 확인할 수 있으며, 이를 통해 연구 제목 내에서 어떤 주제들이 자주 언급되는지 파악할 수 있다. 빈도가 큰 단어 클러스터는 다음과 같은 주제들을 포함하고 있다:

- comparative study: 비교 연구와 관련된 논문
- destination/sports/event management: 관광지, 스포츠, 행사 경영과 관련된 연구
- brand city: 도시 브랜드에 대한 연구
- hotel marketing and development: 호텔 마케팅 및 개발 관련 연구
- cultural heritage: 문화유산과 관련된 연구
- perspective strategy: 전략적 관점에서의 연구
- south korea festival/food/casino perception/visitor and sustainable development: 한국의 축제, 음식, 카지노에 대한 인식, 방문자 관련 연구 및 지속 가능한 발전
- restaurant industry customer satisfaction/service quality: 음식점 산업의 고객 만족도와 서비스 품질 관련 연구
- perceive image and tourist destination intention: 관광지 이미지와 관광객 의도 관련 연구

• understanding difference of leisure perspective/hotel employee behavior: 여가 관점의 차이 및 호텔 직원 행동과 관련된 연구

이러한 클러스터를 통해 연구 제목에서 다뤄진 주요 연구 주제와 트렌드를 명확하게 파악할 수 있었으며, 이는 IJTS에서 다루는 연구가 다양한 분야와 관광 산업 내의 여러 측면을 폭넓게 탐구하고 있음을 보여준다.

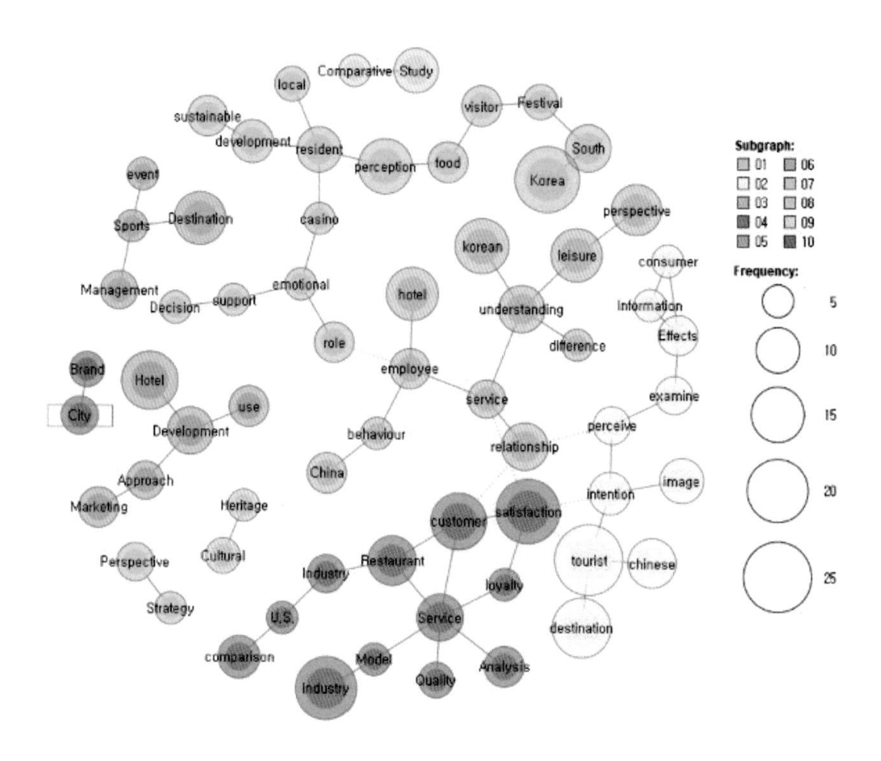

그림 3-2-5. 연구 제목 기반의 단어 클러스터(2000-2022)

표 3-2-5는 연구 제목을 기반으로 단어 클러스터를 구성하고, 각 단어의 동시 출현 네트워크에서 계산된 단어 점수를 보여준다. 분석 결과, 관광 개발(tourism development)이 130점을 넘는 점수로 가장 높은 동시 출현 빈도를 기록한 단어 클러스터로 확인되었다. 이는 관광 개발이 IJTS 논문에서 자주 연구된 중요한 주제임을 시사한다.

그 뒤를 이어, 관광 산업(tourism industry)은 63점으로, 관광 개발의 약 절반 수준의 점수를 기록하여 역시 중요한 연구 주제로 나타났다. 이를 통해 관광 개발과 관광 산업이 연구 논문에서 많이 언급되는 주제임을 확인할 수 있다.

그 외에 자주 출현한 단어 클러스터는 한국(Korea), 서비스 품질(service quality), 레스토랑 산업(restaurant industry), 인바운드 관광(inbound tourism), 사례 연구(case study), 관광 목적지(tourism destination), 국제 관광(international tourism), 호텔 산업(hotel industry), 문화 관광(cultural tourism), 관광 목적지 마케팅(destination marketing), 인지된 가치(perceived value), 호텔 선택(hotel choice), 국제 도시 관광(international city tourism), 관광객 만족도(tourist satisfaction), 호스트 목적지(host destination), 한국 관광 산업(Korean tourism industry), 관광객 인지도(tourist awareness), 레크리에이션 관광(recreation tourism)로 나타났다.

이러한 단어들은 연구 제목에서 자주 등장하는 주요 주제로, 관광 개발과 관광 산업을 중심으로 한국의 관광, 호텔 및 레스토랑 산업, 문화 및 인바운드 관광 등 다양한 연구 영역이 포함된 것을 확인할 수 있다. 관광객 만족도, 인지된 가치 등 관광객의 경험과 인식에 관한 연구도 중요한 비중을 차지하고 있음을 알 수 있다.

표 3-2-5. 연구 제목 기반의 단어 클러스터(2000-2022)

번호	클러스터	점수
1	tourism development	130.7032
2	tourism industry	63.77963
3	south korea	40.1286
4	service quality	36.96465
5	restaurant industry	28.22931
6	inbound tourism	26.14064
7	case study	25.52251
8	tourism destinations	25.2824
9	international tourism	24.87775
10	hotel industry	23.66432
11	cultural tourism	21.62975
12	tourism destination marketing	20.87451
13	perceived value	20.03988
14	hotel selection	18.29382
15	international city tourism	16.30197
16	tourists' satisfaction	16.0182
17	host destination	15.49193
18	korean tourism industry	15.34866
19	tourists' perceptions	15.30843
20	recreation tourism	15.29454

2) 키워드 기반의 단어 클러스터(2000년~2022년)

다음으로, 논문의 키워드를 기반으로 자주 등장하는 클러스터에 대한 분석을 시행하였다. 그림 3-2-6에서 약 16개의 하위 그래프가 나타나는 것을 확인할 수 있으며, 이는 키워드들이 어떻게 그룹화되는지를 시각적으로 보여준다.

빈도가 큰 단어 클러스터를 분석한 결과, 주요 연구 주제로 다음과 같은 키워드들이 자주 등장함을 확인할 수 있다:

- destination image: 관광지 이미지와 관련된 연구
- content analysis: 내용 분석 기법을 활용한 연구
- restaurant food attribute: 음식점의 음식 속성에 대한 연구
- China behavior: 중국과 관련된 관광 행동 연구

- cultural identity: 문화적 정체성과 관련된 연구
- study Korean: 한국과 관련된 연구
- regression model: 회귀 분석 모델을 활용한 연구
- brand equity: 브랜드 자산과 관련된 연구
- economy experience: 경제적 경험과 관련된 연구
- social media: 소셜 미디어와 관련된 연구
- international firm: 국제적인 기업에 관한 연구
- medical market industry/competitiveness/segmentation: 의료 시장 산업과 관련된 연구, 경쟁력 및 시장 세분화
- sustainable development/economic impact: 지속 가능한 발전 및 경제적 영향과 관련된 연구
- customer satisfaction/service quality: 고객 만족도 및 서비스 품질에 대한 연구

이와 같은 키워드 클러스터를 통해 IJTS에 게재된 논문들이 어떤 주제들에 초점을 맞추고 있는지, 그리고 주요 연구 트렌드가 어떻게 형성되었는지를 파악할 수 있다.

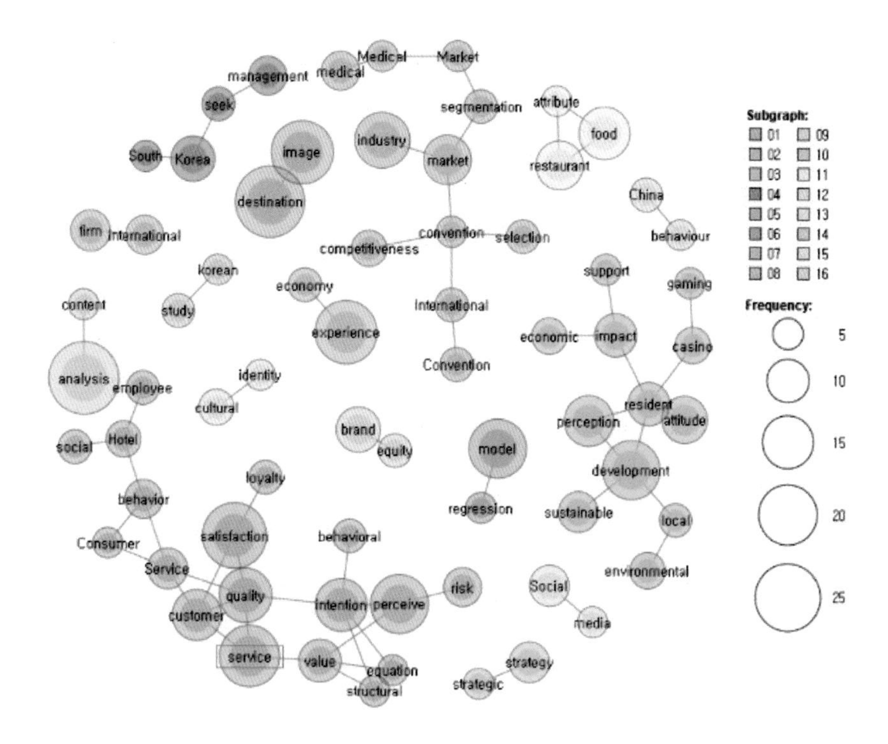

그림 3-2-6. 키워드 기반의 단어 클러스터(2000-2022)

아래의 표 3-2-6은 연구 키워드를 바탕으로 한 단어 클러스터의 동시 출현 네트워크 점수를 정리한 내용이다. 분석 결과, 서비스 품질(service quality)이 108점으로 가장 높은 점수를 기록하였으며, 이는 해당 주제가 IJTS 논문에서 자주 다루어진 연구 주제임을 나타낸다.

서비스 품질에 이어 관광 개발(tourism development)과 의료 관광(medical tourism)이 높은 점수를 나타내었다. 이 외에도 관광과 관련된 다양한 연구 주제가 자주 함께 등장하는 것으로 나타났으며, 목적지 이미지(destination image), 지속가능한 관광(sustainable tourism), 관광 영향력(tourism impact), 문화 관광(cultural tourism), 관광 산업(tourism industry), 목적지 마케팅(destination marketing), 유적지 관광(heritage tourism), 관광객 경험(tourist experience), 시장 세분화(market segmentation), 관광 촉진(tourism promotion), 내용 분석(content analysis), 도시 관

광(urban tourism), 크루즈 관광(cruise tourism), 시골 관광(rural tourism), 관광 마케팅(tourism marketing), 관광 이미지(tourism image), 그리고 구조방정식 모델링(structural equation modeling)의 단어가 뒤이어 나타났다.

이러한 단어들은 관광 개발, 의료 관광, 목적지 마케팅, 문화 관광 등 관광 산업 전반에 걸친 다양한 주제를 다루고 있으며, 이는 관광 관련 연구에서 서비스 품질, 지속 가능성, 관광객 경험과 같은 요소들이 매우 중요한 연구 주제로 부각되고 있음을 시사한다. 내용 분석 및 구조방정식 모델링과 같은 분석 기법도 자주 등장하여, 연구 방법론에 대한 관심도 확인할 수 있다.

표 3-2-6. 키워드 기반의 단어 클러스터(2000-2022)

번호	클러스터	점수
1	service quality	108
2	tourism development	80.999849
3	medical tourism	75.04604647
4	destination image	52.49453267
5	sustainable tourism	51.05944886
6	tourism impacts	46.13742029
7	cultural tourism	39.31667284
8	tourism industry	33.90587897
9	destination marketing	31.78439074
10	heritage tourism	29.00736732
11	tourist experience	25.68834172
12	market segmetation	23.40347319
13	tourism promotion	23.06871015
14	content analysis	22.4716543
15	urban tourism	22.04083283
16	cruise tourism	20.84493271
17	rural tourism	20.84493271
18	tourism marketing	20.16055626
19	tourism image	19.97808902
20	structural equation modeling	19.94757431

3) 트렌드 변화: 워드 클러스터의 차이

위의 내용은 전수조사로 그 특징을 살펴보았다면 이 파트에서는 10년별로 묶어서 연구 주제의 트렌드 변화가 나타나는지를 살펴보려고 한다. 표 3-2-7을 통해 보는 바와 같이, 2000년대와 2010년대의 연도별 주요 연구 키워드는 관광 연구의 초점 변화와 발전 방향을 잘 보여주는데, 각 시대별 키워드를 통해 연구자들이 어떤 주제를 주로 다뤘는지, 그리고 시대에 따라 어떻게 연구 관심사가 변화했는지 확인할 수 있다.

먼저 2000년대 주요 연구 키워드 특징을 살펴보면, 관광 산업의 기초적 연구와 한국 관광 분야의 현황 분석에 중점을 두었으며 키워드는 다음과 같은 특징을 보인다.

- 기본 산업 연구: tourism industry, hospitality industry, tourism research, characteristics of tourism 등이 주요 키워드로, 관광 산업의 구조와 특성을 이해하는 데 주력했다.
- 한국 시장에 대한 집중: korean restaurant industry, korean tourism과 같이 한국 관광과 관련된 연구 키워드가 많다.
- 관광 개발 및 계획: tourism planning, proposed tourism development, tourism development와 같은 단어를 통해 관광 개발과 관련된 초기 연구들이 활발히 이루어졌음을 알 수 있다.
- 기초적 주제와 개념 연구: tourism information, tourism image, green tourism, economic development와 같이 관광의 전반적인 개념과 정보 제공, 지속 가능한 관광에 대한 관심이 있음을 파악할 수 있다.

이후 2010년대에는 관광 경험과 서비스 품질에 대한 연구가 눈에 띄게 늘어나며, 관광의 질적 향상에 대한 관심이 높아진 시기로 보이며, 주요 키워드들은 다음과 같다.

- 서비스와 경험 중심의 연구: service quality, tourism experience, perceived value 등 관광 서비스의 질적 요소와 관광객 경험에 대한 연구가 활발해졌다.
- 사회적 영향 및 소셜 미디어의 등장: social media, impacts of tourism 등의 키워

드는 관광이 경제뿐만 아니라 사회적, 문화적 영향력을 미치며, SNS를 통해 관광이 사람들에게 미치는 파급력에 대한 연구가 증가했음을 나타낸다.

- 특정 관광 유형과 시장의 세분화: heritage tourism, medical tourists, tourism aspects 등이 나타나면서, 관광객 유형에 따른 맞춤형 연구가 많아졌고 의료 관광과 문화 관광에 대한 관심이 높아졌다.
- 빅데이터와 데이터 분석의 중요성: data analysis 키워드는 관광 연구에 데이터 분석 도구와 빅데이터 활용이 본격적으로 도입되었음을 나타낸다.

종합적으로, 2000년대는 기초적인 관광 산업 구조와 한국을 중심으로 한 관광 현상에 대한 연구가 주를 이루며, 관광 산업의 기본 개념과 경제적 영향에 대한 연구가 두드러졌다. 반면, 2010년대에는 관광 서비스의 질적 측면과 소셜 미디어, 관광 경험이 주요 연구 대상으로 떠오르며, 연구 범위가 더 세분화되고, 관광 소비자의 경험과 서비스 품질 관리에 중점을 둔 연구가 많아졌음을 확인할 수 있다.

표 3-2-7. 단어 클러스터의 차이를 바탕으로 한 관광 연구 트렌드 변화

번호	단어 클러스터(2000년대)	점수	단어 클러스터(2010년대)	점수
1	tourism industry	215.82	tourism development	742.27
2	tourism research	108.41	tourism industry	706.03
3	hospitality industry	93.16	service quality	418.72
4	characterstics of tourism	58.33	tourism destination	284.50
5	korean restaurant industry	56.61	heritage tourism	239.17
6	perceived restaurant quality	56.23	tourism research	232.19
7	tourism planning	53.11	international tourists	196.26
8	international tourism	48.60	hotel industry	168.80
9	job satisfaction	42.01	social media	160.50
10	proposed tourism development	41.91	impacts of tourism	159.82
11	tourism image	40.49	medical tourists	151.65
12	green tourism	40.22	hospitality industry	150.29
13	medical tourism	40.22	tourist arrivals	146.93
14	tourism information	39.45	medical tourism	128.00
15	future research	37.51	future research	124.22
16	tourism management	36.54	travel information	109.33
17	korean tourism	36.41	tourism aspects	106.55

표 3-2-7. 단어 클러스터의 차이를 바탕으로 한 관광 연구 트렌드 변화(계속)

번호	단어 클러스터(2000년대)	점수	단어 클러스터(2010년대)	점수
18	driven tourism development	35.97	data analysis	103.80
19	economic development	35.83	perceived value	103.26
20	tourism destination	35.29	tourism experience	99.50

7. 마무리 및 제언

한국관광학회(TOSOK)의 공식 영문 학술지인 International Journal of Tourism Sciences (IJTS)는 2000년 창간 이후 2022년까지 총 289편의 논문을 게재하며 관광학 연구 분야에서 중요한 학술적 기여를 해왔다. 특히, 2015년부터 Taylor & Francis의 Routledge를 통해 온라인 발간이 이루어지면서 독자층 확대와 국제적 영향력 강화에 기여하였다. 현재 IJTS는 연간 1회 발간되고 있다.

학회 50주년을 맞아, IJTS가 걸어온 발자취를 돌아보고 이를 토대로 미래 발전 방향을 모색하는 작업이 필요하다. 이를 통해 학문적 트렌드와 변화하는 관광 산업 환경에 대응하며, 저널이 다룰 연구 주제와 발전 전략을 구체화할 수 있다.

저널 활성화를 위한 방안으로는 국제학술대회와 연계한 상금 제도의 도입 및 적극적 홍보가 제안된다. 과거 상금 제도를 통해 연구자들의 활발한 참여와 질 높은 연구 성과를 이끌어낸 성공 사례를 활용할 수 있다. 이는 연구자들에게 투고 동기를 부여하고 IJTS의 학술적 가치를 높이는 효과적인 방법이 될 것이다.

장기적으로 IJTS는 꾸준한 발간과 고품질 연구 축적을 통해 저널의 안정성과 지속성을 확보하며, 학술 등재지(후보)로의 격상을 목표로 삼을 수 있다. 이를 위해 연구자, 학계, 학회의 지속적인 공감대 형성과 협력이 필요하다. IJTS의 이러한 노력이 관광학 분야에서 중요한 학술적 플랫폼으로 자리매김하는 데 기여할 것이다.

Appendix.

Appendix 1. IJTS 저널에 게재된 출판물

번호	연도	제목	저자명	권/호
1	2000	Foreward	Hai-Sik Sohn	1(1)
2	2000	Editor's Note	Sahun Kim	1(1)
3	2000	GIS Application of Outdoor Recreation Management: Social and Physical Variables of Carrying Capacity	Nam-jo Kim; Alan R. Graefe	1(1)
4	2000	Hawaii and Its Potential to Be a Gaming Nation: An Overview of Hawaiian Sovereignty	Jerome F. Agrusa; John Tanner	1(1)
5	2000	A Study of Pleasure Trip Planning Behavior: Implications for Timing Tourism Promotional Messages	Se-mok Yoon	1(1)
6	2000	Qualitative Measurement of Immediately Recalled Tourist Experience: Introduction and Evaluations of the Self-initiated-Tape-Recording Method	Youngkhill Lee	1(1)
7	2000	Effects of Information Messages on Consumers' Decision Making in the Context of Public Parks	Seong-Seop Kim	1(1)
8	2000	Five Aspects of Tourism Image: A Review	Dong-Woo Ko; Suk-Hee Park	1(1)
9	2000	Past Experiences with Gambling and Its Impact on Benefits Sought: A Case Study of Gambling Travelers to Black Hawk, Colorado, USA	Bong-Koo Lee; Min-Kyung Park; Ho-Chan Jang	1(1)
10	2000	Evaluating Customer's Satisfaction Level as An Influential Factor to Revisit Theme Park	Sung-Hyuk Kim; Young-Min Choi	1(1)
11	2000	An Analysis of Gap of Hotel Service Quality and Customer Satisfaction	Yong-Ki Lee; Young-Jae Lee; Dae-Hwan Park	1(1)
12	2000	How Can the Experience of the U.S. Casino Industry be Adopted to South Korea?	Jin-soo Han; Jong-bo Kim	1(1)
13	2002	Editor's Note	Sahun Kim	2(1)
14	2002	Education for Tourism: The Challenge of a Multi-Disciplinary Curriculum	A. J. Veal	2(1)
15	2002	Travel-Related Information Sources: Are They Credible?	Mi-Hea Cho; Deborah Kerstetter	2(1)

Appendix 1. IJTS 저널에 게재된 출판물(계속)

번호	연도	제목	저자명	권/호
16	2002	Analysis of Japanese and US Tourists Demand to Korea: Cointelegration and Error Correction Approach	Seok-Chool Kim	2(1)
17	2002	A SWOT Analysis of Tourism in Baoting, Hainan, China	Geoffrey Wall	2(1)
18	2002	Cultural Tourism as Regional Destinations: A Delicate Balance between Cultural Commodification and Sustainable Tourism	Michael A. Blazey	2(1)
19	2002	Educational Effects of Job Attitudes among Hospitality Employees	Young-Gook Kim; Bill Ryan	2(1)
20	2002	Strategic Management in the Lodging and Restaurant Industry	Yong-Sub Kwock; Elisa Ching-Yick Tse	2(1)
21	2002	The Historical Development of Hotel Feasibility Studies: A Review	Kyung-Hwan Kim	2(1)
22	2002	The Relative Importance of the Cognitive Image Associated with the Affective Image in Tourism Destinations	Dong-Woo Ko; Suk-Hee Park; So-Young Boo	2(1)
23	2002	Tourism Destination Images of South and North Korea: A Comparative Study of Foreigners' View	Min-Joo Kim	2(1)
24	2002	Application of Importance-Performance Analysis to Evaluate Facilities and Services: The Case of the Icheon Ceramics Festival, South Korea	Jin-Sun Kim; Yang-Woo Park; Kwi-Nam Mun	2(1)
25	2003	Commodifying Heritage: Loss of Authenticity and Meaning or an Appropriate Response to Difficult Circumstances?	Bruce Prideaux	3(1)
26	2003	Development of a Tourism Sustainability Assessment Methodology Based on Stakeholder Inputs: A Conceptual Approach	Tae-Gyou Ko	3(1)
27	2003	Flow and Its Influence on Destination Website	Sang-Hyeon Park; Dehyun Sohn	3(1)
28	2003	Learning by Simulation -Computer Simulations for Strategic Marketing Decision Support in Tourism	Christian Buchta; Sara Dolničar	3(1)
29	2003	The Effects of In-Store Environment Cues on Purchase Intentions Across the Three Types of Restaurants in Korea	Yong-Ki Lee; Dae-Hong Lee; Yong-Ju Kwon; Young-Kyun Park	3(1)

Appendix 1. IJTS 저널에 게재된 출판물(계속)

번호	연도	제목	저자명	권/호
30	2003	Chinese Students – A New Zealand Tourism Niche?	Chris Ryan; Jade Xie	3(1)
31	2003	Working from A Bottom-Up Approach: Cultural and Heritage Tourism	Jerome Agrusa; Wendy Coats; Jon Donlon	3(1)
32	2003	Adopting a Marketing Approach to Achieve Sustainable Cultural Tourism	Bob McKercher	3(1)
33	2003	Integration of Cultural Elements: the Non-movable Tourism Development of Heritages – Example of World Cultural Heritage, the Xian Tomb Ming in China	Keling Wang; Zhongyan Liu; Xiaoke Sun	3(1)
34	2003	Recent Trends in Airline Distribution Systems with Specific Reference to the Impact of the Internet	Bruce Prideaux	3(2)
35	2003	The Impact of the World Wide Web on the Future Marketing Roles of DMOs	Yongho Hyun; Josette Wells; Hyang-Jin Huh	3(2)
36	2003	A model for Evaluating International Competitiveness Of the Convention Industry: A Comparative Analysis of Korea and Its Major Asian Competitors	Wha-In Lee	3(2)
37	2003	Trends Underpinning Tourism to 2015: An Analysis of Key Drivers for Change	Larry Dwyer	3(2)
38	2003	International Hotel Firms' Choices of Entry Mode	Jung-Hwa Hong	3(2)
39	2003	Application of the Service Brand Preference Model in the Tradeshow Industry	Hwa-Bong Lee; So-Young Boo	3(2)
40	2003	The Comparison of Impacts of In-Restaurant Environment on Perceived Store Quality in Family Restaurant Context	Eun-Ju Kim; Dehyun Shon; Yong-Ki Lee	3(2)
41	2003	Residents' Perceptions of Government Involvement Impact and Their Attitudes towards Government Driven Tourism Development	Won-Seop Shim; Youn-Taek Lee	3(2)
42	2003	International Tourism in Korea: Barriers and Challenges	Sang-Mu Kim	3(2)
43	2003	How Tourism and Hospitality Research Has Evolved A North American Perspective	Charles R. Goeldner	3(2)

Appendix 1. IJTS 저널에 게재된 출판물(계속)

번호	연도	제목	저자명	권/호
44	2003	Promoting Tourism Exchange and Cooperation in Asia and the Pacific Region	Chris Ryan	3(2)
45	2003	The Future of Destination Marketing e-Commerce in Travel and Tourism	Daniel R. Fesenmaier; Ulrike Gretzel; Yeong-Hyeon Hwang; Youcheng Wang	3(2)
46	2003	Tourism Education and Career Perspectives: The Case of Korea	Sa-Hun Kim	3(2)
47	2004	Prediction of Travel Abroad: A Comparison of the Theory of Reasoned Action and Planned Behavior	Mi-Kyung Kim; Jeong-Hee Noh	4(1)
48	2004	Tourists' Perceptions and Attitudes towards Political Boundaries and Tourism	Young-Sun Shin	4(1)
49	2004	Understanding Cross-cultural Differences in Leisure and Recreation Attitude Perspectives on Individualism and Collectivism	Kim Chulwon; Kim Sung Jin; Lee Hyang Jung	4(1)
50	2004	Importance-Performance Analysis of International Convention Service: In the Case of Korean Attendees	Young Hee Ro; Seo ho Um	4(1)
51	2004	Do Shareholders Benefit from Merger and Acquisition in U.S Hotel, Restaurant, and Travel Industry?	Hee-young Hurr; Julian Lee	4(1)
52	2004	Selection of Tourism Development Sites: A Spatial Decision Support System Approach	Seok-ho Lee	4(1)
53	2004	The Relationship between Preference and Expenditure in International City Tourism	Yong Kun Suh	4(1)
54	2004	Commodification of Jeju Island's Cultural Image: Standing Stones	William Cannon Hunter	4(1)
55	2004	Application of E-commerce Strategies to Small and Medium sized Tourism Enterprises (SMTEs)	Kim Chulwon	4(1)
56	2004	Customer's Perceived Service Value Through Coupon Responses Exploratory Study on Switching SVC Provides in Restaurant Industry	Park Hye-Young; Sohn dehyun	4(2)

Appendix 1. IJTS 저널에 게재된 출판물(계속)

번호	연도	제목	저자명	권/호
57	2004	Characteristics of Tourism Industrial Clusters from Spatial Perspectives Exploratory Analysis of the Case of Gang Won Province	Young Joo Lee	4(2)
58	2004	The Content Analysis of the Korean Restaurant Market Focused on western restaurant brands	Kyung-soo Han; Kyung-mi Seo	4(2)
59	2004	Relationship between Visitors' Educational Aspirations for their Children and Festival Program Satisfaction The Case of the Gyoung-ju Korean Drinks and Rice Cake, South Korea	Jae-Il Song; Young-Jun You	4(2)
60	2004	Classifying Tourist Market Based on Decision Making Period	Se-mok Yoon	4(2)
61	2004	Hotel Room Reservation Employees Relationship with Customers and Customer Trust, Commitment and Hotel Performance	Yeung kurn Park; Jum-Gi An	4(2)
62	2004	Banning Indoor Smoking in the Gaming Industry	So young Boo; Shannon S. Okada	4(2)
63	2005	Complexity in Tourism Structures – the Embedded System of New Zealand's Regional Tourism Organisation	Anne Zahra; Chris Ryan	5(1)
64	2005	Period Theme Parks, Tourism, and Postmodernism	Hyoung-Gon Kim; Soo-Jin Lee	5(1)
65	2005	Understanding Users' Perception of their Reservation Systems: A Study of Users in Korean Travel Agencies	Hae-Young Lee; Dong-Jin Kim; Woo-Gon Kim	5(1)
66	2005	Motivational Taxonomy in Professional Association Members' Conference Participation Decision Making: A Comparison of Push and Pull Components	Wha-In Lee	5(1)
67	2005	Approval Ratings of Local Residents in a Fishery Area by their Opinions of Tourism Impacts	Young-Pyo Kim	5(1)
68	2005	Content Analysis of Hotel PR Activities in Newspaper Articles	Kyung-Jin Woo	5(1)
69	2005	Exploring Four Dimensional Sources of Destination Competitiveness	Chulwon Kim; Taesuk Lee	5(1)

Appendix 1. IJTS 저널에 게재된 출판물(계속)

번호	연도	제목	저자명	권/호
70	2006	Understanding Cross-cultural Differences in Leisure Motivation: Testing Structural Equation Modeling	Chulwon Kim	6(1)
71	2006	A Study on the Demand for Green Tourism and Training Program for Rural Residents	Sonny (Sunghwan) Chun	6(1)
72	2006	Schematic Perspective on Airline's Positioning Differentiation Strategy	Hyang-Jung Lee; Yumi Park	6(1)
73	2006	Analysis of Visitors' Expenditure Pattern and the Economic Impact of the 2004 Boryeong Mud Festival	Seok-chool Kim; Young-Pyo Kim; Hyun-Ho Jo	6(1)
74	2006	The Impact of Customer Satisfaction and Perceived Value on Loyalty: The Moderating Effects of Sensation Seeking Traits	Wha-In Lee	6(1)
75	2006	A Canonical Correlation Analysis on Importance Ratings between the Host Country Evaluation Attributes and the Convention Service Evaluation Attributes	Younghee Ro; Seoho Um	6(1)
76	2006	A Comparative Study of Financial Ratios between Hotels and Restaurants	Dong Jin Kim	6(1)
77	2006	Language of Tourism and the Discourse of Jeju	William Cannon Hunter	6(1)
78	2006	Book Review	Chulwon Kim	6(1)
79	2007	A Study on the Scale Development of Hotel Brand Equity Using ZMET	Youn Sun Kim; Chul Won Kim	7(1)
80	2007	The Effect of Internship on Hotel Employees in Korea	Dong Woo Ko; Byung Gil Chun; James J. Murdy	7(1)
81	2007	Establishing Business Strategies for Tourism Location Based Services (TLBS)	Sung Hwan Cheon	7(1)
82	2007	A Comparison of the Needs of Hospitality Management Students Between Flexible and Traditional Hospitality Management Programs in Australian Universities	Brett Walker; Timothy Jeonglyeol Lee	7(1)
83	2007	Strategy and Competitive Advantage of Las Vegas Hotels (Focus on Lessons for the Korea Hospitality Industry)	Kyung Jin Woo	7(1)

Appendix 1. IJTS 저널에 게재된 출판물(계속)

번호	연도	제목	저자명	권/호
84	2007	Facilitating Tourism Investment in the Asia-Pacific Region: Public and Private Partnership	Dae-Kwan Kim; Yang Woo Park	7(1)
85	2007	The Perceptions of Korean Professional Convention Organizers Towards Risk Management in Planning and Managing International Conventions	Hey Ryon Lee	7(1)
86	2007	Medical Tourism: A New Global Niche	William Cannon Hunter	7(1)
87	2007	Book Review	Chulwon Kim	7(1)
88	2008	An Exploratory Study of Travel Cards	Kwang-Ho Lee; Sang-Mi Lee; Yeong-Hyeon Hwang	8(1)
89	2008	Study on Chinese Tourists' Motivation and Satisfaction to Visit South Korea	Guang-Hui Qiao; Nan Chen; Yuan-Yuan Guan; Seok-Chool Kim	8(1)
90	2008	Determining Behavioral Intention to Visit a Festival Among First-Time and Repeat Visitors	So-Yon Lee; Jin Huh; Sung-Kwon Hong	8(1)
91	2008	Transition and Influential Elements of Travel Destinations of Japanese Package Tours in China	Guoqing Du	8(1)
92	2008	Analysis of Japanese Hotel Employees' Job Satisfaction and Its Association with Annual Income and Other Socio-Economic Variables	Tadayuki(Tad) Hara; Dana Tesone	8(1)
93	2008	Barcelona's Cultural Tourism Promotion Strategy	Jeong-Ook Kim	8(1)
94	2009	Enclave System and The Transition to Clans Tourism: Theoretical Perspectives Based on Complexity Science in Central and South America	Hyung-Nam Noh	9(1)
95	2009	Differential Effects of Tourism Resources on the Attractiveness of Destination Bundles	Dev Jani; Chang-Ik Jang; Yeong-Hyeon Hwang	9(1)
96	2009	Factors Contributing to Mega-Event City Selection	Juneyong Park; Isamu Mitsuhashi	9(1)
97	2009	Theoretical Understandings of Changes of Work and Leisure Influenced by Economic Crisis	Sokho Choe	9(1)

Appendix 1. IJTS 저널에 게재된 출판물(계속)

번호	연도	제목	저자명	권/호
98	2009	Impacts of Perception to Alliance Companies on Hotel's Brand Equity According to the Types of Vertical Integration	Jung-Won Lee; Hong-Bumm Kim	9(2)
99	2009	A Case Study: 'L' Casino in Liverpool and the Chinese Leisure Community	Joon Ho Cha	9(2)
100	2009	Empirical Studies on the Changes of Work and Leisure in Korea	Sokho Choe	9(2)
101	2009	A Comparative Study Of Korean Food Personality as a Japanese, Chinese, and North American's View	Kyung-Soo Han; Kyung-Mi Seo	9(2)
102	2009	Identifying Impact of Olympic Host City's Image on Intention to Visit-Perspective of Beijing's image by Korean Tourists-	Dai Bilei; Chulwon Kim	9(3)
103	2009	The Effect of Nutrition Information on Consumers' Healthy Menu Choices at a Fast Food Restaurant	Sang Hee Park; Ick-Keun Oh	9(3)
104	2009	The Tourism-Environment Causality	Haejin Lee; Jennifer Baylon Verances; Woongang Song	9(3)
105	2009	Internet use as a Leisure Pastime: Older Adults' Subjective Well-Being and its Correlates	Soojin Choi; Xinran Y. Lehto	9(3)
106	2009	The Leisure Industry and Positive Living: A Neglected Path to Community Development	Robert A. Stebbins	9(3)
107	2010	Specialization Analysis of Global and Korean Tourism Industry: On a Basis of Revealed Comparative Advantage	Heung-Sik Kim; Narae Lee	10(1)
108	2010	Calmness and Recreation: The role of Regional Nature Park in the Ile-de-France region	Il-Yul Lee	10(1)
109	2010	Development of Customer Scoring Models using Hotel Restaurant Database	Yukyeong Kathy Chong	10(1)
110	2010	The Relationships Among Acculturation, Self-Esteem, and Leisure Participation of Foreign Workers in Korea	Juhyon Kim; Hoon Lee	10(1)

Appendix 1. IJTS 저널에 게재된 출판물(계속)

번호	연도	제목	저자명	권/호
111	2010	Developing a Reinforced Heritagescape using GIScience: A Case Study of Gyeongju, South Korea	Byungyun Yang; Hakjun Song; Jinwon Kim	10(2)
112	2010	Measuring the Experience Economy of Film Festival Participants	Minkyung Park; Haemoon Oh; Jowon Park	10(2)
113	2010	Environmental Management of Korean Hotels: A Perspective of GMs	Soo Kim; Ji-Hwan Yoon	10(2)
114	2010	A Conceptual Framework for Leisure and Subjective Well-Being	Byunggook Kim	10(2)
115	2010	The Effect of Culture Differences on Self Check-in Kiosk Use: An Empirical Study of Canadian Travellers	H S Chris Choi; Jueun Cho; Pavla Kazda	10(2)
116	2010	Gender, Personality, and Benefits Sought: Examining Chinese Leisure Travelers	Jingjing Zhou	10(3)
117	2010	Hotel Property Characteristics and Occupancy Rate: Examining Super Deluxe 1st Class Hotels in Seoul, Korea	Hong Soon Kim	10(3)
118	2010	The Firm Growth Pattern in the Restaurant Industry: Does Gibrat's Law Hold?	Kwangmin Park; Jinhoo Kim	10(3)
119	2010	The Influence of Demographics, Experience, and Expertise on the Destination Image of Ski Resorts	Dohee Kim	10(3)
120	2011	Marketing Mix Modeling for the Tourism Industry: A Best Practices Approach	Michael J. Wolfe Sr.; John C. Crotts	11(1)
121	2011	Medical Tourism System Model	Tae Gyu Ko	11(1)
122	2011	The Relationship of Perceived Cognitive and Decisional Controls in Information Disclosure: Decomposition of Perceived Control	Hee Seok "Andy" Lee; Carolyn U. Lambert; Rob Law	11(1)
123	2011	Monitoring Consumer Attitudes in Hospitality Services: a Market Segmentation	Vera Toepoel	11(1)
124	2011	Uneven Distance Decay: A Study of the Tourism Market Segments of Hong Kong	Libo Yan	11(1)
125	2011	Testing for Moral Hazard at the Tourist Destination	Yong Chen; Barry Mak	11(2)

Appendix 1. IJTS 저널에 게재된 출판물(계속)

번호	연도	제목	저자명	권/호
126	2011	The Antecedents and Consequences of Service Value in Restaurant Consumers: Aspect of Regulatory Focus Theory	Bongran(Lucia) Sun	11(2)
127	2011	The Effects of Nutrition Information of Fast Food Menu Items on Consumer Evaluation Behaviors	Jungjin Hwang; David Cranage	11(2)
128	2011	An Experimental Investigation of Cognitive Response to Advertising: A Physiological Perspective for Tourism Destination Marketing	Sung-Bum Kim; Dae-Young Kim; Paul D. Bolls	11(2)
129	2011	"Feeling 'Protected' In Mass Organized Group Tours-A South Korean case-	Hee-Jung Lee; Hugh Wilkins; Young-Sook Lee	11(2)
130	2011	Examining the Effects of Tourism Impacts on Resident Quality of Life : Evidence from Rural Midwestern Communities in USA	Chia-Pin (Simon) Yu; H. Charles Chancellor; Shu Tian Cole	11(2)
131	2011	Understanding and Measuring City Brand Personality (CPS)- In the context of South Korean market -	Hee-Jung Lee; Yong-Gu Suh	11(3)
132	2011	Integrating the Role of Sports Associations in the Promotion of Sports and Recreation Tourism at the Destination Level: Creating a Partnering Framework for Kenya	Joe Kibuye Wadawi; Roselyn N. Oketch; Edward Owino; Babu P. George	11(3)
133	2011	Targeting the Market: Segmentation of Domestic Tourists for YOR Island, Thailand using the Correspondence Analysis Technique	Azilah Kasim; Naiyana Ngowsiri	11(3)
134	2011	Reconciliation Tourism based on New-Confucianism by Virtue of Storytelling as a Win-Win Strategy in Pan-West Sea Zone	Hyung-nam Noh	11(3)
135	2011	International and Domestic Growth Rate Patterns across Firm Size	Kwangmin Park; Sandra Sydnor	11(3)
136	2011	A Comparison of Research Topics in Leading Tourism Journals	Ye "Elaine" Tian; Hee "Andy" Lee; Rob Law	11(3)
137	2012	Modeling the Volatility in Short and Long Haul Japanese Tourist Arrivals to New Zealand and Taiwan	Chia-Lin Chang; Michael McAleer; Christine Lim	12(1)

Appendix 1. IJTS 저널에 게재된 출판물(계속)

번호	연도	제목	저자명	권/호
138	2012	Identifying Optimal Inbound Market Mixes of the US Tourism Industry	Ming-Hsiang Chen; Yi-Wen Chen	12(1)
139	2012	An IPO Case Study of a Lodging Company	Christine Lim; Dorothy Cheung	12(1)
140	2012	Residents' Perception on the Implications of Tourism and the Proposed Mining Operations along Kokoda Track in Papua New Guinea	Joyce J. Rayel; Billy Manoka; Chiara Boin	12(1)
141	2012	A Case Study of Social Media Marketing by Travel Agency: The Salience of Social Media Marketing in the Tourism Industry	Jongpil Park; Ick-Keun Oh	12(1)
142	2012	A Holistic Approach to Activity Preference Patterns: International Tourists and Their Visits to Shanghai, China	Liang(Rebecca) Tang; Aikaterini Manthiou; Alastair Morrison; JungYoung Shin; Lanlung Chiang	12(1)
143	2012	Tourism in Technology Dead Zones: Documenting Experiential Dimensions	Philip L. Pearce; Ulrike Gretzel	12(2)
144	2012	Modeling Service Quality Improvement Priorities in Selected Hotels for Efficient Service Delivery	Eddy K. Tukamushaba; Dan Musinguzi; Celestine Katongole; Honggen Xiao	12(2)
145	2012	Can Nutrition Information for Side Menu Items Improve Customer Awareness and Choice in Fast Food Restaurants? : A Comparison of Korea and the U.S.	Borham Yoon; Yeasun Chung	12(2)
146	2012	"Probability Blindness" and Last-minute Booking of Hotel Rooms: The Case of Bayesian Updating	Zvi Schwartz	12(2)
147	2012	Investigating the Role of Responsible Gambling Strategy in Perspective of Employees	Hak-Jun Song; Hye-Mi Lee; Jin-Young Lee	12(2)
148	2012	Comparing the Motives for Exhibition Participation: Visitors' versus Exhibitors' Perspectives	Myong Jae Lee; Jung Mo Seo; Sylvester Yeung	12(3)
149	2012	An Investigation of the Information Sources Used by International Tourists of Different Age Groups in Fiji	Lanlung Chiang; Aikaterini Manthiou; Liang (Rebecca) Tang; JungYoung Shin; Alastair Morrison	12(3)
150	2012	Costa Brava Culinary Tourism Routes and Relational Dynamics	Josep M Prat Forga; Gemma Cànoves Valiente	12(3)

Appendix 1. IJTS 저널에 게재된 출판물(계속)

번호	연도	제목	저자명	권/호
151	2012	Environmental Education and Environmentally Responsible Behavior: The Case of International Tourists in Accra Hotels	Ishmael Mensah	12(3)
152	2012	A Multi-Dimensional and Hierarchical Model of Service Quality in the Gaming Industry	Hung-Che Wu; Fu-Sung Hsu	12(3)
153	2013	Complaining Behaviors in Restaurants New Roles in Failure Scenarios	Jalayer Khalilzadeh; Zeynab Rajabi; Melissa Farboudi Jahromi	13(1)
154	2013	Customer Complaining Behaviors after Restaurant Service Failure: Redress Seeking Complaint, Friendly Complaint, Loyalty and Neglect	Heejung Ro	13(1)
155	2013	Assessing impact of Natural Disasters on Tourist Arrivals: The Case of Xitou Nature Education Area (XNEA), Taiwan	Chyi-Rong Chiou; Ming-Yuan Huang; Wei-Lun Tsai; Li-Chen Lin; Chia-Pin (Simon) Yu	13(1)
156	2013	Comparing Two Events in West Michigan: Spending Patterns by Demographic and Trip Characteristics	Seohee Chang	13(1)
157	2013	Calendar Effect: Do Investors Overreact to the Seasonality of the U.S. Hotel Industry?	Jun-hyoung Park	13(1)
158	2013	Development of an Evaluation Scale for Inter-Country Tourism Industry Competitiveness using the Delphi Technique and Analytic Hierarchy Process	Moonhyang Oh; Seongseop Kim; Aejoo Lee	13(2)
159	2013	Which Factors Help Visitors Convert Their Short-Term Pro-Environmental Intentions to Long-Term Behaviors?	Jialin Wu; Danyu Huang; Jingyan Liu; Rob Law	13(2)
160	2013	Traveling the Network: A Proposal for Destination Performance Metrics	Jason L. Stienmetz; Daniel R. Fesenmaier	13(2)
161	2013	Does Executive Equity-based Compensation Encourage Strategic Risk-taking?: Examining the Effects of Equity-based Compensation in the U.S. Restaurant Industry	Kwanglim Seo; Amit Sharma	13(2)

Appendix 1. IJTS 저널에 게재된 출판물(계속)

번호	연도	제목	저자명	권/호
162	2013	Rethinking "Place" in Tourism Development: A Conceptual Framework of Place for Tourism Planners and Sociologists	Jae Ho Lee; David Matarrita-Cascante	13(2)
163	2013	A Study of Perceived Attributes of Asian Foods: Comparison of Implicit and Explicit Attitude Measures	Kwang-Ho Lee; Dae-Young Kim	13(2)
164	2013	Lessons from Thai International Medical Tourism: Its Market Analysis, Barriers and Solutions	Seongseop (Sam) Kim; Nuntasaree Sukato; Aswin Sangpikul; Jinsoo Hwang	13(2)
165	2013	The Effect of Privacy Concerns and Consumer Trust on Consumer Response to Online Behavioral Advertising for Travel Products	Jin-Myung Lee; Jong-Youn Rha	13(3)
166	2013	Service Quality with Satisfaction and Loyalty in the Airline Industry	Hwa-Kyung Kim	13(3)
167	2013	The Effect of Perceived Corporate Social Responsibility on Hotel Employee's Attitude and Behavior toward the Organization	Misung Lee; Wansoo Kim	13(3)
168	2013	Qualitative Research of E-learning Success Model in the Hospitality Industry	Sungnam Hong; Taesu Eliot Park; Jinsoo Han	13(3)
169	2014	Applying Linear Programming in City Brand Equity Concept: A Case Study of Hong Kong	Chung-shing Chan	14(1)
170	2014	Barcelona, a Leader Destination in Cruise-passenger Tourism: Keys, Impacts and Facts	Lluis A. Garay; Gemma Cànoves; Josep M. Prat	14(1)
171	2014	Chinese Medicine as a product filling the wellness health tourism niche in China: Prospect and challenges	Nazrul Islam	14(1)
172	2014	Reading Postcards: Multiple Enactments of Tourism Destinations. The case of Pai, Thailand	Chalermpat Pongajarn; René van der Duim; Karin Peters	14(1)
173	2014	Developing a Sustainable and Green City Brand for Hong Kong: Assessment of Current Brand and Park Resources	Chung-shing Chan; Lawal M. Marafa	14(1)

Appendix 1. IJTS 저널에 게재된 출판물(계속)

번호	연도	제목	저자명	권/호
174	2014	Legal Frameworks of Property Reclamation and Reconciliation: The Case of Kum Kang Mountain Resorts	Eugene Y. Roh; Woo-Hee Byun; Timothy Jeonglyeol Lee	14(1)
175	2014	Creativity and the Structure of Tourism Destination Networks	Rodolfo Baggio	14(1)
176	2014	The Development and Diversity of Asian Tourism in Europe: The case of Vienna	Huong T. Bui; Alexander Trupp	14(2)
177	2014	Competitive Responses, Competitors' Strategic Orientations, and Imitated Strategy Types: Evidence from the U. S. Restaurant Industry	Li Ding; Yeasun Chung	14(2)
178	2014	Study on the Net Economic Impact of Mega Sport Events: Perspective of Visitors' Expenditure (Case Study of the 2010 Guangzhou Asian Games)	Qiuju Luo; Xiangyu Lu	14(2)
179	2014	Sports Centric Tourism: Who Travels to Mega Sports Events?	Anastasiia S. Salina; Hyungjeong Spring Han	14(2)
180	2014	Perceiving the Atmosphere of Asian Restaurants: European Customers vs. Asian Customer	Kyoung-Bae Kim; Shin-Young Kang; Sang-Hyeon Park	14(2)
181	2014	Revising Importance-Performance Analysis Combined with Regression Model: Applied to Seniors' Travel Motivation and Performance Experiences	Seung-Hoon Chung; Dongkoo Yun	14(2)
182	2014	The Perceived Impacts of Tourism: The Case of Ha Long Bay, Vietnam	Long Hong Pham	14(2)
183	2014	Destination Management Organizations and Sports Events	Jacek Borzyszkowski	14(2)
184	2014	From a Tea Event to a Host Destination: Linking Motivation, Image, Satisfaction and Loyalty	Eunmi Sohn; Jingxue (Jessica) Yuan; Tun-Min (Catherine) Jai	14(3)
185	2014	Adolescent Deviant Leisure Activities on the Internet	Tae-Gyou Ko	14(3)
186	2014	Perceived Benefits of Spa Experiences: Tourist Insights from the Blogosphere	Jenny H. Panchal	14(3)
187	2014	What Makes People Travel to Cultural Heritage Festival?	Shinyoung Kang; Kyoungbae Kim; Chris Ryan; Sanghyun Park	14(3)

Appendix 1. IJTS 저널에 게재된 출판물(계속)

번호	연도	제목	저자명	권/호
188	2014	Comparative Analysis of User-generated and Travel agency photo posting in Chinese Microblog	Xuan Zhang; Hee Jeong Yun	14(3)
189	2014	The Impact of Sex Tourism on Hotel Selection	Ka Leong Chong	14(3)
190	2014	The Relationship between a Mega Sport Event and the Host Destination	Dang Thi Phuong Anh	14(3)
191	2015	The research of spatial – temporal evolution and satisfaction factors in integrated hot spring resorts	Nan Chen; Wenjia Ruan; Qing Yuan	15(1-2)
192	2015	Surrogacy tourism: the ethical and legal challenges	Rajendra Parsad Gunputh; Kartina Aisha Choong	15(1-2)
193	2015	Holiday motivations: conversations with lesbians in Mexico	Carlos Monterrubio; Mercy Barrios-Ayala	15(1-2)
194	2015	Investigating tourists' casino retention: cross-cultural comparison with Chinese and Westerners	Sung Hee Park; Chi-Ming Hsieh; Joseph C. Miller	15(1-2)
195	2015	The role of emotional intelligence and emotional labor among frontline employees in casino hotel Macao	Michael Yadisaputra	15(1-2)
196	2015	How to develop a sustainable and responsible hallmark sporting event? – Experiences from tour of Qinghai Lake International Road Cycling Race, using IPA method	Yunyao Zhang; KeunSoo Park	15(1-2)
197	2015	Effect of exhibition visitors' pleasure and enjoyment on commitment and re-participation intention	Ho-Keun Yeo; Na-Yeon Kang	15(3-4)
198	2015	Impact of expansion of a city as a sustainable tourist destination: a case of Bucharest, Romania	Gabriela Cecilia Stanciulescu	15(3-4)
199	2015	Environmental factors on the entrepreneurship of successful restaurant establishment	Heung-Gyu Song; Moo-Ho Son; Yeonhee Choi	15(3-4)
200	2015	Is the blooming of coffeehouses in South Korea at risk?	Chong Ka Leong	15(3-4)
201	2015	CEO compensation and the performance of firms in the hospitality industry: a cross-industry comparison	Giuliano Bianchi; Yong Chen	15(3-4)

Appendix 1. IJTS 저널에 게재된 출판물(계속)

번호	연도	제목	저자명	권/호
202	2016	Backpackers' views on risk in the Cape Coast-Elmina area of Ghana	Frank Badu-Baiden; Kwaku Adutwum Boakye; Felix Elvis Otoo	16(1-2)
203	2016	A comparative analysis of East African destination marketing organizations' websites	Maria Minde; Dev Jani	16(1-2)
204	2016	Patterns of political instability and inbound tourism to South Korea	In Mook Choi	16(1-2)
205	2016	An examination of the pull and push factors influencing hotel selection by Chinese outbound travelers	Glenn Mccartney & ZhuYing Ge	16(1-2)
206	2016	Determinants of tourist satisfaction with national park guides and facilities in the Galápagos	Kerstin K. Zander; Angelica Saeteros; Daniel Orellana; Veronica Toral Granda; Aggie Wegner; Arturo Izurietah; Stephen T. Garnett	16(1-2)
207	2016	Fundamental sources and sustainable development of the Korean cultural entertainment industry with the Korean wave	Dehyun Sohn; Seung Ho Youn	16(1-2)
208	2016	Assessing feasibility of film-induced tourism: the case of Singapore	Fei Qiao; Yeonhee Choi; Timothy J. Lee	16(3)
209	2016	The product-associated failures: international versus local hotels in Taiwan	Poh Theng Loo	16(3)
210	2016	Exploring what motivates gambling among California residents: Indian reservations casinos	Soojin Lee; Myong Jae Lee	16(3)
211	2016	How the West Sees Jeju: an analysis of westerners' perception of Jeju's personality as a destination	Jacob C. Barr; Byoung Kil Choi	16(3)
212	2016	Selection attributes and satisfaction of ethnic restaurant customers: a case of Korean restaurants in Australia	Kye-Hong Min	16(4)
213	2016	Reflections on tourism policies in Ghana	Patrick Brandful Cobbinah; Rhoda Mensah Darkwah	16(4)
214	2016	Heritage or hesitate? Preserving authenticity in Hong Kong tourism	Daniel Chong Ka Leong	16(4)

Appendix 1. IJTS 저널에 게재된 출판물(계속)

번호	연도	제목	저자명	권/호
215	2016	Perspectives on tourism development planning in Acapulco: conventional methods and complexity theory	Mark Speakman; Alejandro Díaz Garay	16(4)
216	2016	How do Chinese tourists differ from Caucasian tourists? An empirical study from the perspective of tourists' self-concept	Shuyue Huang; Joshua LeBlanc; HS Chris Choi	16(4)
217	2017	Verifying the moderating effects of personality factors on the relationship between emotional labour and customer orientation	Hae-Kyung Sohn	17(1)
218	2017	Resident perceptions of casinos in a newly developed casino destination	Aik-Lim Tan; Timothy J. Lee; Joonhyeong Joseph Kim	17(1)
219	2017	Antecedents of family leisure involvement: an integrated model from adolescents' cognitive, affective and behavioral perspectives	Ying-Wen Liang	17(1)
220	2017	How does tourism differ among generations? Tourists from the United States and their willingness to visit Japan	Yu Ishida; Miki Miyaki; Yoshikazu Fujisawa; Kunihiko Iwasaki	17(1)
221	2017	Building confidence measures for tourist destination choice	Roberto Marmo; Rodolfo Baggio	17(1)
222	2017	Understanding the relationships among internal marketing practices, job satisfaction, service quality and customer satisfaction: an empirical investigation of Saudi Arabia's service employees	M. Sadiq Sohail; Jichul Jang	17(2)
223	2017	Tourism in Hoi An, Vietnam: impacts, perceived benefits, community attachment and support for tourism development	Raymond Adongo; Ja Young Choe; Hagchin Han	17(2)
224	2017	Residents' identity and tourism development: the Jamaican perspective	Gaunette Sinclair-Maragh; Dogan Gursoy	17(2)
225	2017	An investigation of Generation Y travellers' beliefs and attitudes towards green hotel practices: a view from active and passive green Generation Y travellers	Chang Huh; Howook "Sean" Chang	17(2)

Appendix 1. IJTS 저널에 게재된 출판물(계속)

번호	연도	제목	저자명	권/호
226	2017	The effects of leader-member exchange on generation Y employees' organizational behaviours in China	MiRan Kim	17(2)
227	2017	Educational technology in hospitality management programmes: experience and expectation	Patrick C. Lee; Sunny Sun; Andy Lee; Rob Law	17(3)
228	2017	Local consumers' perceptions and preferences for Asian ethnic foods	Kye-Hong Min; Seunghoon Han	17(3)
229	2017	A measurement scale for food festival visitor experience	Ding Ding; Hoffer M. Lee	17(3)
230	2017	Segmenting wine tourists in Niagara, Ontario using motivation and involvement	Hwansuk Chris Choi; Shuyue Huang; Joan Flaherty; Anahita Khazaei	17(3)
231	2017	Theoretical foundations underpinning supply chain management and supply chain level sustainable performance	Joonhyeong Joseph Kim	17(3)
232	2017	A study on the effects of demographic factors on hotel selection process	Selda Uca; Volkan Altintas; Demet Tuzunkan; Michalis Toanoglou	17(4)
233	2017	Alignment of tourism against poverty in Bale eco-region, Dinsho district, Ethiopia	Nafbek Solomon Kebede; Berhanu Esubalew Bayeh	17(4)
234	2017	The difference of information diffusion for Seoul tourism destination according to user certification on Sina Weibo: through data crawling method	Sunyoung Hlee; Ao Cheng; Chulmo Koo; Taekyung Kim	17(4)
235	2017	Who benefits from the ecotourism sector in Southern Ethiopia?	Amare Wondirad	17(4)
236	2017	Measuring the effect of ubiquitous Internet success on travelers' perceived value and overall tourism destination satisfaction	Chen-Kuo Pai; Zi Yi Wang; Shun-Hsing Chen	17(4)
237	2017	Motive-based segmentation of tourists in rural areas: the case of Maragheh, East Azerbaijan, Iran	Hojjat Varmazyari, Mohsen Babaei, Kazem Vafadari & Babak Imani	17(4)
238	2018	The impacts of travel motives and information needs on destination image	Dev Jani	18(1)

Appendix 1. IJTS 저널에 게재된 출판물(계속)

번호	연도	제목	저자명	권/호
239	2018	Airbnb landlords and price strategy: Have they learnt price discrimination from the hotel industry? Evidence from Barcelona	Juan Pedro Aznar; Josep Maria Sayeras; Guillem Segarra; Jorge Claveria	18(1)
240	2018	Moderating effects of recreation specialization on the quality-value-loyalty chain: a case of the Taroko Gorge Marathon	Sung Hee Park; Chi-Ming Hsieh; Joseph C. Miller	18(1)
241	2018	Park-based urban regeneration and tourism evolution in a cityscape: a case for Chattanooga-TN	Bernard M. Kitheka; Elizabeth D. Baldwin; William C. Norman	18(1)
242	2018	Railbike experience and tourist satisfaction	Young-Sook Ko; Sang-Hyeon Park; Kyung-Yur Lee	18(1)
243	2018	The challenges faced by hotel service industry in Sri Lanka	Hamsanandini Umasuthan; Oun-Joung Park	18(2)
244	2018	Impact of sustainability on tourism development in Nigeria: a case study of cross river state, Nigeria	Emeka E. Okonkwo; Agnes Osarrh Odey	18(2)
245	2018	Price or pride? Malaysian marine cruising behaviour	Ka Leong Chong	18(2)
246	2018	Predictive analytics of Taiwan inbound tourism from ASEAN 5	Cathy W. S. Chen; Ming Chieh Cheng; Songsak Sriboonchitta	18(2)
247	2018	Urban tourism and the politic of creative class: a study of the chefs in Macao	Yang Zhang; Xiong Yu	18(2)
248	2018	Sustainable economies by the time of crisis:snowball effect on medium and small companies	Samiha Chemli; Sara Nunes; Michail Toanoglou	18(3)
249	2018	Traveling from South to North: the relationships between historical nostalgia, novelty seeking, and attitudes to visit North Korea	Na Young Mun; Wangoo Lee; Chul Jeong	18(3)
250	2018	The spatial clustering patterns of the U.S hotels during 1985-2017	Young-Rae Kim; Jin-Won Kim; Chang Huh	18(3)
251	2018	Towards an understanding of the culturally intelligent behaviour of hotel service employees	Rachel Lam; Catherine Cheung	18(3)
252	2018	Understanding Muslim visitors' attitudes towards Korean street food	Abdul Elah Hakeem; Hoon Lee	18(3)
253	2018	Family perception and their buying behavior for home-delivered food	Mary Delia G. Tomacruz; Nancy T. Flor	18(4)

Appendix 1. IJTS 저널에 게재된 출판물(계속)

번호	연도	제목	저자명	권/호
254	2018	Sustainability in the hotel industry – how government policies are changing the 'culture of food waste' in the Republic of Korea and creating opportunities for hotels	Minjoo Leutwiler-Lee	18(4)
255	2018	Evaluating the effect of China's one-child on shopping behaviour of VFR tourists in tourism destinations	Maria Younghee Lee; Michael John Hitchcock; Ivan K. W. Lai	18(4)
256	2018	Social media technologies in the tourism industry: an analysis with special reference to their role in sustainable tourism development	Sudipta Kiran Sarkar; Babu George	18(4)
257	2018	Vail: explaining growth dynamics of a Colorado Ski Resort Town	Rudi Hartmann; Shelley Broadway	18(4)
258	2018	Tourists' satisfaction and loyalty intention at Shariah compliant private hospitals in Malaysia	Muhammad Khalilur Rahman; Suhaiza Zailani; Ghazali Musa	18(4)
259	2018	The current situation and development trend of China's tourism e-commerce	Yu Liu; Jing Wang; Xiaochen Shao; Jiahui Li	18(4)
260	2018	Film – induced tourism in Thailand: an influence of international tourists' intention to visit film shooting location	Suphaporn Rattanaphinanchai; Bongkosh N. Rittichainuwat	18(4)
261	2019	The impact of work-family conflict on work stress and job satisfaction among Macau table game dealers	Sio-leng Chau	19(1)
262	2019	Brand perception of halal tourism services and satisfaction: the mediating role of tourists' attitudes	Mahfuzur Rahman; Md. Sohel Rana; Muhammad Nazmul Hoque; Muhammad Khalilur Rahman	19(1)
263	2019	Economic impacts of tourism on small-scale tourism enterprises (SSTEs) in Hawassa City, Southern Ethiopia	Kibrachew Tamene; Amare WONDIRAD	19(1)
264	2019	Weighted networks: the issue of dichotomization	Rodolfo Baggio	19(1)
265	2019	Perceived quality and value in resort hotel customers: examining the length of stay as a moderator	Sung Hee Park; Chi-Ming Hsieh; Joseph C. Miller	19(2)

Appendix 1. IJTS 저널에 게재된 출판물(계속)

번호	연도	제목	저자명	권/호
266	2019	Contributions of community-based tourism to the socio-economic well-being of local communities: the case of Pulau Redang Island, Malaysia	Alaa Nimer Abukhalifeh; Amare Wondirad	19(2)
267	2019	College students' perceptions of food fraud in Macau	Libo Yan; Chien-Chih Su	19(2)
268	2019	Visitor and resident perceptions of the slow city movement: the case of Japan	Therez B. Walker; Timothy J. Lee	19(2)
269	2019	Farmers' willingness to establish community-based agritourism: evidence from Phikuri village, Nepal	Kumar Bhatta; Yasuo Ohe	19(2)
270	2019	Examining structural relationships among service quality, perceived value, satisfaction and revisit intention for airbnb guests	Soyoung An; Jungho Suh; Thomas Eck	19(3)
271	2019	Exploring the dimensions of bed and breakfast (B&B) visitors' experiences	Yi Tong Deng; Hoffer Lee	19(3)
272	2019	Tourism development and conservation, do local resident attitudes matter?	Raymond Rastegar	19(3)
273	2019	Understanding U.S. travellers' motives to choose Airbnb: a comparison of business and leisure travellers	Jichul Jang; Juwon Choi; Hyeongjin "Harry"Jeon; Juhyun Kang	19(3)
274	2019	Preferred visual images, environmental attitudes, and environmentally responsible behavioural intention among outdoor recreationists	Eunkyoung Park; Hye Jeong Park	19(3)
275	2019	Residents' responses to tourism as an indicator of destination development	(Joe) Yong Zhou; Yulin Huang	19(4)
276	2019	Cooperation in health and wellness tourism connectivity between Thailand and Malaysia	Chiranuch Sopha; Chompunuch Jittithavorn; Timothy J. Lee	19(4)
277	2019	The relationship among food perceived value, memorable tourism experiences and behaviour intention: the case of the Macao food festival	Ya-fen Huang; Yang Zhang; Hua Quan	19(4)
278	2019	Domestic free independent tourists' satisfaction and willingness to pay a premium, and intention to revisit: Deluxe hotels in Busan	Min-Ki Chun; Wii-Joo Yhang; Bo-Kyeong Kim	19(4)

Appendix 1. IJTS 저널에 게재된 출판물(계속)

번호	연도	제목	저자명	권/호
279	2019	A qualitative exploration of incheon international airport (ICN) service quality from the passengers' perspective in a web-based environment	Pari Molaei; William C. Hunter	19(4)
280	2019	At the edge of the mainstream: social role changes of minority women at a Chinese rural tourism destination	Jingjing Dai; Sudipta Kiran Sarkar	19(4)
281	2019	Understanding Filipino tourists' future time perspective and emotional experiences during delayed international flights through design triangulation	Allan B. De Guzman; Sean Eunice Z. Labrador; Francheska Anne Rodil	19(4)
282	2021	The serious leisure perspective and tourism science	Robert A. Stebbins	20(1)
283	2021	The role of tourism impact attitudes, subjective wellbeing, and emotional solidarity in predicting support for tourism	Ian E. Munanura; Chad Kooistra; Ladan Ghahramani	20(1)
284	2021	A study of customer engagement, satisfaction and behavioral intentions among Airbnb users	Jungho Suh; Soyoung An; Thomas Eck	20(1)
285	2021	Understanding the relationship between organizers and other key stakeholders of local festivals	Raymond Adongo; Frank Badu-Baiden; Minjoo Leutwiler Lee	20(1)
286	2022	Hotel rewards programs for different membership tiers	Jooyeon Ha; Kwangsoo Park	21(1)
287	2022	Locals' perception on tourism in Nepal: Evidence from the community support model	Saraswati Gautam; Anup K C; Niranjan Devkota; Surendra Mahato; Udaya Raj Paudel; Seeprata Parajuli	21(1)
288	2022	Moderated mediation analysis of tourist-based destination brand equity: Structural differences by tourist nationality	Sangjeon Lee	21(1)
289	2022	Examining supply-side perspectives on the market for tourists with disabilities in South Korea	Bongkoo Lee; Soyoung An	21(1)

정기 학술대회

정 진 영(Chung, Jin Young)
국립인천대학교 교수

1. 학술대회 개최

1972년 우리나라 관광분야 최초로 한국관광학회가 설립된 이후 1975년 제1회 연구발표회 개최 이후 2022년까지 총 92회의 학술대회가 개최되었다. 학술대회란 명칭에 상관없이 차수 부여를 받아 정기적으로 학회 회원을 대상으로 개최된 학술논문 발표대회를 의미하며 부정기적으로 개최되었던 세미나, 심포지엄, 토론회 등은 학술대회로 포함하지 않는다. 다만 한국관광학회 설립 초기 학술대회를 심포지엄, 연구발표회 등으로 명명했으며 이는 차수에 따른 정기 학술논문 발표회의 성격을 지녔기 때문에 학술대회에 포함하고자 한다.

2. 학술대회 자료 수집

2024년 6월부터 10월까지 5개월 동안 인터넷 자료, 신문기사 DB, 학회 보유 자료, 회원 보유 자료 등을 조사하였다. 1차 조사는 학회 홈페이지에 공개된 "역대학술대회" 내용 및 관광학연구 홈페이지 "학회연혁", 한국관광학회 창립 50주년 기념영상, 관광학연구「한국관광학회 고문 회고록」(제33권 제4호) 을 바탕으로 기초적인 내용을 정리하였다. 2차 조사는 2024년 6월 서울 소재 한국관광학회 사무실을 방문하여 보관되어 있는 학술대회발표집(1996년 제39회 ~ 2022년 제92차), 학회인명부 등을 전수조사하였다. 3차, 4차 조사는 같은 해 10월 학회 사무실 현장조사를 통하여 공문철, 한국관광학회보를 포함한 기타 문서를 조사하였다.

최초 수집 항목은 학술대회 명칭, 주제, 일시, 장소, 주최 및 주관, 기조연설자, 기조연설 주제, 발표논문수(국문/영문)이었으나, 2000년대 초반 이전 자료에서 기조연설자, 기조연설 주제 및 발표논문수(국문/영문) 확인이 거의 불가능하고 누락된 부분이 많아 자료의 완결성을 고려하여 수집 항목에서 제외하였다. 최종적으로 학술대회 명칭, 학술대회 주제, 개최 일시, 장소(지역 및 시설), 주최 및 주관 등 5개 정보를 취합 정리하였다.

3. 학술대회 개최 경과

한국관광학회는 1972년 설립되었으나 최초 개최된 학술대회는 1975년 UNDP호텔학교(현 경희대학교)에서 개최된 제1회 연구발표회(공식 명칭 확인 불가)였다. 설립 초기 3년이 지나서 첫 학술대회가 개최된 이유는 학회 내부 문제로 인한 운영 공백 때문으로 추정된다(이 시기 공백기에 대한 구체적인 상황은 2003년 출간된 관광학연구 제27권 제1호 “한국 관광학연구 30년의 회고와 향후 과제: 한국관광학회 창립 30주년에 즈음하여”(김사헌)에 자세히 기술되어 있다). 이후 매년 개최되던 학술대회는 한국관광학회 설립 이후 50년이 지난 2022년까지 총 92회 개최되었다. 1998년 충북 단양에서 개최된 「제44차 한국관광학회 하계 학술논문발표대회 및 제4회 아시아태평양관광학회 국제학술논문발표대회」(일명 「98단양국제관광학술대회」로 약칭되며 포스터 등 일부 자료에는 제43회로 표기되어 있으나 선후 학술대회 차수를 보면 오기로 보임)는 한국관광학회 학술대회 50년사의 분기점이라 할 수 있다. 이는 참석자 규모와 발표 논문 수에 따른 것으로 1998년 학술대회 이전에는 보통 3~4편의 논문이 발표되었고 전체 참석자도 20명 이내 소규모로 학자들의 학술 친목 도모 수준이었던 것에 비해, 1998년 학술대회는 영문논문 포함 약 180편의 논문 발표, 16개국 해외참가자 포함 500명 정도 규모로 치러졌다. 이후 학술대회들은 이전보다 10배 정도의 논문 발표와 함께 참석자가 대거 늘어났는데 이는 다분히 단양국제관광학술대회 개최로 인한 학회에 대한 인식 확산 및 인지도 제고의 영향으로 볼 수 있다. 학술대회 주요 항목별 내용은 아래와 같다.

1) 명칭

(1) 1970, 80년대

한국관광학회 설립 이후 1970년대는 학술연구발표회 명칭을 사용하였으며, 당시 학회 정기총회와 같이 개최되었기 때문에 "학술연구발표회 및 정기총회"라는 명칭을 사용하였다. 이러한 추세는 일부 차수를 제외하고 1980년대에도 지속되었다.

(2) 韓國觀光學會消息 제13호

제9대 한국관광학회 임원명단

◈…본 학회에서는 제24회 학술연구 발표회를 다음과 같이 실시 하였읍니다…◈

• 일 시 : 1988. 8. 27(토) 10:30

(프로그램)

(제24회 학술연구발표회 전경)

(2) 韓國觀光學會消息 제15호

1989년 제25회 학술발표회 및 1차 정기총회 개최 결과 보고

1. 학술발표회
 1) 주제 : 해외여행 개방과 대응전략
 2) 일시 : '89년 2월 26일(일) 10시 30분
 4) 발표자 : 5명
2. 정기총회
 3) 1988년도 관광학회 결산보고

신 입 회 원 명 단

그림 3-3-1. 1980년대 학술대회 발표 모습 (출처: 한국관광학회 회보)

(2) 1990년대

1990년대 들어서는 개최 시기를 명칭에 부여하기 시작한다. 「제39회 한국관광학회 겨울 관광학 대회」, 「제40회 한국관광학회 하계 관광학술대회」와 같이 동계(또는 겨울), 하계라는 단어를 포함하여 1년에 2회 개최되는 학술대회 중 어느 시점인지를 분명히 하기 시작하였다. 특히, 1997년 한양여자대학에서 개최된 학술대회 이전까지는 대부

분의 학술대회 차수를 "회(回)"로 명기되었으나, 1998년 단양 소백산 유스호스텔에서 개최된 「제43차 한국관광학회 하계 학술논문발표대회 겸 제4회 아시아태평양관광학회 국제학술논문발표대회」(일명 단양국제관광학술대회) 부터 학술대회 차수를 "차(次)"로 변경하기 시작하였다.

표 3-3-1. 한국관광학회 학술대회 (1970, 80년대)

명칭	주제	일시	장소	주최/주관
제1회 연구발표회	N/A	1975.11.29	UNDP호텔학교	N/A
제2회 학술연구발표회 및 총회	N/A	1976.10.31	N/A	(사)한국관광학회
제3회 학술연구발표회 및 정기총회	N/A	1977.05.21	N/A	(사)한국관광학회
N/A	N/A	N/A	N/A	N/A
제5회 학술연구발표회 및 정기총회	N/A	1977.11.06	경기대학교	(사)한국관광학회
제6회 학술연구발표회 및 정기총회	N/A	1978.07	부산 극동관광호텔	(사)한국관광학회
제7회 학술연구발표회	N/A	1978.12.15	세종호텔	(사)한국관광학회
제8회 학술연구발표회	N/A	1979.07.20	계명대학교	(사)한국관광학회
제9회 학술연구발표회 및 정기총회	N/A	1980.01	N/A	(사)한국관광학회
제10회 정기총회 및 연구발표회	N/A	1981.02.26	YMCA호텔	(사)한국관광학회
제11회 학술연구발표회 및 정기총회	N/A	1982.01.14	N/A	(사)한국관광학회
제12회 학술연구발표회 및 총회	N/A	1982.08.19 ~08.20	한양대학교	(사)한국관광학회
제13회 학술연구발표회 및 정기총회	N/A	1983.01	부산 극동호텔	(사)한국관광학회
제14회 학술연구발표회 및 총회 제1회 한일관광학회 공동연구회	N/A	1983.08.27	한양대학교	(사)한국관광학회
제15회 학술연구발표회 및 정기총회	N/A	1984.02.19	롯데호텔	(사)한국관광학회
제16회 학술연구발표회 및 총회	N/A	1984.08.25	힐튼호텔	(사)한국관광학회
제17회 학술연구발표회 및 정기총회	N/A	1985.02.24	세종대학교	(사)한국관광학회
제18회 학술연구발표회 및 정기총회	N/A	1985.10.20	한양대학교	(사)한국관광학회
제19회 학술연구발표회 및 정기총회	N/A	1986.02.28	롯데호텔	(사)한국관광학회
제20차 학술연구발표회	N/A	1986.08.18	세종호텔	(사)한국관광학회
제21차 학술연구발표회 및 정기총회	N/A	1987.02.28	프라자호텔	(사)한국관광학회
제22차 학술연구발표회	2000년대의 한국관광	1987.08.03	뉴월드호텔	(사)한국관광학회
제23차 학술연구발표회 및 정기총회	N/A	1988.02.29	N/A	(사)한국관광학회
제24회 학술연구발표회	90년대를 향한 한국관광의 전망	1988.08.27	프라자호텔	(사)한국관광학회
제25회 관광학술연구발표회	해외여행 개방과 대응전략	1989.02.26	서울가든호텔	(사)한국관광학회

※ N/A: 관련 정보 없음

(3) 2000년대

2000년대 초반 가장 큰 변화는 "심포지엄"이라는 단어의 사용이다. 또한, 일부 학술대회에서는 개최연도와 개최지 학술대회 명칭을 병기하기 시작한다. 예를 들어 「제58차 한국관광학회 학술논문발표대회 2005 경기 국제관광학술대회」, 「제60차 한국관광학회 학술심포지엄 및 연구논문 발표대회 2006 강원 국제관광학술대회」, 「제62차 한국관광학회 학술심포지엄 및 연구논문 발표대회 2007 인천 국제관광학술대회」 등이며, 이는 해당 학술대회 개최시 개최지역 지자체 예산 지원에 따른 것으로 보인다.

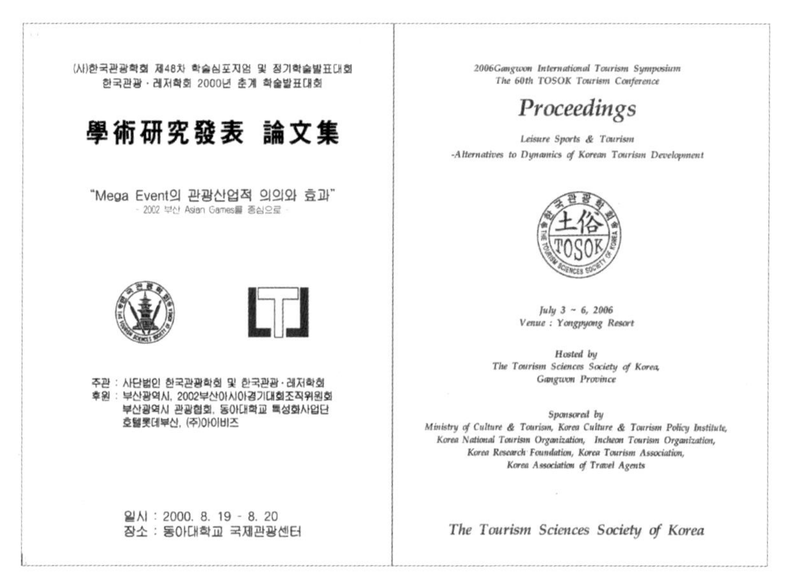

그림 3-3-2. 2000년대 학술대회 자료집 표지 (한글, 영문)

(4) 2010년대 이후

시기 및 주최기관에 따라 조금씩 다른 명칭을 사용하던 흐름은 2010년대 들어 「제O차 한국관광학회 (지역명)국제학술대회」로 일관성을 유지하며 일부 예외를 제외하고 「제68차 한국관광학회 전북국제관광학술대회」, 「제83차 한국관광학회 인천국제학술대회」, 「제90차 한국관광학회 서울국제학술대회」, 「제92차 한국관광학회 부산국제학술대회」 등 개최지역의 광역단위 지자체명을 포함하는 경향을 보인다. 이는 당시 학술대회가 대부분 개최 지자체의 예산지원을 받은 점이 반영된 것으로 보여진다.

그림 3-3-3. 2010년대, 2020년대 학술대회 자료집 표지

2) 주제

1998년 단양국제관광학술대회 주제는 '관광의 역할-국가 및 지역 차원에서의 조망'이었으며 이때부터 한국관광학회 학술대회 주제가 명시적으로 제시된 것으로 나온다. 그 전 학술대회 주제는 자료 부재로 전수 확인은 불가능하였으며 1980년대 일부 학술대회 주제만 확인되었다. 1987년 8월 제22차 학술연구발표회는 '2000년대의 한국관광'이라는 주제로, 1988년 8월과 1989년 2월 개최된 제24회, 제25회 학술대회는 각각 '90년대를 향한 한국관광의 전망'과 '해외여행 개방과 대응전략'이라는 주제로 표방하고 있다.

2011년 경기대학교에서 개최된 제70차 학술대회 이후 제92차 부산국제학술대회까지 총 23차의 학술대회 주제를 살펴보면 "지역관광"이라는 단어가 8회로 가장 많았고, "새로운"이 6회, 그리고 "글로벌"과 "지속가능한"이 3회로 뒤를 이었다.

3) 일시

1975년 제1회 연구발표회 이후 매년 한 차례 개최되던 학술대회는 1980년대 초반부터 매년 2회 개최로 회수가 늘어나면서 50년 동안 하계 1회, 동계 1회 개최되고 있다. 참고로 제50차 강릉 학술대회(2001년)에서 연 2회 개최의 비효율성 문제 제기에 따라 2003년부터 연 1회 개최를 통해 학회 활동의 내실화 및 발표 논문 수준의 질적 제고를 도모하기로 하였으나 실제로 시행되지는 않았다. 근래에는 유일하게 제88차 대구경북 국제학술대회가 코로나19사태의 여파로 계속 연기되다가 2020년 11월 대구 EXCO에서 개최되었다.

표 3-3-2. 한국관광학회 학술대회 (1990년대)

명칭	주제	일시	장소	주최/주관
N/A	N/A	N/A	N/A	N/A
N/A	N/A	N/A	N/A	N/A
제28회 하계 학술연구발표회	N/A	1990.08.25	경원대학교	(사)한국관광학회
제29회 동계 학술발표회	N/A	1991.02.23	롯데월드 호텔	(사)한국관광학회
제30회 하계학술대회연구발표회	N/A	1991.08.24	세종대학교	N/A
제31회 학술연구발표회 및 정기총회	N/A	1992.03.07	한국관광공사 강당	N/A
N/A	N/A	N/A	N/A	N/A
N/A	N/A	N/A	N/A	N/A
N/A	N/A	N/A	N/A	N/A
N/A	N/A	N/A	N/A	N/A
제36회 하계 관광학술 발표회와 정기총회("여름 관광학"대회)	N/A	1994.08.27	전쟁기념관	(사)한국관광학회
제37회 동계 관광학술 발표회와 정기총회	N/A	1995.02.25	한국관광공사 14층 강당	(사)한국관광학회
제38회 하계 관광학술 발표회와 정기총회	N/A	1995.08.26	경주교육문화회관	(사)한국관광학회
제39회 한국관광학회 겨울 관광학 대회	N/A	1996.02.20	경주교육문화회관	(사)한국관광학회
제40회 한국관광학회 하계 관광학술대회	N/A	1996.08.31	세종대학교	(사)한국관광학회
제41회 한국관광학회 동계 학술논문발표대회	N/A	1997.02.22	세종대학교	(사)한국관광학회

표 3-3-2. 한국관광학회 학술대회 (1990년대) (계속)

명칭	주제	일시	장소	주최/주관
제42회 한국관광학회 학술논문발표대회	N/A	1997.08.30	한양여자대학	(사)한국관광학회
제43회 동계 학술대회 및 정기총회	N/A	1998.02.21	세종대학교	(사)한국관광학회
제44차 한국관광학회 하계 학술논문발표대회 제4회 아시아 태평양관광학회 국제학술논문발표 대회 (단양국제관광학술대회)	관광의 역할 - 국가 및 지역 차원에서의 조망	1998.08.18 ~08.21	충북 단양 소백산 유스호스텔	(사)한국관광학회, 아시아태평양관광 학회, 충북 단양군
제45회 동계 학술발표대회 및 정기총회	관광정보화 및 문화 관광의 과 제와 전망	1999.02.05 ~02.06	경주 보문관광 단지 호텔 현대	(사)한국관광학회 / 경주대학교
제46차 여름 학술심포지엄	밀레니엄시대 의 관광산업과 관광학 연구의 방향모색	1999.07.03	대전 배재대학교	(사)한국관광학회

※ N/A: 관련 정보 없음

4) 장소

학술대회 개최지는 시기에 따라 많은 변화를 볼 수 있는데, 1970년대와 1980년대는 주로 서울에 위치한 호텔이나 대학교에서 많이 개최되었다. 제1회 학술대회는 1975년 UNDP호텔학교(현 경희대학교)에서 개최되었으며, 기록이 없는 학술대회를 제외한 나머지 1970년대 학술대회는 경기대학교, 계명대학교 각각 1회, 부산 극동관광호텔, 세종호텔 등 호텔 개최 2회였다. 1980년대는 부산 극동호텔(1983년 개최) 및 한양대학교(제12회, 제14회, 제18회), 세종대학교(제17회)를 제외하고는 모두 서울에 소재한 호텔에서 개최되었다. 제10회 정기총회 및 연구발표회가 1981년 YMCA호텔에서 개최된 것을 비롯하여, 롯데호텔(제15회), 힐튼호텔(제16회), 세종호텔(제20차), 플라자호텔(제21차, 제24회), 뉴월드호텔(제22차), 서울가든호텔(제25회) 등 모두 호텔 개최 학술대회였다.

1990년대와 2000년대 초반은 서울과 경기, 경주, 충북, 강원 등 전 지역에서 개최되는 경향을 보인다. 1990년 제28회 하계 학술연구발표회가 경원대학교에서 개최된 것을 제외하고 1990년대 초반 계속해서 서울에서 개최되던 학술대회는 제38회와 제39회가 모두 경주교육문화회관에서 개최되고, 1998년 충북 단양에서 국제학술대회가 개최되면서 본격적으로 전국 각 지역으로 개최지가 확대되는 계기가 된 것으로 보인다. 경주 보문관광단지, 대전 배재대학교, 부산 동아대학교, 강원 강릉대학교, 경북 안동 한국국학진흥원, 충남 부여 청소년수련관, 제주 라마다프라자 호텔, 경기도 킨텍스, 전남 목포 신안비치호텔 등 2000년대 초반 이후 한국관광학회 학술대회는 전국을 무대로 개최되기 시작한다.

'98 단양국제관광학술제 행사계획표

8월 18일 (화요일): 개막제

4:00pm - 6:00pm	등록 ([illegible])
6:00pm - 7:20pm	축하 [illegible]
7:20pm - 9:00pm	개막 본마제: [illegible]
	[illegible] (충청북도 및 단양군청 주최)

8월 19일 (수요일): 본행사

9:00am - 10:00am	등록 ([illegible])
10:00am - 11:00am	개회식
11:00am - 11:20am	다과회 및 휴식 (경기대학교 협찬)
11:20am - 12:00am	기조강연 (강연자: 브라이언 아처(Brian Archer) 박사)
12:00am - 13:30pm	오찬 (대회본부 제공)
13:30pm - 13:50pm	동시 세션 1 (Room # 1 ~ Room # 10)
13:50pm - 14:10pm	동시 세션 2 (Room # 1 ~ Room # 10)
14:10pm - 14:30pm	다과회 및 휴식 (동아대학교 협찬)
14:30pm - 14:50pm	동시 세션 3 (Room # 1 ~ Room # 10)
14:50pm - 15:10pm	동시 세션 4 (Room # 1 ~ Room # 10)
15:10pm - 15:30pm	동시 세션 5 (Room # 1 ~ Room # 10)
15:30pm - 19:00pm	공식관광 1 ([illegible])
19:00pm - 21:00pm	환영만찬 (충청북도지사 주최), 장소: [illegible]

8월 20일 (목요일): 본행사

7:30am - 8:30am	한국관광학회 이사회 회의
8:00am - 9:00am	등록
9:00am - 9:50am	초청강연 (도날드게츠 박사 및 김상무 박사: Donald Getz & Kim Sang Mu)
9:50am - 10:40am	워크샵: "How to publish American Journals" (진행자: [illegible] 박사)
	한국관광학회 총회
10:40am - 11:00am	다과회 및 휴식 (목포대학교 협찬)
11:00am - 11:20am	동시세션 6 (Room # 1 ~ Room # 10)
11:20am - 11:40am	동시세션 7 (Room # 1 ~ Room # 10)
11:40am - 12:00am	동시세션 8 (Room # 1 ~ Room # 10)
12:00am - 13:30pm	오찬 (대회본부 제공)
13:30pm - 13:50pm	동시세션 9 (Room # 1 ~ Room # 10)
13:50pm - 14:10pm	동시세션 10 (Room # 1 ~ Room # 10)
14:10pm - 14:30pm	다과회 및 휴식(우송대학교 협찬)
14:30pm - 14:50pm	동시세션 11 (Room # 1 ~ Room # 10)
14:50pm - 15:10pm	동시세션 12 (Room # 1 ~ Room # 10)
15:10pm - 17:00pm	공식관광 2 ([illegible])
17:00pm -	자유시간: 단양시내 관광 및 축제 참관 * [illegible]

8월 21일 (금요일): 본행사

8:30am - 9:30am	등록
9:30am - 10:30am	초청강연 (피어스 박사 및 오카모토박사: Dr. Philip Pearce & Dr. Okamoto)
10:30am - 10:50am	동시세션 13 (Room # 1 ~ Room # 10)
10:50am - 11:10am	동시세션 14 (Room # 1 ~ Room # 10)
11:10am - 11:30am	다과회 및 휴식 (배재대학교 및 계명대학교 협찬)
11:30am - 11:50am	동시세션 15 (Room # 1 ~ Room # 10)
11:50am - 12:10pm	동시세션 16 (Room # 1 ~ Room # 10)
12:10pm - 13:30pm	오찬 (대회본부 제공)
13:30pm - 13:50pm	동시세션 17 (Room # 1 ~ Room # 10)
13:50pm - 14:10pm	동시세션 18 (Room # 1 ~ Room # 10)
14:10pm - 17:00pm	공식관광 3 ([illegible])
17:00pm - 18:30pm	단양 시내관광 ([illegible])
18:30pm - 19:00pm	[illegible]
19:00pm - 20:00pm	[illegible], 장소: [illegible]

8월 22일 (토요일): 해산

8:00am - 9:00am	조식 및 해산, 단양 출발
12:00am - 15:00pm	외국인의 경우, 서울로 이동, 서울 시내관광 (덕수궁, 경복궁 등)
15:00pm -	[illegible]

제78차 한국관광학회 국제학술대회 일정표

■ 2015년 7월 2일(목)

시간	장소	내용
09:00-18:00	호텔 3F 대연회장 거문고홀 앞 로비	등록
09:00-10:00	호텔 2F 가야금홀-A홀	IJTS Board Meeting & 영어논문 우수작 선정 회의
10:00-11:00		학술대회 조직위원회 일반연구논문 우수작 선정 회의
09:00-10:30	별관(K Avenue) 3F 동강홀 A	일반연구논문Ⅷ 문화 · 의료관광2(3편)
09:00-10:30	별관(K Avenue) 3F 동강홀 B	일반연구논문Ⅸ 여행 · 항공 · MICE(3편)
09:00-11:00	별관(K Avenue) 3F 동강홀 C	특별연구논문Ⅲ 카지노산업2(4편)
09:00-11:00	별관(K Avenue) 3F 동강홀 D	특별연구논문Ⅳ 카지노산업3(4편)
09:00-11:30	호텔 3F 대금	영어논문 6 Gambling industry (5편)
	호텔 3F 해금 A	영어논문 7 Gambling & Cruise industry (5편)
	호텔 3F 해금 B	영어논문 8 Food & Restaurant industry/MICE (5편)
09:00-11:00	호텔 3F 소금	영어논문 9 Creative tourism (4편)
09:00-11:30	호텔 3F 비파	영어논문 10 Smart tourism (5편)
11:30-12:10	호텔 3F 대연회장 거문고홀	개회식 사회: [illegible] - 개회선언: [illegible] - 개회사: [illegible] 학회장 - 환영사: [illegible] GKL 대표이사 - 축사: [illegible] 문화체육관광부 장관 [illegible] 한국문화관광연구원장 - 관광대상 시상식: [illegible] - 폐회
12:10-12:40	호텔 3F 대연회장 거문고홀	기조연설: Transformative Integrated Resort development in Korea and its impact on tourism 발표: Mr. Bobby Soper, President & CEO, Mohegan Sun
12:40-13:40	호텔 3F 대연회장 거문고홀	[illegible]
14:00-16:00	호텔 3F 대연회장 거문고홀	특별세션 Ⅰ: Global Strategies for Generating New Demand for Casino in Korea and Positioning its Industry in the Asia Pacific Region 좌장: Chulwon Kim, Kyung Hee University 발표: Roh, Eugene Yae Sork, Central Michigan University; Haemoon Oh, University of Massachusetts Amherst 토론: Walter Freyer, Dresden University; Malcolm Cooper, Asia Pacific University; Ki-Joon Back, University of Houston; Maureen O'Crowley (Director, [illegible])
16:30-18:00	호텔 2F 가야금홀-A홀	특별세션 Ⅱ: [illegible]
16:30-18:00	호텔 3F 대금	영어논문 11 Leisure industry (3편)
16:30-18:30	호텔 3F 해금 A	영어논문 12 Tourism management (4편)
16:30-18:00	호텔 3F 해금 B	영어논문 13 Lodging industry (3편)
18:30-20:00	호텔 3F 대연회장 거문고홀	GKL 대표이사 주최 환영 만찬
20:00-21:00	호텔 3F 대금	각 위원회 최종 점검 및 종합회의

- 8 -

그림 3-3-4. 학술대회 프로그램 일정표 비교 (출처 1998년 단양국제관광학술대회 자료집, 2015년 한국관광학회 국제학술대회 자료집)

2011년 제70차 학술대회에서 2022년 제92차 부산국제학술대회까지 살펴보면 서울 6회, 강원과 경기도 각각 3회, 부산과 울산이 각각 1회 한국관광학회 학술대회를 개최하였다. 이외 인천, 경북, 광주, 대구, 대전, 전북, 전남에서 학술대회가 각각 1회씩 개최되었으며, 개최시설을 보면 대학이 9회로 가장 많았고, 컨벤션센터와 호텔이 각각 7회로 나타났다. 컨벤션센터 개최는 비교적 최근에 등장한 시설로 2005년 경기도 킨텍스, 2008년 제주국제컨벤션센터, 2012년 울산 문수월드컵 경기장 컨벤션센터, 2018년 인천 송도컨벤시아, 2020년 부산 벡스코, 2020년 대구 EXCO, 2021년 광주 김대중컨벤션센터(코로나19로 인해 온라인 화상회의 병행), 2022년 부산 벡스코 등이 학술대회 개최시설로 사용되었다. 이와 같이 한국관광학회 학술대회는 설립 초기 서울 소재 호텔 및 대학교 개최 중심에서 1990년대 후반, 2000년대 초반을 기점으로 전국 개최로 확대되었고, 당시 주요 개최시설은 대학교와 호텔이었다. 2010년대 이후 지자체의 예산지원과 전국적인 컨벤션센터 설립 붐 등의 이유로 여러 지역의 컨벤션센터가 개최장소로 활용되어 왔다.

표 3-3-3. 한국관광학회 학술대회 (2000년대)

명칭	주제	일시	장소	주최/주관
제47차 학술심포지엄	2000년대 관광 학계의 역할과 새로운 접근방법론의 모색	2000.02.11 ~02.12	경기대학교 수원캠퍼스	(사)한국관광학회
제48차 한국관광학회 학술심포지엄 및 정기학술발표대회 한국관광·레저학회 2000년 춘계 학술대회	Mega Event의 관광산업적 의의와 효과 – 2002 부산 Asian Games를 중심으로	2000.08.19 ~08.20	동아대학교	(사)한국관광학회, 한국관광·레저학회
제49차 한국관광학회 학술심포지엄 및 정기학술발표대회	관광학 교과과정 및 분과학문 체계 정립 방안의 모색	2001.02.17	한양대학교	(사)한국관광학회
제50차 학술심포지엄 및 정기학술발표대회	지역문화 발전과 관광의 역할	2001.06.23 ~06.25	강릉대학교	(사)한국관광학회 / 강릉대학교
제51차 학술심포지엄 및 정기학술발표대회	전통문화 계승과 관광의 역할	2002.02.22 ~02.23	경북 안동 한국국학진흥원	(사)한국관광학회 / 관광자원개발분과학회
제52차 한국관광학회 국제학술심포지엄 및 정기학술논문 발표대회	역사문화자원의 관광상품화 전략	2002.08.22 ~08.24	충남 부여군 청소년수련관	(사)한국관광학회, 부여군
제53차 한국관광학회 학술심포지엄대회	관광개발정책의 진단: 회고와 과제	2003.02	경기도 이천	(사)한국관광학회 / 관광자원개발분과학회
제54차 한국관광학회 국제학술심포지엄 및 정기학술논문 발표대회	동북아 관광허브 전략	2003.08.18 ~08.20	제주 라마다프라자 호텔	(사)한국관광학회, 제주관광학회, 제주시
제55차 한국관광학회 학술논문발표대회	한국 관광산업의 지역혁신과제	2004.02	용인대학교	(사)한국관광학회 / 관광자원개발분과학회
제56차 한국관광학회 단양 국제관광학술심포지엄	지역발전의 성장 동력 : 관광산업	2004.07.08 ~07.10	충북 단양군 대명콘도	(사)한국관광학회, 단양군, 한국관광공사
제57차 한국관광학회 관광학술심포지엄	지역혁신과 울주 지역 관광개발의 방향	2005.02	울산광역시	(사)한국관광학회 / 관광자원개발분과 학회

표 3-3-3. 한국관광학회 학술대회 (2000년대)(계속)

명칭	주제	일시	장소	주최/주관
제58차 한국관광학회 학술논문발표대회 2005 경기 국제관광학술대회	아시아 태평양 관광의 도전과 기회	2005.07.07 ~07.10	경기도 KINTEX	(사)한국관광학회, 경기도, 아시아 태평양관광학회
제59차 한국관광학회 목포 관광학술심포지엄	지역관광개발과 관광레져 기업도시 조성 방향	2006.02.17 ~02.18	목포시 신안비치 호텔	(사)한국관광학회, 전라남도 /관광자원개발분과학회, 호텔외식경영분과학회, 목포대학교 문화관광산업연구소
제60차 한국관광학회 학술심포지엄 및 연구논문 발표대회 2006 강원 국제관광학술대회	레저스포츠와 관광 : 한국관광의 새 동력	2006.07.03 ~07.06	강원도 용평리조트	(사)한국관광학회, 강원도
제61차 한국관광학회 학술연구논문 발표대회	Hospitality & Franchising	2007.02.02	세종대학교	(사)한국관광학회 / 호텔외식경영분과학회, 관광자원개발 분과학회
제62차 한국관광학회 학술심포지엄 및 연구논문 발표대회 2007 인천 국제관광학술대회	동북아의 허브, 인천 : 한반도의 신성장동력과 관광산업	2007.07.02 ~07.04	인천 하얏트 리젠시 호텔	(사)한국관광학회, 인천광역시, 인천관광공사
제63차 한국관광학회 제주학술심포지엄	한국관광자원 개발의 새로운 과제와 대응전략	2008.02.18 ~02.19	제주국제컨벤션 센터	(사)한국관광학회, 제주특별자치도 / 관광자원개발분과학회, 호텔외식경영분과학회, 제주관광학회, 제주발전연구원, 서귀포시
제64차 한국관광학회 학술심포지엄 및 연구논문 발표대회 2008부산국제관광학술대회	동북아 관광발전을 위한 신 패러다임 : 한·중·일 협력체계 구축	2008.07.03 ~07.05	부산파라다이스 호텔	(사)한국관광학회
제65차 한국관광학회 학술심포지엄	관광사업 창업과 프랜차이즈	2009.02.06	세종대학교	(사)한국관광학회 / 호텔외식경영분과 학회, 관광자원개발 분과학회
제66차 한국관광학회 학술심포지엄 및 연구논문 발표대회 2009 충남국제관광학술대회	새로운 관광패러다임의 모색 - 저탄소 녹색성장	2009.07.01 ~07.03	충남 안면도 오션캐슬	(사)한국관광학회

5) 주최 및 주관

설립 초기 한국관광학회만 주최하던 한국관광학회 학술대회는 타 학회와 공동개최되거나 분과학회가 설립되면서 분과학회 주도로 주관을 하는 모습으로 변화되었다. 제14회 학술연구발표회는 제1회 한일관광학회 공동연구회로 명명되어 공동개최되었으며, 제44차 단양국제관광학술대회는 아시아태평양관광학회(APTA)와 공동으로 개최되어 제4회 아시아태평양관광학회 국제학술논문발표대회가 같이 열리게 되었다. 아시아태평양관광학회와는 2011년 제19차 UNWTO총회 유치기념으로 열린 관광학 국제학술대회에서도 제70차 한국관광학회 학술발표대회 및 제17차 아시아태평양관광학회 학술발표대회로 UNWTO THEMIS Foundation과 공동으로 경기대학교에서 개최되었다. 또한, 제48차 한국관광학회 학술심포지엄 및 정기학술발표대회는 한국관광·레저학회 춘계 학술대회를 겸해 부산 동아대학교에서 "Mega Event의 관광산업적 의의와 효과 - 2002 부산 Asian Games를 중심으로"라는 주제로 공동개최되었다.

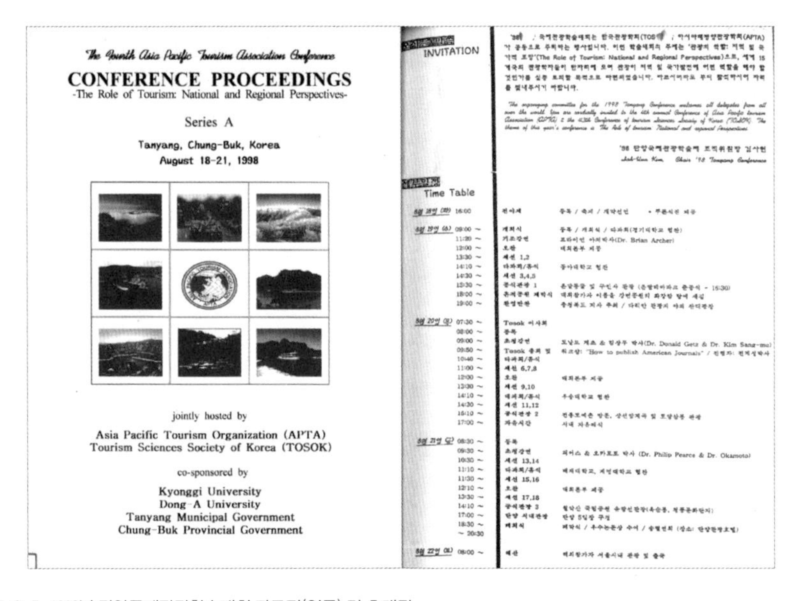
The Fourth Asia Pacific Tourism Association Conference
CONFERENCE PROCEEDINGS
-The Role of Tourism: National and Regional Perspectives-
Series A
Tanyang, Chung-Buk, Korea
August 18-21, 1998
jointly hosted by
Asia Pacific Tourism Organization (APTA)
Tourism Sciences Society of Korea (TOSOK)
co-sponsored by
Kyonggi University
Dong-A University
Tanyang Municipal Government
Chung-Buk Provincial Government

INVITATION

Time Table

그림 3-3-5. 1998년 단양국제관광학술대회 자료집(영문) 및 초대장

표 3-3-4. 한국관광학회 학술대회 (2010년대 이후)

명칭	주제	일시	장소	주최/주관
제67차 한국관광학회 학술심포지엄 및 연구논문 발표대회 2010 강원관광학술심포지엄	녹색강원 : 관광 상품개발의 수도권화 및 선진화 전략	2010.02.08~02.09	엘리시안 강촌	(사)한국관광학회 / 관광자원개발분과학회, 호텔외식경영분과학회
제68차 한국관광학회 전북국제관광학술대회	전라북도 관광의 새로운 지평: 내륙부터 해양까지	2010.07.05~07.07	변산반도국립공원 대명리조트	(사)한국관광학회, 전라북도
제69차 한국관광학회 학술대회 및 연구논문 발표대회 2011 제주관광학술대회	중국인 관광객 3백만 시대의 제주 관광투자 및 MICE산업 활성화	2011.02.15~02.16	제주KAL호텔	(사)한국관광학회 / 호텔외식경영분과학회, 관광자원개발분과학회
제70차 한국관광학회 학술발표대회 제17차 아시아태평양관광학회 학술발표대회(제19차 UNWTO 총회 유치기념 2011 관광학 국제학술대회)	글로벌 관광도시의 도전과 과제; 장벽을 넘어서 - 지역관광의 지속가능성을 위한 협력체계 구축; 관광교육인증제	2011.07.03~07.06	경기대학교	(사)한국관광학회, (사)아시아태평양관광학회, The UNWTO THEMIS Foundation
제71차 한국관광학회 학술대회 및 연구논문 발표대회 2012 포항국제관광학술대회	글로벌 포항! 국제화시대의 관광 선진화 전략	2012.02.03~02.04	포항시 포스코 국제관	(사)한국관광학회, 한국관광학회 관광자원개발분과학회
제72차 한국관광학회 학술발표대회 2012 울산국제관광학술대회	해양관광의 새로운 가치 발견과 지방관광활성화	2012.07.04~07.06	울산광역시 문수월드컵 경기장 (컨벤션센터)	(사)한국관광학회, 울산광역시 남구
제73차 한국관광학회 학술발표대회	환대산업이 미래다!(Touch the future for the hospitality industry!)	2013.02.01	경기대학교 수원캠퍼스	(사)한국관광학회, 한국관광학회 한국호텔외식경영분과학회
제74차 한국관광학회 국제학술발표대회	아웃도어 레저 산업 발전과 국민행복의 만남	2013.07.03~07.05	세종대학교	(사)한국관광학회
제75차 한국관광학회 전북학술대회	지역관광산업 성공모델의 창조	2014.02.06~02.07	무주 덕유산 리조트	(사)한국관광학회, 전라북도, 한국관광학회 관광자원개발분과학회
제76차 한국관광학회 강릉국제학술대회	2018 동계올림픽과 스포츠관광의 진흥	2014.07.02~07.04	강릉 라카이 샌드파인	(사)한국관광학회, 강릉시

표 3-3-4. 한국관광학회 학술대회 (2010년대 이후)(계속)

명칭	주제	일시	장소	주최/주관
제77차 한국관광학회 학술대회	韓스테이와 한류 식문화의 가치 조명	2015.02.06	동국대학교 서울캠퍼스	(사)한국관광학회, 한국불교문화사업단, 한국관광학회 호텔외식경영분과학회
제78차 한국관광학회 국제학술대회	한국관광 콘텐츠 혁신과 카지노 산업의 역할	2015.07.01~07.03	The K-호텔 서울	(사)한국관광학회, GKL
제79차 한국관광학회 남도국제학술대회	2016 남도문화관광! 장흥(水),강진(土), 영암(氣)의 가치조명과 상생발전구상	2016.02.25~02.27	현대호텔 목포, 강진아트홀, 장흥군민회관	(사)한국관광학회, 한국관광학회 관광자원개발분과학회
제80차 한국관광학회 강원·평창 국제학술대회	2018 평창 동계 올림픽 성공을 위한 국제 관광의 역할과 기대	2016.07.13~07.15	평창 알펜시아 리조트	(사)한국관광학회
제81차 한국관광학회 학술대회	호텔·외식·관광의 NEW PARADIGM	2017.02.10	세종대학교	(사)한국관광학회, 한국관광학회 호텔외식경영분과학회
제82차 한국관광학회 울산국제학술대회	전환기시대의 새로운 지역관광 패러다임 모색 – 울산관광의 성장과 도약	2017.07.05~07.07	울산과학대학교 / 현대 호텔 울산	(사)한국관광학회, 울산광역시
제83차 한국관광학회 인천국제학술대회	지속가능한 지역관광의 새로운 패러다임	2018.02.12~02.13	인천 송도컨벤시아	(사)한국관광학회, 한국관광학회 관광자원개발분과학회, 인천광역시
제84차 한국관광학회 서울국제학술대회	제4차 산업혁명 시대에 대응한 관광학의 새로운 시각(국내)/ Hospitality, Tourism, and Leisure in Asia: Policies, Industries, and Education(국제)	2018.07.04~07.06	한양대학교 서울캠퍼스	(사)한국관광학회
제85차 한국관광학회 학술대회	고용정책 변화에 따른 호스피탈리티·관광산업 전망 및 대책	2019.01.24~01.25	수원대학교	(사)한국관광학회, 한국관광학회 호텔외식경영분과학회

표 3-3-4. 한국관광학회 학술대회 (2010년대 이후)(계속)

명칭	주제	일시	장소	주최/주관
第86차 한국관광학회 대전국제학술대회	4차산업혁명시대 지역관광활성화 : 변화와 성장	2019.07.04.~ 07.06	한남대학교	(사)한국관광학회
第87차 한국관광학회 부산국제학술대회	지속가능한 지역관광 및 MICE산업 경쟁력강화 : 글로벌 관광·MICE도시 부산	2020.02.07 ~ 02.08	부산 벡스코	(사)한국관광학회, 한국관광학회 호텔외식경영분과
第88차 한국관광학회 대구경북국제학술대회	포스트코로나 시대의 지역관광활성화	2020.11.19 ~ 11.21	대구 EXCO	(사)한국관광학회
第89차 한국관광학회 광주학술대회	뉴노멀, 지역관광의 길을 모색하다	2021.2.5	광주광역시 김대중컨벤션센터(온라인 화상회의 병행)	(사)한국관광학회, 광주관광재단, 한국관광학회 관광자원개발분과학회
第90차 한국관광학회 서울국제학술대회	새로운 시대를 맞이하는 관광: 기회와 혁신	2021.07.07 ~ 07.09	서울 롯데호텔	(사)한국관광학회, 서울관광재단
第91차 한국관광학회 강원국제학술대회	포스트 코로나19, 강원도 뉴노멀 관광의 비전과 전략	2022.2.15 ~ 2.16	강원도 평창 알펜시아	(사)한국관광학회, 강원도, 평창군, 한국관광학회 관광자원개발분과
第92차 한국관광학회 부산국제학술대회	관광의 미래에 대한 새로운 상상	2022.7.13 ~ 7.15	부산 벡스코 (Bexco)	(사)한국관광학회, 부산광역시, 부산광역시관광협회

4. 한국관광학회 학술대회 50년사

이상에서 살펴본 바와 같이 1972년 설립 이후 공백기를 가졌던 한국관광학회는 1975년 처음 연구발표회라는 명칭으로 학술대회를 개최하였으며, 학회 설립 50년이 지난 2022년까지 총 92회의 학술대회를 개최하였다. 1970년대 초기 주로 서울 소재 호텔에서 소규모 전공 학자들 간 학술 및 친목 교류 모임 성격으로 개최되었던 학술논문발표회는 이후 규모와 개최지의 큰 변동이 없다가 1998년 충북 단양에서 아시아태평양관광학회(APTA)와 공동으로 개최한 제44차 단양국제관광학술대회를 기점으로 발표 논문편수 및 참석자가 큰폭으로 증가하였다. 또한, 학술대회 주제가 명시적으로 주어지고 개최지역이 전국화되는 등 학술대회로의 면모를 갖추는 계기가 된 것으로 볼 수 있다.

이번 학술대회 50년사 자료 수집 및 정리 과정에서 많은 자료가 유실되거나 검색이 어려운 경우가 많았다. 따라서 향후 학술대회 자료집 작성 및 보관에 관한 사항을 정립할 필요가 있을 것으로 보인다. 예를 들어 학술대회 개최에 따른 필수 기록 항목 및 형식을 정할 필요가 있을 것으로 보이며, 보관형태 및 장소, 보관 기한 등에 관한 규정도 새롭게 제정되어 앞으로 개최되는 모든 한국관광학회 학술대회 정보가 후속세대에 잘 전달되기를 바란다.

※학술대회 자료집 포함 항목(안)

- 공식명칭
- 학술대회 주제
- 일시 및 장소
- 주최/주관
- 발표논문 편수(국문/영문)
- 기조연설자 및 주제
- 참가자 수(국내/해외)

포럼, 심포지엄, 워크숍

박 창 환(Park, Changhwan)
동서대학교 교수

1. 범위

포럼 · 세미나 · 심포지엄 · 교육은 학술대회와 함께 학회 주요 사업으로, 학회 단독 또는 타 기관과의 협력을 통해 부정기적으로 개최된 사업이다. 포럼 · 세미나 · 심포지엄은 급변하는 관광 환경에 대응하여 국제사회, 정부, 지방자치단체 차원의 관광사회 문제 해결을 위해 당일 또는 1박 2일 간 전문적인 정책발표와 토론으로 진행된 행사를 의미한다. 이에 학회에서 포럼 · 세미나 · 심포지엄이라는 명칭으로 진행된 행사를 분석대상으로 설정하였다. 다만 행사의 성격이 명칭으로는 구분되었지만 내용적으로는 명확하게 구분되지 않았다. 또한 간혹 학술대회 명칭을 심포지엄으로 하여 개최된 행사는 분석범위에서 제외하였다. 교육 프로그램은 학회 회원들을 대상으로 외부강사를 초빙하여 연구방법론 교육 등을 진행한 행사로 설정하였다.

2. 자료 수집

포럼 · 세미나 · 심포지엄 · 교육자료는 한국관광학회 홈페이지, 온라인 공개 자료, 회장단별 뉴스레터, 회원 보유자료를 통해 수집하였다. 최초 수집 항목은 행사명, 일시, 장소, 주최 및 주관, 주제, 기조강연제목, 기조강연자, 발표제목, 발표자, 토론자로 구분하였다. 학회에서 후원으로 참여한 행사는 제외하고 '주최 및 주관'으로 진행한 것만 포함하였다. 심포지엄은 시기와 개최 방식에 따라 학술대회를 의미하는 경우도 있어 본 문서에서는 제외하였다. 또한 시기별·행사별 내용 수준(시간, 기간, 규모, 발표자 수 등)이 상이하고 2003년 이전 자료는 거의 보존되어 있지 않아 확인이 어려웠다. 이를 제외한 최종 수집자료는 총 66건(포럼 : 41건, 세미나 : 17건, 심포지엄 : 1건, 교육 : 7건)으로 2003년 '제1차 관광정책포럼'에서 2022년 '서해안 해양레저관광벨트 조성을 위한 충남관광발전 세미나'까지를 분석 자료로 선정하였다.

3. 개최 현황

1) 포럼

포럼이 본격적으로 시작된 것은 2003년 17대 김정만 회장 취임 이후로 추정된다. 김정만 회장은 취임 목표로 가장 먼저 정책포럼의 활성화를 제시하였다. 정책포럼의 활성화를 통해 정부 정책수렴에 있어서 학회의 의견이 반영될 수 있도록 하여, 학회 위상을 제고하고, 학계와 업계와의 유대를 더욱 공고히 하고자 함을 선언하였다. 이에 따라 2003년 11월 10일(월) 흥사단에서 '1천만명 외래관광객 유치 가능한가?'라는 주제로 제1회 관광정책포럼이 개최되었다. 이후 2008년 2월 1일(금) 한국관광공사에서 '관광산업 발전을 위한 차기정부의 과제와 정책 방향'이라는 주제로 '제 9회 관광정책포럼'까지 3대(17대, 18대, 19대)에 걸쳐 년 1회 이상 꾸준히 개최되었다.

표 3-4-1. 역대 포럼 개최 현황

연번	행사명	일시/장소	주제
1	제 1회 정책포럼	2003. 11. 10./ 흥사단	1천만명 외래관광객 유치 가능한가
2	제 2회 정책포럼	2004. 3. 19./ 프레스센터	현행 숙박업 관련 제도 이대로 좋은가?
3	제 3회 정책포럼	2004. 6. 3./ COEX	주5일 근무제 시행 및 고속철도 개통에 따른 숙박시설 확충
4	제 4회 정책포럼	2004. 12. 17./ 올림피아 호텔	중앙관광행정체계의 개선방향
5	제 5회 관광정책포럼	2005년 10월 8일/ EXCO	국가균형발전과 관광의 역할

표 3-4-1. 역대 포럼 개최 현황(계속)

연번	행사명	일시/장소	주제
6	제 6회 관광정책포럼	2005. 11. 30./ 한국관광공사	관광진흥에서 보는 남북협력, 남북협력에서 보는 관광진흥
7	제 7회 정책포럼	2006. 11. 16./ KINTEX	경기도 한국관광의 중심지, 그 가능성과 대안
8	제 8회 정책포럼	2007. 11. 23./ -	관광 산업 진흥
9	제 9회 관광정책포럼	2008. 2. 1./ 한국관광공사	관광 산업 발전을 위한 차기정부의 과제와 정책 방향
10	제1차 정책포럼	2009, 10, 28,/ 한국관광공사	관광개발의 가치, 개발규제의 암적 요소, 그 실패의 그늘
11	제2차 정책포럼	2009. 11. 30./ 한국관광공사	한국에서 카지노산업으로 살아남기란?
12	제3차 관광정책포럼	2009. 12. 15./ 국회 의원회관	F1 코리아 그랑프리를 통한 국가브랜드 제고
13	제4차 관광정책포럼	2010. 2. 27./ COEX	관광산업 일자리 창출 정책포럼
14	제5차 관광정책포럼	2010. 3. 4./ 광주광역시의회	창조적 문화경제도시 건설과 문화관광산업 활성화를 위한 광주문화관광공사 설립
15	제6차 관광정책포럼	2010. 3. 29./ 한국프레스센터	특화관광사업 유인력 강화를 통한 한국 인바운드 규모 확대방안
16	제7차 관광정책포럼	2010. 4. 26./ 한국관광공사	대체휴일제 도입 및 휴가제도 개선을 통한 관광 수요 확대방안
17	2010 대전국제학술포럼	2010. 4. 30~5. 1./ 대전컨벤션센터	-
18	제8차 관광정책포럼	2010. 5. 24./ 대한상공회의소	관광산업 투자확대 방안
19	제9차 관광정책포럼	2010. 6. 17./ 한국관광공사	기후변화에 따른 관광산업 대처방안
20	제10차 관광정책포럼	2010. 9. 15./ 대한상공회의소	개별관광객 유치 방안
21	제11차 관광정책포럼	2010. 12. 2./ 한국관광공사	산업관광 축제관광 콘텐츠 경쟁력 강화방안
22	UNWTO 총회 기념 연합관광정책포럼	2011. 10. 13./ 경주 현대호텔	한국관광의 국제경쟁력 강화를 위한 관광산업의 동반성장 방안 모색
23	2012 한국관광정책포럼	2012. 11. 29./ COEX	-
24	관광정책포럼	2013. 9. 27./ 롯데호텔	국내관광 활성화를 위한 정책:국민이 행복한 여행, 지역이 행복한 관광

표 3-4-1. 역대 포럼 개최 현황(계속)

연번	행사명	일시/장소	주제
25	관광정책포럼	2014. 2. 28./ COEX	국내관광활성화의 과제와 방안
26	관광미디어가 본 국내관광 활성화의 과제와 방안 포럼	2014. 2. 28./ COEX	제2차 관광진흥확대회의 효과와 문제점 및 실행방안
27	2015 템플스테이 학술포럼	2015. 12. 7./ -	템플스테이 외국인 유치 확대 방안
28	국회 대한민국살리기 포럼	2016. 11. 18./ 경주 화백컨벤션센터	지진쇼크 이후 관광경기 어떻게 회복시킬 것인가?
29	2016 NEAR 국제포럼	2016. 11. 25~ 26./ 안동 그랜드호텔	관광을 통한 동북아시아의 협력과 발전
30	2017 글로벌 관광 · 레저포럼	2017. 10. 13,/ COEX	4차 산업시대 한국관광산업의 "히든챔피언" 전략
31	한국관광학회-한국 경영학회의 산학협력을 위한 공동 포럼	2018. 1. 30./ 노보텔 앰배서더 호텔 강남	제 4차 산업혁명시대에서의 산학협력을 통한 관광경영 일자리 창출
32	제 88차 국제학술대회 전국 순회 관광포럼 (수도권)	2020. 10. 16./ 밀레니엄 서울 힐튼	포스트코로나시대, 관광트렌드 변화와 전략적 지역관광정책 모색
33	제 88차 국제학술대회 전국 순회 관광포럼 (충청권)	2020. 10. 22./ 대전 인터시티 호텔	포스트 코로나 시대 지역관광
34	제 90차 국제학술대회 전국 순회 관광포럼 (충청권)	2021. 6. 4./ 대전 전통나래관	뉴노멀 시대, 도시관광의 회복(Rebuild)
35	제 90차 국제학술대회 전국 순회 관광포럼(경상권)	2021. 6. 18./ EXCO	뉴노멀 시대, 지역관광의 리셋(Reset)
36	제 90차 국제학술대회 전국 순회 관광포럼 (전라권)	2021. 6. 25./ 전주한벽문화관	뉴노멀 시대, 체류관광의 재개(Resume)
37	제 90차 국제학술대회 전국 순회 관광포럼 (수도권)	2021. 7. 9./ 서울 롯데호텔	새로운 시대를 맞이하는 관광 : 기회와 혁신
38	한국 해양레저관광 포럼	2022. 4. 22./ BEXCO	코로나 19 엔데믹, 해양레저관광 전망 및 대응전략

표 3-4-1. 역대 포럼 개최 현황(계속)

연번	행사명	일시/장소	주제
39	카지노산업 ESG경영 포럼	2022. 8. 23./ 인터콘티넨탈 서울	지속가능한 발전을 위한 카지노 산업의 ESG경영 전략과 비전
40	제2회 해양레저관광 포럼	2022. 9. 19./ 제주한라대 한라컨벤션센터	해양레저관광 산업 육성과 규제 혁신
41	특별분과위원회 포럼	2022. 9. 30~10. 1./ 남해 독일마을	관광거버넌스를 통한 지역관광활성화

20대에서는 '제1차 관광정책포럼'으로 차수가 변경되었다. 2009년 3차례의 관광정책포럼이 개최되었으며, 2010년에는 무려 9번의 관광정책포럼이 개최되었다. 20대에서 시작된 관광정책포럼은 11차수까지 이어졌으며, 이후 2014년 2월 28일(금) 코엑스에서 '국내관광활성화의 과제와 방안'이라는 주제로 개최된 포럼을 끝으로 '관광정책포럼' 기능은 이어졌으나, 공식적인 명칭은 사라지고 주제에 따른 개별 포럼 명칭으로 개최되었다.

24대에서는 관광정책포럼을 국내와 국외로 분리하여 진행하고자 하였다. 국내정책포럼을 국내에서 부정기적으로 진행되는 모든 형태의 세미나 및 포럼으로 규정하였다. 국제관광포럼은 학회 독자적 또는 관련기관과의 협력사업의 추진 가능한 것으로 규정하였다. 국내정책포럼과 국제관광포럼은 개최되는 포럼의 특성을 감안하여 상호 협력하여 진행하도록 하였지만 24대 동안 두 번밖에 추진되지 못한 아쉬움이 있다.

포럼 중 가장 오래된 역사를 지닌 관광정책포럼이 꾸준히 이어지게 된 배경은 '정책포럼위원회'의 역할이 크게 작용하였던 것으로 보인다. '정책포럼위원회'는 17대에 처음 발족되었으며, 다음과 같은 역할을 지니고 있었다. 미래를 위한 관광정책 개편 방향 제시, 산관학 연계 집중 토의를 통한 관광정책의 발전 방안제시, 관광정책 변화의 주도적 발언창구 역할 구축, 년 2회 관광정책 포럼 실시, 매월 관광정책 이슈 관련 마이크로 포럼 수행, 문화체육부와 기타 공기관의 정책 애로사항, 발전 이슈의 수용 및 공론화 등을 활동 목표로 삼고 있었다.

포럼 개최 형태를 살펴보면, 초기에는 학회 정책포럼위원회를 중심으로 단독 개최되었다. 하지만 2004년 12월 '제4회 관광정책포럼'에서 한국문화관광정책연구원(현. 한국문화관광연구원)과 공동주최를 시작으로 대전광역시 등 지방자치단체와 공동주최하기도 하였다. 2006년 '제7회 관광정책포럼'에서는 경기도 · 경기관광공사가 주최하고 학회가 포럼을 주관하였는데, 이후 문화체육관광부, 전라남도, 충청남도, (사)국제문화도시교류협회, 그랜드코리아레저(GKL) 등 타 기관에서 주최하고 학회가 포럼을 주관하는 비율도 조금씩 증가하였다. 학문의 외연을 확장하고자 타 학회와의 협력을 통해 포럼을 개최한 사례도 있다. 2018년 1월 30일, 노보텔 앰배서더 호텔에서 '제4차 산업혁명 시대의 산학협력을 통한 관광경영 일자리 창출'을 주제로 한국관광학회와 한국경영학회가 공동으로 포럼을 개최한 바 있다.

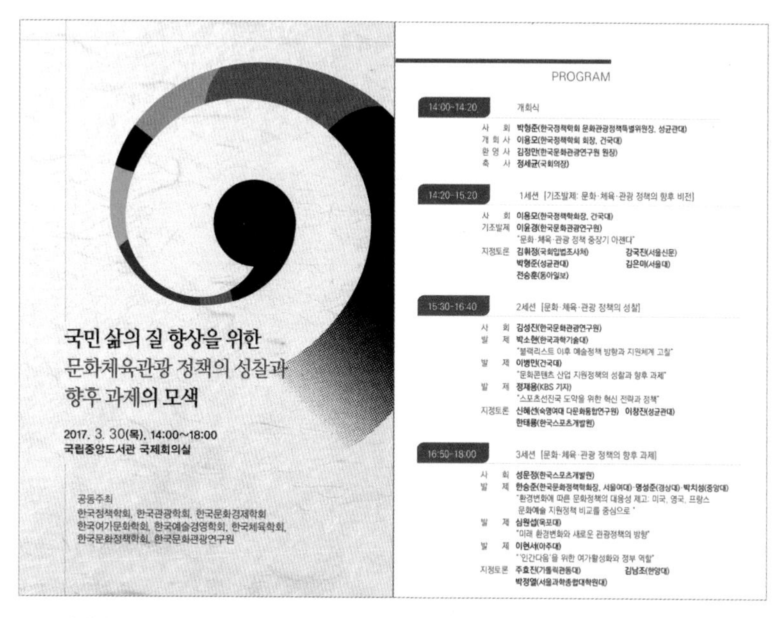

그림 3-4-1. 국민 삶의 질 향상을 위한 문화체육관광 정책의 성찰과 향후 과제의 모색 포럼

포럼 개최방식으로 당일 개최형이 39번으로 가장 많았다. 1박 2일간 개최된 포럼은 2회로 나타났다. 26대에서는 당일이지만 수도권 2회, 충청권 2회, 경상권, 전라권으로 지역 순회형 포럼을 개최하기도 하였다.

그림 3-4-2. 전국 순회 지역관광포럼(수도권) 사진

포럼 주제는 국내 관광 활성화, 지역 관광, 관광 산업, 제도 개선, 정부의 역할, 국제 협력으로 나타났다. 그 중에서 국내 관광 활성화, 지역 관광, 관광산업이 각 9회로 주요 관심사로 다루어졌다. 이러한 주제를 통해 관광산업의 흐름을 예측하고, 국내 관광 활성화를 위한 새로운 전략을 모색하며, 이해관계자 간의 협력을 강화하려는 목적을 둔 것으로 보인다. 주요 주제들을 살펴보면 다음과 같다.

첫째, 국내 관광 활성화에 대한 논의이다. 초기에는 인바운드 중심 외국인 관광자 유치에 주목하였다. 이후에는 개별관광자(FIT) 유치를 위한 포럼도 개최하였다. 2010년 9월 개최된 'FIT 국제세미나'에서는 FIT란 무엇인가?, 해외 시장별 FIT 관광객 아웃바운드 동향, 현지 FIT 유치 마케팅 사례 및 FIT 관광상품 소개, 국내 FIT 수용태세의 현황 및 문제점에 대한 발표와 토론이 이어졌다. 관광자가 꾸준히 증가하면서 숙박시설 확충에 대한 논의도 이어졌다. F1 그랑프리와 같은 대규모 이벤트와 축제관광을 통해 콘텐츠 경쟁력을 확보하려는 노력도 나타났다.

둘째, 지역사회 발전과 포스트 코로나 시대의 지역관광 전략에 대한 논의이다. 지역 고유의 문화유산을 관광 자원으로 삼아, 지역 경제 활성화와 문화 보존을 동시에 이루고자 하였다. 특히 지역 커뮤니티의 참여를 독려하여 관광이 지역 주민들에게 직접적인 경제적, 사회적 혜택을 가져다 줄 수 있는 방안을 탐구하였다. 2022년 9월 개최된 '특별분과위원회 포럼'에서는 관광거버넌스를 통한 지역관광 활성화라는 주제로 관광거버넌스 활성화와 관광기업, DMO 경영전략과 거버넌스에 대한 발표와 토론이 진행되었다. 대부분의 내용이 지역 문화의 정체성을 유지하면서도, 관광을 통한 지역 경제 발전을 촉진할 수 있으며, 현지 주민들이 관광 개발의 혜택을 누리는데 초점을 맞추고 있었다. 또한 팬데믹이 지역관광에 미친 영향을 되짚어보고, 향후 위기 상황에 대비하기 위한 회복 전략과 새로운 관광 트렌드를 논의하였다.

셋째, 관광산업 활성화 및 경쟁력 확보를 위한 논의이다. 거시적 관점에서 관광 산업 진흥, 일자리 창출, 투자확대 방안, 기후변화에 따른 관광산업 대처방안, 국제경쟁력 강화 등이 논의되었다. 2007년 11월에 개최된 '관광산업 진흥 대토론회'에서는 관광수지 적자 해소방안, 한일관광 역조 대응방안, 관광산업펀드 도입을 통한 투자 활성화, 농촌관광의 국제화 방안, 관광정책에 대한 참여정부 평가 및 차기 정부 과제 모색을 다루었다. 2017년 10월 개최된 '2017 글로벌 관광레저포럼'에서는 4차 산업시대 관광레저 산업의 전략, 4차 산업시대 서비스마케팅 전략, 4차 산업시대 관광 AR/VR 비즈니스 기회, 관광레저산업의 CSR과 CSV의 역할에 대한 논의가 이루어졌다. 2010년 2월 '관광산업 일자리 창출'을 주제로 개최된 '제4차 관광정책포럼'에서는 '관광교육인증제 신설', '관광인력창출 확대방안', '지역인력 고용확대방안'에 대한 발표와 토론이 이어졌다.

넷째, 관광 활성화에 필요한 제도 개선에 대한 논의이다. 주요 내용으로는 정부의 관광지원 정책, 법적 규제 완화, 관광 세금, 관광지 안전 관리 등 관광 정책에 관련된 내용을 다루고 있다. 변화하는 산업 환경에 맞추어 정책을 개선하고, 관광 업체들이 정책을 준수하면서도 효과적으로 운영될 수 있는 방안을 제시하고자 하였다. 2022년 9월 개최된 '제2회 해양레저관광포럼'에서는 '해양레저관광 산업 육성과 규제 혁신'이라는 주제로 해양레저관광정책과 해양레저관광 사업 아젠다, 국내 해양레저관광 규제혁신과 활성화 방안에 대한 발표와 토론이 진행되었다. 이를 통해 법적 규제와 지원 정책을 통해 관광산업의 체계성을 강화하고, 산업 내의 지속 가능한 발전을 위한 환경을 조성하고자 하였다.

다섯째, 정부의 역할에 대한 논의이다. 2014년 2월에 개최된 '관광미디어가 본 국내관광 활성화의 과제와 방안 포럼'에서는 '제2차 관광진흥확대회의 효과와 문제점 및 실행방안'이라는 주제로 국내관광 수요창출의 측면: 기존시장 확대와 새로운 시장 개발, 국내관광 수용체계의 측면: 질 높은 숙박과 교통 및 서비스 체계, 지역관광 매력창출의 측면: 매력적 자원개발과 축제 등 콘텐츠 개발, 지역관광 주도주체의 측면: 주민주도 관광생태계 구축(두레 등)에 대해 논의하였다. 이는 정부와 민간이 상호 소통하고, 협력 방안을 모색하며, 관광산업의 지속 가능하고 포용적인 성장을 위해 필요한 지원과 정책을 확립하는 자리였다.

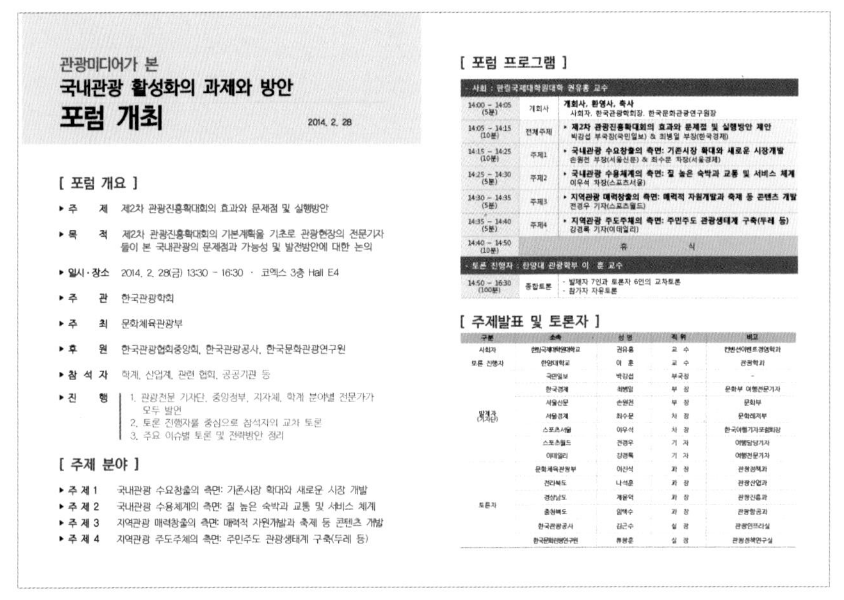
관광미디어가 본
국내관광 활성화의 과제와 방안
포럼 개최

2014. 2. 28

[포럼 개요]

- 주 제 제2차 관광진흥확대회의 효과와 문제점 및 실행방안
- 목 적 제2차 관광진흥확대회의 기본계획을 기초로 관광현장의 전문기자들이 본 국내관광의 문제점과 가능성 및 발전방안에 대한 논의
- 일시·장소 2014. 2. 28(금) 13:30 ~ 16:30 · 코엑스 3층 Hall E4
- 주 관 한국관광학회
- 주 최 문화체육관광부
- 후 원 한국관광협회중앙회, 한국관광공사, 한국문화관광연구원
- 참 석 자 학계, 산업계, 관련 협회, 공공기관 등
- 진 행
  1. 관광전문 기자단, 중앙정부, 지자체, 학계 분야별 전문가가 모두 발언
  2. 토론 진행자를 중심으로 참석자의 교차 토론
  3. 주요 이슈별 토론 및 전략방안 정리

[주제 분야]

- 주제 1 국내관광 수요창출의 측면: 기존시장 확대와 새로운 시장 개발
- 주제 2 국내관광 수용체계의 측면: 질 높은 숙박과 교통 및 서비스 체계
- 주제 3 지역관광 매력창출의 측면: 매력적 자원개발과 축제 등 콘텐츠 개발
- 주제 4 지역관광 주도주체의 측면: 주민주도 관광생태계 구축(두레 등)

[포럼 프로그램]

- 사회 : 한림국제대학원대학 권유홍 교수

14:00 ~ 14:05 (5분)	개회사	개회사, 환영사, 축사 사회자, 한국관광학회장, 한국문화관광연구원장
14:05 ~ 14:15 (10분)	전체주제	• 제2차 관광진흥확대회의 효과와 문제점 및 실행방안 제안 박강섭 부국장(국민일보) & 최병일 부장(한국경제)
14:15 ~ 14:25 (10분)	주제1	• 국내관광 수요창출의 측면: 기존시장 확대와 새로운 시장개발 손원천 부장(서울신문) & 최수문 차장(서울경제)
14:25 ~ 14:30 (5분)	주제2	• 국내관광 수용체계의 측면: 질 높은 숙박과 교통 및 서비스 체계 이우석 차장(스포츠서울)
14:30 ~ 14:35 (5분)	주제3	• 지역관광 매력창출의 측면: 매력적 자원개발과 축제 등 콘텐츠 개발 전경우 기자(스포츠월드)
14:35 ~ 14:40 (5분)	주제4	• 지역관광 주도주체의 측면: 주민주도 관광생태계 구축(두레 등) 김경록 기자(이데일리)
14:40 ~ 14:50 (10분)	휴 식	

- 토론 진행자 : 한양대 관광학부 이 훈 교수

14:50 ~ 16:30 (100분)	종합토론	- 발제자 7인과 토론자 6인의 교차토론 - 참가자 자유토론

[주제발표 및 토론자]

구분	소속	성명	직위	비고
사회자	한림국제대학원대학교	권유홍	교 수	컨벤션이벤트경영학과
토론 진행자	한양대학교	이 훈	교 수	관광학과
발제자(기자단)	국민일보	박강섭	부국장	-
	한국경제	최병일	부 장	문화부 여행전문기자
	서울신문	손원천	부 장	문화부
	서울경제	최수문	차 장	문화레저부
	스포츠서울	이우석	차 장	한국여행기자포럼회장
	스포츠월드	전경우	기 자	여행담당기자
	이데일리	김경록	기 자	여행전문기자
토론자	문화체육관광부	이진석	과 장	관광정책과
	전라북도	나석훈	과 장	관광산업과
	경상남도	계윤억	과 장	관광진흥과
	충청북도	임택수	과 장	관광항공과
	한국관광공사	김근수	실 장	관광인프라실
	한국문화관광연구원	류광훈	실 장	관광정책연구실

그림 3-4-3. 관광미디어가 본 국내관광 활성화의 과제와 방안 포럼 안내문

여섯째, 국제 협력에 대한 논의이다. 2016년 11월에 개최된 '2016 NEAR 국제포럼'에서는 '관광진흥에서 보는 남북협력, 남북협력에서 보는 관광진흥'이라는 주제로 광진흥에서 보는 대북협력(장병권 호원대 교수), 남북경협에서 보는 대북관광(김영윤 통일연구원 선임연구위원)에 대한 발표와 토론이 진행되었다. 2016년 11월에 개최된 '2016 NEAR 국제포럼'에서는 '관광을 통한 동북아시아의 협력과 발전'이라는 주제로 '관광을 통한 동북아시아의 공동번영'에 대한 발표와 토론이 이어졌다.

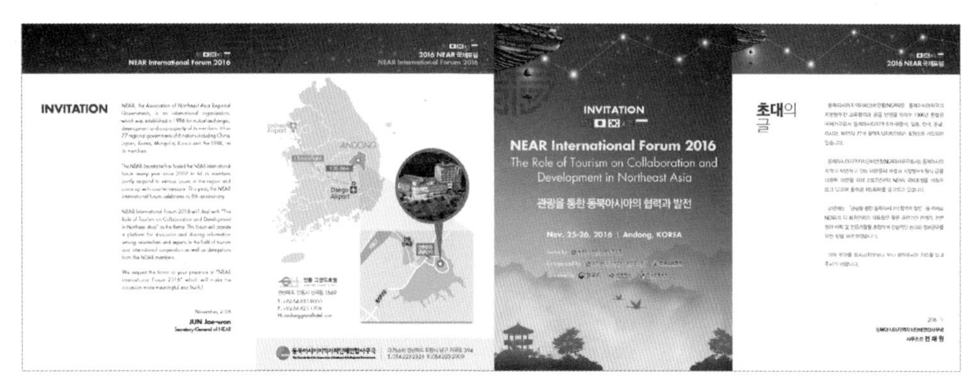

그림 3-4-4. 2016 NEAR 국제포럼 초청장

기타 주제로는 관광분야(관광개발, 해양레저, 메가이벤트, 엔터투어리즘, 관광교육, 종교관광, 지속가능한 관광, 디지털 기술, 의료관광 활성화)에 대한 심층적인 논의가 이루어졌다. 또한 지역사회 문제(태안 유류 유출 피해 극복, 포항 지진 피해, 코로나 사태 등)를 해결하기 위한 논의도 활발히 이어졌다. 이렇듯 다양한 포럼 주제들은 관광산업이 환경적, 기술적, 사회적 변화에 빠르게 적응하고 지속 가능한 성장을 이룰 수 있도록 돕는 중요한 역할을 해왔다.

그에 반하여 관광지의 환경 보호와 지역 주민의 삶의 질을 보장하며, 자원을 장기적으로 관리하기 위한 지속 가능한 관광에 대한 논의는 상대적으로 부족한 실정이다. 관광 개발로 인한 환경 파괴와 생태계 훼손, 그리고 지역 주민의 생활 환경 악화와 같은 부정적인 문제를 해결하기 위한 관광 활동과 환경 보존이 공존할 수 있는 구체적인 방안 모색이 요구된다. 더 나아가, 지역 주민과 관광객 간의 상호작용을 통해 지역 사회의 삶의 질 향상을 도모하는 방안이 확대 논의되어야 한다. 이는 지역 주민이 관광 산업의 주요 이해관계자로서 활동할 수 있는 기회를 제공하고, 그들의 의견을 정책에 반영하는 방식으로 이루어질 필요가 있다. 예를 들어, 주민 주도의 생태 관광 프로그램 개발, 환경 보호 캠페인 참여 확대, 그리고 관광 수익의 지역 환원을 통한 지역 사회 복지를 증진하는 방식이 효과적일 것이다.

또한, 이러한 목표를 효과적으로 달성하기 위해 전문가, 정책 입안자, 지역 주민, 관광업계 종사자 간의 협력을 강화하고, 환경 친화적인 관광의 확산을 위한 플랫폼으로서의 포럼이 필요하다. 이 포럼은 단순한 논의의 장을 넘어 실질적인 정책과 행동 계획을 도출하는 기회의 장으로 기능해야 하며, 국제적 성공 사례를 분석하고 이를 지역 상황에 맞게 변형 및 적용할 수 있는 방안도 함께 모색해야 한다. 예를 들어, 디지털 기술과 인공지능(AI)을 활용하여 관광지 환경 모니터링 시스템, 관광객의 환경 친화적 행동을 유도할 수 있는 스마트 관광 시스템 개발에 대한 논의도 병행될 필요가 있다.

결론적으로, 지속 가능한 관광은 단기적인 성과를 넘어, 지역과 환경, 그리고 관광객 모두에게 이익을 가져다줄 수 있는 장기적이고 통합적인 접근이 필요하다. 이를 위해 다양한 이해관계자의 협력과 적극적인 참여를 기반으로 환경 친화적인 관광 문화를 확산시키는 구체적인 정책과 실천 방안을 모색해 나가야 할 것이다.

2) 세미나 및 심포지엄

세미나 및 심포지엄 부문은 2008년에 시작되어 2010년에서 2014년까지 개최되지 않다가 최근까지 활발히 개최되고 있다. 2022년에는 총 5번의 세미나가 개최되면서 가장 많은 개최 횟수를 기록하였다. 세미나 개최형태는 포럼에서보다 더욱 다양한 기관과 폭넓게 개최되는 특징을 보인다. 2017년 3월 30일(목) 국립중앙도서관에서 '국민 삶의 질 향상을 위한 문화체육관광 정책의 성찰과 향후 과제의 모색'을 주제로 개최된 세미나의 경우, 한국정책학회, 한국관광학회, 한국문화경제학회, 한국여가문화학회, 한국예술경영학회, 한국체육학회, 한국문화정책학회, 한국문화관광연구원 7개 기관이 연합으로 이루어졌다.

2019년 3월 7일(목) 대한상공회의소에서 '지역관광 혁신을 위한 실천적 과제'라는 주제로 개최된 세미나의 경우, 한국관광학회, 국가균형발전위원회, 한국문화관광연구원 3개 기관이 연합으로 진행하였다. 마찬가지로 2021년 6월 10일(목) 전경련회관에서 '포스트 코로나 시대, 국내 면세점 산업의 변화와 과제'라는 주제로 개최된 세미나는 한국면세점협회, 한국관세학회, 중앙일보, 한국관광학회 4개 기관이 공동으로 진행하였다.

심포지엄은 2008년 5월 30일 금요일, 태안 문화예술회관에서 '유류 피해 극복과 서해안 관광 활성화'를 주제로 개최된 바 있다. 이전에는 학술대회를 '심포지엄'으로 명명하기도 하였으나, 이후 분리되면서 심포지엄 형태로 개최되는 경우는 줄어들었다.

표 3-4-2. 역대 세미나 및 심포지엄 개최 현황

연번	행사명	일시	주제
1	태안지역 관광활성화 방안 세미나	2008. 1. 25. ~ 1. 26./ 태안 문화예술회관	-
2	서해안 관광 심포지엄	2008. 5. 30./ 태안 문화예술회관	유류피해 극복과 서해안 관광활성화
3	한국관광총회	2009. 4. 3./ CECO	녹색관광의 상품화 방안
4	엔터투어리즘 성공적 활성화 방안 세미나	2015. 10. 14./ 한국프레스센터	엔터투어리즘의 성공적 활성화 방안
5	핀테크 기반 호텔·외식·관광 서비스 융합 세미나	2015. 12. 23./ 한국프레스센터	-
6	2016 한국국제관광 세미나	2016. 6. 10./ COEX	관광 서비스 강국으로의 도약을 위한 도전과 과제
7	「관광학연구」 전본 디지털화 기념 관광학 세미나	2016. 10. 28./ 국립한글박물관	관광학분야 국내 최초 학술지 「관광학연구」전본 디지털화 기념
8	국민 삶의 질 향상을 위한 문화체육관광 정책의 성찰과 향후 과제의 모색	2017. 3. 30./ 국립중앙도서관	문화체육관광정책의 향후 비전
9	2017 템플스테이 활성화를 위한 정책 세미나	2017. 6. 13./ 한국불교역사문화기념관	템플스테이 외국인 유치 확대 방안
10	2017 관광 빅 데이터 세미나	2017. 12. 18./ KT스퀘어	4차 산업혁명시대, 관광분야 빅데이터 활용 가능성 모색 및 성공 전략
11	지역관광의 혁신과 한반도 평화관광에 대한 특별세미나	2019. 3. 7./ 대한상공회의소	지역관광 혁신을 위한 실천적 과제
12	면세산업 세미나	2021. 6. 10./ 전경련회관	포스트 코로나 시대, 국내 면세점 산업의 변화와 과제
13	새만금 해양레저 관광분야 세미나	2021. 12. 2./ 군산 베스트웨스턴 호텔	새만금 지역이 국제외교와 해양교류의 중심지에서 더 나아가 관광레저목적지로 나아갈 방향
14	차기정부에 요구하는 관광정책 방향	2022. 1. 25./ 전경련회관	-
15	2030부산세계박람회 유치기원 관광세미나 in Seoul	2022. 6. 29./ COEX	EVENT TOURISM : Trends and Future Prospects

표 3-4-2. 역대 세미나 및 심포지엄 개최 현황(계속)

연번	행사명	일시	주제
16	학회창립 50주년 기념 관광교육세미나	2022. 7. 1./ 경희대 호텔관광대학 워커힐홀	관광학의 지정학에 대하여
17	통영시 관광발전 세미나	2022. 10. 14./ 통영국제음악당	통영시 관광발전
18	서해안 해양레저관광 벨트 조성을 위한 충남관광발전 세미나	2022. 10. 21./ 호텔 머드린	서해안 해양레저관광벨트 조성을 위한 충남관광발전

세미나 관련 주제로는 지역 관광, 국내 관광 활성화, 디지털 전환, 학문 발전, 정부의 역할로 분류되었다. 그 중에서 지역 관광 관련 세미나가 7회로 가장 많이 개최되었다. 세부적으로는 지역 관광과 관련하여 2022년 10월 '서해안 해양레저관광벨트 조성을 위한 충남관광발전 세미나'가 개최되었는데 최근 관광환경의 변화와 트렌드, 해양레저관광 현황 및 사례, 남해 해양관광사례와 충남관광 적용 시사점에 대한 발표와 토론이 진행되었다.

국내 관광 활성화와 관련해서는 2017년 6월에 '템플스테이 외국인 유치 확대 방안'이라는 주제로 '외국인 유치를 위한 운영사찰 수용태세와 마케팅 전략', '템플스테이 콘텐츠 및 외국인 홍보 전략'에 대한 발표와 토론이 진행되었다.

관광산업의 디지털 전환과 관련해서는 2017년 12월에 '4차 산업혁명시대, 관광분야 빅데이터 활용 가능성 모색'이라는 주제로 '관광분야 빅데이터 활용의 의의와 전망', '빅데이터 활용 여행 트렌드 분석 및 전망', '빅데이터를 활용한 영덕군 관광 활성화 방안', '유동인구 기반 관광 빅데이터 플랫폼 소개', '카드 빅데이터를 활용한 가치창출'에 대한 발표와 토론이 이어졌다.

관광학 발전과 관련해서는 2016년 10월에 '관광학분야 국내 최초 학술지 「관광학연구」전본 디지털화 기념'이라는 주제로 '사회과학철학적 성찰을 통한 관광학 이론 연구의 발전방향', '관광학 연구 방법론의 반성과 과제'에 대한 발표와 토론이 이루어졌다.

마지막으로 정부의 역할 요구에 대한 세미나는 2022년 1월에 개최된 '차기정부에 요구하는 관광정책 방향'에서 확인할 수 있었다. 한국관광협회중앙회, 한국경제신문, 한국관광학회가 공동으로 성명서를 발표하고, 코로나 이후 어려움을 겪고 있는 관광산업에 대한 정책지원 및 회복을 위한 제도 개선과 같은 요구사항을 전달하였다.

그림 3-4-5. 차기 정부에 요구하는 관광정책 방향 세미나 사진

3) 교육

교육부문은 학회 회원의 연구 역량 강화, 학제 간 연구 촉진 등을 위해 진행한 교육행사를 의미한다. 2009년 한일 대학생 필드트립 교류회를 시작으로 2016년까지 총 7차례 개최되었다. 한일 대학생 필드트립을 제외하고 주로 대학원생들이 자신의 연구에 통계를 효과적으로 활용하도록 돕기 위한 통계교육이 주를 이루었다. 대학원생들이 학업과 연구뿐 아니라 졸업 후에도 폭넓은 취업 기회를 가지게 하기 위해 통계 교육을 제공한 것으로 보인다.

교육 프로그램은 이론에 그치지 않고 실제 데이터 분석 방법론과 도구를 다룰 수 있도록 커리큘럼을 구성하였다. 예를 들어, R, Python 같은 프로그래밍 언어를 사용한 통계 교육과 데이터 시각화 툴에 대한 교육 등을 포함하고 있다. 또한 새로운 통계 방법론이나 분석 기술은 최신 연구 트렌드를 반영하고 있었다. 이와 같은 교육 프로그램을 통해 대학원생들은 연구 수행에 필요한 통계적 사고와 실질적인 기술을 습득할 수 있었으며, 이는 연구의 질 향상과 더불어 학문적 커리어 발전에도 큰 도움이 된 것으로 보인다.

표 3-4-3. 역대 교육 프로그램 운영 현황

연번	행사명	일시	장소
1	한일 대학생 필드트립 교류회	2009. 2. 27.	한국관광공사
2	2012 질적연구 방법론 특강	2012. 7. 19 ~ 20.	대전 우송대학교
3	제1회 관광데이터 마이닝 무료 교육 및 경진 대회	1차) 2013. 2. 20~21. 2차) 2013. 2. 27~28.	-
4	관광 연구자를 위한 빅데이터 분석 입문 교육	2013. 8. 9.	한양사이버대학교
5	Q방법론 이론과 실제	2015. 2. 5.	동국대학교 서울캠퍼스
6	2016년 하계 SPSS & 구조방정식 (AMOS) 통계강좌	2016. 8. 22 ~ 26	한양대학교
7	2016년 동계 PLS(Partial Least Squares) 이해와 활용	2016. 12. 22.	동국대학교

4. 개최 성과 및 제언

포럼 · 세미나 · 심포지엄 · 교육 프로그램의 운영은 관광학과 관광산업의 발전을 위해 다양한 주체가 협력하고 통합된 전략을 수립하는 중요한 기회를 제공하였다. 시의적절한 관광사회문제를 이슈메이킹하는 역할을 수행하였고, 지역사회 관광문제 해결을 위한 창구 역할을 하였다. 정책포럼에서 제시된 관광정책 아이디어가 최종적으로 정책에 반영될 수 있도록 노력하였으며, 한국관광학회가 중심이 되어 관산학 정책적 네트워크를 구축하였다.

특히, 여러 기관이 공동으로 개최하는 행사는 각 기관의 강점과 자원을 결집하여 관광산업에 대한 포괄적인 접근을 가능하게 하였다. 이를 통해 개별 단체의 관점에서 벗어나 정부, 민간, 학계, 지역 사회가 모두 협력하는 통합적인 전략을 수립할 수 있었다. 여러 이해관계자가 모인 자리에서 관광산업의 과제와 해결 방안을 논의하면서 공감대를 형성하고 공동의 정체성을 형성하였다. 이는 정책 결정 과정에서 관광분야의 중요성에 대한 폭넓은 지지를 얻는 데 기여하며, 실제 정책 시행에 있어서도 협력과 지원을 얻기 쉽게 하였다.

이를 통해 지역 사회와의 협력을 강화하고 관광산업의 장기적인 성장을 도모하였다. 다양한 의견 수렴을 통해 정책의 실효성을 높이며, 정책 추진 과정에서의 실행력을 강화하였다. 이처럼 여러 기관이 협력하여 관광 관련 포럼 · 세미나 · 심포지엄을 개최하는 것은 관광산업의 지속 가능한 발전을 위한 토대를 마련하고, 더 많은 경제적, 사회적 가치를 창출할 수 있는 계기가 되므로 향후에도 보다 다양한 분야와 결합한 논의가 지속되어야 할 것이다.

행사 주제 측면에서는 국내 관광 활성화, 지역 관광, 관광 산업, 제도 개선, 정부의 역할, 국제 협력 등의 폭넓은 내용을 다루었다. 그 중에서 국내 관광 활성화, 지역 관광, 관광산업이 각 9회로 주요 관심사로 나타났다. 그에 반하여 관광지의 환경 보호, 지역 주민의 삶의 질 향상, 장기적인 자원 관리를 위한 지속 가능한 관광에 대한 논의는 충분하지 않았다. 생태관광과 친환경 관광 정책을 마련해 관광과 환경 보존이 공존할 수 있는 방안에 대한 논의가 필요하다. 장기적인 환경 보존을 목표로 하며, 지역 관광의 지속 가능성을 확보하기 위한 실천적 정책을 모색하고, 환경 친화적인 관광을 확산하기 위한 포럼이 필요해 보인다.

이와 더불어 회장단이 변경될 때마다 포럼의 연속성과 일관성이 확보되지 못한 부분은 아쉬움으로 남았다. 정책포럼으로 시작한 행사의 회차나 명칭이 회장단에 따라 변경된 부분은 향후 공론화 과정을 거쳐 학회차원에서 포럼의 유형과 명칭을 가능한 한 일관되게 해나가는 것이 필요할 것으로 사료된다.

시상과 수상

한 승 훈(Han, Seung-Hoon)
호남대학교 교수

1. 조사 방법

1972년 9월에 창립된 한국관광학회(초대회장 김진섭 교수)의 지난 기록 중 학술상, 공모전, 기업가상 등 시상 부문에 관한 내용을 찾기 위해 신문 기사, 학회 뉴스레터 및 상장 등 사무국 자료를 대상으로 온 · 오프라인 병행조사를 시행하였다. 이 외에도 학회회원들이 소장하고 있는 자료를 받아 추가 보완을 할 수 있었다.

1) 조사의 시간적 범위

학술상, 공모전, 기업가상 등 시상 부문에 대한 조사의 시간적 범위는 1970년 1월 1일부터 2023년 12월 31일까지로 지정하였다. 신문 기사의 경우 한국언론진흥재단 뉴스 아카이브 빅카인즈(1990년 1월 1일부터)와 네이버 뉴스 아카이브 뉴스라이브러리(1970년 1월 1일부터)를 대상으로 조사하였다. 앞의 뉴스 기사 서비스 제공 기간의 경우 각 제공기관에서 허용하는 설정이 같지 않아 차이가 나타났다.

2) 조사 대상 및 방법

조사 대상은 과거 신문 기사, 학회 뉴스레터 및 상장 등 사무국 자료를 대상으로 하였다. 이 외에도 학회회원들이 소장하고 있는 자료를 받아 추가로 보완하였다.

신문 기사의 경우 한국언론진흥재단 뉴스 아카이브 빅카인즈(1990년 1월 1일부터)와

네이버 뉴스 아카이브 뉴스라이브러리(1970년 1월 1일부터)를 대상으로 조사하였다. 한국언론진흥재단 뉴스 아카이브 빅카인즈에서는 전국일간지, 경제일간지, 지역일간지, 지역주간지, 방송사, 전문지, 스포츠신문, 그리고 인터넷 신문을 조사 대상으로 하였다. 지역일간지의 경우 서울, 경기, 강원, 충청, 경상, 전라, 그리고 제주를 포함하였다. 그리고 통합분류는 정치, 경제, 사회, 문화, 국제, 지역, 스포츠 등으로 지정하였다.

네이버 뉴스 아카이브 뉴스라이브러리에서는 경향신문, 동아일보, 매일경제, 조선일보, 그리고 한겨레신문을 조사 대상으로 하였다. 그리고 통합분류는 정치, 경제, 사회, 생활 및 문화, IT 및 과학, 연예, 스포츠, 광고 등으로 지정하였다. 또한 기사 유형으로는 뉴스, 발표, 통계, 프로필, 사설, 텍스트, 용어해설, 인터뷰, 칼럼 및 논단, 기획 및 연재, 좌담 및 대담 등으로 지정하였다.

과거 신문 기사의 검색 키워드는 한국관광학회, 한국관광학회 & 수상, 한국관광학회 & 시상, 한국관광학회 & 학술상 & 공모전 & 기업가상 등으로 지정하여 조사하였다.

2. 과거 신문 기사 조사 내용

과거 신문 기사 조사 결과 관련 기사의 건수와 시상 부문과 관련된 기사의 노출 첫 시점을 파악할 수 있었다.

1) 관련 기사 건수

관련 기사는 총 438건이 검색되었다. 이 중에는 언론사별로 중복 기사가 다수 포함되어 있었다.

2) 시상 부문과 관련된 기사의 노출 첫 시점

시상 부문 관련 신문 기사 노출 첫 시점은 1995년 2월 28일 자 조선일보와 중앙일보의 기사로 나타났다. 1995년 2월 25일, 세방여행사 회장 오세중에게 관광산업 발전에 이바지한 공로로 제1회 관광기업가상을 수여한 내용이었다. 그 뒤를 이어 1996년 2월 12일, 한국관광협회장(르네상스서울호텔 대표이사) 장철희에게 43년 동안 여행업계 등 줄곧 외길 관광 인생을 살아온 공로를 인정하여 96년 관광기업가상을 수여한 내용을 확인할 수 있었다.

1회 관광기업가상 수상

吳世重 세방여행사회장은 최근 관광산업발전에 기여한 공로로 한국관광학회로부터 제1회 관광기업가상을 받았다.

그림 3-5-1. 1회 관광기업가상 수상 자료

(19) 경향신문 1996년2월13일 화요일 인물광장 People

마지막 皇孫「환국의 노래」

李玖씨 영구귀국 논의차 서울에

「역사의 주인공은…」강연

「사회진흥법제정」세미나

추오장학금 전달받아

韓·中작가교류전 참여

관광기업가상 수상

그림 3-5-2. 인물광장 자료(경향신문 1996년 2월 13일자)

3. 학회 사무국 자료 조사 내용

1) 뉴스레터

학회 사무국에 책자 형태 및 컴퓨터 파일로 보관되어있는 일부 뉴스레터를 토대로 부분적인 자료수집이 가능하였다. 뉴스레터에는 학술대회의 개요와 수상에 관한 내용이 아래와 같이 정리되어 있었다.

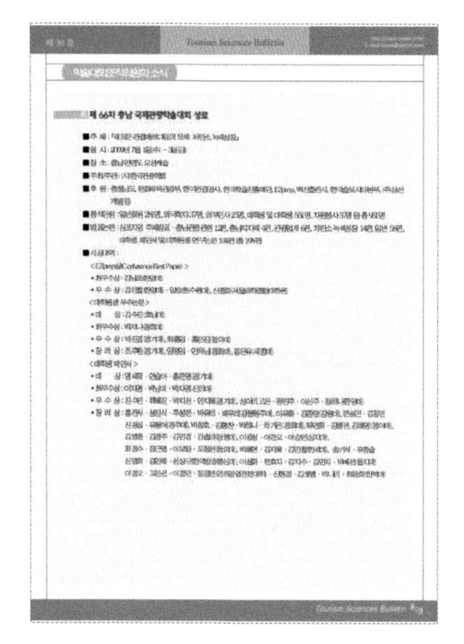
제 66차 충남 국제관광학술대회 성료

그림 3-5-3. 학회에서 발간하는 뉴스레터 예시

2) 상장

학회 사무국에 컴퓨터 파일로 보관되어있는 일부 상장 파일을 토대로 부분적인 자료 수집이 가능하였다. 상장에는 상명(賞名), 성명, 소속, 그리고 주제 등 수상에 관한 내용이 아래와 같이 정리되어 있었다.

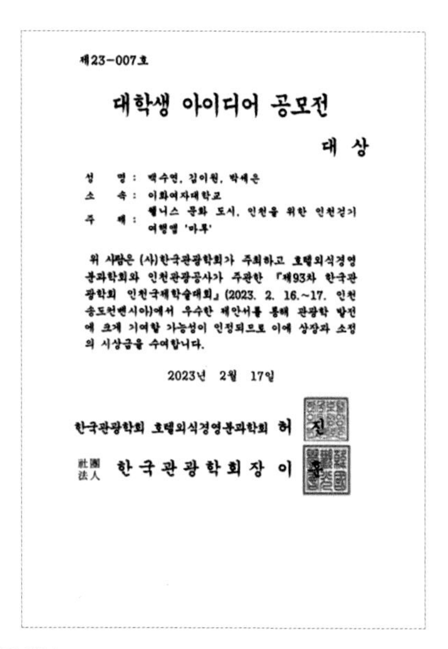
제23-007호

대학생 아이디어 공모전

대 상

성 명 : 백수연, 김이원, 박세은
소 속 : 이화여자대학교
주 제 : 웰니스 문화 도시, 인천을 위한 인천걷기 여행앱 '마루'

위 사람은 (사)한국관광학회가 주최하고 호텔외식경영분과학회와 인천관광공사가 주관한 「제93차 한국관광학회 인천국제학술대회」(2023. 2. 16.~17. 인천 송도컨벤시아)에서 우수한 제안서를 통해 관광학 발전에 크게 기여할 가능성이 인정되므로 이에 상장과 소정의 시상금을 수여합니다.

2023년 2월 17일

한국관광학회 호텔외식경영분과학회 허 진

社團法人 한국관광학회장 이 훈

그림 3-5-4. 학회에서 발행하는 상장 예시

3) 시상금 지출 관리용 자료

학회 사무국에 컴퓨터 파일로 보관되어있는 일부 지출 관리용 자료 파일을 토대로 부분적인 자료수집이 가능하였다. 시상금 지출 관리용 자료에는 상명, 성명, 소속, 그리고 시상금액 등이 기록되어 있었다.

4. 종합분석

1) 학회에서 수여한 상명 및 수상자

신문 기사, 뉴스레터, 상장, 사무국 관리용 자료, 학회회원들이 소장하고 있는 자료 지원 등을 통해 취합된 조사 건수는 총 600여 건(중복내용 포함)이 넘게 나타났다. 수집된 자료를 토대로 시간 흐름에 따라 처음으로 노출된 상명을 분석한 결과는 아래와 같다.

표 3-5-1. 학회에서 수여한 상명 및 수상자(연도순)

연월	행사명	상명	수상자
1995.2	제37회 동계 관광학술 발표회와 정기총회	제1회 관광기업가상	세방여행사 회장 오세중
1996.2	제39회 한국관광학회 겨울 관광학 대회	우수관광논문상	세종대학교 임은순
		감사패	교통부 장관 김일환 동아대학교 손해식
1999.2	제45회 동계 학술발표대회 및 정기총회	관광학술상	경기대학교 김민주
2001.2	제49차 한국관광학회 학술심포지엄 및 정기학술발표대회	한국관광경영대상	삼성에버랜드 사장 허태학
2002.2	제51차 학술심포지엄 및 정기학술발표대회	한국관광진흥대상	경상북도 지사 이의근
2002.8	제52차 한국관광학회 국제학술심포지엄 및 정기학술논문 발표대회	관광기업경영대상	롯데관광
2004.7	제56차 한국관광학회 단양 국제관광 학술심포지엄	제5회 대학원생논문발표상	경희대학교 이민아 외 8
		제1회 대학생제안서발표대회상	경기대학교 팀 외 14
2010.7	제68차 한국관광학회 전북국제관광학술대회	특별상	KBS 1박 2일

표 3-5-1. 학회에서 수여한 상명 및 수상자(연도순)(계속)

연월	행사명	상명	수상자
2011.7	제70차 한국관광학회 학술발표대회 제17차 아시아태평양관광학회 학술발표대회 (제19차 UNWTO 총회 유치기념 2011 관광학 국제학술대회)	심사자(베스트리뷰어)상	순천향대학교 차석빈 외 1
		국제연구논문상	홍콩폴리텍대학교 Yong Chen, Barry Mak
2012.2	제71차 한국관광학회 학술대회 및 연구논문 발표대회 2012 포항국제관광학술대회	관광정책대상	경상북도 지사 김관용
2013.7	제74차 한국관광학회 국제학술발표대회	한국관광언론인상	동아일보 여행 전문 기자 조성하
2014.2	제75차 한국관광학회 전북학술대회	공로상	경주대학교 교수 변우희, 연구원장 등
2015.7	제78차 한국관광학회 국제학술대회	제안서지도교수상	한라대학교 류시영
		제2회 한국관광학회 장학생 수여	경기대학교 송다근 외 9
		신진연구자상	서울마케팅 신동재 외 7
2016.7	제80차 한국관광학회 강원·평창 국제학술대회	한국지방자치대상	평창군
2017.2	제81차 한국관광학회 학술대회	한국관광서비스대상	대명레저산업 대표 안영혁
		관광학회장상	한양대학교 남윤영 외 22
2020.11	제88차 한국관광학회 대구경북국제학술대회	대학생공모전상홍보물 부문	연세대학교 팀 외 8
2021.7	제90차 한국관광학회 서울국제학술대회	포스터세션상	가천대학교 최영배 외 2
		특별세션상 (관광 빅데이터)	경희대학교 팀 외 4
2022.7	제92차 한국관광학회 부산국제학술대회	엠블럼공모상	공주대학교 안수용 외 4

출처 : 과거 신문 기사, 학회 뉴스레터, 상장, 사무국 자료, 학회회원 소장 자료

(1) 1995년, 제1회 관광기업가상을 세방여행사 회장 오세중에게 수여하였다.

중앙일보

<동정>오세중,「관광 기업가賞」수상

지역>강원 | 문화>요리_여행 | 지역>울산

1995-02-28

기사원문 스크랩 뉴스 듣기

◇吳世重 세방여행사회장은 25일 한국관광학회로부터 관광산업발전에 기여한 공로로 제1회 「관광기업가상」을 수상했다.

https://www.bigkinds.or.kr/v2/news/newsDetailView.do?newsId=01100901.19950228173558002

그림 3-5-5. 제1회 관광기업가상 수상 자료(중앙일보 1995년 2월 28일자)

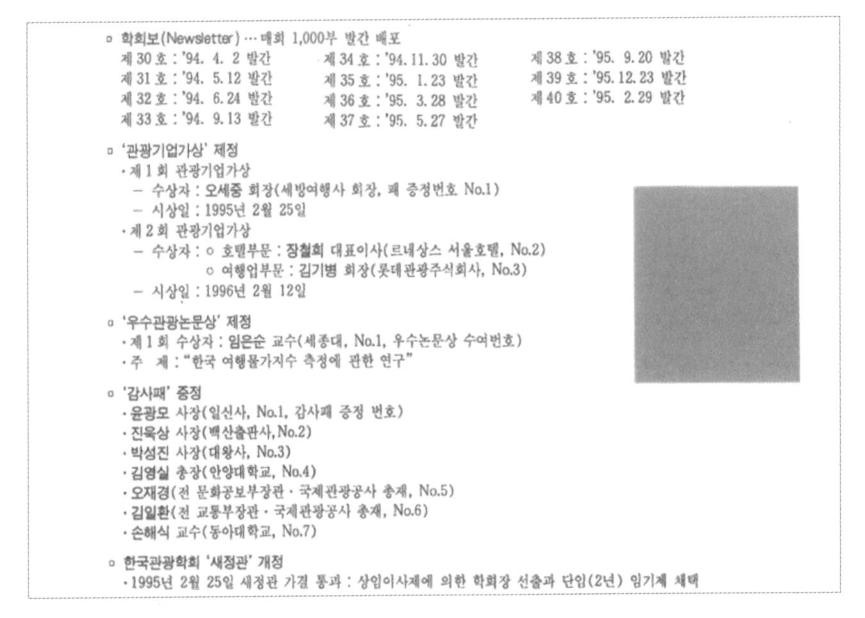

ㅁ 학회보(Newsletter) ··· 매회 1,000부 발간 배포

제 30 호 : '94. 4. 2 발간
제 31 호 : '94. 5. 12 발간
제 32 호 : '94. 6. 24 발간
제 33 호 : '94. 9. 13 발간
제 34 호 : '94. 11. 30 발간
제 35 호 : '95. 1. 23 발간
제 36 호 : '95. 3. 28 발간
제 37 호 : '95. 5. 27 발간
제 38 호 : '95. 9. 20 발간
제 39 호 : '95. 12. 23 발간
제 40 호 : '95. 2. 29 발간

ㅁ '관광기업가상' 제정
· 제 1 회 관광기업가상
 – 수상자 : 오세중 회장(세방여행사 회장, 패 증정번호 No.1)
 – 시상일 : 1995년 2월 25일
· 제 2 회 관광기업가상
 – 수상자 : ㅇ 호텔부문 : 장철희 대표이사(르네상스 서울호텔, No.2)
  ㅇ 여행업부문 : 김기병 회장(롯데관광주식회사, No.3)
 – 시상일 : 1996년 2월 12일

ㅁ '우수관광논문상' 제정
· 제 1 회 수상자 : 임은순 교수(세종대, No.1, 우수논문상 수여번호)
· 주 제 : "한국 여행물가지수 측정에 관한 연구"

ㅁ '감사패' 증정
· 윤광모 사장(일신사, No.1, 감사패 증정 번호)
· 진육상 사장(백산출판사, No.2)
· 박성진 사장(대왕사, No.3)
· 김영실 총장(안양대학교, No.4)
· 오재경(전 문화공보부장관 · 국제관광공사 총재, No.5)
· 김일환(전 교통부장관 · 국제관광공사 총재, No.6)
· 손해식 교수(동아대학교, No.7)

ㅁ 한국관광학회 '새정관' 개정
· 1995년 2월 25일 새정관 가결 통과 : 상임이사제에 의한 학회장 선출과 단임(2년) 임기제 채택

그림 3-5-6. 학회 뉴스레터 관련 자료

(2) 1996년, 제39회 관광학대회에서 관광기업가상을 한국관광협회장 정철희와 롯데관광 회장 김기병에게 수여하였다. 우수관광논문상을 세종대학교 교수 임은순에게 수여하였다. 그리고 감사패를 전 교통부 장관 김일환과 동아대학교 교수 손해식에게 수여하였다.

96관광기업상-우수관광논문상 시상식

한국관광학회주최 96관광기업상 및 우수관광논문상시상식이 12일 한국관광공사 대강당에서 열렸다. 이 자리에서 張哲熙서울르네상스호텔사장과 金基炳롯데관광회장이 호텔부문과 여행업부문의 관광기업상을 수상했다. 왼쪽부터 金徹容전해운항만청장 金基炳회장 李庚文문화체육부차관 金一煥교통신문회장 張哲熙사장 任恩淳세종대관광경영학과교수 孫大鉉한국관광학회장.

그림 3-5-7. 96 관광기업상 우수관광논문상 시상식 자료(동아일보 1996년 2월 13일자)

중앙일보

<모임>39회 관광학대회 겸 관광기업상 시상식

지역>부산 | 지역>울산 | 지역>충남

1996-02-13

기사원문 | 스크랩 | 뉴스 듣기

...한국관광학회(회장 孫大鉉.한양대교수)제39회 관광학대회겸 관광기업가상 시상식이 12일 오전10시 서울중구다동 한국관광공사 14층 대강당에서 열렸다.

이날 행사에선 張哲熙 한국관광협회장과 金基炳 롯데관광회장이 관광기업가상을 수상했고,任恩淳 세종대교수가 우수관광논문상을 수상했다.또 金一煥 전교통부장관과 孫海植 동아대교수가 관광발전에기여한 공로로 감사패를 받았으며,李庚文 문화체육 부차관과 金貞淑 신한국당국회의원등이 축사를 했다.총회에서는 신임회장으로 申鉉柱 세종대부총장을 선임했다.

이 자리에는 李曙夏.姜昌孝 한국관광공사본부장,金徹容 전해운항만청장.張景熙 롯데관광사장.朴春浩 롯데관광전무이사.金永洙 한국일반여행업협회사무국장등이 참석.학계에서는 曺小潤 세종대경영대학원장과 李長春 경기대관광대학원장.孫海植 동아대교수 .李連澤 한양대교수.崔泰光 경원대교수.金思憲 경기대교수.金相武 계명대교수.金英國 동국대교수.吳文煥 경주대교수등 3백여명이 참석했다.

〈배유현 기자〉

https://www.bigkinds.or.kr/v2/news/newsDetailView.do?newsId=01100901.19960213043931003

그림 3-5-8. 39회 관광학대회 겸 관광기업상 시상식 자료(중앙일보 1995년 2월 13일자)

(3) 1999년, 제45차 학술연구발표회에서 관광학술상을 경기대학교 교수 김민주에게 수여하였다.

조 선 일 보

아오시마 도쿄都지사 불출마 선언 '신선한 충격'

"절정에서 임기 마치고 싶었어요"

'근대화 혁명가' 朴正熙의 생애

내 무덤에 침을 뱉어라!

경제개발계획

重工政策

「관광학술賞」 받아

그림 3-5-9. 관광학술상 수여 자료(조선일보 1999년 2월 3일자)

(4) 2001년, 제49차 학술 심포지엄 및 정기학술발표대회에서 한국관광경영대상을 삼성에버랜드 사장 허태학에게 수여하였다.

동아일보

[인물동정]허태학 삼성에버랜드 사장

미분류

2001-02-16

기사원문 | 스크랩 | 뉴스 듣기

◇허태학(許泰鶴) 삼성에버랜드 사장은 17일 오전 10시 한양대 백남학술정보관에서 한국관광학회가 수여하는 한국관광경영대상을 받는다.

이전글 [동정]

다음글 [동정] 장영철 노사정위원회 위원장 外

https://www.bigkinds.or.kr/v2/news/newsDetailView.do?newsId=01100401.20010216045745066

그림 3-5-10. 한국관광경영대상 수여 자료(동아일보 2001년 2월 16일자)

(5) 2002년, 제51차 국제학술 심포지엄 및 정기학술 발표대회에서 한국관광진흥대상을 경상북도 지사 이의근에 수여하였다.

한국관광학회 올 동계 관광학술 심포지엄 개최

한국관광진흥대상 시상식과 논물발표 등

사단법인 한국관광협회 2002년도 동계관광학술심포지엄 및 학술논문발표대회가 지난달 22·23일 양일간에 걸쳐 안동 한국국학진흥원 대강당에서 "전통문화 계승과 관광의 역할"이라는 주제아래 열렸다.

이날 대회는 개회식에 이어 주제발표와 대토론회 그리고 한국관광진흥대상시상식과 학회 정기총회 회장 이 취임식과 각 분과학회 세션 논문발표 등으로 알차게 진행됐다.

개회식에서는 한국국학진흥원 심우영 원장과 경북관광개발공사 권순 사장의 축사가 있었고, 백상학술상 시상과 유공회원 표창이 있었다.

심포지엄 주제발표는 캐나다 워터루대학의 월교수와 일본릿꼬대학의 무라가미 교수, 경주대 김규호 교수가 각각 발표했으며 이에 대한 5명의 토론자에 의한 대토론회가 있었다.

그리고 지역사회의 관광발전에 크게 공헌한 기관 단체에게 주어지는 한국관관진흥대상은 경상북도(지사 이의근)가 영예의 대상을 수상했다.

이어서 있었던 학회 정기총회에서는 현 손해식(동아대)회장의 이인식과 신임 김상부(계명대)회장의 취임식이 있었으며, 대회 2일째인 23일에는 총 36편의 논문이 57명의 교수에 의해 분과학회 세션별로 발표되고 72명의 토론자에 의한 토론과 열띤 질의응답이 전개돼 학술대회의 진면모를 과시했다. <대구·경북>

그림 3-5-11. 한국관광진흥대상 수여 자료

(6) 2002년, 제52차 국제학술 심포지엄 및 정기학술논문 발표대회에서 관광기업경영대상을 롯데관광에 수여하였다.

그림 3-5-12. 관광기업경영대상 수여 자료

(7) 2004년, 제56차 단양 국제학술 심포지엄에서 제5회 대학원생 논문발표상을 경희대학교 이민아 외 8인에게 수여하였다. 그리고 제1회 대학생제안서발표대회상을 경기대학교 팀 외 14팀에 수여하였다.

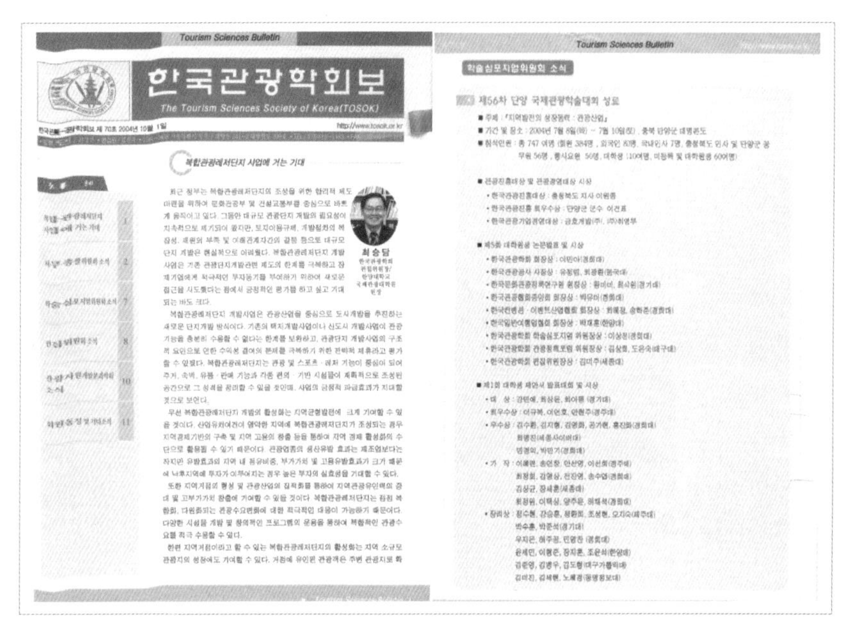

Tourism Sciences Bulletin

한국관광학회보

The Tourism Sciences Society of Korea(TOSOK)

http://www.tosok.or.kr

복합관광레저단지 사업에 거는 기대

최승담

학술심포지엄위원회 소식

제56차 단양 국제관광학술대회 성료

■ 주제 : 『지역발전의 성장동력 : 관광산업』

■ 기간 및 장소 : 2004년 7월 8일(목) ~ 7월 10일(토), 충북 단양군 대명콘도

■ 관광진흥대상 및 관광경영대상 시상

- 한국관광진흥대상 : 충청북도 지사 이원종
- 한국관광진흥 최우수상 : 단양군 군수 이건표

■ 제5회 대학원생 논문발표 및 시상

- 한국관광학회 회장상 : 이민아(경희대)
- 한국관광학회 학술심포지엄 위원장상 : 이상정(경희대)
- 한국관광학회 편집위원장상 : 김미주(세종대)

■ 제1회 대학생 제안서 발표대회 및 시상

- 대 상 : 강민애, 최상윤, 최아름 (경기대)

그림 3-5-13. 제56차 단양 국제학술 심포지엄 수상 관련 자료 (학회 뉴스레터)

(8) 2010년, 제68차 전북 학술발표대회에서 특별상을 KBS 1박 2일에 수여하였다.

헤럴드경제

전북 국제관광학술대회 성과와 의의

지역>전북 | 지역>울산 | 지역>충남

2010-07-08 서병기 기자

☆스크랩 뉴스 듣기

가 가

제 68차 전북 국제관광학술대회가 지난 5일부터 7일까지 3일간 전북 부안 변산반도국립공원 대명리조트에서 성황리에 개최됐다.

전라북도(도지사 김완주)가 주최하고 ㈔한국관광학회가 주관한 이번 국제관광학술대회는 동북아 경제의 심장이 될 새만금방조제가 최근 개통돼 명품 복합도시로 성장할 준비를 하고 있는 시점에 열려 그 의미를 더했다.

이번 학술대회는 '전라북도 관광의 새로운 지평 - 내륙부터 해양까지'라는 주제로 국내외 관광분야 학자, 공무원, 학생 등 10여개국에서 1300여명이 참석한 가운데 전라북도의 관광 활성화를 위한 전략과 방안을 모색했다.

그림 3-5-14. 전북 국제관광대회 특별상 관련 자료(헤럴드경제 2010년 7월 8일자)

이 학술대회에는 '새만금 관광개발의 추진현황과 발전전략'(조현재 문광부 관광산업국장) 등 주제발표를 포함해 모두 92편의 논문이 발표됐다. 이중에는 전북관광 관련 논문이 23편, 영어논문 4편, 한식 세계화 논문 5편, 교육인증제 및 한중일 교육과정 비교 논문 4편, 녹색관광 관련 논문 5편, 일반 관광분야 34편 등 다양한 주제의 논문이 발표됐고 그 중에는 우수논문도 적지않아 전북관광전략에 실질적인 아이디어를 제공했다는 평가를 받았다.

특히 전북 관광의 세계화를 위한 논문이 발표되고 콜로라도대학의 Joseph O'Leary 학장 등 국제 관광학 석학들도 대거 참석해 한국 관광학의 위상이 높아지고 있음을 확인할 수 있었다.

학술대회 개회식에서 주요 관계자들이 처음으로 한복을 입고 참가해 이색적인 모습을 보여준 것은 전통을 계승해 미래를 향한 관광자원으로 활용하고자 하는 염원이 담긴 이벤트였다.

또 큰 상금을 걸고 경쟁부문 영어논문 학술대회를 전북에서 처음 개최한 것도 논문의 질을 높이기 위한 것으로 보인다.

이번 관광학술대회에는 롯데건설이 관광기업대상을, KBS '1박2일'이 우리나라의 아름다움을 새롭게 각인시켜 국내 관광진흥에 새로운 바람을 일으킨 공로를 인정받아 특별상을 각각 수상했다.

전북은 풍부한 문화유산과 전통을 자랑하는 예향이자, 한식, 한옥을 중심으로 하는 韓스타일의 발상지다. 여기에 세계 최장인 33㎞ 새만금 방조제가 개통돼 새로운 성장동력으로 발돋움하고 있다. 이런 싯점에 열린 관광학회의 전북국제학술대회는 전북을 통해 한국문화의 우수성과 한국전통의 가치를 알리는 좋은 기회가 됐다.

한국관광학회 한범수 회장은 "전라북도는 세계적인 관광명소로 발돋움할 여러 조건을 구비하고 있음에도 불구하고, 전북에서 국제수준의 관광회의가 개최되지 못했다"면서 "한번의 국제회의로 모든 것을 바꿀 수는 없지만, 이번 학술대회가 전북이 가장 한국적이면서도 가장 세계적인 경제와 관광의 거점으로 성장 발전하도록 지역적 특색을 살려 관광경쟁력을 높일 수 있는 계기가 됐으면 한다"고 말했다.

부안=서병기 대중문화 전문기자wp@heraldm.com

https://www.bigkinds.or.kr/v2/news/newsDetailView.do?newsId=02100701.20160114043745428

그림 3-5-14. 전북 국제관광대회 특별상 관련 자료(헤럴드경제 2010년 7월 8일자) (계속)

그림 3-5-15. 전북 국제관광 학술대회 시상식

(9) 2011년, 제70차 UNWTO 총회 유치기념 관광학 국제학술대회에서 심사자(베스트 리뷰어)상을 순천향대학교 교수 차석빈 외 1명에게 수여하였다. 국제연구논문상은 홍콩폴리텍대학교 Yong Chen과 Barry Mak에게 수여하였다.

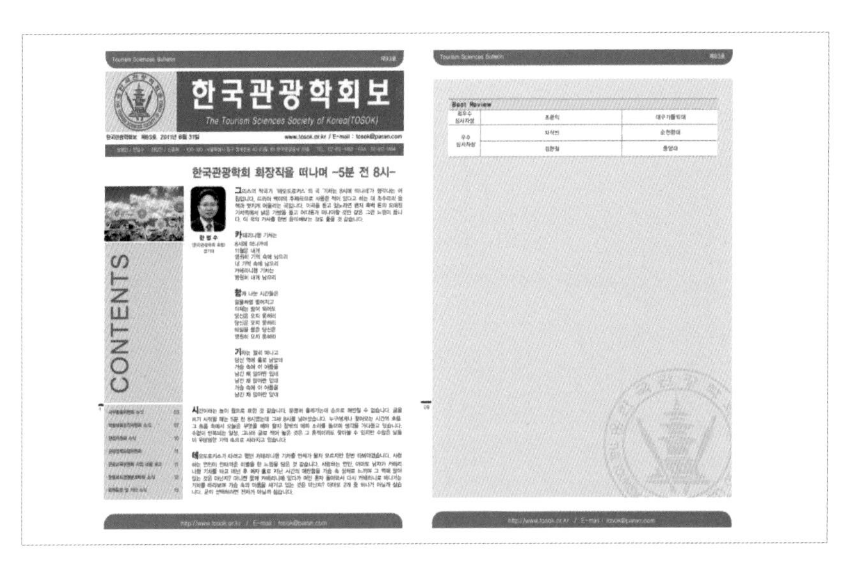

Tourism Sciences Bulletin

한국관광학회보

The Tourism Sciences Society of Korea(TOSOK)

www.tosok.or.kr / E-mail : tosok@paran.com

한국관광학회 회장직을 떠나며 -5분 전 8시-

CONTENTS

http://www.tosok.or.kr / E-mail : tosok@paran.com

Tourism Sciences Bulletin

Best Review		
최우수 심사자상	조광익	대구가톨릭대
우수 심사자상	차석빈	순천향대
	[illegible]	[illegible]

http://www.tosok.or.kr / E-mail : tosok@paran.com

그림 3-5-16. 학회 뉴스레터 관련 자료

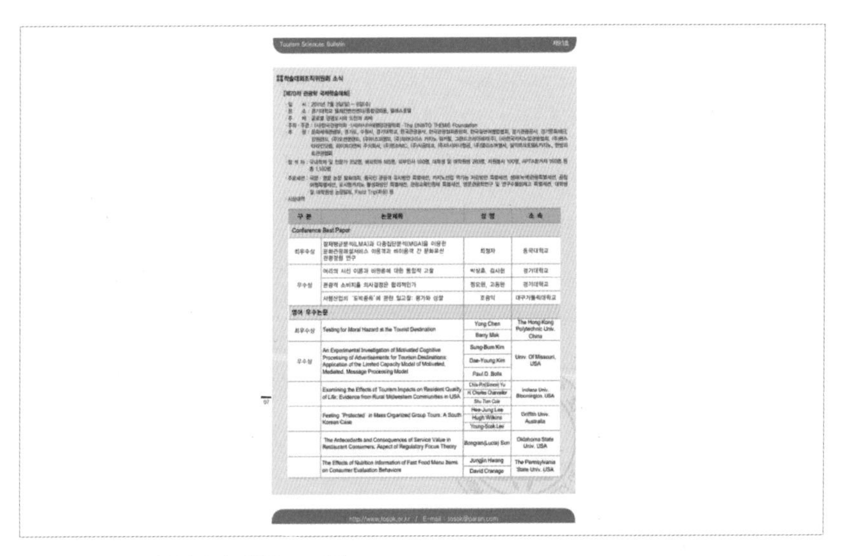

Tourism Sciences Bulletin

구 분	논문제목	성 명	소 속
Conference Best Paper			
최우수상	[illegible]	[illegible]	[illegible]
우수상	[illegible]	[illegible]	경기대학교
	[illegible]	[illegible]	경기대학교
	[illegible]	조광익	대구가톨릭대학교
영어 우수논문			
최우수상	Testing for Moral Hazard at the Tourist Destination	Yong Chen Barry Mak	The Hong Kong Polytechnic Univ. China
우수상	An Experimental Investigation of Motivated Cognitive Processing of Advertisements for Tourism Destinations: Application of the Limited Capacity Model of Motivated, Mediated, Message Processing Model	Sung-Bum Kim Dae-Young Kim Paul D. Bolls	Univ. Of Missouri, USA
	Examining the Effects of Tourism Impacts on Resident Quality of Life: Evidence from Rural Midwestern Communities in USA	Chia-Pin(Simon) Yu H. Charles Chancellor Shu Tian Cole	Indiana Univ. Bloomington, USA
	Feeling 'Protected' in Mass Organized Group Tours: A South Korean Case	Hee-Jung Lee Hugh Wilkins Young-Soak Lee	Griffith Univ. Australia
	The Antecedents and Consequences of Service Value in Restaurant Consumers: Aspect of Regulatory Focus Theory	Bongran(Lucia) Sun	Oklahoma State Univ. USA
	The Effects of Nutrition Information of Fast Food Menu Items on Consumer Evaluation Behaviors	Jungjin Hwang David Cranage	The Pennsylvania State Univ. USA

http://www.tosok.or.kr / E-mail : tosok@paran.com

그림 3-5-17. 학회 뉴스레터 관련 자료(학회 뉴스레터)

(10) 2012년, 제71차 포항 국제관광 학술대회 및 연구논문 발표대회에서 관광정책대상을 경상북도 지사 김관용에게 수여하였다.

每日新聞

"한국관광학회 국제학술심포지움 경북 유치"

지역>부산 | 지역>경북 | 지역>제주 2012-02-02 매일신문 공식트위터 @dgtwt / 온라인 기사 문의 maeil01@msnet.co.kr

기사원문 | 스크랩 | 뉴스 듣기 | 법령 정보 가 가

- 경상북도, 한국관광학회의 관광정책대상 수상 -

경상북도는 우리나라 관광분야 최고의 권위를 가진 (사)한국관광학회(회장 오익근) 제71차 학술심포지움 및 국제학술대회를 오는 2월 3일(금)부터 4일까지 경북 포항 포스코 국제관(개회식 18시30분)에서 개최한다고 밝혔다.

이번 국제학술대회는 "국제화 시대의 관광선진화 전략" 이라는 주제로 전국의 관광학 교수, 관광업계, 유관기관, 대학원생을 비롯하여 해외 미국, 일본, 러시아 등의 관광학자를 포함하여 500여명이 참가한 가운데 개최되며, 이 자리에서 경상북도가 "관광정책대상"을 수상하게 된다.

글로벌 경쟁력 강화를 위한 국제학술대회는 기조연설 "세계화의 위기와 국제관광"이라는 주제로 미국인으로서 관광학 분야 세계적 권위자인 이스라엘 히브리대학의 에릭 코헨(Erik Cohen)명예교수의 강연이 있으며, 해외 특별세션으로 "동북아 관광발전 전략"이라는 주제로 중국, 일본, 러시아 등의 관광학자들이 각각 연구논문을 발표하게 된다.

한국관광공사는 "창조관광사업 특별세션"을 마련하여 한국관광산업이 직면하고 있는 구조개선과 청년실업문제에 대해 설명회와 토론회를 갖는다. 또한, 관광원로 학자와의 학문소통의 장으로 역대 회장단이 참여하는 "시니어 스콜라"세션과 호텔외식분과에서 "호스피탈러티 경영교육" 등의 특별한 세션을 마련했다.

아울러, 국제학술대회에서는 전국의 관광분야 產, 學, 官의 회원들이 참여하여 관광학, 관광자원개발, 관광기업경영 등 최근의 관광동향과 이슈가 되고 있는 사항들에 대해 3개분과 21개세션에서 100편의 연구논문이 발표된다.

김관용 경북도지사는 한국관광학회(회장 오익근)로부터 경북관광 활성화와 한국관광산업의 선도적 역할을 추진해 온 성과에 대해 "관광정책대상"을 수상하게 된다.

지난해 국제행사로 세계관광인이 참가하는 UNWTO세계관광총회, 2010~2012 한국 방문의 해 3대 특별이벤트로 선정되어 최근 전 세계적으로 K-POP의 선풍적인 인기를 얻고 있는 "한류드림페스티벌" 개최와 세계적 문화브랜드인 경주세계문화엑스포, 세계유교문화축전 등을 성공적으로 개최하였고,

또한, 대한민국을 대표하는 경북의 3대문화권 기반조성사업, 한국의 역사마을 "양동과 하회" 세계유산 등재, 종가문화 명품화사업, 그리고 녹색관광 선도모델사업인 "경북관광순환테마열차"개발, 추억의 수학여행, 한국관광의 별과 한국관광 8대 명소의 전국 최다 선정 등 미래성장 산업인 관광을 경북의 주력산업으로 육성시켜 나간데 대해 높이 평가되어 "관광정책대상"을 수상하게 되었다.

(사)한국관광학회는 우리나라 관광학의 산실로서 1972년 창립하여 국내외 대학의 관광학 교수, 관광업계 임직원, 유관기관 등 현재 관광학 분야 가장 많은 1,800여명의 국내외 우수한 인재들을 보유한 국내 최대 관광학회이다.

매년 국내.외 많은 석학들을 초청하여 국제학술심포지엄, 정책포럼, 산학협동 등 각종 연구 활동으로 우리나라 관광정책을 주도하는 가장 영향력 있는 핵심 리더그룹으로 지난 2002년에는 경상북도가 한국관광진흥대상을 수상 받은 바 있다.

김관용 경상북도지사는 "이번 국제학술대회를 통해 경북관광의 글로벌 경쟁력 강화와 위상제고는 물론 국내외 유명 관광학자들과 다양한 인적네트워크를 형성하였으며 또한, 심도 있는 연구 자료들은 향후 경북관광발전을 위한 귀중한 자료로 활용할 것"이고 말하고 "아울러, 컨벤션 산업은 고부가가치산업으로 지역이미지 향상과 지역경제에 미치는 파급효과가 지대하므로 국제적 규모의 학술대회 유치를 위해 총력을 기울여 나갈 것"이라고 밝혔다.

배소영 인턴 maeil01@msnet.co.kr

https://www.bigkinds.or.kr/v2/news/newsDetailView.do?newsId=01500601.20120202163706001

그림 3-5-18. 관광정책대상 수상 자료(매일신문 2012년 2월 2일자)

(11) 2013년, 제74차 한국관광학회 국제학술발표대회에서 한국관광언론인상을 동아일보 여행 전문기자 조성하에게 수여하였다.

동아일보

한국 관광언론인상 본보 조성하 기자

문화>학술_문화재 2013-07-03 문권모

기사원문 스크랩 뉴스 듣기

한국관광학회(회장 오익근 계명대 교수)는 2일 조성하 동아일보 여행전문기자(사진)를 한국관광언론인상 수상자로 선정했다. 한국관광학회는 언론인 31년 경력에 국내 최초 여행전문기자인 조 기자가 그동안 현장 위주의 생생한 기사로 건전한 여행문화를 확산시키고 관광레저를 한국 언론의 전문 분야로 선도한 점을 높이 사 수상자로 결정했다고 밝혔다. 시상식은 4일 오전 11시 서울 광진구 능동로 세종대에서 열리는 제74차 한국관광학회 국제학술발표대회장에서 열린다.

https://www.bigkinds.or.kr/v2/news/newsDetailView.do?newsId=01100401.20130703065216081

그림 3-5-19. 한국관광언론인상 수상 자료(동아일보 2013년 7월 3일자)

그림 3-5-20. 관광대상 시상식 자료

그림 3-5-21. 관광대상 시상식 관련 자료

(12) 2014년, 제75차 한국관광학회 전북 학술대회에서 공로패를 경주대학교 교수 변우희, 연구원장 등에게 수여하였다.

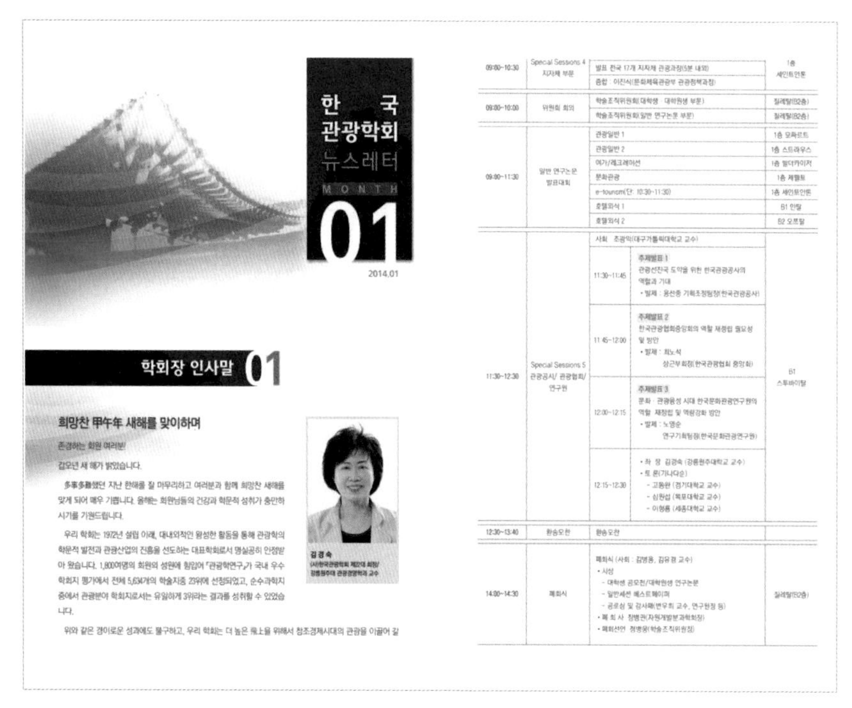

한 국 관광학회 뉴스레터

MONTH 01

2014.01

학회장 인사말 01

희망찬 甲午年 새해를 맞이하며

존경하는 회원 여러분!

갑오년 새 해가 밝았습니다.

多事多難했던 지난 한해를 잘 마무리하고 여러분과 함께 희망찬 새해를 맞게 되어 매우 기쁩니다. 올해는 회원님들의 건강과 학문적 성취가 충만하시기를 기원드립니다.

우리 학회는 1972년 설립 이래, 대내외적인 왕성한 활동을 통해 관광학의 학문적 발전과 관광산업의 진흥을 선도하는 대표학회로서 명실공히 인정받아 왔습니다. 1,800여명의 회원의 성원에 힘입어 「관광학연구」가 국내 우수 학회지 평가에서 전체 5,634개의 학술지중 23위에 선정되었고, 순수과학지 중에서 관광분야 학회지로서는 유일하게 3위라는 결과를 성취할 수 있었습니다.

위와 같은 경이로운 성과에도 불구하고, 우리 학회는 더 높은 飛上을 위해서 창조경제시대의 관광을 이끌어 갈

김경숙
(사)한국관광학회 제22대 회장/
강릉원주대 관광경영학과 교수

09:00~10:30	Special Sessions 4 지자체 부문	발표 전국 17개 지자체 관광과장(5분 내외) 종합 : 이진식(문화체육관광부 관광정책과장)	1층 세인트안톤
09:00~10:00	위원회 회의	학술조직위원회(대학생 · 대학원생 부문)	질레탈(B2층)
		학술조직위원회(일반 연구논문 부문)	질레탈(B2층)
09:00~11:30	일반 연구논문 발표대회	관광일반 1	1층 오파르트
		관광일반 2	1층 스트라우스
		여가/레크레이션	1층 빌더카이저
		문화관광	1층 제펠트
		e-tourism(단: 10:30~11:30)	1층 세인트안톤
		호텔외식 1	B1 인탈
		호텔외식 2	B2 오프탈
11:30~12:30	Special Sessions 5 관광공사/ 관광협회/ 연구원	사회 조광익(대구가톨릭대학교 교수) 11:30~11:45 추제발표 1 관광선진국 도약을 위한 한국관광공사의 역할과 기대 • 발제 : 용선층 기획조정팀장(한국관광공사) 11:45~12:00 추제발표 2 한국관광협회중앙회의 역할 재정립 필요성 및 방안 • 발제 : 최노석 상근부회장(한국관광협회 중앙회) 12:00~12:15 추제발표 3 문화 · 관광융성 시대 한국문화관광연구원의 역할 재정립 및 역량강화 방안 • 발제 : 노영순 연구기획팀장(한국문화관광연구원) 12:15~12:30 • 좌 장 김경숙 (강릉원주대학교 교수) • 토 론(가나다순) - 고동완 (경기대학교 교수) - 심원섭 (목포대학교 교수) - 이형룡 (세종대학교 교수)	B1 스투바이탈
12:30~13:40	환승오찬	환승오찬	
14:00~14:30	폐회식	폐회식 (사회 : 김병용, 김유경 교수) • 시상 - 대학생 공모전/대학원생 연구논문 - 일반세션 베스트페이퍼 - 공로상 및 감사패(변우희 교수, 연구원장 등) • 폐 회 사 정병권(자원개발분과학회장) • 폐회선언 정병웅(학술조직위원장)	질레탈(B2층)

그림 3-5-22. 공로패 수여 관련 자료

그림 3-5-23. 제75차 한국관광학회 전북학술대회 시상 자료

(13) 2015년, 제78차 한국관광학회 국제학술대회에서 제안서지도교수상을 한라대학교 교수 류시영에게 수여하였다. 제2회 한국관광학회 장학생에게 장학금을 경기대학교 송다근 외 9명에게 수여하였다. 신진연구자상을 서울마케팅 신동재 외 7명에게 수여하였다.

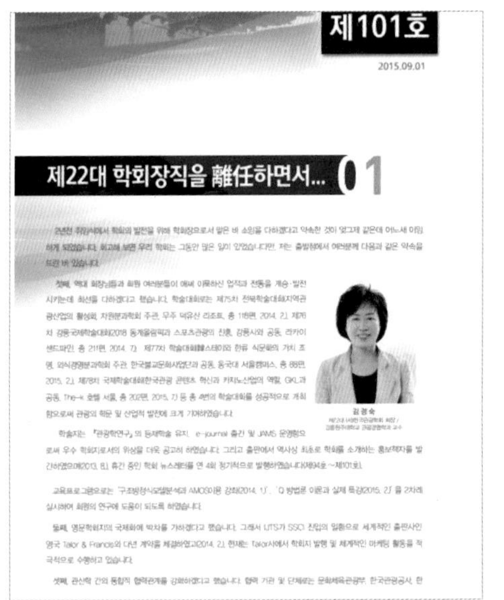

제101호

2015.09.01

제22대 학회장직을 離任하면서... 01

김경숙

구분		성명	소속
한국관광언론인상		[illegible]	KBS 1박2일
Conference Best Paper	국문 최우수상	박진선·김철원	경희대학교
	국문 우수상	[illegible]	[illegible] TheWC·동국대학교
	국문 우수상	신동재	서울관광마케팅㈜
	국문 우수상	[illegible]	[illegible]
	국문 우수상	[illegible]	[illegible]
	국문 우수상	[illegible]	사행산업통합감독위원회
	영문 최우수상	Sung Hee Park, Chi-Ming Hsieh	Macau University of Science and Technology, China / National Dong Hwa University, Taiwan
	영문 우수상	Yoo-Hee Hwang, Ki-Joon Back, Jungkun Park	University of Houston, USA
	영문 우수상	Michael Yadisaputra	Podomoro University, Indonesia
	영문 우수상	[illegible], Jimin Lee, Namho Chung, Chulmo Koo	Kyung Hee University, South Korea
신진연구자상	최우수상	신동재	서울마케팅㈜
	우수상	[illegible]	University of Surrey
	장려상	[illegible]	강원대학교
	장려상	[illegible]	한국문화가치연구협회
	신진연구상	[illegible]	가천대학교
	신진연구상	[illegible]	경희대학교
	신진연구상	[illegible]	성균관대학교
	신진연구상	[illegible]	한양여자대학교
대학원생 우수논문	대상	[illegible]	한양대학교
	최우수상	[illegible]	경희대학교
	우수상	[illegible]	계명대학교
		[illegible]	한양대학교
	장려상	[illegible]	강원대학교
		[illegible]	세종대학교
		[illegible]	한양대학교
대학생 우수제안서	대상	[illegible]	부산대학교
	최우수상	[illegible]	대구대학교
	우수상	[illegible]	동의대학교
		[illegible]	우송대학교
	장려상	[illegible]	강릉원주대학교
		[illegible]	강원대학교
		[illegible]	계명대학교
		[illegible]	동아대학교
		[illegible]	배재대학교
		[illegible]	[illegible]
		[illegible]	[illegible]
		[illegible]	한라대학교
제안서지도교수상		류시영	한라대학교
베스트 리뷰어상		고동완	경기대학교
		[illegible]	한양대학교
		이충기	경희대학교

■ 제2회 (사)한국관광학회 장학생 수여 명단

성명	소속	성명	소속
[illegible]	강릉원주대학교	[illegible]	동아대학교
[illegible]	강릉원주대학교	[illegible]	경희대학교
송다근	경기대학교	[illegible]	제주대학교
박수연	한양사이버대학교	[illegible]	신안산대학교
[illegible]	용인대학교	[illegible]	신안산대학교

그림 3-5-24. 학회 뉴스레터 관련 자료

그림 3-5-25. 제안서지도교수상 수상 자료

그림 3-5-26. 제78차 한국관광학회 국제학술대회 수상 자료

(14) 2016년, 제80차 한국관광학회 강원 · 평창 국제학술대회에서 한국지방자치관광대상을 평창군에 수여하였다.

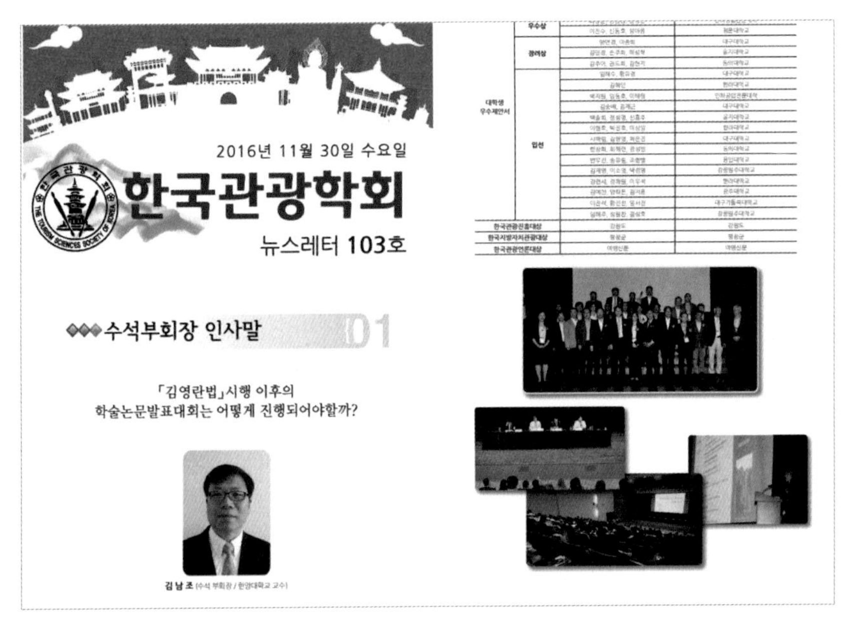

그림 3-5-27. 한국지방자치관광대상 관련 자료

그림 3-5-28. 제80차 한국관광학회 강원 · 평창국제학술대회 관련 자료

(15) 2017년, 제81차 한국관광학회 학술대회에서 한국관광서비스대상을 대명레저산업 대표 안영혁에게 수여하였다. 관광학회장상을 한양대학교 남윤영 외 22명에게 수여하였다.

대명레저산업, 한국관광학회 주관 한국관광서비스대상 수상

문화>요리_여행 | 지역>전남 | 지역>울산　2017-02-14　조용철

기사원문　스크랩　뉴스 듣기　가　가

안영혁 대명레저산업 대표(왼쪽부터 6번째)가 한국관광서비스대상을 수상한 뒤 기념촬영을 하고 있다

대명레저산업이 한국을 대표하는 관광기업으로 연달아 선정됐다. 대명레저산업은 지난 11일 세종대학교에서 열린 제 81차 한국관광학회 학술대회에서 '한국관광서비스대상'을 수상했다고 밝혔다.

한국관광서비스대상은 관광학을 연구하는 국내 학자와 관광업계 주요 인사로 구성된 국내 최고 권위의 관광학술연구단체인 (사)한국관광학회가 주관하는 시상식으로서, 한국관광학회와 호텔외식분과학회 등 학계의 평가를 거쳐 수상기업을 선정한다.

대명레저산업은 지난 30여 년간 국내 여가문화 향상과 관광산업 발전에 크게 기여한 점을 학계로부터 인정받아 2017년 한국관광서비스대상을 수상했다.

현재 대명레저산업은 호텔&리조트 13개, 국내 입장객 수 1위 워터파크 '오션월드', 9년 연속 입장객 수 1위 한국 스키리조트 '스키월드' 등을 운영하며, 관광 리딩 기업의 자리를 굳건히 하고 있다.

'비발디파크 스키월드'를 통해 고급 레포츠였던 스키와 보드를 대중화 시켰고, '오션월드'를 오픈하며 워터파크를 여름 대표 레저문화로 자리매김 시켰다. 뿐만 아니라 2012년에는 엠블호텔 여수가 '여수세계박람회' 공식 지정 호텔로 선정되면서, 한국 대표 특급호텔로서 한국의 아름다움과 친절함을 전 세계 국빈들에게 알렸다.

대명레저산업 관계자는 "학계로부터 단 두 곳에만 수여되는 2017 한국관광서비스대상을 수상하게 되어 영광이다"며 "앞으로도 국내 관광 리딩기업의 책임감을 가지고 국내 관광산업 발전에 기여하겠다"고 말했다.

대명레저산업이 운영하는 비발디파크와 오션월드는 문체부와 한국관광공사가 선정한 '2017-18 한국을 대표하는 관광지 100선'에 이름을 올렸다. 100선 중 단 4곳의 민간 기업만관광명소로 선정되어 있으며, 강원권 민간 기업으로는 유일하게 선정됐다. 특히 종합리조트로서는 최초로 한국관광 100선에 등재돼 눈길을 끌었다.

yccho@fnnews.com 조용철 기자

https://www.bigkinds.or.kr/v2/news/newsDetailView.do?newsId=02100501.20170214094419001

그림 3-5-29. 한국관광서비스대상 수상 자료(파이낸셜뉴스 2017년 2월 14일자)

그림 3-5-30. 제81차 한국관광학회 학술대회 수상 자료

(16) 2020년, 제88차 한국관광학회 대구 경북국제학술대회에서 대학생공모전상(홍보물 부문)을 연세대학교 팀 외 8개 팀에게 수여하였다.

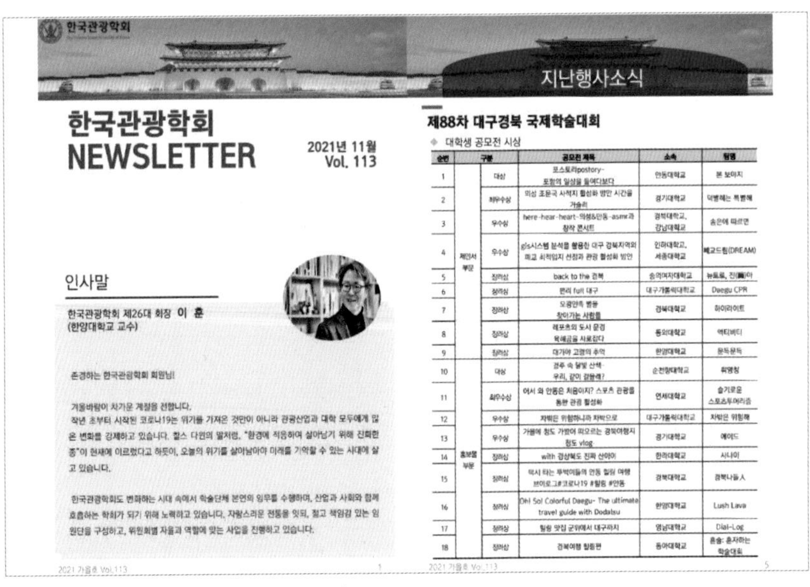

한국관광학회

한국관광학회 NEWSLETTER

2021년 11월 Vol. 113

인사말

한국관광학회 제26대 회장 이 훈
(한양대학교 교수)

존경하는 한국관광학회 회원님!

겨울바람이 차가운 계절을 전합니다.
작년 초부터 시작된 코로나19는 위기를 가져온 것만이 아니라 관광산업과 대학 모두에게 많은 변화를 강제하고 있습니다. 찰스 다윈의 말처럼, "환경에 적응하여 살아남기 위해 진화한 종"이 현재에 이르렀다고 하듯이, 오늘의 위기를 살아남아야 미래를 기약할 수 있는 시대에 살고 있습니다.

한국관광학회도 변화하는 시대 속에서 학술단체 본연의 임무를 수행하며, 산업과 사회와 함께 호흡하는 학회가 되기 위해 노력하고 있습니다. 자랑스러운 전통을 잇되, 젊고 책임감 있는 임원단을 구성하고, 위원회별 자율과 역할에 맞는 사업을 진행하고 있습니다.

2021 가을호 Vol.113 1

지난행사소식

제88차 대구경북 국제학술대회

◆ 대학생 공모전 시상

순번	구분		공모전 제목	소속	팀명
1	제안서 부문	대상	포스토리postory-포항의 일상을 들여다보다	안동대학교	본 보이지
2		최우수상	의성 조문국 사적지 활성화 방안 시간을 거슬러	경기대학교	덕별해는 특별해
3		우수상	here-hear-heart-의성&안동-asmr과 창작 콘서트	경북대학교, 강남대학교	송은에 따르면
4		우수상	gis시스템 분석을 활용한 대구 경북지역의 폐교 최적입지 선정과 관광 활성화 방안	인하대학교, 세종대학교	폐교드림(DREAM)
5		장려상	back to the 경북	숭의여자대학교	뉴트로, 진[illegible]아
6		장려상	편리 full 대구	대구가톨릭대학교	Daegu CPR
7		장려상	오광만족 별을 찾아가는 사람들	경북대학교	하이라이트
8		장려상	레포츠의 도시 문경 육해공을 사로잡다	동의대학교	액티비티
9		장려상	대가야 고령의 추억	한양대학교	문득문득
10	홍보물 부문	대상	경주 속 달빛 산책-우리, 같이 걸을래?	순천향대학교	휘영청
11		최우수상	어서 와 안동은 처음이지? 스포츠 관광을 통한 관광 활성화	연세대학교	슬기로운 스포츠투어리즘
12		우수상	차박은 위험하니까 차박으로	대구가톨릭대학교	차박은 위험해
13		우수상	가을에 청도 가봤어 떠오르는 경북여행지 청도 vlog	경기대학교	예이드
14		장려상	with 경상북도 진짜 산야이	한라대학교	시나이
15		장려상	택시 타는 뚜벅이들의 안동 힐링 여행 브이로그#코로나19 #힐링 #안동	경북대학교	경북나들人
16		장려상	Oh! So! Colorful Daegu- The ultimate travel guide with Dodalsu	한양대학교	Lush Lava
17		장려상	힐링 맛집 군위에서 대구까지	영남대학교	Dial-Log
18		장려상	경북여행 힐링편	동아대학교	혼술: 혼자하는 학술대회

2021 가을호 Vol.113 5

그림 3-5-31. 대학생 공모전상 수상자료(학회 뉴스레터)

(17) 2021년, 제90차 한국관광학회 서울국제학술대회에서 포스터연구상을 가천대학교 최영배 외 2개 팀에게 수여하였다. 관광빅데이터리서치상을 부산대학교 팀 외 4개 팀에게 수여하였다.

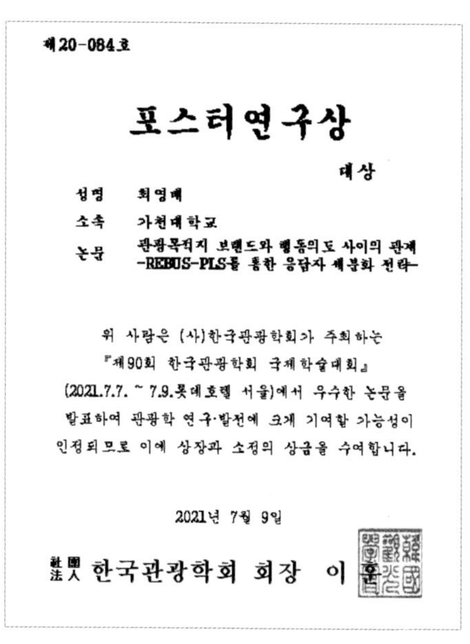

제20-084호

포스터연구상

대상

성명 최영배

소속 가천대학교

논문 관광목적지 브랜드와 행동의도 사이의 관계 -REBUS-PLS를 통한 응답자 세분화 전략-

위 사람은 (사)한국관광학회가 주최하는
『제90회 한국관광학회 국제학술대회』
(2021.7.7. ~ 7.9.롯데호텔 서울)에서 우수한 논문을
발표하여 관광학 연구·발전에 크게 기여할 가능성이
인정되므로 이에 상장과 소정의 상금을 수여합니다.

2021년 7월 9일

社團法人 한국관광학회 회장 이훈

그림 3-5-32. 포스터 연구상(학회에서 발행한 상장)

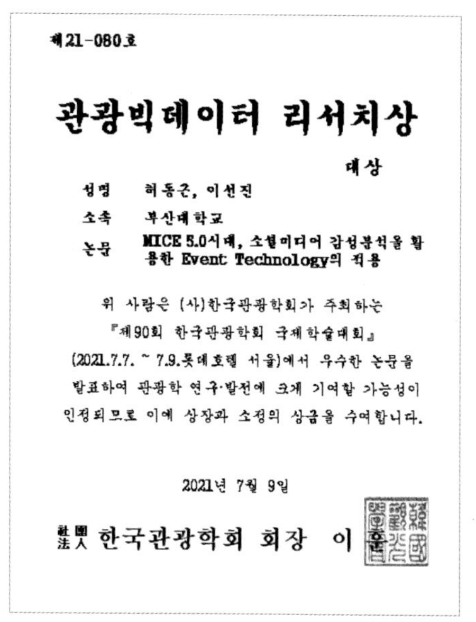

제21-080호

관광빅데이터 리서치상

대상

성명 허동준, 이선진

소속 부산대학교

논문 MICE 5.0시대, 소셜미디어 감성분석을 활용한 Event Technology의 적용

위 사람은 (사)한국관광학회가 주최하는
『제90회 한국관광학회 국제학술대회』
(2021.7.7. ~ 7.9.롯데호텔 서울)에서 우수한 논문을
발표하여 관광학 연구·발전에 크게 기여할 가능성이
인정되므로 이에 상장과 소정의 상금을 수여합니다.

2021년 7월 9일

社團法人 한국관광학회 회장 이훈

그림 3-5-33. 관광빅데이터 리서치상(학회에서 발행한 상장)

(18) 2022년, 제92차 한국관광학회 부산국제학술대회에서 엠블럼 공모상을 공주대학교 한수용 외 4명에게 수여하였다.

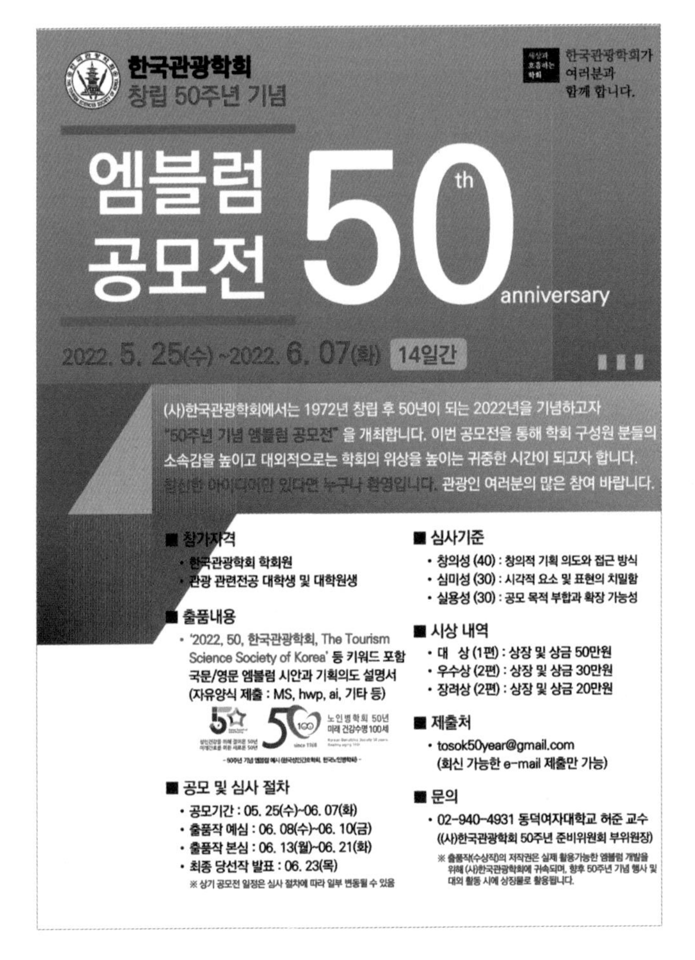

그림 3-5-34. 창립 50주년 기념 엠블럼 공모전 포스터

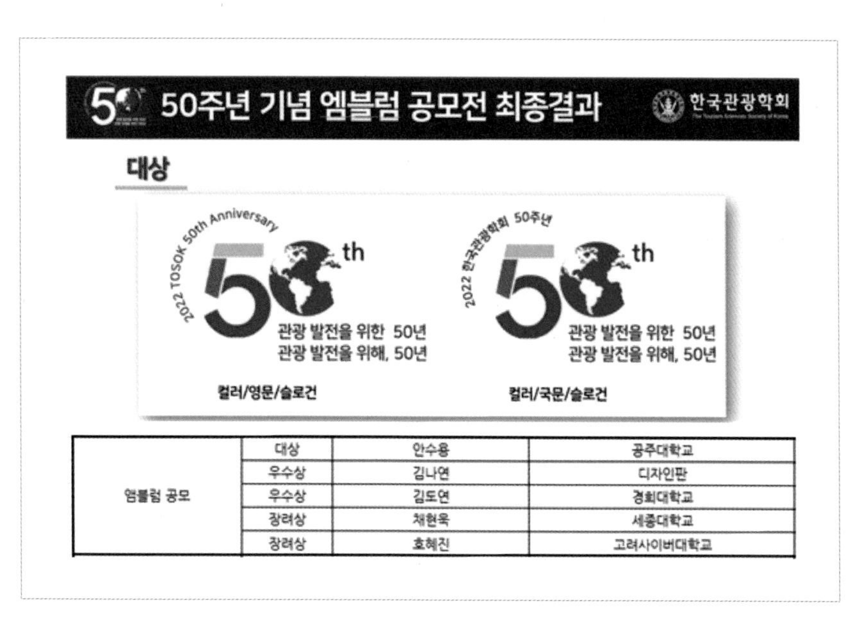

엠블럼 공모	대상	안수용	공주대학교
	우수상	김나연	디자인판
	우수상	김도연	경희대학교
	장려상	채현욱	세종대학교
	장려상	호혜진	고려사이버대학교

그림 3-5-35. 50주년 기념 엠블럼 공모전 최종결과

2) 수여 대상별 상의 종류 및 사회적 기여

(사)한국관광학회는 지난 50년간 지자체, 공기업과 민간기업, 언론사, 학계 등을 대상으로 다양한 종류의 상을 수여하였다. 이를 통해 한국관광학회는 탄탄한 학술단체의 위상구축 및 관산학 간 소통과 협력에 이바지하면서 다각적인 측면에서 관광학 분야 전문성을 확보하였다. 아울러 학문연구 등 관광이해관계자 상호 공동의 목적 달성을 위한 공동전선 구축에 노력하였다. 이러한 노력은 관광 산업 발전을 위한 학회와 세상이 함께한 호흡으로서 신뢰할 수 있는 사회적 기여를 제공했다고 평가할 수 있다. 참고로 상명은 약간의 변화가 있었으나 그 취지는 일관되었다.

표 3-5-2. 수여 대상과 상명

수여 대상	상명
학계	관광학회장상
	국제학술논문상
	대학(원)생 공모전상
	대학(원)생 제안서 지도교수상
	대학생 공모전 지도교수상
	대학생 제안서 발표상
	대학원생연구논문발표상
	특별세션상
	신진연구자상
	심사자(베스트리뷰어)상
	일반학술논문상
	우수관광논문상
	제안서지도교수상
	특별세션상
	포스터세션상
	한국관광학회장학생수여
지자체	관광정책대상
	관광혁신대상
	국제관광대상
	한국관광대상
	한국관광진흥대상
	한국지방자치대상

표 3-5-2. 수여 대상과 상명(계속)

수여 대상	상명
공기업 및 민간기업	관광혁신대상
	한국관광경영대상
	한국관광기업경영대상
	한국관광서비스상
	한국기업상
언론사	한국관광언론대상
	특별상
일반	감사패
	공로패
	엠블럼공모상

관광학연구 제27권 제1호(통권 42호)에 게재된 것을 저자의 허락을 받아 수록한 것임.

한국 관광학연구 30년의 회고와 향후 과제:
韓國觀光學會 창립 30주년에 즈음하여

Retrospect and Prospect for 30 years of Tourism Studies: On the Occasion of the Thirtieth Anniversary of the TOSOK Foundation

김 사 헌 * (Kim, Sa-Hun)
한국관광학회 제14대 회장

서 론

우리나라에 관광학이란 학문이 들어와 학회라는 학술단체가 조직화된 지도 어언 30여년이 흘렀다. 정확하게 말한다면, 1972년 9월 한국관광학회 창립총회 및 현판식이 있었으므로 2001년 8월이 만 30년이 된다. 2003년 현 시점은 학회창설 32주년, 초기의 3년 공백기를 인정치 않는다면 29주년이 되는 셈이다. 학회가 壯年의 나이에 접어든 이 시점에서 그 걸어온 발자취를 회고해보는 것은 학회 역사를 한번 정리해본다는 의미에서도 그 의의는 크다고 하겠다. 本稿는 학회발전 30년의 발자취를 새로이 조명해 본다는 점 외에도 그 공과를 거울삼아 향후 발전방향과 대안을 모색해본다는 점에 그 부가적 목적을 두고자 한다.

현재 수많은 관련학회가 난립하고 있지만, 이 연구의 범위는 창립연도, 회원수, 지명도 등에서 오늘날 우리나라 관광관련학회의 명실상부한 대표학회로 인정되는 한국관광학회(이하 韓觀으로 약칭함)에 한정키로 한다. 나아가 학회활동 형태는 정례 및 비정례 학술발표대회 외에도, 대정부 자문활동, 대공공 학술용역사업, 학자들 간의 국내외 교류, 각종 출판 및 학술지 발간사업 등 그 활동 유형이 실로 다양하고, 광범위하다. 이런 여러 가지 측면 모두를 역사적으로 살펴 분석하기에는 이 연구의 지면과 史料 부족이 허락하지 않으므로 본 연구는 이중 특히 제도적 변화와 학술 활동 발전에 중점을

* 경기대학교 명예교수

두고자 한다. 본고는 먼저 초기 韓觀의 모습과 성장과정을 기존의 자료를 토대로 분석하고 史料가 충분치 않은 부분에 대해서는 불가피하게 탐문조사 등을 병행하였다.

이 연구를 하는 논자 자신도 韓觀 歷史의 한 모서리를 차지하며 학회를 운영한 적이 있으므로 장차 역사적 평가를 받아야할 대상자이지만, 아무리 공정한 잣대로 역대학회의 공과를 살핀다 하더라도, 엄연히 현존해있는 역대학회 당사자들을 앞에 두고 그 역할의 공과를 운위한다는 것이 시의적절한지는 의문이다. 그러나 法古創新이라는 名句가 말해주듯 옛것의 잘잘못을 본보기로 살피지 않고서는 새로운 것을 창조할 수 없으며 나아가 더 큰 발전을 기대할 수도 없다. 역사는 뒤돌아보라고 있는 것이며 미래의 거울로 삼으라고 존재하는 것이다. 학회발전이라는 大義를 위한 것일 뿐 어떤 개인이나 집단을 貶下하거나 賞揚하려는 의도가 아님을 冒頭에 밝히면서 이 글을 전개하고자 한다.

한국관광학회 略史

한국관광학회가 정식으로 결성된 것은 1972년 7월의 일이다. 1972년 6월 김영실(경기대)의 주도하에 발기인 12명(김영실, 김진섭, 김용원, 김동호, 한년수, 손해식, 차복재, 우락기, 김상훈, 윤전용, 주정자, 박승애)이 모여 학회창립을 결의하고 동년 7월 창립총회를 개최하면서 김진섭(경기대)을 회장으로 선출하였다.[1]

그러나 불행하게도 학회는 출발 벽두부터 활동이 중지된 것으로 보인다. 韓觀 창간호에 보면, 그간 전혀 활동이 없다가 3년 뒤인 1975년 10월, "학회재건 논의 후 임시총회에서 총 32명이 참석하여 [새로이] 회장단(회장: 박용호, 부회장: 윤전용, 김상훈, 한년수)을 선출하였음"이라고 기록해놓고 있기 때문이다(한국관광학회, 1977: 117).[2]

---

1 1977년 6월에 발간된 韓觀 창간호(1977) 『관광학』 後記에는, 1972년 9월에 "창립총회 및 현판식이 있었으나 제반사정으로 활동이 없었음"이라고 기록하고 있으나, 이는 당시 발기인으로 참가하였던 손해식(동아대) 교수의 확인에 의하여 誤記인 것으로 밝혀졌다. 9월이 아니라 동년 7월이 창립총회가 열린 달이다.

2 초기 임시총회 참석자는 김진섭, 우락기, 주경란, 원영호, 김상훈, 유양자, 오혜식, 문제안, 윤전용, 박준근, 박승애, 김정숙, 장주근, 이방웅, 김용원, 강순경, 한년수, 김동호, 이영수, 박종원, 김태현, 차복재, 장국희, 백철현, 신두휴, 강희갑, 이장춘, 이정자, 전동환, 손대준, 박용호, 김충호로 총 32명이었다(한국관광학회, 1977: 창간호 115).

그렇다면 3년 동안의 공백은 무엇때문인가? 당시 활동했던 원로회원들의 증언을 참고해보면, 초대 학회장에 취임했던 김진섭(경기대) 초대회장과 회원 10여명이 당시 국제관광공사 및 한국관광협회의 후원으로 일본 및 홍콩을 학술시찰을 했으며, 이 과정에서 회원간의 私的 알력 문제로 김용원 회원(경기대) 등의 주도하에 학회를 불신, 새로이 '觀光理事會'란 조직을 설립함으로써 韓觀조직이 출발과 함께 사실상 와해되었다는 것이다. 후속 움직임없이 그럭저럭 3년이 지난 1975년 10월 17일, 32명이 모여 임시총회를 개최하고 학회재건을 논의한 결과, 박용호(경기대)를 새로운 회장으로 선출하고 '한국관광학회 회칙'을 만들어 재출범하게 되었다.

여기서 논란이 되는 점은, 어떤 것을 초대 학회로 보느냐 하는 문제이다. 만약 김진섭을 초대 학회장으로 보고, 아울러 2년 임기를 가정하여 3년 동안 공백기간도 連任된 것으로 본다면, 2003년 6월 현재의 학회(회장 김상무)는 제16대가 된다. 그러나 초대 학회장 김진섭이 사실상 연임된 바 없이 활동이 중지(혹은 와해)된 상태에서 3년이 흘렀으므로 그냥 단임 정도에 그친 것으로 전제한다면 제15대가 된다. 또 만약 출발하자마자 와해되어버린 것이나 다름없는 초기 창립학회를 인정하지 않고, 정식으로 학술활동을 시작한 1975년의 학회(회장 박용호)를 초대 학회로 판정한다면, 2003년 4월 현재의 학회(회장 김상무)는 제 14대가 된다(표 3-6-1 참조). 여기서 필자는 두 번째 안, 즉 김진섭 회장 시기를 2년 단임한 초대 학회로 간주하는 주장이 보다 설득력이 있다고 보고 표 3-6-1의 2案을 본고에서 사용키로 한다.

형식이야 어찌되던 간에 학술발표대회 등 '실질적' 학술활동이 이루어진 시기를 기준한다면, 학회활동이 개시된 시기는 1976년 봄이라고 판단된다. 왜냐하면, 동년 6월 전국 관광계 대학생의 현업실습제도화 방안이 교통부에 韓觀이라는 학술단체 이름으로 건의되었으며, 동년 10월 한국관광협회와 상호협력에 대한 약정서를 학회이름으로 체결했다는 공식기록이 남아있고, 또 동년 10월 31일 처음 실제로 학술발표대회가 개최되었기 때문이다(한국관광학회, 1977: 115).

표 3-6-1에서 보듯이, 초기 韓觀은 초대에서부터 5대(혹은 해석상 3대)까지 경기대학 교수들만이 회장을 역임하는 등 특정 대학이 거의 주도하다시피 하였다. 이유는 아마 동 대학에 관광 관련 학과가 가장 먼저 개설되었던 점에 기인하는 것 같다. 우리나

라 최초로 1962년 3월 京畿初級大에 '관광과'(정원 40명)를 개설하였으며, 익년 12월 4년제 대학(경기대학)을 인가받아 이듬해인 1964년 3월, 초급대학 소속 관광과(주간)를 폐과하고 4년제 관광학과(정원 20명)를 개설하였기 때문이다(경기대, 2002: 26).

표 3-6-1. 역대 한국관광학회(회장단)의 재임기간과 基數

역대 회장 및 소속	역대 부회장단	재임기간	역대학회 기수표기 案		
			1안	2안	3안
김진섭(경기대)	대항조직(관광이사회) 결성, 韓觀와해	1972. 7 초대	초대	초대	—
조직 공백기	조직 공백기	-1975. 10	2대	—	—
박용호(경기대)	윤전용,김상훈,한년수	1975.10-1977. 9	3대	2대	초대
박용호(경기대)	손해식,박승애,김상훈	1977.10-1979.12	4대	3대	2대
김용원(경기대)	손해식,차복재,이장춘	1980. 1-1982. 1	5대	4대	3대
안종윤(한양대)	김정배,김재민,최삼철	1982. 2-1984. 2	6대	5대	4대
이종문(경원대)	손해식,신현주,박종원,김진탁	1986. 3-1988. 2	8대	7대	6대
정경훈(경원대)	김상무,김상헌,이송구,오정환	1988. 3-1990. 2	9대	8대	7대
정경훈(경원대)	김상무,김상헌,이송구,오정환	1990. 3-1992. 2	10대	9대	8대
이장춘(경기대)	김광근,안영면,이선희,조소윤	1992. 3-1994. 2	11대	10대	9대
손대현(한양대)	신현주*,김사헌,김정만,김만술 황창윤,이원재	1994. 3-1996. 2	12대	11대	10대
신현주(세종대)	김사헌*,김진탁,손해식,김병문,오승일	1996. 3-1998. 2	13대	12대	11대
김사헌(경기대)	손해식*,김성혁,박석희,이장주 전원배, 한동윤	1998. 3-2000. 2	14대	13대	12대
손해식(동아대)	김상무*,박석희,김규호,조명환,박호표 정석중,이상춘,안종수,장성수	2000. 3-2002. 2	15대	14대	13대
김상무(계명대)	김정만*,정의선,안영면,한범수,이장주 오익근,정강환,한경수,허향진,	2002. 2-2003. 8	16대	15대	14대

주: *표는 수석부회장 제도 도입에 의해 선출된 차기 회장으로서의 부회장임.

1975-76년의 초기 학회창설 당시에는 2년제 초급대는 물론이고 이미 경기대 이외의 4년제 대학에도 5개의 관광관련학과가 개설되어 있었다. 수도여자사범대(관광개발학과, 1968년 개설), 동아대(관광경영학과, 1973년 개설), 제주대(관광개발학과, 1973년 개설), 강원대 및 관동대(관광개발학과, 1974년 개설)가 그것이다(김사헌, 2002: 99 참조). 그리하여 韓觀은 이들 초급대 및 4년제 대학소속 학자들을 중심으로 49명의 회원(정회원 기준)을 확보하게 되었다. 역대 회장단의 학회운영 실적에 관해서는 그 사료가 거의 축적되어 있지 않으므로 객관적으로 평가를 내리기가 어렵다. 더구나 논자 자신도 과거 회장을 역임했기 때문에 평가받아야 할 대상자가 평가를 한다는 것은 어느 면에서 공정하지 않다는 빈축을 살 여지 또한 없지 않다. 이런 한계점에도 불구하고 동학 · 후학들을 위해 가능한 객관적으로 인정받을 수 있는 史料나 역사적 사실을 찾거나 유추하여 역대 학회를 평가 · 조명해보고자 한다. 이 '평가에 대한 評價'는 추후 후학들의 몫으로 남겨두고, 여기서는 제도적 문제, 학회의 외형적 성장, 그리고 학회본연의 업무인 학술활동의 성장으로 나누어 고찰키로 한다.

1. 제도적 성장: 정관 및 조직의 합리화

韓觀의 초대 회칙은 전술한 바대로 1975년 10월 17일에 제정되었다. 2년 뒤인 1977년 5월 21일 개정되었다고 하나 75년에 제정된 이 최초의 회칙은 어느 곳에서도 발견되지 않고 다만 그 1차 개정회칙만 현존한다. 1차 개정 회칙은 전체가 11조 25항으로 구성되어 있다. 그 중요한 특징을 보면, 먼저 그 설립목적에서 "관광학에 관련된 학술분야의 연구조사발표와 보급 및 이를 탐구하는 회원 상호간의 친목을 도모함을 목적으로 한다"(제2조)라고 명시함으로써, 학술활동도 활동이지만 "회원상호간의 친목도모"라는 사교활동을 강조하고 있다는 점이 이채롭다. 처음에는 전공 교직자끼리의 친목모임으로부터 출발했던 '觀德會'(현재 한국관광레저학회의 前身) 혹은 '觀友會'(현재 대한관광경영학회의 前身)와 같은 성격의 '학자들 친목 학회'였다는 점을 짐작할 수 있다. 이런 점에서 초창기 당시 학회는, 현재 韓觀 정관의 목적(제3조) 조항, 즉 "학술활동을 통해 관광학의 학문적 발전과 국가관광정책 수립에 기여하고 나아가 국민 여가생활의 질적 향상과 우리나라 관광산업 발전에 이바지함을 목적으로 한다" 라는 내용과는 크게 대비된다. 또 제4조 연구실 [소재지]에 대해서는 "본부는 서울특별시에 두고 필요에 따라 지역별 지부를 둘 수 있다"고 명시함으로써, 이 학회가 '서울소재의 학회'라는 지역색을 분명히 나타내고 있다.

회원자격에 대해서는 "전임교수 및 등록된 관광연구소에서 대졸후 3년 이상 연구 경력자"(5조 1항)로 제한함으로써, 회원자격에 대해 상당히 폐쇄적인 자세를 취하고 있음을 또한 엿볼 수 있다. 즉, 현재의 정관(8조 1항) "정규대학을 졸업하고 관광연구 또는 기타관련분야에 종사하는 자"로 완화된 자격기준보다는 보다 폐쇄적인 친목활동 단체라는 점을 알 수 있으며, 이것이 과거 또는 현재의 韓觀 발전의 족쇄로 작용해오지 않았나 사료된다.

초기 회칙의 가장 치명적인 결함이며 중요한 특징 중의 하나는 초기 회칙이 회장피선자의 자격기준을 명시하지 않고 있었다는 점이다. "회장은 본 학회를 대표하며 본 학회가 목적하는 제반사업을 지도감독한다"(6조 1항)라는 임무 조항만 부여하고 있을 뿐, 회장이 될 수 있는 자의 자격과 선거권자의 자격을 규정해놓지 않아 한동안 학회장

선출과정에서 여러 가지 부작용이 발생했던 것은 주지의 사실이다.

예를 들어, 회장 직선제였던 당시에는 학회장 선거 당일 회의현장 즉석에서 회원을 가입시키고 그 자리에서 자신을 가입시킨 후보의 손을 들어주게 만든다던가, 또는 그런 불합리성으로 인해 학회에 가입한지 불과 몇 년 되지도 않은 신입회원 혹은 初任의 신입교수가 학회장에 파격적으로 피선되는 등 이른바 파행적 학회운영이 한때 유행하였다. 그 결과, 학회는 침체되고 많은 뜻있는 중견회원들이 학회를 외면하거나 등지는, 뼈아픈 교훈을 얻기도 하였다. 현재의 韓觀 정관은 이러한 선거 부작용을 근절키 위해 이사회가 선거인단(推薦委員)을 뽑고 이 선거인단이 회장후보를 선출, 추천하여 총회가 인준하는 間選方式을 취하고 있다. 즉, 선거인단 피선자격을 명시해둘 뿐만 아니라, 선거인단이 추천할 수 있는 회장후보자의 자격도 "회원으로 가입한지 통산 10년 이상(비활동 휴면회원기간 제외)된 부교수급 이상" 중견회원으로 못 박아 둠으로써(18조 4항) 이런 부작용을 미연에 방지하고 있다.

한편 초기 회칙은 임원의 임기를 2년으로 하되, 회장은 "2회 이상 연임할 수 없다"(7조)라고 규정하여 원하면 한번 더 연임할 수 있게 함으로써, 장장 4년을 再任하는 결과를 낳기도 하였다. 이 규정은 11대 회장(이장춘)때부터 사문화되고 12대(손대현)에 들어 회장의 임기규정 자체를 1회 單任에 한하도록 개정되었다.

또한, 뒤에서 다시 자세히 살피겠지만, 논문게재를 엄정하게 관리하는 편집위원회 제도가 없어 학회지의 효율적 관리가 이루어지지 못했던 탓에 게재논문의 질적 수준이 저급하다는 비판을 면치 못하였다. 아울러 예결산 등 재정회계와 집행부 행정이 분리되지 않아 비록 監査란 이름의 제도가 있었지만, 회장이 재정을 소유한 채 독단으로 모든 수입지출을 행하는 경우가 다반사여서 예산이 도대체 어떻게 운용되는지 재정을 담당하는 총무이사(당시 명칭) 조차도 모르는 '재정회계의 암흑시대'가 오랜 기간 지속되기도 하였다. 학회를 차기 회장단에게 넘겨줄 때는 잉여금은 커녕 적립해야할 평생회원의 적립금마저 고갈시킨 채 적자재정을 次期에게 떠넘겨 빈축을 사는 관행도 반복되었다.[3] 이제 그런 주먹구구식 학회운영은 사라졌지만 특히 재정관련 문제는 제도의 허점 유무를 떠나 투명하게 다루어져야 하며, 그런 점에서 학회 책임자의 자격은 무엇보다 근본적으로 도덕적이어야 한다는 교훈을 우리에게 안겨 주고 있다.

이상에서 韓觀의 회칙 변화와 학회운영의 문제점을 간단히 살펴보았지만, 舊會則은 친목회원 수준의 30-40여명이 얼굴을 맞대는 정도의, 모임관리 회칙이었으므로 대규모화하는 학회를 엄정하고 공정하게 관리하기에는 여러 가지로 부족한 점이 많았다. 그런 조직화 되지못한 구회칙을 무려 20여년이 지나도록 개정하지 못했던 이유는, 당시 韓觀 운영자들의 무성의도 작용했겠지만 기본적으로는 구회칙에 회칙개정 요건을 "재적 정회원 ⅔이상의 참석과 참석 정회원 과반수이상 찬성"(11조)으로 못 박아 회칙개정을 어렵게 해놓았기 때문이 아닌가 사료된다. 어쨌든 이런 문제점 투성이의 회칙은 10대(이장춘) 까지 유지되다가 20년 가까이 지난 1995년 2월(11대 손대현)에 이르러서야 처음으로 대폭 손질을 보게 되었다. 29조 30항으로 구성된 제2차 개정회칙(정관)은 주요 문제점을 무려 20년 만에 개정된 셈인데, 그 주요 내용은 위에서 대략 비교한대로, ① 회원 친목기능의 배제, ② 회원자격 기준의 완화, ③ 회원의 권리, 의무, 징계, 자격상실 조항의 명시(회비 장기미납자에 대한 휴면회원 제도 도입), ④ 회장 간선제도(상임이사제) 도입, ⑤ 회장, 수석부회장, 상임이사의 자격기준 도입[4] ⑥ 회장임기의 2년 단임제 명시, ⑦ 총회 의결정족수의 완화(정회원 100인 이상 참석), ⑧ 편집위원회 등 각종 위원회제도 도입의 명시, ⑨ 예결산 보고 · 승인제도 도입 등이다.

---

3 증언자들의 기술을 토대로 할 때, 학회재정의 투명성은 12대에 즈음하여서부터 확실해졌다. 11대도 소액의 잉여금을 이월시켰지만, 13대를 맡게 된 필자가 무려 950여만원의 잉여이월금을 12대로부터 공식적으로 인수받았기 때문이다. 이런 대규모 잉여금 이월은 13대 이후 계속되어 14대, 15대 등 代마다 재정의 투명성뿐만 아니라 '눈덩이'식 재원불리기를 거듭하는 전통을 만들어가고 있어 재정투명성과 재원확보에 관한 한, 학회의 앞날은 고무적인 것으로 기대된다.

4 당시 필자는 편집위원장 겸 부회장으로서 회칙 개정안 초안작성에 깊이 관여한 바, 이 초안은 이사회 및 총회에서 대부분 그대로 채택되었는데, 통과된 案은 수석부회장 제도를 두어 이사회에서 피선된 상임이사(14명)가 회장을 선출하되 상임이사의 자격기준은 부교수급이상으로서, 학회회원으로 통산 7년 이상 활동해온 자, 그리고 수석부회장은 정교수급이상으로서 정회원으로 통산 10년 이상 활동해온 자로 제한하는 제도였다.

20여년 만에 개정된 이 회칙으로 과거 빚어졌던 제도상의 부작용은 많이 사라졌으나, 학회가 정식으로 1995년 7월 30일자로 문화체육부의 법인 설립인가(제 206-82-04783호)를 득하는 과정에서, 다시 그 기준에 맞게 정관을 손질하는 과정을 겪어야 했다. 그러나 정관개정 요건을 용이하게 해놓은 결과, 1995년 2월 2차 정관개정 이후 1998년 8월 3차 개정, 2000년 8월 4차 개정, 2001년 6월 5차 개정, 2002년 8월 6차 개정, 2003년 2월 7차 개정 등 너무 자주 정관을 바꾸는 부작용이 발생하기도 하였다. 최근의 7차 개정정관도 기본적으로는 2차 회칙과 같으나 다만, ① 분과학회 제도의 도입, ② 상임이사제(14인)를 추천위원회 제도(19인)로 변경 ③ 수석부회장(차기 회장) 피선자격의 완화(정교수급에서 부교수급으로), ④ 사무국(사무국장)제도의 도입, ⑤ 감사임기의 2년 단임화, ⑥ 학회의 주된 소재지의 '서울' 명시 정도이다.

특히 이미 제50차 강릉 학술대회에서 결의된 대로, 소모적인 연 2회(겨울 및 여름 방학기간) 학회개최 방식을 지양하고 학회활동의 내실을 기한다는 취지아래 향후부터는 학술대회를 연 1회만 개최(2003년 하계 제주대회부터 적용)키로 결정하였으므로, 회계연도의 변경(예컨대, 3월에서 9월로 변경) 등 여러 가지 제도적 보완이 잇따라야 할 것으로 보인다.

2. 학회의 외형적 성장: 회원규모, 학회의 전국화와 분화 문제

질적인 문제는 차치하고라도 외형적인 규모면(회원, 예산, 학술활동 수준 등)에서 학회가 그간 얼마나 성장했는지는 안타깝게도 자료의 미비 내지 망실 등으로 충분히 파악할 수 없는 실정이다. 역대 학회경영자들이 자료의 발간과 보전 등 史料化作業에는 전적으로 관심을 두지 않았다고 밖에 해석할 수가 없다. 다만 가입회원의 규모에 대해서는 학회지 말미에 수록된 회원명단이 남아있어 그 규모를 짐작할 수 있다. 그러나 이 기록도 극히 형식적이어서 기가입자가 회비를 정기적으로 납부하는(혹은 학술 활동에 적극적으로 참여하는) '진정한' 회원이었는지 여부는 알 수 없다.

이 자료를 액면 그대로 받아드린다면, 표 3-6-2에서 보듯이 초기회원수는 40명 수준에서 시작하여 1980년에 100명 수준을 돌파하고(이하 準會員은 포함시키지 않고, 도서관 등 특별회원은 포함시킴) 1986년에 200명 수준에 이르렀으며, 1990년에는 400명 수준으로 급성장하였다. 그러나 불과 5년 사이에 회원수가 이렇게 2배로 급신장한 것은 좀 그 원인을 살펴보아야 한다. 당시는 회장직선제로서, 위에 이미 언급한 바와 같이, 회장으로 피선되기 위한 경쟁이 치열하여 형식적인 '선거용 회원' 가입 유도가 성행하였기 때문에 진정하게 학술활동을 위해 가입한 회원은 이 보다 적었다고 보는 것이 옳을 것 같다.

표 3-6-2. 역대 한국관광학회의 회원 규모

기준연도	회원수	준회원, 휴면회원*	해당 학회 기수
1972	12	-	초대(김진섭)
1977.6	49	1	3대 (박용호)
1978.12	34	20	4대 (박용호)
1979.12	92	33	
1980.12	102	34	5대 (김용원)
1982.12	123	45	6대 (안종윤)
1983.12	152	78	7대 (안종윤)
1984.12	163	80	
1986.12	218	84	8대 (이종문)
1988.12	274	75	9대 (정경훈)
1989.12	375	68	
1990.12	406	68	10대 (정경훈)
1993.12	605	169	11대 (이장춘)
1994.8	654(평생 97포함)	170	12대 (손대현)
1994-1995	620	114	12대 (손대현)
1997.12	523(평생 155포함)	(휴면회원 28 제외)	13대 (신현주)
1998.8	548	-	14대 (김사헌)
1999.12	716(평생 219포함)	(휴면회원 70 제외)	14대 (김사헌)
2000.8	733(평생147포함)	(휴면회원 제외)	15대 (손해식)
2002.12	964(평생179포함)	(휴면회원 44 제외)	16대 (김상무)

※ 주: 준회원은 관광학과 학부재학생 등을 의미하며, 휴면회원(1995년 1월 1일부터 적용)은 학회 비활동으로 회비를 납부하지 않은 회원을 뜻함.

자료: 韓觀 학회지 및 관광학회보 각호의 자료를 토대로 작성.

1993년 11대에 이르러 회칙을 대폭적으로 개정한 후, 회원가입만 한 채 회비납부를 하지 않거나 장기 체납하고 학술활동에 무관심한 假會員에 대한 자격정리(휴면회원 제도화)가 1995년 1월 1일 부로 시작되었다. 이들 虛數會員을 제외시킨 회원수야 말로 진정한 定規會員으로 평가된다. 그리하여 1997년 13대(신현주)에는 정회원 500명 시대, 1999년 14대(김사헌)부터 시작하여 2000년 15대(손해식)에는 정규회원 700명을 상회하는 시대가 열렸다. 나아가 2002년 16대(김상무)부터는 정회원(평생 및 기관회원 포함, 휴면 가회원 제외) 960여명 시대를 열어 명실상부한 '회원 1000명 시대'를 맞이하게 되었다.

특히 2000년 3월 14대 학회(부산 동아대 손해식)의 출범, 그리고 2002년 16대 학회(대구 계명대 김상무)의 출발은 韓觀 창립 이후 4반세기만에 처음으로 학회본부가 지역의 벽을 뛰어넘어 지방으로 과감히 진출한 가히 파격적이고 혁명적인 사건으로 기록될 만 하다. 이 사실 하나만으로도 韓觀은 전국을 망라하는 한국최고의 명실상부한 '全國 學會'로 거듭났다는 것을 의미한다. 이를 계기로 회원수 · 재정규모 등 면에서 학회가 크게 약진하게 된 결과를 보면, 학회 전국화의 당위성이 증명되고도 남았다고 평가된다. 그 이전까지는 학회는 서울(수도권)에 있고 따라서 회장도 수도권에서 배출되어야한다는 고정관념 속에 사로잡혀 능력 면에서나 규모 면에서 진정한 전국학회라고 자부할 수 없었던 것이 사실이다.

3. 학술활동의 성장

학술활동의 성장은 여러 가지 시각에서 검토할 수 있으나 여기서는 먼저 외형적인 성장의 지표로서, 정례 국내외 학술발표대회 및 그 생산물인 대회 학술발표논문집(proceedings) 그리고 정기 학술지 및 기타활동으로 나누어 고찰해보기로 한다.

1) 국내 학술발표대회

학회라는 단체의 가장 핵심적 활동의 하나는 연구자들이 한자리에 모여 학술적인 이슈를 상호 토론하고 발표하는 행위이다. 선진국에서도 이러한 연구발표회가 흔한 일이지만 특히 우리나라에서는 학회의 이런 집단참여 활동을 가장 중요하게 여기는 경향이 있다. 한국관광학회도 예외가 아니어서 동계 및 하계 방학시기에 즈음하여 연간 2회씩 발표회를 갖곤 하였다.

韓觀 학술발표대회 발전의 시대 구분은 공식적인 연구발표 결과물인 프로씨딩의 출판 · 배포 여부 그리고 대회의 규모(발표논문 편수, 행사일수 등)를 기준으로 하여 볼 때, 크게 두 기간, 즉 초창기부터 1998년 전반기까지의 기간(표 3-6-3 참조)과 그 이후의 後期(표 3-6-4 참조) 기간으로 구분할 수 있을 것 같다.[5]

먼저 표 3-6-3에서 보면, 초기 창립 발표대회를 포함, 4회까지의 발표회는 기록이 묘연하여 언제 어디서 몇 편의 논문이 발표되었는지 알 길이 없다. 그러나 초기의 학회모임 성격이 교육자들간의 '친목 도모' 수준이었으므로 발표논문 수나 참여회원수가 지금 수준에서 보면, 걸음마단계를 벗어나지 못했다. 1977년 11월에 개최되었다는 제5회 연구발표회가 고작 20-30명 정도 밖에 수용할 수 없었던 "교수회의실"에서 개최된 것만 보아도 이를 짐작할 수 있다.

그렇다면 前期의 학술발표회 수준은 어떠했는가? 이를 질적으로 평가하기는 어려우나 적어도 40회 전후 발표대회 까지는 연구발표회나 심포지엄이 초보적 수준을 벗어나지 못했으리라 짐작된다. 왜냐하면, 1998년 대회까지 공식적인 발표대회 논문집(proceedings)이 전혀 없었을 뿐 아니라 대부분(필자가 참여 · 경험했던 1980년 대회 즈음부터) 고작 2-3편의 연구가 발표되고 그것도 몇 페이지의 유인물만 참석자들에게 배포되는 수준이었기 때문이다. 다만 발표 논문 편수나 내용으로 보면, 5-6대(안종윤) 시기에만 韓日大會나 유럽학자 초청대회 등 논문발표 편수가 4-9편 수준에 이르러 학술발표회가 꽤 활성화되는 기미를 보였던 것으로 나타난다. 당시 유일하게 204쪽 분량의 발표논문집, 제1회 한일관광학회 공동연구 발표요지 가 별도로 출판 · 배포되었던 것도 5-6대 학회의 활동수준이 그나마 활발했음을 증명해준다.

---

5 여기서는 연구의 편의상 시기를 전후기로 나누었을 뿐 구분의 별도 의도는 없음을 밝혀둔다.

표 3-6-3. 韓觀 前期의 학술대회 개최 추이(1977-1998)

개최연도(차수)	개최 장소	대회 주제/ 발표논문 편수	해당 학회 변동사항 및 비고
1977. 11.6(5차)	서울 경기대 교수회의실		박용호 취임
1978. 7.15(6차)	부산 해운대 극동호텔		박용호 취임
1979. 7.20(8차)	대구 계명대학교		박용호 취임
1980. 1. (9차)	(서울 경기대?)		김용원 취임
1981. 2.26(10차)	서울 YMCA		김용원 在任
1982. 1.14(11차)			안종윤 就任
1982. 8.19(12차)	서울 한양대학교	논문 9편	안종윤 在任
1983. 1. (13차)	부산 해운대 극동호텔		안종윤 在任
1983. 8.28(14차)	서울 한양대학교	논문 4편	한일학자대회 겸
1984. 2.19(15차)	서울 롯데호텔		안종윤 연임 선출
1984. 8.25(16차)	서울 힐튼호텔	논문 7편	한유럽 공동연구겸
1985. 10.20(18차)	서울 한양대 학생회관		안종윤 在任
1986. 2.28(19차)	서울 롯데호텔		이종문 취임
1986. 8.18(20차)	서울 세종호텔		이종문 在任
1987. 2.28(21차)	서울 프라자호텔		이종문 在任
1987. 8. 3(22차)	서울 뉴월드호텔	2000년대의 한국관광	이종문 在任
1988. 2.29(23차)			정경훈 취임
1988. 8.27(24차)	서울 프라자호텔		정경훈 在任
1989. 2.26(25차)	서울 서울가든호텔		정경훈 在任
1989. 8.27(26차)	서울 서울가든호텔		정경훈 在任
1994. 8. (36차)	서울 한국관광공사	논문 3편	손대현 在任
1995. 2.25(37차)	서울 한국관광공사	논문 3편	손대현 在任
1995. 8.26(38차)	경주시 교육문화회관	논문 4편	손대현 在任
1996. 8.31(40차)	서울 세종대학교	논문 3편	신현주 在任
1997. 8.30(42차)	서울 한양여자전문대	논문 4편	신현주 在任
1998. 2.21(43차)	서울 세종대학교	논문 3편	김사헌 취임

※ 주: 준회원은 관광학과 학부재학생 등을 의미하며, 휴면회원(1995년 1월 1일부터 적용)은 학회 비활동으로 회비를 납부하지 않은 회원을 뜻함.

자료: 韓觀 학회지 및 관광학회보 각호의 자료를 토대로 작성.

전반기 학술연구발표회가 초창기 이래 형식에 그칠 뿐 '친목' 수준에서 크게 벗어나지 못했던 이유는, 당시 관광을 연구하는 학회원 수가 적었기 때문이기도 하지만 보다 근본적으로는 학술발표에 대한 회원들의 動機가 약했기 때문이 아닌가 여겨진다. 즉, 논문실적이 없어도 교수로서의 지위유지나 승진이 보장되는 '교수 지상낙원'의 이 시기에 굳이 논문을 발표하여 곤혹스런 질문을 받거나 난처한 비판을 자초해야 될, 이른바 '긁어 부스럼'을 만들 필요가 없었던 것이다. 당연히 발표논문을 사전에 심사하지 않았을 뿐만 아니라 발표 희망자마저 없어서 학술대회 발표자에게는 심지어 소정의 발표 원고료를 지급하며 발표를 '독려'하고 부탁하는 수준이었다. 발표를 장려하기위해 학회 현장에서 발표한 논문만을 학회지에 게재케 하는 정책도 취하였지만, 근본적으로 학회발표 논문실적 없어도 교수 행세하기에 전혀 지장이 없는 당시의 분위기를 역전시키지는 못했던 것으로 평가된다.

논문발표자 수가 급증하고 별도의 프로씨딩이 제작되었다는 점에서, 1998년 단양 국제학술대회 이후 시기는 전기와 구분하여 後記로 규정할 수 있을 것 같다. 이 시기의 주요 특징은 발표논문수가 갑자기 15편 이상으로 급증하였다는 점 외에도 공식적인 발표논문집(proceedings)이 출판 · 배포되었으며, 비록 익명심사는 아니었지만 발표논문의 예비심사가 이루어져 부적격 논문을 탈락시키는 등 학술논문집 편집위원회(학술심포지엄 위원회)가 제도적으로 가동되었다는 점이다. 前期와 구분 지울 수 있는 이시기의 또 다른 특징의 하나는 많은 논문발표를 소화하기 위해 대회가 당일이 아닌 최소 이틀 이상에 걸쳐 치뤄져, 단양대회의 3박 4일을 필두로 강릉대회와 부여대회의 2박 3일 등 규모와 개최 일수의 확대화가 이루어졌다.

소요 부대경비의 증가로 회원회비와 별도로 대회 참가비를 처음으로 징수하기 시작하였다는 점도 후기의 특징이다. 전기와 구분할 수 있는 또 다른 차이점은 前期가 거의 대부분 당일 대회로서 거의 서울권을 벗어나지 못한 반면, 後期는 충북 단양군, 경주시, 대전시, 부산시, 강릉시, 안동시, 부여읍 등 전국의 각 지방을 순회하며 이루어진 명실상부한 '전국대회'로 변신했다는 점이다.

한편 대회 발표논문 편수라는 내용면으로 볼 때, 후기는 전기와 뚜렷하게 대비된다. 먼저, 1998년 제 44차 논문발표대회는 아세아태평양관광학회(APTA)와 공동 주최하여 국내학자 한글논문 88편, 영어논문 71편, 대학원생 논문 20편이 발표되어 총 4권의 발표논문집이 배포되는 등 韓觀 창립 이래 최대 규모의 학술대회로 기록된다. 이 대회를 시발로 표 3-6-4에서 보듯이 발표논문 편수는 20편대, 30편대로 급신장하다가 최근인 2002년 8월 부여대회에서는 무려 45편의 각종 논문이 발표되기에 이르렀다. 이런 여러 차이점으로 판단해볼 때, 前期의 학술대회는 학술대회라기보다는 관광교육자들의 '친목대회' 범위를 벗어나지 못한 반면, 규모성을 갖춘 진정한 '전국 학술대회'는 後期인 1998년부터 시작되었다고 평가해도 무리가 없어 보인다.[6]

표 3-6-4. 韓觀 後期의 학술대회 개최 추이(1998-2003)

개최연도(회수)	개최 장소	대회 주제/발표논문 편수	비고
1998. 8월(44차)	충북 단양읍유스호스텔	관광의 역할: 국가 및 지역적 조망/ 179	국제대회, APTA와 공동
1999. 2월(45차)	경주시 보문단지	관광정보화 및 문화관광의 과제와 전망/ 15	
1999. 8월(46차)	대전시 배재대학교	밀레니엄시대의 관광산업과 관광학연구의 방향/ 19	
2000. 2월(47차)	수원시 경기대학교	2천년대 관광학계 역할과 새로운 접근방법론모색/ 18	
2000. 8월(48차)	부산시 동아대학교	Mega event의 관광산업적 의의와 효과/ 39	한국관광레저학회와 공동
2001. 2월(49차)	서울시 한양대학교	관광학 교과과정 및 분과학문체계 정립방안/ 28	
2001. 6월(50차)	강릉시 강릉대학교	지역문화 발전과 관광의 역할/ 31	
2002. 2월(51차)	안동 한국국학진흥원	전통문화계승과 관광의 역할/ 39	
2002. 8월(52차)	충남 부여청소년수련관	역사문화자원의 관광상품화 전략/ 45	국제대회(외국학자 5편)
2003. 8월(53차)	제주 라마다프라자호텔	동북아 관광허브 전략/118	국제대회 겸(예정)

2) 국제 학술발표대회

학문활동을 국제적으로 인정받으려면 당연히 국제적으로 학술교류 활동을 활발히 해야 한다. 그러나 우리 사회는 나름대로의 국어가 잘 정착되어 있는 문화라서, 국제공용어인 英語로 논문을 발표하면서 외국학자들과 교류하는 방식은 국내 학계가 넘지 못할 커다란 장벽이 되고 있다. 근래에 외국에서 관광분야 학위를 마친 학자들의 수가 그

6 이에 대해서는 장차 후학들의 보다 정확한 평가가 뒤따라야겠지만, 前期 기간중 5-6대(안종윤 회장시기)는 비교적 학술활동이 원활했던, 그리고 11대(손대현)는 회칙개정, 회원명부 발간사업, 실질적 편집위원회 구성과 학술지 익명심사제 도입 등 제도적 정비가 활발했던 예외적인 期로 평가할 수 있을 것 같다.

나마 많아져 이들을 통한 국제적 역할이 점차 기대되고 있는 바이지만 초창기의 학자들은 그런 역할과는 거리가 멀었다고 사료된다.[7]

이런 환경은 韓觀의 국제학술대회에서도 그대로 반영되고 있다. 52차에 걸친 학술대회 중 국제적 학술대회 성격을 띤 대회는 겨우 여섯 번에 지나지 않았던 것으로 나타나고 있다. 즉, 표 3-6-5가 그것인데, 유일하게 단양대회에서만 별도의 영문 프로씨딩이 생산, 배포되었다.

표 3-6-5. 韓觀의 국제학술대회 개최 개요

일시	발표자수	개최지	비고
1983.8.28	일본 3명, 국내 3명	한양대 학생회관	한일학회 공동, 5대(안종윤)
1984.1.22	국내 2명, 일본 2명	일본 入敎大	한일학회 공동, 6대(안종윤)
1984.8.25	유럽 4명, 국내 7명	서울 힐튼호텔	한·유럽지역 6대(안종윤)
1993.4.29	해외 3명, 국내 1명	서울 프레스센타	10대(이장춘)
1998.8.18-21	해외 99명, 국내 150명, 대학원 20명	충북 단양읍 유스호스텔	아태관광학회와 공동개최 13대(김사헌)
2002.8.22-24	해외 5명, 국내 61명	충남 부여읍 청소년수련관	15대(김상무)
2003.8.18-20	해외 16명, 국내 102명(예정)	제주시 라마다프라자호텔	국제대회 겸(예정)

※ 주: 준회원은 관광학과 학부재학생 등을 의미하며, 휴면회원(1995년 1월 1일부터 적용)은 학회 비활동으로 회비를 납부하지 않은 회원을 뜻함.

3) 논문과 학회지 발간

학회 학술활동의 핵심은 정기 논문집의 발간이라 할 수 있다. 韓觀은 국문으로 된 학술지 관광학연구를 1977년부터, 그리고 영문학술지 International Journal of Tourism Sciences를 2000년부터 정기적으로 발간해오고 있다. 특히, 韓觀이 그간 발행해온 정기 학술지 관광학연구는 표에서 보듯이 前期(1977-1993)에 211편, 後期(1994-2003)에 339편(단양 국제대회 특별호는 제외)의 논문을 게재하여 韓觀 창립이래 2003년 2월 현재까지 게재한 논문 편수는 총 550편에 이른다.

---

7 참고로 2002년 6월말 현재 조사된 4년제 대학 전체 전임교원 275명중 박사학위 취득여부를 밝힌 교수는 252명이였으며, 이중 151명이 국내에서, 80명이 해외에서 박사학위를 취득하였다. 이 80명을 학위취득 국가별로 보면 미국이 57명(57.1%), 일본이 11명(13.8%), 영국 3명, 호주 2명의 순이었다. 자세한 내역은 졸고(2002). 관광관련학과 교수의 연구생산성과 그 결정요인. 『관광학연구』 26(2) pp. 159-180 참조.

표 3-6-6. 韓觀 창립이래 관광학연구誌 통권 및 게재논문 편수 추이

연/월	통권	게재논문 편수	연/월	통권	게재논문 편수
1977/12 -93/12	1-17	211	2000/6	31	17
1994/8	18	8	2000/10	32	16
1995/2	19	10	2001/2	33	16
1995/8	20	10	2001/6	34	18
1996/2	21	16	2001/10	35	19
1996/8	22	13	2001/12	36	15
1997/2	23	13	2002/2	37	13
1997/8	24	14	2002/6	38	15
1998/2	25	22	2002/10	39	12
1998/8	26	12	2002/12	40	16
1999/2	28	14	2003/2	41	15
1999/8	29	17	전기(77-93) 계	17	211
2000/2	30	18	후기(94-03) 계	23	339
			총계	41*	550

※ 단양 특별호(1998, 제 22권 2호, 통권 27호)는 여기서 제외하였으므로 실제 통권은 40호임.

이 학술지의 제도적 성장과 관련하여 그 주요 변화사항을 적요해보면 다음과 같다.

첫째, 독립된 정식 편집위원회 제도의 도입이다. 창간기인 1977년부터 1994년 2월까지 18년간 17회(17호) 발행된 학회지는 타학문 분야 학회지와 비교해볼 때, 사실 명칭만 학회지였지 질적으로는 초보적 수준을 벗어나지 못하고 있었다.

년 1회 발간도 그렇지만, 투고된 논문을 질적으로 심사하고 편집하는 독립된 상설 위원회가 없었기 때문이다.[8] 이를 시정하고 과감히 독립된 편집위원회 제도를 도입한 것은 11대 학회(손대현)의 공이다. 이때 초대 편집위원장으로 임명된 필자는 국내외 유수 학회지의 사례를 참조 · 분석한 후 그 장점들을 취합, 투고 및 심사규정, 심사평가 기준을 새로이 제정하여 2인이 익명심사하는 제도(double-blind refereeing system)를

8 5-6대(안종윤) 시기 이후 형식적으로 "편집위원" 혹은 "편집이사"란 제도를 1984년에 둔 적도 있었지만, 기능을 못한 채 명칭만 존재하다가 소멸되었다. 당시(1982/83) 이사로서 (임시)편집위원장을 위촉받은 필자가 몇 명의 회원과 투고논문 심사를 하여 회장단에 그 결과를 통보하였으나 "원로 교수의 논문을 탈락시켜서는 반발이 클 것임으로 곤란하다"라는 이유로 심사결과가 무시된 바 있다. 이와 같이 편집 · 심사 기능이 독립된 그리고 활성화된 상설 기구가 아니었음으로 이를 공식적인 '편집위원회'로 볼 수는 없을 듯 하다.

도입하고 집행부의 재가를 얻어 년당 2회 발간체제(biannual publication)를 채택함과 동시에 학술지의 크기와 디자인을 전면적으로 혁신시켰다. 무소불위에 다를 바 없었던 '교수'라는 권위를 앞세워 익명심사 결과에 극렬하게 반발하는 심각한 상황도 종종 벌어졌지만, 18권 1호(통권 18호, 1994년 9월 발간)부터 시작된 익명심사제 학술지는 계속 성장가도를 달려 2대(필자), 3대(오익근)에 이르러 완전 정착되었다. 4대(김성혁)에 들어서는 增刊되어 발행회수가 년 3회 체제(2월, 6월, 10월 발간)로 바뀌었고, 그 해 2001년 12월에는 새로 창립된 분과학회 '관광자원개발 분과학회'의 예하 학술지(초대위원장 정의선)의 년 1회 발간(韓國學術振興財團과의 관계상, 학회지 명칭은 동일하게 유지)을 추가하여, 5대 편집위원회(한범수)로 넘어가면서 연간 4회(2월, 6월, 10월, 12월) 발간의 명실상부한 '季刊 저널'(quarterly journal)로 발전하였다.

둘째, 등재학술지와 A급 학술지로의 도약이다. 韓國學術振興財團(이하 學振으로 略함)이 실시하는 등재학술지 심사에서 '등재학술지'로, 그리고 2002년 10월 실시된 교육부의 지리학 · 관광학 분야 학술지 심사에서 'A급 학술지'로 당당히 평가받게 된 것이다. 1998년 하반기, 까다로운 심사과정을 거쳐 '登載候補'誌로 선정되었던 국내 57종의 학술지 중 2차 심사와 3차 심사를 거쳐 최종적으로 44종의 국내 학술지가 등재'후보'의 이름을 떼고 '登載'學術誌가 되었는데, 여기에 우리 한국관광학회지도 당당히 포함되어 그 수준을 공인받은 것이다. 뒤늦게 2001년 상반기에 등재후보 학술지에 오른 37종의 학술지를 포함하여 등재후보 이상급 학술지는 총 431종이었는데, 이중에서 단지 11% 남짓한 44종만이 등재학술지로 인증되었다.

사회과학 분야에서 최종 등재학술지가 된 잡지는 겨우 13종에 불과한데, 『관광학연구』가 이중에 포함된 것은 우리 관광학계로서는 최대 경사 중의 하나였다. 그 意義가 남달랐던 이유는, 90년대에 들어 '나도 학회장'식의 학회 만들기 시류에 편승해 관광관련학회들이 우후죽순같이 생겨나 1990년대 후반기에 이르러서는 韓觀의 代表性 마저 위협받던 시기였으며, 바로 學振의 '登載' 인증이 이런 위기를 불식시키고 한국 관광학계의 명실상부한 '대표학회, 대표학회지'로 공인받는 계기를 만들어 주었기 때문이다.

韓觀은 2003년 2월 현재, 통권 41호를 발행하였으며, 이제까지 총 483편의 논문(연구노트 등은 제외)을 게재하였다『관광학연구』는 등재지가 된 후부터, 제한된 수록 편수에 비해 투고하는 논문편수는 계속 늘어난 반면, 게재여부 심사는 더욱 엄격해져서 접수논문 대비, 채택율이 25%-30% 대에 불과할 정도의 경쟁적인 학회지가 되었다.

셋째는 영문 학술지의 창간이다. 유수 국내 학회지로서의 안주에 그치는 것이 아니라 世界的인 學會誌로의 飛上을 위해서는 국제 공용어로 된 국제 학술지의 발간이 필수적이다. 이에 2000년 초(15대 손해식) 필자를 준비위원장 겸 초대 위원장(editor-in-chief)으로 하여 몇 달간의 준비기간을 거쳐 해외 저명학자 9명과 국내학자 5명, 총 14명을 편집위원으로 초빙하고 동년 12월 2인 익명심사제 영문저널 International Journal of Tourism Sciences를 창간하였다. 영어라는 언어매체에 대부분 투고자가 익숙치않아 영어권 학자들이 불편없이 읽어볼 수 있는 저널을 지속적으로 발행하기가 결코 쉽지가 않았지만, 정기간행 학회지로 자리매김하기위해 년 1회(12월 발간) 발간에서 2002년(16대 김상무)부터는 년 2회(1월, 7월) 발간체제로 변경하여 2003년 현재 3권 2호를 발간 중에 있다. 이제까지 호당 평균 10편의 심사논문을 게재해 현재 통권 총 4호 발행에 논문 33편 및 연구노트 6편(국내외 공저를 포함하여, 국내학자 논문 25편, 해외학자 논문 16편)을 실어 출판하였다.

표 3-6-7. 韓觀 정기 학술지의 성장 추이

시기	학술지 변동 사항
1977년	12월 학회지 창간호 관광학 (Study on Tourism) 年刊으로 발간
1985년 8월	학회지 명칭을 관광학연구 (The Tourism Journal)로 변경
1994년 3월	독립된 학회지 편집위원장 및 편집위원제도를 정식 채택. 2인 익명심사제도 도입 및 투고규정·심사규정·심사방법 및 평가기준을 제정(4월 9일). 간행횟수를 년 1회에서 년 2회 발간체제로 개편하고 학회지 영문명칭도 Journal of Tourism Sciences로 개칭
1996년 3월	『관광학연구』 제20권 1호(통권 22호)부터 투고논문 3인 익명심사제 도입
1998년 12월	한국학술진흥재단이 관광학연구지를 '등재후보 학술지'로 최종 선정
2000년 3월	제4대 편집위원장(김성혁) 시기부터 년 3회 발간체재로 개편. 분과학회 창립 및 분과학회지 년 1회 발간. 동년 12월 영문학회지(International Journal of Tourism Sciences) 창간
2001년 10월	2년간에 걸친 후속심사 끝에 학진이 본학회 관광학연구 誌를 최종 등재학술지로 선정
2002년 2월	영문학술지를 년1회 발행에서 년2회 체제로 증간

4) 기타 활동

학술발표대회나 정기 논문집 발간 외에도 정관에 명시된 韓觀의 활동은 뉴스레터 발간사업, 학술용역, 우수한 개인 혹은 단체의 발굴 및 수상, 대정부 및 공공기관 자문활동 등 많다. 여기서는 중요하다고 여겨지는 활동들만을 몇 가지 살펴보도록 한다.

(1) 뉴스레터 발간사업

회원들 간의 정보 공유 및 공지를 위해 韓觀은 그 동안 뉴스레터 형태의『한국관광학회보』(Tourism Sciences Bulletin)를 총 65회(2003년 6월 1일 발행호 기준) 발행하였다. 초기에는 비교적 부정기적으로 발행하거나 때로 기별 집행부에 따라 발행 중단되기도 하였지만, 90년대 중반 이후부터는 정관의 규정대로 년 4회 발행횟수를 지켜왔다.

기사 내용은 논단, 에세이와 더불어 학회 사무국의 회원관리 및 각종 활동, 편집위원회 소식, 학술대회의 공지, 이사회 · 총회 및 각종회의 의결사항 등을 망라하였으므로, 이것이 유일한 학회활동을 기록한 역사자료가 되고 있다. 그렇지만 초기 발행본이 전혀 보관되어 있지 않은 상태라서 학회의 초기 역사를 밝혀낼 수 없는 것은 유감이다.

(2) 우수 개인 및 단체의 발굴과 포상제도

韓觀은 학회 설립목적에 충실하기 위해 우리나라 관광진흥에 학술적으로 혹은 실무적으로 기여한 개인이나 단체를 발굴하여 포상하는 제도를 1990년대 이후부터(특히, 11대부터) 시행하여 왔다. 그 중 중요한 것이 학술적으로 기여한 회원 학자에게 주는 '한국관광학술상'과, 개인 혹은 단체에게 주는 '한국관광진흥대상' 그리고 '한국관광기업대상'이다.

먼저, 한국관광학술상은 학회가 발행하는 학술지 관광학연구 에 투고된 논문 중 우수한 논문들, 이를 테면 익명심사자들에 의해 '무수정' 혹은 '소폭 수정' 등의 평가를 받은 우량 논문들을 '학술상 수상후보논문심사위원회'가 소정의 절차에 따라 심사, 년 1편을 선정하여 '한국관광학술상'(일명, '白山 관광학술상')과 부상을 수여하는 제도이다.[9] 이 상은 관광관련 도서를 전문적으로 출판해오고 있는 白山出版社(대표: 진욱상)가 1995년부터 財政後援하기 시작한 제도로서, 이제까지 총 5회 8명이 수상하였다(표 3-6-8 참조).

표 3-6-8. 한국관광학술상 수상자 및 수상논문 개요

회수 및 시기	수상자	수상 논문명 및 권호
1회(1995)	임은순	한국 여행물가지수 측정에 관한 연구/ 18권 2호(1995)
2회(1999)	김민주	호텔종업원의 감정노동이 직무관련태도에 미치는 영향/ 21권 2호(1998)
3회(2000)	손태환, 김성혁	관광산업의 구조경로 분석/ 23권 1호(1999)
4회(2001)	윤지환, 유희경	한국관광호텔의 마케팅 회계의 통합과 업무성과의 상관성/ 23권 2호(2000)
5회(2002)	한범수, 김사헌	관광학 논문의 조사설계 방법에 대한 비판적 고찰/ 25권 2호(2001)

韓觀은 또한 1994년 12월, 12대 학회(회장: 손대현)부터 포상제도를 정착시켜 산하 한국관광진흥대상 선발위원회가 주관하여 한국관광을 선도하고 발전시킨 우수 기업체, 기관 또는 개인을 선정하여 한국관광진흥대상과 한국관광기업대상을 수여해 오고 있다. 이제까지 수상한 기업 또는 기관은 다음 표 3-6-9와 같다.

표 3-6-9. 관광진흥 대상과 관광기업 대상 수상 개요

구분	수상자, 소속 및 수상연도
개인	오세중(세방여행사; 95.2), 장철희(르네상스호텔; 96.2), 정운식(한국일반여행업협회; 98.2),
기업	고려여행사(97.2), 호텔 아미가(2000.2), 백산출판사(2000.8), 삼성 애버랜드(2001.2),
기관	강원도(2001.6), 경상북도(2002.2), 부여군(2002. 8)

(3) 분과 학회제도의 도입 및 기타 활동

중반기 韓觀의 지지부진한 역할과 활동 침체기를 틈타 많은 유사학회들이 '전국성'을 표방하며 우후죽순처럼 생겨나게 되었다. 어떤 곳에서는 교수들마다 학회를 창립해 '한 대학내 한 학과에 한국관광 대표학회 3개'라는 상황이 빚어지기도 했지만, 창립이래 학회장은 수도권 내에서만 선출될 수 있다는 폐쇄적이고 암묵적인 관행이 지방회원

9 우수한 논문이라 하더라도 평가의 공정성을 의심받을 수 있다는 이유로, 현직 회장단, 현직 편집위원장 및 편집위원 들은 선정대상자에서 제외시켜 왔다.

들의 불만으로 이어져 영 호남 각 지역에서 학회들이 생겨나기 시작하였다.

그러나 2000년대 들어 모학회로서의 역할과 위상에 자신감을 얻은 韓觀은, '학회 통합'의 기치를 내걸고 2001년 2월(15대 학회: 손해식) 정기총회(서울 한양대)에서 정관에 분과학회 제도 도입조항을 삽입하기로 의결하였다. 이 개정정관에 따라 일차적으로 '관광자원개발 분과학회'가 가입을 신청, 韓觀의 승인을 받아 2001년 6월 23일 강릉에서 창립총회(초대회장 박석희)를 개최하였다. 이 후 일부 분과가 가입을 신청하고 있는 상태이지만, 이미 굳을 대로 굳어진 學會의 分岐化를 '分科'의 한 울타리 속으로 되돌릴 수 있을는지는 앞으로 더 두고 보아야 할 것으로 보인다.

韓觀의 여러 가지 활동 중에서 또 하나 빼놓을 수 없는 변화는 홈페이지의 개설이다. 인터넷 온라인(on-line) 시대에 진입한 시점에서 기존의 관행대로 소위 오프라인(off-line)으로만 학회업무를 처리해서는 시대에 뒤떨어지기 십상이다. 韓觀은 이미 3대 편집위원회(오익근)때부터 '온라인 편집회의'를 적극 활용하여 수도권과 지방이라는 공간적 격차를 해소한 이래 편집회의에 전자메일을 적극 활용해 오고 있다. 또한 단양 국제학술대회 직후인 1998년 11월 상업 호스트 KITEL을 서버로 홈페이지 〈www.kitel.co.kr/~tosok〉 을 운영하기 시작하였으며, 이를 더욱 발전시켜 2000년 3월, 14대 학회(손해식)의 출범과 더불어 전용 홈페이지〈www.tosok.or.kr〉을 개설하여 회원관리, 공지사항 전달 뿐만 아니라, 한글 및 영문 학회지에 게재된 논문을 회원들이 손쉽게 다운로드받도록 조치하였다.

● 학술활동의 질적 성장과 과제

이제까지 韓觀 창립 이래 현재까지의 활동 중 중요한 사항을 망라하여 史的 측면에서 살펴보았다. 韓觀은 창립기부터 거의 20여년의 기간 동안은 유치단계(infant stage)를 벗어나지 못했다. 그리고 그 후 대략 1980년대 중반부터 10여 년간 활동의 침체 수준을 벗어나지 못했고, 그러한 틈을 비집고 많은 동종 유사학회들이 출현하였지만, 이에 불구하고 90년대 중반 전후부터 제도의 전향적 변화와 더불어 학회는 비약적인 발전을 보았다는 것이 위의 자료에서도 나타나고 있다.

그러나 이런 평가는 단지 외형적으로 나타난 양적 성장(제도의 개선, 회원수, 재정규모, 학회지 발행횟수 등)에 불과하다. 문제는 질적인 변화도 그에 걸맞게 수반되었는가 하는 것이다. 질적 변화의 문제는 비교의 잣대가 충분치 않아 그 평가가 쉽지 않다. 그러나 이하에서는 가능한 부분만 비교연구를 통해 학술활동의 질적 변화라는 문제에 초점을 맞추어 살펴보기로 한다.

학회의 학술활동이란 학회지 발행과 심포지엄 및 연구발표회가 그 주류라고 할 수 있다. 그러나 심포지엄 및 연구발표회는 그 특성상 익명심사가 아닌 기명논문 심사방식으로 이루어질 뿐만 아니라 발표논문이란 것도 성격상 대개는 실험적인 연구들이 주종을 이루는, 완성도가 낮은 논문들이므로 그 질을 운위할 처지가 못 된다.

그러므로 본고에서는 주로 정기 학술지논문에 나타난 질적 측면만을 살펴보기로 한다.

1. 학술활동의 현주소: 질적 변화

이미 많은 학자들이 논의하고 지적하였듯이 관광학은 성격상 종합사회과학의 범주에 속한다. 그러므로 그 연구범위는 실로 넓고도 다양할 수 밖에 없다.

Jafari-Ritchie(1981)나 Sheldon(1990)이 지적하듯, 관광이란 현상은 경제학, 경영학, 지리학, 인류학, 심리학, 사회학 정책학, 생태학 등 여러 학문의 혼합(disciplinary amalgam)이라 해도 지나치지 않는다. 그런 면에서 본질적으로 관광학은 타 사회과학에 비해 이론적 지식에 관한 한, 질적 깊이가 부족한 학문이라는 지적은 이미 자주 운위된 바 있다(김사헌, 2002: 89-90). 관광학의 질적인 수준을 밝히려면 이를 타 사회과학 분야와 비교연구 해야 하나, 본고의 제한된 여건하에서 그런 방대한 작업을 하기에는 무리라는 판단 아래 여기서는 기출판된 논문들의 내부적인 특징이나 문제점만을 살펴보도록 하겠다.

우선 韓觀 논문의 연구분야와 관련하여 지적될 수 있는 점은 연구분야가 특정 분야, 특정 테마에로 지나치게 편중되고 있다는 점이다. 이미 여러 논자들이 지적한 바 있지만, 관광학연구의 주제는 호텔경영분야와 마케팅 분야에 너무 치중되고 있다(김민주, 2000; 김사헌, 1997,1999). 즉, 호텔 종사원의 직무 만족 내지 태도 관련 연구가 절반 가까이에 달하고 관광일반분야에 있어서도 선호 · 지각 등 마케팅성향의 논문이 30% 이상을 차지하고 있는 것이 韓觀 학술지의 현실이다. 물론 이런 현상이 韓觀 학술지에만 국한된 현상은 아니다. 예를 든다면, 관광레저연구 는 "관광과 여가"를 주제로 표방하는 학술지이면서도 2000-2002년간에 同學術誌에 게재된 86편의 논문을 살펴보면, 마케팅 분야가 전체의 51%, 경영전략 분야가 20.9%, 재무관리가 5.8%로서 전체 논문의 86%가 마케팅과 관광경영 분야 일색인 것으로 밝혀지고 있다(최규환, 2003: 19).

그 배경을 살펴보면, 우리나라 4년제 대학 관광관련학과 교수진 전체의 47.3%(호텔경영 29.7%, 경영 17.6%)가 호텔 내지 경영전공이라는 조사결과(한국관광공사, 1994)에서도 그 원인을 읽을 수 있는 것으로 보이지만, 사실은 관광학이라는 학문의 연구방향이 마치 '爲人設官'식으로 마케팅 내지 경영학 쪽이 주류를 이루어야 할 필요는 없으며 또 학문성격으로 볼 때도 결코 바람직하지 않다. 마케팅과 경영학 분야는 관광학이라는 분과학문(discipline)의 일부 구성학문에 불과하지 전체가 아니다(Jafari-Richie, 1981 참조). 어쩌면 순수분과과학(a pure discipline)으로 인정하기 어려운 '處方的, 技術的' 성향이 강한 이런 '기능적인' 학문을 基底學問으로 삼아온 기존의 관행 때문에 '관광학의 비학문성'(indisciplinarity of tourism studies) 논쟁이 촉발되고 있는지도 모른다(예컨대, Tribe, 1997, 2000; Leiper, 2000). 어쨌든 특정 학문을 중심으로 한 일방향적 · 편식적 연구경향은 장기적으로 볼 때 관광학의 학문적 발전에 필요한 충분한 영양소가 될 수 없다는 것은 자명하다.

또 한 가지 문제는 연구자들의 연구방법 채용에 관한 경향이다. 연구방법 측면에서 『관광학연구』 논문을 해외 유수 학술지의 그것과 비교해보면(표 3-6-10 참조), 외국 학술지들이 이론과 사례연구가 거의 50%에 육박하는 반면 관광학연구지는 '이론 · 문헌연구'가 겨우 20%대에 지나지 않으며, 설문지를 이용한 조사나 면접 · 현장조사에 의존한 소위 '경험적 연구'에 치중하고 있다. 즉, 이론연구 등 질적 혹은 규범적 연구보다는 경험적 방법이 근년에 들어 90% 대에 육박하는 것으로 밝혀지고 있다(표 3-6-11 참조). 물론 경험적 연구라 해서 그 모두를 부정시해서는 결코 안되겠지만, 그 내용을 들여다보았을 때는 문제가 심각한 수준임을 알 수 있다.

표본수의 부적절성은 물론 비확률 표본(임의표본) 방식을 근간으로 한 설문조사가 학술지 전체를 풍미하고 있기 때문이다(한범수 · 김사헌, 2001 참조).

표 3-6-10. 국내외 학술지의 연구방법별 비교(1996-1998)

단위 : 논문편수(%)

연구방법	관광학연구	ATR	JTR	TM
이론·문헌연구	11(18.7)	32(28.8)	21(21.7)	30(26.1)
사례연구	2(3.4)	23(23.7)	18(18.6)	38(33.0)
역사적 접근	0(0.0)	6(5.4)	2(2.1)	3(2.6)
설문지법	19(32.2)	6(5.4)	23(23.7)	14(12.2)
면접,현장조사	16(27.1)	17(15.3)	21(21.6)	14(12.2)
기타	11(18.6)	27(24.3)	9(12.4)	16(13.9)
合 計	**59(100.0)**	**111(100.0)**	**94(100.0)**	**115(100.0)**

※ 주 : ATR과 JTR은 미국에서 발행되는 Annals of Tourism Research, Journal of Travel Research을 의미하며, TM은 현재 뉴질랜드에서 발행되는 Tourism Management 誌임.

자료 : 김사헌(2002) p. 106의 표를 재구성.

『관광학연구』의 또 하나 특징을 보면, 간학문적 내지 초학문적 접근에 대한 의존성이 지나치다는 점이다. 종합과학이라는 관광학 자체의 성격이기도 하고 '회원들'끼리만 참여하는 우리나라 학회들의 전반적 특징이기도 하지만, 관광에 관한 연구는 관광계학과 소속 교수들의 전유물이 되고 있는 것이 현실이다. 그 결과, 사회학, 경제학, 인류학, 지리학, 심리학 등 기초 사회과학분야 쪽에서의 기여도는 거의 없다고 보아도 과언이 아니다.

표 3-6-11. 관광학연구誌 투고논문의 연구 접근방법별 추이

방법론별	기간별 논문 편수 (단위 : 편, %)				
	1977-84 (N = 81)	1985-90 N = 74)	1991-93 (N = 56)	1994-95 (N = 28)	1996-2001* (N = 175)
規範的	3(3.7)	- (00.0)	1(1.8)	1(3.6)	4(2.3)
記述的	42(51.9)	41(55.4)	24(42.9)	2(7.1)	5(2.9)
經驗的	8(9.9)	13(17.6)	20(35.7)	24(85.7)	156(89.1)
處方的	28(34.6)	20(27.0)	11(19.6)	1(3.6)	10(5.7)

※ 주 : ATR과 JTR은 미국에서 발행되는 Annals of Tourism Research, Journal of Travel Research을 의미하며, TM은 현재 뉴질랜드에서 발행되는 Tourism Management 誌임.

자료 : 김사헌(2002) p. 106의 표를 재구성.

이런 현상은 외국 학술지와 비교연구를 통해보면 극명하게 나타난다. 관광학연구와 Annals of Tourism Research의 논문투고자를 전공 소속별로 대비해본 결과가 표 3-6-12이다. 관광분야 전공자가 前者는 81%, 後者는 39%로서, Annals of Tourism Research 에 비해 관광학연구는 관광 이외 사회과학 전공자의 기여가 비교가 안될 정도로 낮게 나타나고 있는 것이다. 관광학연구의 경우, 비관광 전공자 19%중에서도 경영(정보) · 회계 계열 전공 연구자가 6.5% 포인트, 원예 · 조경 · 임학(13명)이나 도시 · 교통 · 건축 · 토목(13명) 등 비순수 응용과학이 5.2% 포인트를 차지한다는 점도 우리나라 관광학이라는 학문의 발전에 기초 사회과학분야 쪽에서의 기여가 거의 없다는 사실을 시사해준다. 코헨(Eric Cohen), 그래번(Nelson Graburn), 스미스(Valene Smith), 클로슨(Marion Clawson), 피어스(Douglas Pearce), 릭터(Rinder Richter) 등 관광학과 교수가 아니면서도 많은 이론개발로 관광학 발전을 선도하는 외국의 사례는 우리들에게 他山之石이 되고도 남는다.

표 3-6-12. 학술지 투고자의 관광전공 여부 비교

학술지 명	게재 총 호수(통권)	총 저자수	관광전공(학과) 소속자수	관광 이외 타전공학과 소속
관광학연구	21호(1994-2002)	494명	399(80.8%)	95(19.2%)
Annals of Tourism Research	31호(1995-2002)	555명	217(39.1%)	338(60.9%)

※ 1) 관광학연구는 18권 1호(1994)부터 26권(2호)까지 통권 21호이며, Annals of Tourism Research는 22권 1호(1995)부터 29권 4호(2002)까지 통권 31호이다.

2) 관광학전공(학과)는 관광학, 관광경영, 관광개발, 호텔경영, 외식조리, 문화관광, 관광통역 등을 의미하며, Annals of Tourism Research에서는 tourism, leisure, recreation, travel 또는 hotel and hospitality 전공 등을 지칭한다.

3) 비관광 전공자수는 경영(정보) · 회계 32명(6.5%), 원예 · 조경 · 임학 13명(2.6%), 도시 · 교통 · 건축 · 토목이 13명, 경제 · 무역 전공자가 12명 컴퓨터 · 행정 2명의 순이다.

4) 1회 이상 동일 게재자도 누적하여 환산함.

자료 : 관광학연구 및 Annals of Tourism Research 각호를 토대로 필자 작성.

학회지의 질적 발전은 곧 논문수준의 발전이며 그 수준은 보통 인용율(citation impact factor)을 통해서 우회 평가된다. 표 3-6-13은 韓觀의 『관광학연구』 게재 논문

의 각 학술지 인용도를 조사 해 본 것이다. 익명심사제 도입 이후를 전반기(1994.8-1999.2)와 후반기(1999.8-2002.6)로 나누어 상호 비교해 보았다. 전반기 132편의 게재 논문 중에서 관광학연구지 내의 타인논문을 인용한 평균편수는 74편(자기 논문은 6편)으로 인용도는 편당 평균 0.561편(자신의 논문을 포함한 인용도는 0.682편)으로 극히 저조하였다. 타 학회지 인용도는 이보다도 훨씬 낮았지만, 대개 호텔경영학연구, 관광레저연구, 관광연구의 순을 보여주고 있다.

후반기에 들어서는 전체 164편의 게재 논문 중 관광학연구의 여타 논문을 인용한 평균편수는 1.324편(자기 논문은 0.421편)으로 인용도는 편당 합계평균 2.36편으로 급신장한 것으로 나타나고 있다. 타 학회지에 대한 인용도도 미세하게 증가하였지만 韓觀 학회지 인용도는 전반기에 비해 거의 3.5배 수준으로 신장한 셈이다.

이는 관광학연구지가 학진의 '등재학술지'로 인증되어 그 위상이 인정된 사실에 연유하지 않나 여겨진다. 아직도 인용도가 만족할 수준이라고 평가할 수는 없지만 타학회지에 비해 인용도가 크게 격상되고 차별화된 것은 사실이다.

표 3-6-13. 韓觀 관광학회지의 투고논문 인용도

발행일 및 논문편수		저자가 관광학연구지에서 인용한 각종 학술지				
연도. 월	논문수	관광학연구	호텔경영학연구	관광연구	관광레저연구	기타 학술지
94.8-99.2	132	74(6)	9(1)	3(0)	1(6)	7(1)
논문편당 인용율		타인 0.561	타인 0.068	타인 0.023	타인 0.008	타인 0.053
		자기 0.121	자기 0.008	자기 0.000	자기 0.045	자기 0.008
		합계 0.682	합계 0.076	합계 0.023	합계 0.053	합계 0.061
99.8-02.6	164	318(69)	21(7)	10(10)	3(1)	15(12)
논문편당 인용율		타인 1.939	타인 0.128	타인 0.061	타인 0.018	타인 0.091
		자기 0.421	자기 0.043	자기 0.061	자기 0.006	자기 0.073
		합계 2.360	합계 0.171	합계 0.122	합계 0.024	합계 0.164
94.8-02.6	296	392(85)	30(8)	13(10)	4(7)	23(13)
전체 논문편당 인용율		타인 1.324	타인 0.101	타인 0.044	타인 0.014	타인 0.078
		자기 0.287	자기 0.027	자기 0.034	자기 0.024	자기 0.044
		합계 1.611	합계 0.128	합계 0.078	합계 0.037	합계 0.122

※ 괄호 속 숫자는 자신의 논문을 인용한 회수임., '타인'은 타인의 논문을, '자기'는 자신의 논문 인용도임. 인용율은 총 인용회수를 게재논문 편수로 나눈 수치임.

자료 : 한국관광학회지『관광학연구』각 연도(1994-2002)를 토대로 계산.

관광학회지가 관광학과 교수들의 교수재직기간 동안 인당 평균 0.93회(표준편차 1.86)에 그치고 그것도 개인간 표준편차가 크다는 사실, 재직기간 연수가 높아갈수록 투고율이 다소 낮아지는 현상(r=-0.317), 그리고 부교수, 조교수 순으로 관광학연구지에의 투고율이 높다는 점에서 유추해볼 때, 학회지 투고가 직급이 낮은 교수 중심으로(최하위인 정교수는 제외) 이루어지고 있다는 사실도 알 수 있다(김사헌, 2002: 170). 이런 사실을 종합해 볼 때, 韓觀 학술지는 과거보다는 젊은 계층 교직자나 연구자를 중심으로 발전해가고 있다는 점을 시사해주고 있는 것으로 보인다.

2. 대외 활동 및 기타

학회는 학자들을 중심으로 한 학술단체이지만, 그렇다고 학회가 관심분야 연구 기능에만 국한되는 단체는 아니다. 韓觀 정관의 설립목적(제3조)에 "학술활동을 통해 관광학의 학문적 발전과 국가 관광정책 수립에 기여하고 나아가 국민 여가생활의 질적 향상과 우리나라 관광산업 발전에 이바지함을 목적으로 한다"라고 명시되었듯이, 우리나라 관광정책 수립, 국민의 여가생활 그리고 업계의 발전을 도모하는 것도 학회의 빼놓을 수 없는 주요 역할이다. 이런 역할 내지 사명에 韓觀이 그 동안 얼마나 이바지해 왔는가? 회고해보건대, 그 대답은 그리 긍정적이지 못하다.

주변에는 교육자 내지 학자가 담당해야 할 과제들이 산적해 있다. 우선 관광이라는 학문이 도대체 正體性이 없으며 급변하는 시대조류에 부응하지 못한다는 우려도 높다. 이를 위해서는 관광학 교육의 범위 설정, 관광기초학문의 설정, 업계가 필요로 하는 지식과의 조화를 위한 모범 커리큘럼 구성 등이 필요하다. 이것은 당연히 대학 측, 더 구체적으로 교수집단이 해야 할 역할의 영역에 속한다. 그러나 이는 어느 학자 개인이 주창하여 성취될 수 있는 간단한 과제가 아니다. 어려우면서 실현가능성도 희박하며 설령 실현되더라도 장기간의 시간을 요하는 그런 과제들이다. 그 역할의 선봉장은 교수들의 단체인 '學會'가 맡아 주도하는 것이 바람직하며 그런 점에서 가장 오랜 역사를 지니고 유일한 사단법인체인 한국관광학회가 이 역할의 구심점이 될 수밖에는 없다. 반세기가 넘도록 韓觀이 아직 이런 현안을 놓고 고민하는 자세를 보인 적이 있는가를 깊이 자성해볼 필요가 있다.

그 외에도, 관광전문직제의 도입 노력 혹은, 그릇된 정부 관광정책에 대한 비판이나 모니터링 활동 혹은 로비 단체로서의 역할, 현업 실습제도의 개선 등 학회가 나서야할 과제들이 산적되어 있다. 그러나 지난 30년을 돌아보건대, 韓觀은 이런 역할과는 거리가 멀었다고 평가된다. 韓觀이 그 설립목적에 충실하기 위해서는 보다 관심을 기울이고 '목소리'를 높여 현실 타개에 나서야 하지 않을까 생각된다.

향후의 과제와 도전

학회 창설 이래 30년이 지나 사람으로 치면 한창 왕성한 壯年 시대에 접어든 지금, 눈을 돌려 이제는 보다 높은 차원에서 주변과 현실 그리고 미래를 조망해볼 시기가 되었다. 종합적으로 회고해 볼 때, 韓觀은 창립이래 30여년의 시간이 지나면서 실로 격세지감이라 할 정도로 장족의 발전을 기록하였다. 그러나 그것은 주로 학회 제도와 학술활동의 발전 등 학회내적인 성장이라 규정해도 크게 지나치지 않을 것이다. 또 하나의 향후 30년을 설계해야 될 이 시점에서 우리 학회가 내적으로 그리고 외적으로 나아갈 방향이 무엇인가를 생각해 본다. 이를 위해서는 먼저 우리 사회가 처한 상황들을 살펴볼 필요가 있다.

먼저 현실을 보면, 우리나라는 어느덧 산업사회에서 정보화 사회로 빠른 속도로 전환해버린 시점에 와 있다는 사실을 느낀다. 더불어 우리의 일상생활이나 의식구조도 과거 60-70년대와는 판이하게 바뀌어져 버렸다. 일보다 여가를 인생의 주된 관심사로 삼는 계층이 급증하고 있으며, 많은 사람들이 여유롭고 인간다운 삶, 즉 '삶의 질' 영위를 인생 제일의 목표로 삼게 된 것이다. 주5일제 근무시대에 들어 남아도는 여유시간을 어떻게 활용해야 할 것인가라는 문제 즉, 잉여시간의 계획과 활용방안 강구가 오늘날 우리 사회의 주요한 생활 관심사로 떠오르고 있다. 정책 결정자인 기업이나 정부 시각에서 생각한다면 이러한 사회적 요구에 부응하기 위하여 여가기회를 선용하고 관리하는 공급 · 관리 정책이 시급한 정책과제가 되기에 이르렀다. 한편으로는 농어촌을 중심으로 한 전통경제가 반세기도 안 되어 붕괴되고 농어촌사회는 이제 신생아 출산율 마저 중지된 채 '사막화 과정'을 밟고 있는 중이다. 궁여지책으로 나온 것이 일본의 소위 그린 투어리즘(green tourism) 시책을 모방한 "녹색관광"이니 "농어촌관광"이니 하는 처방책으로서, 최근 농촌진흥청이나 농어촌개발공사, 농협중앙회, 농림수산부, 행정자치부 등 관련기관들은 관광을 통해 이들 농어촌을 회생시키려는 방안을 강구중이거나 혹은 시행하고 있다.

이런 변화와 도전의 시기에 韓觀과 그 소속 학자들은 무엇을 어떻게 응전해야 할 것인가를 생각해보지 않을 수 없다. 현실을 수수방관한 채 '실무'니 '실천'이니 입으로만 되뇌며 치졸하고 편협한 주제 연구에만 맴돌고 있는 것은 아닌가? 우리 관광학자들과 學界가 다 함께 자성해보아야 할 시점에 와 있는 것이다.

이런 거창하고도 시급한 현안과제 연구에 동참하거나 도전하기 위해서는 韓觀은 무엇보다 안으로는 내적인 역량을 더욱 키우면서, 외적으로는 國家全域的 나아가 地球村的 시대 조류에 한시 바삐 동참하여야 한다. 먼저 역량을 키우기 위해 내적으로 韓觀이 도전해야 할 과제는 다음과 같은 것이 아닐까 생각된다.

1) 회원의 정비와 확충

학회란 단체의 힘의 원천은 회원조직과 재정의 튼실함이다. 학회에 가입하지 않은 관광계열 교수는 아직도 다수인 것으로 파악된다. 이들의 회원가입을 적극 유도함은 물론 비관광계열 연구자나 학자의 동참도 과감히 유도시켜야 한다. 재원확보에 도움이 되는 기관회원 확충에도 총력을 기우려야 한다.

2) 제도적 정비와 개선

유명무실한 기구나 위원회, 위원 제도를 통폐합하고 시대 조류에 맞는 기구나 위원회를 설립해야 한다. 예컨대, 정책위원회 등을 신설하여 무엇이 현재 및 향후 韓觀의 필요한 과제이고 그 실행수단은 무엇인가를 연구 · 제시하는 싱크탱크가 필요하다. 학술대회나 심포지엄에서 다루어야 할 과제, 대민 · 대정부 및 대업계를 위한 대외과제의 개발 등이 그러한 일들이다. 또 세칙없이 그때그때 방편적으로 운영되는 학술상이나 관광진흥상 제도 운영에 관한 시행세칙이나 상설 실무위원회 등을 규정으로 만들어 제도화해야 한다.

3) 인재의 발굴과 육성

지난 30년간을 돌아보건대, 학회 침체와 성장은 거의 전적으로 그 집행부, 특히 학회장의 역량과 소명의식에 비례한다는 사실을 우리는 경험하였다. 주어진 막중한 역할을 등한시한 채 학회를 개인의 名利를 위한 목적으로만 오용한 시기에는 학회활동이 침체되고 오로지 헌신적 노력과 추진력으로 봉사하는 학회는 더욱 성장 · 발전한다는 교훈을 우리에게 주었다. 따라서 학회의 장기적 발전은 역량있고 소명의 식에 넘친 인재를 두루 발굴 · 육성하여 활용하는가에 달려 있다 해도 과언이 아니다.

4) 학술 활동의 질적 강화

학술활동, 특히 심포지엄 운영과 학회지 발간사업의 내용과 형식은 다른 학회들의 典範이 될 정도로 장족의 발전을 이룩하였다. 그러나 내적으로 더 개선해야 될 사항도 많아 보인다. 예컨대, 형식에 치우치는 경향이 있었던 심포지엄을 보다 내실화할 필요가 있으며, 너무 편집규정에만 얽매인 정기 학술지 발간 등에 신축성을 가미할 필요가 있다. 이를테면, 후원기관의 구미에만 영합하는 주제보다는 보다 현실적이고 시대조류에 맞는 도전적인 주제(예를 들어, 관광을 통한 농어촌의 회생 방안, 週5일 근무시대의 여가활용 문제, 현대 대학교육에 맞는 표준 교과과정의 제언, 관광정책의 현안문제 비판 등) 도입을 통해 심포지엄을 명실상부화 해야 한다. 또 학술지 논문투고는 '회원'에 한한다는 식으로 자격을 고집할 것이 아니라 과감히 문호를 타 사회과학에도 개방하여(물론 투고논문 심사비에 대한 차등은 두어야 한다) 회원의 경쟁을 부추기고, 한편으로는 명망있는 관광학계 외의 석학 등도 과감히 초빙하여 고식적인 심사로부터 자유로운 초청논단(invited papers) 제도를 도입하는 것이 논문주제나 내용의 편협성을 벗어날 수 있어 보인다. 학회지 발간횟수를 다소 늘려 회원들의 투고기회를 늘림은 물론, 懸案이 되고 있는 특정 주제만을 다루는 특별호(special issues) 제도를 년 1회 정도 도입토록 하는 방안도 연구해볼 필요가 있다.

외적인 과제로는 다음과 같은 도전을 생각해볼 수 있을 것이다.

(1) 학문과 교육의 정체성 확립

우리나라 교육과 학문의 부실문제는 어제 오늘의 문제나 특정 학문의 문제가 아니지만 관광의 경우는 특히 심하다. 근래 대학지원 資源이 급격히 줄어들면서 대학들은 궁여지책으로 최근 입시지원자들의 인기분야에 속하는 관광계 학과나 대학원만 경쟁적으로 계속해 증설되고 있는 관계로 관광교육 내용은 더욱 부실해지고 나아가 전문직으로 인정받거나 진출할 수 있는 가능성도 줄어드는 상황이다. 이럴 때일수록 학회가 나서서 관광관련학과에 대한 대학 · 대학원 교육을 평가, 공개해 상호경쟁을 유도하고 학문과 교육부실을 예방하는 프로그램 개발에 앞장서는 조치가 필요하다.

(2) 현실 관광관련 행정 내지 정책에 비판과 조언

단체의 힘은 건전한 비판을 통한 현실참여에서 나온다. 요사이 유행하는 소위 "連帶"와 같은 류의 시민단체운동도 바로 그러한 소이에서 이루어진다. 이미 14대 학회 때 설립하기로 하고도 유야무야된 바 있는 '관광정책 포럼'을 살려서 현실문제 개선에 적극 참여하는 것이 학회의 대외적 위상을 높일 수 있다. 과거 '국민의 정부'보다 현재의 '참여 정부'는 관광의 중요성에 대해 관심 밖이라고 비판해도 될 정도로 소극적인 것이 사실이다. 이를 깨우치게 하고 정책개발을 선도해야 될 책임은 오로지 학계, 즉 韓觀의 몫이 아닐까 생각된다. 더불어 찾아야 할 몫에 대한 노력도 학회 차원에서 이루어져야 한다. 이미 한국국토계획학회나 한국조경학회가 공무원 직제에 도시계획직, 조경직 등을 삽입시키는 데 성공했듯이 韓觀도 관광직제 도입을 위한 노력을 기우려야 한다.

(3) 지방화 시대에 대응한 도전

바야흐로 지방화 시대에 접어들고 있으므로 학회도 지역사회 활동에 대한 참여로 이에 대응해야 한다. 즉, 교류 · 협력하며 상호이익을 꾀해야 하는 바, 지방 자치단체와의 자매결연, 순회 세미나 개최 등이 그런 것이다. 정책의 빈곤이나 인재난에 허덕이는 지자체와 교류협정을 체결하여 지역사회의 싱크탱크가 되어주고 반대로 지속적 행재정적 후원을 얻는다면 그것은 一石二鳥의 역할이 될 수 있다. 필자가 소속한 학과도 학과

차원에서 정선군 · 부여군 등과 자매결연을 맺어 해당 지역사회에 많은 도움을 준 적이 있으므로 이는 실현가능하고 또 그 효과도 보장되는 도전이라고 생각된다. 또 기존 조직을 활용하던가 아니면 '지방화시대 위원회' 혹은 '농어촌 특별위원회' 같은 목적위원회를 새로 구성하여 피폐해진 농어촌을 장기적으로 돕는 프로그램을 운영하는 방안도 생각해 볼 필요가 있다.

(4) 세계화 시대에 대응한 도전

국내 학회로 안주해서는 글로발화하는 시대 조류에 발맞출 수 없다. 해외 단체나 학회와의 교류는 물론. 관광관련 세계대회에의 적극 참가만이 우리 학회, 나아가 한국 관광학계의 위상을 높이고 발전시킬 수 있다. 이를 위해서는 타 학회들 같이 상설기구로 가칭 '국제교류위원회' 혹은 '동북아 관광위원회' 등을 구성하여 이들과 전문적으로 교류하고 참여하는 제도도 생각해볼 필요가 있다.

이상으로 다시 향후 30년을 바라보며, 도전해봄직한 잠정 과제들을 도출해 보았다. 이런 복잡하고 다기화된 과제들에 도전하기 위해서는 현재의 조직이나 제도로는 역부족일 수도 있다. 현재와 같은 회장 1인 중심의 중앙집중식 제도로는 이런 각종 위원회의 활동, 산적한 과제의 처리를 통제 · 조정하기가 쉽지 않다. 오히려 지금의 제도를 전향적으로 보완한 내각제 형식 혹은 분권화된 행정제도의 도입도 적극 검토해볼 필요성이 있어 보인다.

참고문헌

- 김민주(2000). 우리나라 관광경영학 연구의 추세와 방향모색. 『관광학 연구의 현황과 과제』(김사헌 외 8인 공저) 백산출판사.
- 김사헌(1997). 관광학 연구에 나타난 논문 주제분석과 향후 학회지의 발전방향. 관광학 연구 , 21(1): 5-8.
- 김사헌(1999). 우리나라 관광학술지의 연구논문 성향 분석: 『관광학연구』 誌의 成果를 중심으로. 『관광학연구』, 23(1): 189-211.
- 김사헌(2002). 『관광학 연구방법강론』 백산출판사.
- 김사헌(2002). 관광관련학과 교수의 연구생산성과 그 결정요인. 관광학연구 , 26(2): 159-180
- 최규환(2003). 관광학술지 연구논문에 관한 내용분석: 관광레저연구 학술지를 대상으로. 『관광레저연구』, 15(1): 11-29.
- 한범수 · 김사헌(2001). 관광학 연구논문의 조사설계 방법에 대한 비판적 고찰: 한국관광학회 간행 관광학 연구지를 중심으로. 관광학연구 , 25(2): 351-361.
- 한국관광학회(1977-2003). 『관광학연구』 창간호 및 각 권호.
- 한국관광학회(1983). 『제1회 한일관광학회 공동연구 발표요지』 서울: 저자.
- 경기대학교(2002). 『요람』. 저자.
- Annals of Tourism Research (1995-2002). 각 권호.
- Jafari, Jafar and J.R. Brent Ritchie(1981). Towards a framework for tourism education: Problems and prospects. *Annals of Tourism Research*, 8(1): 13-34.
- Leiper, N.(2000). An emerging discipline. *Annals of Tourism Research* 27(3): 805-809
- Sheldon, Pauline J.(1990). Journals in Tourism and Hospitality: The Perceptions of Publishing Faculty. *The Journal of Tourism Studies*, 1(1): 42-48.
- Tribe, John(1997). The indiscipline of tourism. *Annals of Tourism Research* 24(3): 638-657
- Tribe, John(2000). Indisciplined and unsubstantiated. Annals of Tourism Research 27(3): 809-813.

「역대 학회장 회고」:
학회에 남기고 싶은 이야기

안 종 윤[*] (Ahn, Jong-Yun)
한국관광학회 제 6~7대 회장

● 학회에 남기고 싶은 이야기들

1. 제 6대 회장(1982. 1. 14~1984. 2. 18) 시절 회고담

1982년 1월 14일 여의도 교원공제회의실에서 열린 '82년도 한국관광학회 총회'시에 필자는 제6대 한국관광학회 회장으로 선출되었다. 학회발전과 관련하여 무엇보다도 먼저 생각나는 것은 '학이불염(學而不厭) 회인불권(誨人不倦)', 다시 말해서 배우기를 싫어하지 않고 사람 가르치기를 게을리 하지 않는다는 논어에서의 이야기였다. 왜냐하면 학회 회원 구성원의 대부분이 학계 교수로서 연구와 교육의 일에 종사하고 있었기 때문이다. 한편, 또 다른 생각을 낳게 하는 점은 요즘에 와서 우리는 과학세계에서 배워서 알 수 있는 것과 생활세계에서 살면서 알 수 있는 것의 두 가지를 함께 알아야 제대로 알 수 있다고도 한다. 연구에서는 우리의 관광분야만큼 그 학제적 연구가 강하게 요청되는 분야도 드물다고 하겠으며, 우리의 관광학회 구성원에 있어 그 학제적 연구를 위한 태세를 갖춘 곳도 드물다고 자부하고 싶었다.

그래서 학회의 새로운 출발, 새로운 변화의 과제로서 학제적 연구의 진면목을 밝힌 바 있었다.

---

[*] 작고

생각건대 學際的研究라는 것이 단순히 어떤 문제를 각기 다른 전문분야의 시점에서 관찰하는 것으로 그쳐서는 의미가 없다고 할 것이다. 거기에도 어떤 공동의 목표가 있고 구심점이 있어야 되리라고 본다. 관광에 관한 학제적 연구 역시 마찬가지이다. 그렇다면 우리들의 공동목표는 무엇일까? 그것은 한마디로 관광과 관광사업을 올바로 인식하고 진흥하는 것이라고 말하고 싶다. 그와 같은 우리의 공동목표를 구체화하고 그의 실천방안을 모색하기 위해 '관광학'도 존재하는 의의가 있다고 하겠다. 본 학회의 당면과제인 분과별 연구도 궁극적인 목적은 거기에 있다.

취임인사에서 업무의 사업계획으로 회원에게 보고드린 주요내용은 "첫째, 한국 관광학의 패러다임 정립, 둘째, 학제적 연구의 확대, 셋째, 관광학연구의 국제화, 넷째, 관광학술지 제호 '관광학'을 '관광학연구'로 수정, 다섯째, 회원 상호간에 학문적, 인간적 유대를 강화한다"는 발표이었다.

1982년도에 관광연구개발의 길목에서 한국관광학회 회장이라는 중책을 맡은 이래 미력이나마 학회발전을 위해 무엇인가 공헌해 보고자 노력해 왔다. 관광학의 연구발전을 위하여 학회의 결성 이래 매년 연례행사로 2회 국내학회 학술대회를 원칙적으로 당연히 개최하는 일이다. 그러나 특기할 만한 일은, 학회의 연구 및 활동무대를 국외로 확대시켜 활동영역을 아시아로 넓히는 것에 멈추지 않고 유럽과 미국쪽으로 확장하는 일이 필자의 숙원이었다. 여하튼 앞으로 우리국민의 살림살이는 형편이 좋아질 것이고 그에 따라 관광인구는 증가할 것이다. 비록 경제적 수치가 높아지지 않더라도 국민의 의식수준, 관광의욕 수치가 높아짐에 의해서도 관광인구는 늘어날 것이다. 물론 한국을 찾는 관광객의 수도 늘어날 것이다. 아니 늘어나도록 우리가 서로 노력해야만 하겠다. 그러한 미래를 수동적으로 받아들일 것이 아니라 능동적으로 맞이하여 선진관광국으로의 도약을 위하여 관광가치의 창조와 진화를 위해 연구개발 하는 일이 우리들 "관광전문인" 또는 학회가 해야 할 일로 생각되었다.

1983년도에 들어와서 量보다 질을 중시하여 한국정부는 관광외화수입의 증대 및 관광객 유치효과 증대를 위한 각종 관광객이용 기본시설 정비에 노력을 하게 되었다. 이러한 정부의 노력을 반영하듯 1983년도의 국민 국내관광객은 사회의 안정 및 소득의 증대 등으로 급격히 증가하여 1982년의 113,132천명에 비하여 4% 증가한 117,713천

명으로 기록을 남겼다. 한편, 자율화 추세와 국제화시대의 능동적 대처를 위하여 '83. 1. 1부터 관광목적의 국외여행이 제한적이나마 처음으로 허용되어 1983년 중 2,443명이 국외관광여행을 하였다. 어려운 관광여건과 세계적으로 저조한 관광추세에도 불구하고 '83년도 외래관광객 유치와 관광외화획득에 있어 전년 대비 각각 4.3%와 18.7%의 성장률을 기록하였다. 1983년도의 세계의 국제관광량은 세계관광기관(WTO)의 추계에 의하면 여행자수는 2억 9,387만명, 여행수입은 96,219백만불을 기록하였다.

한국과 일본의 관광분야 연구교류회의를 가진 것은 1982년초 부터이다.[1] 일본관광학회를 대표하여 마에다(前田) 교수가 한국관광학회 회장으로 취임한 필자를 방문하고 한일 관광학회간의 학술교류회 개최에 관해 협의를 하기 시작한 시기는 1982년 봄인 것이다. 한편, 한국은 급속한 경제발전에 의해 사회가 안정되고, 외국인 방문객 수용을 중심으로 한 단계에서, 국민의 국외여행 자유화가 제한적이나마 개시됨으로써 국민의 국내관광 진흥도 본격적으로 착수하게 된 시기였다. 수차례의 협의를 거쳐, 제1회 한 · 일 관광학회 공동연구회는 제14차 한국관광학회 개최와 더불어 '관광학회의 현황과 과제'라는 주제하에 여러 주요문제를 가지고 1983년 8월 27일~28일에 양일간 한양대학교에서 개최되었다. 제1회 한 · 일 관광학회 공동연구회를 개최했던 1983년도는 한국관광학회에서 관광학연구의 국제화를 위한 중요한 출발의 한해였다고 본다. 왜냐하면 이때만 하더라도 한국 대학의 학회가 국제학회 개최를 거의 할 수 없는 실정이었다. 그렇기 때문에 한양대학에서도 국제학회 개최의 경험이 없었고 관광학 분야에서 학문분야의 국제화를 위해 처음으로 시도하기 때문에 한양대에서 학회 개최 예산경비 지원을 전적으로 관심을 갖고 최대의 협조를 해 주었었다. 아직도 그 당시의 관광학회 국제화를 위한 크나큰 배려에 한양대학교에 대해서 고마움을 잊지 않고 있다.

제2회 한 · 일 관광학회 공동연구회는 '84년 1월 22일에 일본의 입교대학(立教大學)에서 '한 · 일 관광왕래의 현황과 과제'라는 주제로 개최되었다. 두 차례에 걸친 연구회의 공동테마는 '관광연구의 현황과 과제'였으며, 한 · 일 연구자가 상대방에게 자국의

---

1 '83~'84년 2차에 걸친 한 · 일 관광학회 공동연구회에 대한 이야기를 정리한 내용이다.

관광연구 현황에 대해서 보고하는 내용이 중심이 되었다. 또한 이 84년도는 1988년 올림픽 개최지가 서울로 결정된 해이기도 하여, 동경올림픽 후의 일본관광에 관한 보고도 기대되었다. 입교대학에서 개최된 제2회 연구회에서는 그 당시 제2단계 개발이 종료된 한국 · 경주의 관광개발을 공통 과제로 삼아, 일본의 연구자도 현지 조사를 사전에 실시한 후 토의하는 섹션을 준비한 적도 있어, 전문성이 높은 학술교류가 부분적이기는 하나 실시되었다는 점이 기억에 남아 있다. 1984년 1월 22일 일본 도쿄에서 제2회 한 · 일 관광학회 공동연구회가 있었던 이 기회에 우리의 많은 학회 회원(약 43명)이 참가하여 많은 성과를 얻었음은 물론 공동연구회에의 참가는 학술연구의 성과를 거둔 사실 외에 많은 회원이 숙식을 같이 하면서 학술 연구 겸 관광여가 생활세계의 유익하고 즐거운 경험을 통해서 상호 우애와 친목을 드높인 계기가 되었다는 점에서 길이 추억되어야 할 일로 생각된다. 특히 이 학술 연구 겸 사전관광여행이 오래 기억되는 이유는 '84년도에는 여행자유의 제한이 있기 때문에 국외여행은 어려운 시기에 전례가 없었던 국제학술회의라는 명분 때문에 출국 및 입국허가가 가능했었다. 참가회원 전체는 일부 부부동반도 포함되었지만 전회원이 처음으로 국외여행을 떠나는 실정이었다.

더욱이 관광학 교수이기 때문에 여행의 일정 프로그램도 가장 가치있는 관광코스 내용으로 작성되어 교통수단을 다양하게 하여 전국에서 모든 회원이 부산까지 철도여행으로 저녁에 도착하였다. 늦은 밤에 부관페리 연락선의 배를 타고 부산을 떠나 야간 바다 여행 끝에 아침에 일본 시모노세키(下関)에 도착하였다. 이어서, 후쿠오카(福岡)에서의 여행, 후쿠오카 벳부(別府)온천 등 중요한 관광지를 여행한후 오사카(大阪)에서 야경을 구경하고 하룻밤을 보냈다. 다음날 일본의 고속철도열차 신칸센으로 도쿄(東京)로 떠나 반나절 동안 창밖의 관광을 하면서 도쿄역에 도착하였다. 입교(立教)대학 마에다 이사무(前田勇) 교수가 이미 도쿄역에 직접 마중을 나와 학교버스를 준비하고 대기하고 있어 우리학회 회원을 환영하면서 입교(立教) 대학 근처로 숙소를 정해놓고 이동해 주는 환대의 예의를 보여주었다.

'84년 1월에 제 2회 한 · 일 관광학회 공동연구회를 마치고 난 그 후 1980년대 중반이 되어 일본에서는 제 2회와는 별도로 입교대학을 중심으로 일본관광학연구회 (Japan Institute of Tourism Research)'가 설치되었다. 당시 유일하게 관광학 전공의 대학원을 가지고 있던 입교대학 젊은 연구자를 위해 보다 학술적인 전문성이 높은 학회 조직이 필요하다고 여긴데 있다. 그러나 그 후에 한국관광학회의 교류가 정지상태가 된 것은 참으로 유감이 아닐수 없다. 앞으로 한 · 중 · 일 세 나라의 관광연구공동체 조직을 복원하여 재정립하고 확대 · 개편을 추진하는 일은 가치있는 일이라고 생각한다.

2. 제 7대 회장(1984. 2. 19~1986. 2. 19) 시절 회고담

2년간 회장직을 회원 여러분의 배려와 협력으로 대과없이 마쳤다. 특히 임기 중 이웃 일본관광학회와 공동으로 서울('83 제1회 한 · 일 관광학회 공동연구회) 및 도쿄(동경)('84 제2회 한 · 일공동학회 공동연구회)에서 연구회를 가졌음은 큰 보람과 기쁨으로 여기는 바이다. 회장 재임시절 나름대로의 수확을 거두었음을 큰 보람으로 여겼으나 일을 한번 더 열심히 계속 해보라는 회원 여러분의 뜻에 따라 '84년 2월 19일 서울 롯데호텔에서 열린 한국관광학회 정기총회에서 제7대 회장으로 재선출되어 연임이라는 중책을 떠맡게 되었다. 연임의 이유는 한 · 일 관광학회 공동연구회를 한 · 중 · 일 관광학회 공동연구회로 확대, 개편하는 역할과 '86 아시안게임, '88올림픽에 대비한 학계의 연구 등 일일이 열거할 수 없을 정도의 과제가 산적되어 있었다.

1984년도 들어와서 연임이 된 제7대 학회장으로 새롭게 시작하는 일은 학회의 활동영역을 아시아의 일본에서 구 · 미 다시 말해서 유럽과 미국쪽으로 확대한 일이었다. 우리 학회가 주로 구 · 미의 관광학자 및 전문가와의 교환을 한 해로서 이하에서 그에 관한 주요 행사의 요지에 관해 기술해 보기로 한다.

(1) '84 스위스 관광실무교육자 초청강연회

첫째, '스위스 관광실무교육자 초청강연회'를 가진바 있다. 그 모임은 '84년 6월 2일 서울힐튼호텔 그랜드볼룸에서 개최하였다. 이 자리에서 스위스 관광호텔 아카데미 디렉터며 관광실무분야에서 많은 업적을 쌓은바 있는 Director, R.D. Heagle이 '관광이론과 실제에 관한 사례 연구'라는 주제로 강연을 한바 있으며, 동시에 우리측의 윤전용 교수회원이 '80년대 후반을 향한 한국관광산업의 당면과제'에 관한 연구발표를 행한 바 있다. Heagle 발표를 통해서 밝혀진 사실은 '100년전만 하더라도 스위스는 작은 농업국가에 지나지 않았다는 것이며 Thomas Cook이 관광사업을 일으키면서 관광사업의 비약적인 발전을 보게 되었다는 사실이다.

(2) '84 한·유럽지역 관광공동연구회

'84 한 · 유럽지역 관광공동연구회의 모임을 8월 25일 서울힐튼호텔에서 가졌다.

공동연구회에 있어서의 주제와 발표자는, ① '80년대의 오스트리아 관광의 정책 및 경영과 오스트리아인이 본 한국관광(Dr. Norman Sigle) ② '80년대의 프랑스관광의 정책 및 경영과 프랑스인 본 한국관광(Mr. Jean Hourcarde), ③ '80년대의 이태리 관광의 정책 및 경영과 이태리인이 본 한국관광(Dr. Francesco kanduzzi), ④ '80년대의 스페인 관광의 정책 및 경영과 스페인이 본 한국관광(Mr. Pablo Muller Lasa)이었다. 이상 발표자의 대부분은 자기나라의 관광 및 관광정책에 정통한 전문가일 뿐만 아니라 한국에 주재하고 있는 공관원 등 한국관광의 여러 사정에도 밝은 분들이었음으로 인해 모두에게 귀중하고도 유익한 발표를 해주었다.

(3) '84 국제관광세미나 공동연구회

이 모임은 '84년 9월 14~15일 서울 롯데호텔에서 가졌다. 주최는 한국관광공사가 되었지만 한국관광학회가 주관하여 큰 성과를 거둔 행사였다. 주제와 발표자는 아래와 같다. ① "Role and Impact of Domestic Tourism to the Country in the '80s(Dr. Edmund W. J. Faison) ② Effective Development of Limited Tourism Resources(Dr. Fred R. Lawson), ③ Strategic Marketing Planning to Increase Korea's share of the international Tourism Market(Dr. Donald E. Hawkins) ④ Importance of Market Research for Tourism Development(Dr Peter D. Weldon) ⑤ Model Building for Korean Domestic Tourism Policy(Mr. Jang Choon Lee)

(4) '84 Jafar Jafari(미국 위스콘신대학) 교수 초청강연회

이 모임은 84년 9월 25일에 한양대학교 학생회관 콘서트홀에서 가진바 있다.

Jafari 교수는 세계에서 최상급의 관광학술전문지인 Annals of Tourism Research의 Editor-in Chief로서 30년 동안 편집위원장 역할을 한, 관광학계에 많이 알려진 학자이다. 발표주제는 제1부와 제2부로 나누어, 제1부에서는 '관광정책결정과정에 있어서 사회 · 문화적 가치구조의 이해'의 주제로, 제2부에서는 '관광상품과 서비스가 담긴 장바구니(Market Basket)'란 주제로 행해졌다.

'85년도에도 연례행사로서의 2차에 걸친 학술발표회의는 정상으로 열렸다. 그러나 우리 학회의 관심사는 '86 아시안게임은 물론 '88 올림픽을 앞두고 한국의 외래 관광객을 위한 수용태세의 충실과 한국의 이미지를 창조하여 홍보 · 선전의 강화를 어떻게 하느냐에 관해 아래와 같은 국제관광학술세미나를 개최하였다. 9월 25~26일 양일간 '88 서울올림픽을 겨냥한 한국관광의 진흥과 수용태세 개선'을 주제로 한국 관광공사와 한국관광학회가 함께 추진하는 국제관광학술세미나에서 우리 학회는 아래와 같은 외국인 발표자를 모시고 세미나를 개최하였다.

(1) 브렌트 리치(Brent Ritchie) 교수[캐나다 캘커리 대학교 관광학과장]

(2) 존 한트(John D. Hunt) 교수[조지워싱턴대학교 관광학과장]

(3) 자파리(Jafar Jafari)교수[위스콘신대학교 교수 겸 ATR 편집위원장]

한국관광학회 회장이라고 하는 중책을 맡은 4년의 재임 중 필자는 미력이나마 학회 발전을 위해 무엇인가 남겨보고자 나름대로 노력을 해보았다. 돌이켜 보니 회장직을 맡고 있는 동안 충분히 뜻을 이루지는 못하였지만 실천해 보고자 노력한 것 중의 몇 가지는 관광학의 학제적 연구, 관광학연구의 국제화를 위해서 한국관광학회와 외국 학회와의 교류 및 공동연구가 있었다는 점이다. 어느 정도의 결실을 보게된 일은 재임 중 회원의 적극적인 협력, 참여가 있었기에 가능했다고 생각한다.

앞에서 학회 재임 중 활동의 발자취 내용을 적어보니 나의 삶 나의 길에서 잊지 못할 추억이며 보람있는 귀중한 경험이라고 생각한다.

● 새로운 학회 발전을 위한 제언

우리의 관광학회가 추구해야할 목표중의 하나가 내적 충실을 더해가는 동시에 외국의 '학자'와의 교류를 뛰어넘어 '학회'와의 교류를 위한 지속적인 공동연구를 계속 확충하는 일이라고 하겠다. 아울러 외국학회와의 교류가 단순한 행사만에 그치는 것이 아니라 현대관광에서 지식 기초의 관광학 토대를 구축하여 지속가능한 대중관광의 해법을 찾아서 한국관광학 발전의 토양이 되며, 관광에 관한 이론과 실재의 토착화의 계기가 되어야 하는 점이라고 하겠다. 좀 더 구체적으로 실천 가능한 제안을 생각해 보기로 하겠다.

첫째, 학회차원에서 공동연구회의 국제화

관광학회 공동연구회의 국제화를 위해 추진하는 단계와 대상국가는 1단계에서 한 · 중 · 일 학회 공동연구회에서 출발하여 정착시키고 2단계에서 아세안(ASEAN) 10개 국가로 확대 · 발전시키는 안이다. 이러한 사업계획이 성공한다면 아세안+한 · 중 · 일 13개국가의 관광학회의 국제화를 이룩할 수 있다. 준비과정은 우리학회 내에 현재는 연구분야 내용 별로 분과학회가 존립하고 있으나 앞으로는 공동연구회를 나라별로 이를테면 한 · 일 관광공동연구회, 한 · 중 관광공동연구회 등으로 13개 국가의 분과연구회를 두게 하는 안이다.

둘째, 국제화 · 세계화 과정에서의 한국관광학회 회원의 연구능력 지위향상

한국관광학회의 『관광학연구』 편집위원회의 투고 · 심사 및 평가기준에 관한 통합규정의 재검토를 통해 학회의 지위를 향상시킬 수 있다. 우리학회 회원의 연구수준을 세계속에서 경쟁력이 있도록 높이기 위해서는 전세계에서 관광학연구의 상급수준으로 알려진 논문 학술지의 글로벌 스텐다드 심사기준을 도입하여 개정할 필요가 있다.

한국관광학회에서 발행하는 『관광학연구』지가 국내에서는 최고급 수준의 연구 평가를 받고 있지만 현재 이미 세계각국의 관광학계 논문연구수준의 등급을 발표하고 있는 상황에서는 세계 기준으로 볼 때 등재 인정을 받는 저널에 게재된 한국 관광학자 수가 적기 때문에 이에 대한 평가는 관광학연구분야에서 좋은 소식이 아니라는 데에 문제가 있다. 왜냐하면 연구평가의 대상을 세계적으로 알려져 있는 Annals of Tourism

Research 같이 우수 학술지에 이른바 사실상 세계가 인정하는 등재지 역할을 하고 있는 저널에 한국의 관광연구자의 게재수의 다소에 의하여 한국의 평가를 받기 때문이다.

따라서 해법의 하나는 우리 국문으로 집필된 『관광학연구』의 원고 게재 심사기준을 글로벌 스텐다드에 유사하게 맞추어서 연구집필하는 것으로 정하여 추진하여야 한다. 상급수준으로 인정되고 있는 국제학술지에 게재 집필을 할 경우 사전 집필경험이 있었기에 도움이 된다고 하겠다. 한국『관광학연구』를 상급 수준으로 끌어올리는 토대를 구축하는 방향으로 새로운 변화를 위한 도전이 필요한 단계에 있다. 미래는 도전하는 자의 몫이다. 국제적 경제위기 이후 새로운 세계로 가는 과정에서 새로운 지식을 갖고 연구의 가치를 창출하고 진화를 통하여 끊임없는 관광연구개발로 우리학회의 미래가 선진화 한국으로 가는 길에 한구석이나마 주도적 역할이 있기를 기대해 본다.

「역대 학회장 회고」:
지금 記憶되는 이야기들

신 현 주* (Shin, Hyun-Ju)
한국관광학회 제 13대 회장

● 학회와 함께한 임원진

충남 관광 학술대회와 학회 총회가 있은 후 새롭게 시작하는 20대 한국관광학회 임원들을 위한 워크숍이 강원도 태백시 O_2리조트에서 개최되었다. 전임 회장으로 구성된 고문중의 한 사람으로서 이 워크숍에 참석하게 되어 학회를 위해 일하고 계신 교수님들을 만날 수 있었다. 그 동안 우리학회가 맺어 온 결실들을 보고 받고 또 새롭게 구성된 임원들의 포부와 계획들을 들으면서 학회회원의 일원으로 그 동안 참여해 온 일에 대해 큰 자부심을 갖게 되었다.

본인이 회장으로 일했을 때는 우리나라가 IMF 구제 금융을 신청 할 수 밖에 없었던 경제적 위기 상황에 처해 있었지만 당시 부회장이셨던 김사헌, 김진탁, 손해식 교수님과 총무 이사였던 김성혁 교수님 그리고 임원들과 학회 회원들의 열성적인 협력으로 연구활동, 저술활동, 학술심포지움, 국제 협력 활동들이 잘 이어져왔다고 생각된다.

전임 회장이었던 한양대학교 손대현 교수님은 학회 활동이 회장선출 문제에 너무 많은 시간과 정력이 소비되는 것을 지양하기 위해 수석 부회장 제도를 정관에 신설하여 차기 회장을 미리 정하는 획기적인 결정을 하였다.

* 작고

본인이 회장으로 있는 동안 우리 학회가 전국학회로서의 위상을 공고히 하기 위해 서울 이외의 지역의 교수님으로서 유능하고 헌신적으로 학회를 이끌어 가실 분이 수석 부회장으로 선출되게 하였다.

내 기억으로는 처음 학회를 시작했을 때에는 경기대, 경희대, 한양대, 동아대, 계명대, 세종대 교수들이 주로 앞장을 섰으며 이장춘, 김충호, 김상무, 손해식, 안종윤 교수님이 특별히 기억에 남는다. 지금은 고인이 되신 김진섭, 김병문, 정경훈 교수님이 많이 애쓰셨던 것으로 생각된다.

본인이 회장으로 있을 때 이충기, 김정만, 엄서호, 이태희 같은 젊은 교수들이 공부를 마치고 귀국하여 활발한 활동을 시작한 것으로 기억된다. 그 때 관광학회회원 명부를 보면 약 200여명이 수록되어 있는데 이번 조명환 회장님이 만드신 회원명부에는 1,000여명이 넘게 수록 되었다. 회원 수만 보아도 우리 학회가 크게 성장을 했음을 알 수 있다.

최근 The Asia Pacific Tourism Association(APTA), Council on Hotel, Restaurant and Institutional Education(CHRIE), Society of Travel & Tourism Educators(STTE) 등 국제회의에 갈 기회가 있었는데 많은 한국 교수님들이 세계 각국의 우수한 대학과 연구 기관의 교수 또는 연구원으로 참여한 것을 보았다. 또한 본인이 구독하고 있는 International Journal of Tourism Sciences, Journal of Travel & Tourism Marketing, Journal of Teaching in Travel and Tourism, Asia Pacific Journal of Tourism Research, Cornell Quarterly, Pacific Tourism Quarterly 등 논문집에서 많은 우리 교수님들의 우수한 논문을 읽게 되어 정말 흐뭇하다.

앞으로 더욱 적극적으로 국제적인 학회 모임과 학술지에 교수님들이 많이 참여하여 우리 학회와 우리나라 관광학 발전에 크게 기여할 수 있기를 바라며 20대 임원들의 건투를 빈다.

학회와 맺어진 인연들

1983년 가을부터 일년동안 미국 조지아주 아틀란타시에 있는 Georgia State University에 방문교수로 갔던 일이 있다. 도시 한 복판에 위치한 이 대학교는 특히

College of Public and Urban Affairs, Hotel, Restaurant and Travel Administration으로 잘 알려져 있다.

학교를 처음 방문한 날 William Suttle 부총장을 만나게 되었는데 그는 학장인 Patti Shack 교수를 찾았다. Shack 교수는 본인을 만나자 Urban Affairs 대학의 학생회장이 한국학생이라고 하면서 열심히 공부하고 지도력도 뛰어난 학생이라고 자랑하였다. 그 날 학장실에 가서 처음 그 학생을 만나게 되었는데 그가 Kaye Chon(전계성)이었다. 지금은 The Hong Kong Polytechnic University의 학장으로 널리 알려진 학자로 성장 했지만 그 때는 부인과 아이들까지 있는 유학생으로, 정말 열심히 공부하면서 바쁘게 살아가고 있었다. 그는 그 후 Las Vegas의 UNLV에서 석사학위를 한 후 Virginia Politechnic Institute and State University에서 박사학위를 받고 그 대학 교수로 있다가 University of Houston으로 옮겨 갔다.

지금은 Hong Kong에서 전 아시아 관광 교육의 흐름을 주도하고 있다. 그가 시작한 Asia Pacific Forum for Graduate Student Research in Tourism이 최근 서울에서 열렸고 내년에는 일본에서 열린다. Harwarth Hospotality Press에 편집 책임자로서 많은 논문과 책을 출간 하였고 어느 해인가 CHRIE 총회에서 최고의 논문상을 수상하였다. 그와 함께 우리관광학계의 많은 교수님들이 국제적인 학문 활동에 참여하는 것을 보면서 그가 학생 때 정말 열심히 살아가던 그 모습이 새롭다.

그 때 Georgia State University에서 만났던 다른 한 학생이 이연택 한양대학교 교수이다. 다른 나라에서 만나게 된 우리 세 사람은 한국관광산업의 미래에 대한 이야기를 많이 하였다. 당시 일반 경영학을 공부하던 그는 자신이 있었던 관광공사의 일을 생각하며 그 즈음 관광학을 공부해야겠다고 결심한 것으로 안다. 그 후 Washinton D.C.로 학교를 옮겨 관광학으로 박사학위를 받고 귀국하여 한양대학교 교수로 그리고 한국관광연구원 초대 원장으로 우리 학문분야에 업적을 쌓고 있다.

두 사람을 1980년대 초에 아틀란타에서 만난 것을 행운으로 여기면서 앞으로도 그들이 우리 분야에 더욱더 큰 공헌을 하기를 기대한다.

「역대 학회장 회고」: 나의 '觀光餘錄後記'

손 해 식 * (Sohn, Hai-Sik)
한국관광학회 제 15대 회장

● 관광경영학 교수 40년

1970년 동아대학교에서 시작한 나의 관광경영학 전공 교수생활이 2006년 停年과 함께 다시 名譽教授로 연장되어 올해로 40년째를 맞는다. 나의 생애를 다 바친 세월이었고 대학과 학회활동의 연속이었으나 선 · 후학들에게 내 놓을 만한 업적이 없다보니 마냥 悚懼할 따름이다. 다만 2006년 2월 말에 나의 停年記念으로 제자들이 출판해준 '관광여록(觀光餘錄)'에 싣지 못했던 '나머지 기록'이랄까 기억의 片鱗들을 간추려 '관광여록 후기'로 남길 수 있어 다행으로 여긴다.

70년대 초반까지만 해도 전국에 관광관련 교육기관으로 인가된 곳은 2년제 초급 대학과 4년제 대학을 합쳐 10여 곳에 불과했다. 동아대학교의 경우 전국 有數의 리조트호텔인 해운대의 극동호텔과 극동여행사를 학교법인 동아학숙이 경영하고 있어서 현장실습 시설여건이 좋아 초급대학에 관광과와 관광실무과, 관광민속공예과를, 그리고 학부과정에 관광경영학과(주 · 야간)를 함께 개설하고 있었다. 10여명의 전임교수를 확보한데다 호텔 · 여행사 CEO를 강사로 모셔 영남지역에서는 가장 경쟁력 있는 관광교육기관으로 인정받았으며, 졸업생들의 취업은 거의 100퍼센트였고, 4학년 초에는 입도선매식으로 현장실습을 마친 관광호텔이나 항공사, 여행사, 관광협회 등에 취업이 보장되

* 작고

었고, 관광공사에도 해마다 선발이 되던 시절이어서 관광관련 학과의 교수직에 큰 보람과 긍지를 느낄 수가 있었다.

회고컨대, 당시 1인당 국민소득은 500달러를 겨우 달성할 무렵이었고 國民觀光의 기반이 취약한 가운데 인바운드 투어리즘을 정부주도로 추진하던 시절이었다.

관광의 기본시스템으로서 인프라스트럭처에 해당하는 국제공항과 부두, 철도와 도로 상하수도와 전기통신 각종 교통시설의 미비에다가 수퍼스트럭처로서 호텔과 식당, 위락시설과 쇼핑시설, 그리고 관광자원의 미개척 상태에서 무모하게 관광사업을 추진하느라 관광진흥 정책을 수립하고 관광법규의 제정과 함께 관광행정을 전개하였던 것이다. 구미제국에서처럼 사회적인 觀光現象이 자연스레 발생하여 이를 활성화하기 위해 관광사업을 진흥시킬 관광정책을 수립해 온 과정과는 반대로 관광현상이 없는 상태에서 인위적으로 국제관광을 정책적으로 강행한 꼴이 되었던 것이다.

한편 관광사업 현장에는 유자격 종사자를 의무 고용토록 함으로써 구인난에 허덕였고 관광종사자를 양성 · 공급해야 할 관광교육 현장에는 교수요원의 부족은 물론 실험 · 실습 기자재를 확보하느라 곤욕을 치르기도 했다. 무엇보다 교육교재의 부재현상을 극복하는 것이 焦眉의 관심사였다. 당시 관광교재로 입수 가능하였던 교재를 例擧해 보면, 먼저 1963년도에 경기대 관광경영학과를 창설하고 초대 학과장을 역임한 김영실교수께서 편찬한 국내 최초의 관광교재인 『관광사업론』(1966년 판)이 고작이었고, 일어교재의 번역본인 『현대관광론』(1974:유비각), 영어교재인 D. E. Lundberg의 "The Tourist Business"(1972:시카고) 그리고 R. W. McIntosh의 "Tourism: Principles, Practices & Philosophies"(1970:그리드)를 대형서점에서 구입할 수 있는 정도였다.

● 일본지역 관광학술시찰 유감

1972년 8월 한 달 간, 나는 학과개설 때부터 뜻을 같이 해온 동료 한연수교수와 함께 당시 교육부와 한국관광협회가 주관한 동남아 관광학술 시찰단 11명에 선정되는 행운을 얻었다. 5~6명으로 구성된 시찰단이 일본지역과 홍콩지역을 각 2주간씩 번갈아 시찰하는 관광 일정이었다. 나와 한연수 교수, 경기대의 김진섭 교수, 김용원 교수 그리고 교육부의 한태수 대학행정과장은 먼저 일본 시찰단에 편성되었고, 수도여사대(세종대)의 박승애, 주정자 교수 등은 홍콩 시찰단에 편성되었으나 두 시찰단 모두 교차 시찰을 포기하고 일본과 홍콩에서 4주간을 체류하며 각기 관광교육기관과 관광행정부서, 관광사업체, 관광협회 등을 두루 시찰 또는 견학하는 기회를 가졌던 것이다.

문제는 일본팀에서 벌어졌다. 관광학술시찰 출발 한 달 전 서울에서 개최된 한국관광학회 창립총회에서 초대 회장으로 선출된 김진섭 교수와 같은 대학의 김용원 교수가 개인적 견해 차이였는지는 모르나 두 분은 서로 대화를 단절한 채 김진섭교수는 일본 도착 이튿날부터 우리 시찰단 일행과는 접촉을 끊은 채 개별행동을 하였고 귀국 시에도 따로 입국을 해버린 것이었다. 그럼에도 김용원 교수는 동경의 지인을 만나 우리들의 시찰에 큰 도움을 주었다.

지한파 여성 지도자요 일본 중의원의장의 비서실장을 지낸 일 · 한친선회 리더인 고마쓰여사는 우리가 투숙했던 뉴오타니호텔, 게이오프라자호텔, 데이고쿠호텔, 아카사카와 긴자, 녹본기 일대, 국회의사당과 메이지궁 등을 자상하게 안내하면서 고급레스토랑(몬세르통통)에도 초대하였다. 나는 동경에 사는 처형(안병원:호텔 및 골프회사 사장)의 초청으로 우리 일행과 함께 데이고쿠호텔 중국관에서 융숭한 대접을 받았다. 이에 뒤질세라 한연수 교수도 후쿠이(福井)시에 거주하는 외삼촌의 초청으로 장거리 여행과 식사대접을 받게 하였다.

당시 일본 사회는 1964년 도쿄 올림픽 개최의 포스트이펙트로 고속전철 신간센의 운항을 비롯, 게이오 프라자 등 대형 호텔과 백화점이 즐비하고, 모든 건물에는 에어컨이 가동 중이었으며, 도쿄부의 지하철은 4통 8달 그대로였다. 일행은 도쿄의 릿쿄대학에서 학과장 마에다 이사무 교수를 만나 1960년에 창립된 일본 관광학회와 경과에 대해서 유익한 정보를 얻었으며 도쿄역 건너편에 위치한 일본관광협회와 국제진흥회도 방문하여 관광분야 출판물과 각종 보고서를 구입하는 기회를 갖기도 했다. 한교수와 나는 신간센을 타고 신오사카까지 기차여행을 해보기도 하고 일본 최대의 관광휴양지, 아따미 해변과 후지산록의 하코네 호수, 스카이웨이 드라이브를 체험하기도 하였다.

한 달 가량의 일본 체류였지만 생각보다 빨리 지나갔다. 2학기 개강 걱정을 하며 8월 30일에 귀국하였으나 늘 김진섭교수 생각으로 마음이 편치 않았다. 그러던 차에 김용원 교수께서 김진섭교수의 한국관광학회 회장체제를 거부하고 '한국관광이사회'를 발족하였다는 통보를 받게 되었다. 그로부터 학회기능이 정지된 지 3년 만인 1975년 10월, 경기대의 박용호 교수께서 학회를 다시 추스려 회장직에 오르게 되었고 나는 부회장을 맡아 해운대 극동호텔에서 정기총회 개최준비와『관광학』제2호를 부산(태화출판사)에서 발간하도록 적극 도와드렸다.

학회 창립 배경과 성과

이미 김사헌(본 학회 제13대 회장) 교수께서『관광학연구』제27권 제1호(통권 42) "30년의 회고와 향후 과제"란 제하의 기고에서 韓國觀光學會의 創立에 따른 경과를 史實에 근거하여 객관성 있게 기술한 바 있고, 저도 이 부분에 대해 전적으로 공감하고 있다. 먼저 한국관광학회가 서울에서 경기대 관광경영학과 소속 교수들이 중심이 되어 학회설립을 발기하고 창립을 보게 된 것은 그만한 연유가 있었기 때문이다.

70년대 초, 서울지역에는 관광교육기관으로 경기대, 수도여사대(세종대), 경희초급대, 숭의여전, 홍익공전, 한양여전 등이 개설되어 있어 전국 10여개 관광관련대학의 절반을 점유하는 꼴이 되었고, 그 중에서도 전국 최초로 관광학과를 설립하여 전임교수를 가장 많이 확보하고 있었던 경기대에서 한국관광학회 창설의 주역을 담당한 데 대해서는 이의를 제기할 여지가 없었다. 더욱이 경기대의 김영실 교수께서는 1943년 일본청산학원대학 영어과를 졸업한 바 있었고, 김진섭 교수 역시 일본일교(히토츠바시) 대학 법학부와 동 대학원을 수료한 일본통들이었다.

나는 1972년 8월, 일본관광학술시찰 도중에 도쿄의 리쿄대학 관광학부 마에다 이사무 교수를 접견하였을 때 많은 정보를 얻을 수가 있었다. 그는 1960년 5월 11일에 일본관광학회가 상지대학 요케노 노부이치 교수를 중심으로 하여 창립되었다는 사실과 경기대학의 관광학과와 교수들 동정, 그리고 한국관광학회의 창설배경에 대해서도 소상히 알고 있었다. 그리고 일본 관광학회의 학회지겸 소식지인 '연구보고'를 건네주기도 하였다. 참고로 우리보다 12년 먼저 창설된 일본관광학회의 창립에 따른 경과와 설립

취지를 일본관광학회 연구보고 제14호(1984년 11월 1일)의 요케노 노부이치 교수(회장 역임)의 "일본관광학회의 창생기"에서 요약 · 전재하면 다음과 같다.

1959년 5월 25일 칸사이 지역의 카와무라 교수와 규슈지역의 다나카 기이치 교수가 도쿄의 상지대 요케노 노부이치 교수의 연구실을 예방하여, 일본관광학회 창립에 대해 건의하였으나 자격기준에 합당한 창립회원 80명 이상을 확보하는 것과 등록관청의 승인여부가 불투명한 가운데 5개월 여유를 두고 구미제국의 사례를 연구한 끝에 같은 해 11월 가칭 일본관광학회 설립준비위원회를 결성하고, 회칙초안의 심의와 학회명칭의 결정을 본 뒤, 1960년 5월 11일 도쿄 상지대학에서 창립총회를 개최하였다. 학회창립취지문을 요약하면 다음과 같다.

'근년에 일본의 관광사업이 발전하고 있고, 그것이 국민경제에 차지하는 비중도 높아지고 있으며 관광사업의 중요성이 증대함에 따라 이론적, 실제적인 문제도 자주 제기되고 있다. 종래까지 이러한 문제는 실무자들이 그때 그때 처리해왔으나 현재에 와서는 과학적인 조사연구를 바탕으로 종합적인 시책이 필요시되고 있다. 지금까지 일본에서는 관광사업의 학문적인 관심을 갖는 이가 많았으나 조직적인 연구활동은 두드러지지 않았다 한편 일찍이 관광사업이 발전했던 유럽과 미국 등에서는 이미 관광학이라는 독자적인 과학 분야가 확립되어 있었고, 또한 다수의 국가에 관광학회가 설립되어 있다. 뿐만 아니라 이들 국가의 관광학회는 국제적으로 연계되어 국제관광전문가회의라는 조직 하에 연구의 협동화를 꾀하고 있다. 이 산업에 관심을 갖는 우리들은 일본에도 관광학회를 설립하고자 지금까지 준비를 해왔으며 여기에 여러분들의 찬동을 얻어 학회를 설립하고자 한다.'

'일본관광학회설립 준비위원회 대표: 카와무라 요스케(河村宜介), 다나카 기이치(田中喜一), 미와세 이찌로(三輪淸一郎), 요케노 노부이치(除野信道)' 우리나라의 관광학회가 수도 서울의 경기대 중심으로 창립되었듯이 일본의 경우도 원로교수들이 포진해 있던 일본의 수도인 도쿄의 상지대학(요케노 노부이치 교수)과 조도전 대학(미와세 이찌로 교수)이 주도하여 일본관광학회를 창립하였고 초대회장에는 조도전대의 미와세 이찌로 교수가 추대되었던 것이다.

● 유사학회 난립 속, 국제화는 지체

김사헌 교수의 논문에서도 제기되었듯이 한국관광학회가 80, 90년대를 통하여 유사학회의 난립을 초래한 것은 무엇보다 학회 출범 당시부터 학회의 회칙에 미비점이 많았던데 기인하고 있다. 회칙 중 제2조(목적)에 "관광학 관련 학술분야의 연구조사 발표와 보급 및 이를 탐구하는 회원 상호간의 친목을 도모함을 목적으로 한다"고 명시하여 회원 간 친목을 내세워 전국적인 회원분포라는 요건만 갖추면 새로운 명칭의 학회창립이 가능하게끔 되어 있었다. 또한 회칙 제4조(연구실)에 "본 학회의 본부는 서울특별시에 두고 필요에 따라 지역별 지부를 둘 수 있다.

다만 지부를 둘 경우에는 "이사회의 결의에 따라 총회의 승인을 받아야한다"고 명시하여 사실상 지부의 설립이 어렵게 제한을 두고 있었다. 당시 전국 규모의 학회들이 각 지역에 지회(지부)를 두고 있었으나 유독 한국관광학회만은 창설 30년 동안 서울 고집을 버리지 않았고, 따라서 유사학회의 난립을 촉진하는 빌미를 주고 말았던 것이다.

이와 관련하여 부산 경남지역의 경우 1984년 8월 이 지역의 관광분야 대학교수, 산업체 간부 20여명이 친목도모와 정보교류를 목적으로 관덕회(觀德會)를 조직하여 5년간 학회형식으로 운영하다 부산 · 경남관광학회로 발전하였으며, 1989년에 58명의 정회원이 모여 한국관광레저학회라는 전국 규모의 학회를 출범시키게 되었던 것이다 비슷한 시기에 대구 경북지역을 중심으로 한 대한관광경영학회가 등장하게 되면서 유사학회는 우후죽순격으로 늘어나게 되었다. 이와 같은 유사학회의 난립 속에 같은 대학의 교수 간에도 가입 학회별로 분파작용이 야기되기 일쑤였고 학회별로 회원 늘리기에 잡음이 그치지 않았다. 학회의 회장 피선자에 대한 자격기준도 명시되지 않아서 전임강사가 회장에 선출되는 사례도 생겨났다. 회장 선거일이 되면 50명, 100명씩 낯선 회원들이 총회장에 등장하는 진풍경이 연출되기도 하였다.

나의 경우 1986년도 회장선거에 나섰으나 갑자기 불어난 신입회원들의 등장으로 서울지역 후보에 밀려 낙선했던 쓴 경험을 가지고 있다. 부회장 여섯 번을 지낸 다음 2000년대에 들어서 겨우 회장직을 얻을 수가 있었다. 나는 회장선출을 위한 추천 위원회와 회장 취임식에서 재임 중 신규학회의 난립을 예방할 수 있도록 가능한 방안을 강구할 것임을 천명한 바 있었다. 2000년 12월에 한국관광학회 내에 觀光資源開發分科學會를 설치하여 매년 관광학연구 4권 외에 분과학회지 관광자원 개발 특집호를 증간하기로 결정하였다.

여러 학회의 난립에도 불구하고 관광학연구분야의 국제화 요구에 부응하여 최초로 한일 간의 관광학회 공동연구발표회를 시도한 안종윤 제5~6대 회장의 공로를 빠트릴 수가 없다. 1983년 8월 28일 서울 한양대학교에서 제1회 "한일관광학회 공동연구발표회"를 성공적으로 개최한 다음 해 1984년 1월 21~22일 일본 도쿄의 릿교 대학에서 제2회 "일한관광학회 공동연구발표회"를 또한 성황리에 마쳤을 뿐만 아니라 같은 해 8월 25일 서울 힐튼 호텔에서 한 · 유럽지역 국제관광학술대회를 개최함으로써 한국관광학회사에 연구영역은 물론 학술교류의 국제화를 실현하는 전기를 마련했다고 평가할 수 있다. 나는 1983년 1월 안종윤 전회장 재임시 부회장의 위치에서 동계학회를 부산에서 두 번째로 해운대 극동호텔에서 개최하는데 미력이나마 보탬을 드린 것을 큰 보람으로 여기고 있다.

APTA와의 제휴

'90년대 들면서 교수들의 연구실적이 강조되면서 외국문헌에 게재된 논문이 높은 평점을 받게 되자 국내의 관광관련대학의 교수들이 외국의 영문학회지에 연구 논문을 발표하려는 시도가 역력하였으나 전문학회지가 제한된 데다 발표 기회를 얻기도 쉽지 않았다. 나는 1995년 한국관광레저학회의 회장을 맡고 있으면서 회원들의 동의를 구해 아시아태평양관광학회(APTA: Asia Pacific Tourism Association)를 부산 해운대 파라다이스호텔 대연회실에서 13개 국가(한국, 일본, 중국, 홍콩, 싱가포르, 대만, 태국, 인도, 필리핀, 말레이시아, 미국, 캐나다, 호주) 300여명의 관광분야 학자, 전문가들이 참가한 가운데 이틀간 APTA 창립 및 국제관광학술대회를 개최하고, 이 총회에서 초대회장에 추대되었다. APTA는 제2차 연차총회를 호주의 퀸즈랜드(제임스 쿡 대학 필립 피어스 교수 주관)에서 개최하고, 추가 회원국으로 인도네시아, 괌, 뉴질랜드, 휘지 등을 가입시킨 이래 현재는 20여개 국가가 회원국으로 가입되어 해마다 가입회원국을 순회하며 연차총회 및 학술 발표대회를 개최해오고 있다. 1998년 8월 18일부터 3일간 나는 APTA 제4차 총회 겸 학술발표대회를 한국의 충북 단양군에서 한국관광학회와 공공개최하기로 당시 김사헌 회장과 합의하여 실로 성대한 국제학술대회를 마칠 수가 있었다. 당시 이 행사를 협찬한 단양군에서는 이 대회를 영구히 기념하기 위해 단양의 중심가에 기념공원을 건립하고, 국내외 참가자 전원의 명패를 동판으로 제작해 기념식수와 함께 보존하고 있다. 당시 이 대회에 참가했던 외국의 APTA 회원들은 해마다 만나면 단양대회를 잊지 못한다고 실토하고 있어 언젠가 다시 단양에서 APTA와 TOSOK이 공동으로 국제관광학술대회를 가질 수 있기를 기대해 본다. 그리고 APTA가 아시아태평양지역을 넘어 세계 속에 우뚝설 수 있도록 많은 교수들이 참가하여 주시기를 간절히 바라마지 않는다.

지난 일을 반추하다 보니 내 잘못한 일들은 깡그리 잊혀져 버리고 나를 도와주시고 헌신하신 분들의 얼굴이 자꾸 앞을 가린다. 항상 학회활동의 경과와 예측 상황을 정확히 분석하고 조언을 해주신 우리 학회 '역사 지킴이' 김사헌 고문에게 먼저 감사드린다. 그의 제자이자 1982년 동아대 주최 전국 관광학도 학술토론대회 최우수수상자인 한범수 교수께서 우리 학회의 신임회장에 취임한다니 충심으로 축하를 드리는 바이다. 덧붙여 나의 제자 조명환 교수께서 우리 학회 직전 회장을 역임하고 학회의 고문으로 일하게 되어서 더욱 감개가 무량하다. 나의 회장재임 시 학회의 홈페이지를 완성하는 한편으로, 『관광학연구』를 학진의 등재학술지로 평가받게 하는데 혁혁한 공적을 남기신 김성혁 전 편집위원장께도 고개 숙여 감사드린다.

지금까지 저의 부족함과 미숙함 그리고 덜 세련된 언행에도 부단히 격려와 조언을 아끼지 않으셨던 학회 고문 여러분과 회원 모두에게 감사드리는 바이다. 우리 한국관광학회의 영원한 발전과 영광을 위해 항상 기도한다.

관광학연구 제33권 제4호(통권 74)에 게재된 것을 재수록한 것임.

「역대 학회장 회고」: 학회 發展을 위한 提言

김 상 무* (Kim, Sang-Mu)
한국관광학회 제 16대 회장

● 발전적 학회운영 구상

사단법인 한국관광학회가 1972년 설립된 이래 37년의 세월이 흘렀습니다. 사람에 비하면 장년으로 기운이 씩씩하여 한창 활동이 활발한 시기에 들어섰다고 하겠습니다. 현재 우리는 1,000여명이 넘는 회원확보와 통권 73호가 넘는 학술지(관광학연구)를 발간해냄으로써 양적으로나 질적인 측면에서 우리나라의 대표적인 학회로 인정받고 있을 뿐 아니라, 국제적으로도 그 위상을 자랑할 수 있게 되었습니다.

이와 같이 괄목할만한 발전과 성장을 이룩할 수 있었던 것은 선배 · 동료 및 후배 회원들의 피나는 노력과 헌신적인 봉사가 있었기에 가능했다고 생각되어져 머리숙여 경의를 표하고 아울러 감사의 말씀을 드립니다. 그러나 우리는 현재에 만족하고 이 자리에 안주할 수는 없습니다. 급변하고 있는 국제사회에서 경쟁우위를 확보하기 위해서는 우리학회의 위상을 더 높이기 위한 고민을 지속적으로 해야 할 것입니다.

그동안 역대회장 및 임원진들의 노력으로 학회가 발전할 수 있었는데, 특히 문화체육관광부에 사단법인으로 정식 등록함으로써 공인된 학술단체로서의 활동이 가능했다는 점과 회장직의 간선제 도입, 논문의 3인 익명심사제, 국제학술대회 개최, 학술지(관광학연구)의 색인 등재 학술지 인정, 영문학회지 발간, 분과학회 설립 등은 괄목할 만한 업적으로 평가되어질 수 있습니다.

---

* 계명대학교 명예교수

학회발전을 위해서는 효과적인 학회운영과 심도있는 국제학술 심포지움 개최 그리고 질 높은 학술지가 발간되어져야 한다고 믿습니다. 이를 위해 저는 발전적 학회운영을 위한 목표와 학술지 질적 제고 방안을 몇 가지 제시하고자 합니다.

구체적으로 발전적 학회운영을 위한 목표는 다음과 같습니다. 첫째는 産·官·學·硏 간의 協力强化입니다. 전공 특성상 우리는 관광사업체 및 정부공공기관과 긴밀한 협조체제를 구축하고 상호협력을 강화해 나가야만 한다고 믿습니다. 더구나 21세기의 새로운 패러다임으로 인식되고 있는 지식기반 사회에서 변화에 대처하고 경쟁우위를 점하기 위해서 우리는 이론과 실무의 접목과 조화를 실현시킴으로써 혁신적 발전을 기할 수 있다고 생각합니다. 예를 들면, 관과 학을 연계하는 것을 활성화 시키기 위해 각 시와 도의 개발연구원이 중요한 교두보 역할을 하고 있으며 학회는 이를 적극적으로 활용할 필요가 있습니다. 또한 지자체 및 단체장과 관광사업체를 대상으로 수상하고 있는 관광진흥대상 및 관광경영대상은 객관성과 이의 권위를 높이기 위해서 유수 언론기관과 공동으로 수상대상을 선정하여 수여하는 것이 바람직하다고 생각됩니다. 그리고 학회가 주도적으로 전 국민과 외래방한 관광객을 대상으로 "건전관광캠페인"을 펼쳐 나갈 필요가 있다고 봅니다. 특히, 세계적 관심의 초점이 되고 있는 "저탄소 녹색성장"을 위한 무공해 녹색관광발전에 기여 할 수 있는 각종 캠페인을 학회가 선도적으로 지도하고 실천해 나가야 된다고 봅니다.

둘째는 학회의 國際的位相提高입니다. 우리는 이미 대규모 국제학술대회를 성공적으로 개최한바 있고, 아울러 국제학술지로의 인정을 받기 위해 영문학회지를 2002년부터 발간해 오고 있습니다. 또한 국제규모의 학술단체와 교류 및 협력사업 등을 통해 학회를 세계에 널리 알림으로서 국제적 경쟁력 강화는 물론, 우리 학회의 위상을 더욱 높여 나가야 한다고 생각합니다. 예컨대 국제관광학술원(IAST: International Academy for the Study of Tourism)과 같은 세계적으로 권위있는 국제학술단체와의 공동 학술대회 개최함으로서 위상제고는 물론 실질적인 학회 발전을 기 할 필요가 있다고 생각 됩니다. 또한 국제학술 심포지움에 초청되는 외국 학자들에 대한 관심도 가질 필요가 있다고 봅니다. 우리학회 위상에 걸 맞는 수준의 외국학자들이 많이 참여하도록 충분한 시간(적어도 1년 정도의 여유시간)을 가지고 체계적으로 계획을 세워 추진해 나가야 할 것입니다. 따라서 국제적 수준의 학자를 일회성 초빙으로 끝낼 것이 아니라 편집위원

또는 고문으로 임명하여 지속적인 관계를 유지해 나가는 것도 필요하다고 봅니다.

셋째는 學會發展基金造成事業推進입니다. 우리학회는 규모나 내용면에서 이미 자타가 공인하는 최고수준의 학술단체입니다. 따라서 우리는 정기학술대회 및 학회지 발간에만 만족할 것이 아니라, 그 외 다른 중요한 사업들도 펼쳐 나가야 한다고 생각됩니다. 예컨대 연구 및 장학사업이나 우리의 숙원인 학회회관 건립사업 등은 당장 추진할 필요가 있다고 생각합니다. 이를 위해서 우리는 비록 어려운 여건 가운데 있지만 지금부터라도 학회발전기금 조성을 위한 노력과 운동이 필요하다고 생각합니다. 기금조성을 위해서는 기부금 또는 기증품을 제공 받는 통로를 마련할 필요가 있다고 봅니다. 액수의 많고 적음을 떠나 재무적 기여를 하고 싶은데 방법을 모르는 경우가 있습니다. 그 밖에 후원기업 또는 공공기관을 모색하여 학회가 그들의 재무적인 후원에 대한 보상으로 그들이 필요로 하는 무언 가를 제공하는 방안도 검토할 필요가 있다고 봅니다.

다음은 무엇보다 학회의 다양한 활동 중에 핵심은 學會誌發刊에 있다고 봅니다.

사실 앞에서 언급한 세 가지 주요 목표도 더 우수한 학술지 발간과 연결되어 있습니다. 우리학회 학술지『관광학연구』는 1977년 창간호 발간을 시작으로 1993년까지 년 1회로 발간하다가 1994년부터는 년 2회, 제22권부터는 년 3회, 제25권부터는 년 4회, 현재는 년 6회로 증간되고 있어 양적으로 크게 발전하였다고 자부할 수 있습니다.

학회지 발간의 목적은 학문의 최근 동향, 새로운 기법을 소개, 정책방향 제시 등 관광학의 전문성을 대내외적으로 알리는데 있다고 하겠습니다. 이러한 시각에서 본다면 학회지는 비단 본 학회 회원들만의 전유물이 되어서는 안 될 것입니다. 학회지의 수요는 관광관련 학생들, 관광 기업인, 관공서 직원들로 부터도 얼마든지 발생할 수 있습니다. 특히 관광은 실용화되는 논문이기에 그 어떤 논문지보다도 다학제적(multi-disciplinary) 접근이 요구된다고 하겠습니다. 그러나 우리는 진정한 다학제적 접근을 시도해 왔는지 되짚어 봐야 할 것입니다. 논문이 논문적 또는 실용화되는 기여도가 없으면 그것은 무의미하다고 하겠습니다. 지금까지 학회지는 실용적으로 응용할 수 있는 무언가를 제안하기보다는 학문적 기여도가 지배적이었다고 볼 수 있습니다. 저는 실용적인 것이 더 앞서야 한다고 말하는 것이 아니라 그 둘의 균형을 유지하는 것이 중요하다고 강조하고 싶습니다. 이에 본 학회지의 균형적인 발전을 위해 저는 몇 가지 문제점을 지적하고 이를 해결하기 위한 주관적인 견해를 제안하고자 합니다.

우선 문제점은, 첫째 정량적 논문과 정성적 논문의 부적정한 비율, 둘째 종적(longitudinal) 연구의 미흡, 셋째 내재적 의미 도출의 미흡, 넷째 학회지 마케팅의 부재로 요약될 수 있습니다.

학회지의 균형적 발전을 위한 제언

1. 정량적 논문과 정성적 논문의 부 적정 비율

앞에서 언급한 바와 같이 학회지 논문이 과도하게 정량적 기법 그것도 매우 복잡한 기법에 의존하고 있는 것을 볼 수 있습니다. 왜냐하면 많은 학자들의 입장에서 본다면 정량적 논문은 사실 정성적 논문보다 수행하기 훨씬 용이하다는 것을 어느 정도 이해할 수 있습니다. 설문을 통해 데이터를 수집하고 적정한 기법을 활용하여 결과물을 도출하고 적절한 시사점을 제시하면 논란의 여지를 발견하기란 그리 용이하지 않습니다. 물론 결과물의 신뢰성과 타당성을 제고하기 위해서는 좀 더 정밀하고 복잡한 기법이 도입될 필요가 있다고 봅니다. 그러나 그것은 통계 결과물 그 자체 또는 기법의 개선에 의의가 있는 것이 아니라 궁극적으로 더 신뢰성이 높은 결과를 바탕으로 더 명확한 정책적 또는 실용적 시사점을 제안하기 위함을 잊지 말아야 할 것입니다. 관광학이 경제학처럼 우울한 과학(dismal science)이 되기를 바라는 사람은 아무도 없을 것입니다. 지나치게 정량적인, 즉 복잡한 기법과 수식을 강조한 논문은 극소수의 학자를 제외하고는 관심 밖의 대상이 될 수 도 있기 때문입니다.

2. 종적(longitudinal) 연구 미흡

질적으로 우수한 연구를 위해서는 시간의 투자가 필요한 경우가 많습니다. 그럼에 불구하고 대부분의 논문은 단기적 및 일시적 관찰을 근거로 하여 작성되어 지고 있습니다. 이것이 크게 잘못 되었다는 것이 아니라 특정 시점에서 특정 부분 집단은 대표성을 확보하기 어렵고 시간의 흐름에 따른 변화를 읽지 못하는 경향이 있습니다. 종적 또는 종단연구는 동일한 그룹을 오랜 시간을 걸쳐 조사하고 관찰하기 때문에 이러한 한계를 극복할 수 있을 것입니다. 그러나 많은 학자들이 이에 대해 수긍함에도 불구하고 이러한 종단 연구를 꺼려하고 있습니다. 왜냐하면 연구자들은 대체로 쉽고 빠르게 결과물을 원하기 때문입니다. 특히 최근에 강화된 대학의 교수업적평가 및 승진제도로 인하여 교수들의 논문 게재욕구는 매우 증가하고 있습니다. 이러한 제도는 교수로 하여금 논문의 양을 우선토록 하고 질은 중시하지 않게 하고 있습니다. 따라서 오늘날 한국의 관광학 분야에서 종적 또는 종단이라는 키워드를 발견하기는 쉽지 않다고 봅니다.

3. 내재적 의미 도출의 미흡

많은 교수들이 공감하는 부분이겠지만 우수한 연구기법을 활용하여 흥미로운 통계적 분석결과를 확보함에도 불구하고 그에 상응하는 시사점을 발견하지 못할 때가 빈번하다고 봅니다. 이는 연구자가 지나치게 전문적인 정량적 연구에만 치중한 나머지 정치, 경제, 사회, 환경, 기술 등과 같은 다양한 관점에서 해석할 수 있는 지적 능력을 확보하지 못한데 기인한다고 하겠습니다. 관광관련 기업인 및 관공서 관계자는 연구가 시사하는 바에 높은 관심을 보일 것입니다. 그러나 상당수의 논문의 시사점은 피상적인 수준, 즉 연구하지 않아도 어느 정도 짐작할 수 있는 수준이라는데 공감할 것입니다.

4. 학회지 마케팅의 부재

이제는 학회도 마케팅의 관점에서 바라볼 필요가 있다고 봅니다. 그러한 점에서 학회지는 학회의 핵심상품이라고 볼 수 있습니다. 그러나 우리는 학회지라는 상품을 어느 표적시장에 어떤 경로와 가격으로 판매할 것인지에 대해 그다지 심각하게 고민해 보지 않았던 것 같습니다. 등재지로 자리매김한 것은 축하해야 할 일이나 기하 급수적으로 증가하는 관련 학술지에서 살아남는다는 것은 여전히 미지수입니다. 인용지수도 증가하여야겠지만 시장을 좀 더 넓게 확보하는 것도 중요하다고 봅니다.

● 문제점을 보완하기 위한 제언

학회발전 방안을 위해서 다양한 의견이 제시될 수 있지만 저는 앞에서 몇 가지 주요 문제점을 주관적으로 제시하였습니다. 각각의 문제점은 이미 많은 회원들이 인지하고 있는 바 일 것입니다. 이러한 문제점들은 충분한 시간을 갖고 회원들이 함께 고민하여야 할 부분이지만 저는 몇 가지 개선방안을 제안하고자 합니다.

우선 관광연구가 새롭게 진화하기 위해서는 획기적인 정량적인 연구기법 개발도 중요하지만 정성적인 논문도 장려하는 분위기를 만들어야 한다고 봅니다. 그러기 위해서는 제도적으로 학회논문 규정을 보완하여 본 학회지 각 호에 정성적 논문을 게재하는 최소비율을 의무화하는 것도 고려되어져야 한다고 봅니다.

대부분이 기피하는 종적연구는 학회차원에서 장려되어야 한다고 봅니다. 학회에서 어느 정도의 예산이 확보되면 종단연구를 위한 지정과제를 제시할 수도 있을 것입니다. 저는 종단연구를 고집하는 것이 아니라 질적으로 우수한 연구를 학회차원에서 적극적으로 장려할 필요가 있다고 보기 때문입니다.

연구논문의 업그레이드된 내재적 시사점을 도출하기 위해서는 개개인의 연구역량을 강화해야 할 뿐만 아니라 우수한 논문을 수상하고 인센티브를 강화하는 것을 유인책으로 활용할 수도 있을 것으로 사료됩니다. 구체적으로 수상을 위한 논문심사에 내재적 시사점을 평가하는 기준을 마련하는 것도 고려될 수 있을 것입니다.

마지막으로 한국관광학회를 적극적으로 홍보하고 학회지를 위한 마케팅을 강화할 필요가 있다고 봅니다. 이를 위해 학회 논문을 적극적으로 소개하는 회보(Bulletin)를 만들어 관계자에게 배포하는 것도 하나의 방법이 될 수 있다고 봅니다. 이것이 재정적으로 부담이 된다면 이메일 또는 기존의 학회 웹사이트를 통하여 배포하는 것도 한 가지 방안이 될 수 있을 것입니다. 주옥같은 연구논문을 보다 많은 사람이 공유할수록 그 가치는 더할 것이며 학회의 위상과 존재이유(raison d'etre)가 더욱 높아질 것입니다.

위에 언급한 문제점과 해결방안들은 어디까지나 저의 주관적인 견해라는 것을 다시 한번 말씀드리며, 학회를 이끌고 가는 회장, 부회장, 편집위원장 및 그 외 임원들과 함께 우리회원 모두가 함께 고민하고 고려해야 할 문제라고 생각됩니다.

관광학연구 제33권 제4호(통권 74)에 게재된 것을 재수록한 것임.

「역대 학회장 회고」:

관광학계의 역량강화와 위상정립에 관한 小考

정 의 선 * (Jeong, Eui-Seon)
한국관광학회 제 18대 회장

● 서 언

한국관광학회가 1972년 설립된 이래 37년의 긴 연혁 속에서 제18대 학회는 2005. 9. 1부터 2007. 8. 31까지의 기간이었다. 그동안 한국관광학회의 학술심포지엄위원장(제15대 및 제16대 학회, 임기 4년), 학술편집부위원장 겸 산하 관광자원개발학 회의 편집위원장(임기 2년)과 관광자원개발학회 제2대 회장(임기 2년) 및 한국관광학회 수석부회장(임기 2년)으로 10여 년에 걸쳐 학회를 지원하는 임원활동을 해왔다. 이어서 제18대 학회를 직접 이끄는 견인자로서 무거운 직책이 현실로 다가오니 역대 학회장을 역임하신 학회 고문들께서 이룩해온 업적을 어떻게 하면 잘 발전 승화시켜 나갈 것인가에 대한 걱정이 그 당시 앞섰었다. 그동안 역대 학회에서는 회원들의 활발한 연구활동을 유도함으로써 관광학의 학문적 뿌리를 키우는데 이바지 해왔으므로 관광학의 학문적 체계와 연구수준을 높이는 데 가속도를 부쳐 나가고, 산학관의 협력관계에서도 학계의 역량과 위상정립을 강화해야할 때라고 판단되었다.

따라서 제18대 학회는 관광학계의 역량강화와 위상정립을 목적으로 하였다. 이를 위하여 ① 학회의 정관을 준수한다는 기본방향하에 논문게재 기회 확대와 등재 학술지 및 A급 학술지로 유지 발전, ② 관광정책포럼을 통한 정책적 멘토(Political Mentor)로서의 역할 수행과 국제학술심포지엄 및 연구논문 발표대회의 체계적인 개최, ③ 학회다운 학회로서의 권위와 품위유지, ④ 이전보다도 더 많은 학회의 발전기금 확보 등을

* 강릉원주대학교 명예교수

세부 지침으로 하여 첫 발을 내딛었다(한국관광학회보 제74호, 2005. 7). 이와 같은 슬로건으로 출범한 18대 학회의 활동에 관한 회고를 하고자 한다.

● 학계의 역량강화와 위상정립 활동

1. 학회정관 개정과 학술지의 발전

첫째, 정관개정: 학회의 기틀을 유지해야 할 학회정관은 그동안 학회장이 바뀔 때마다 잦은 변경을 가져와 불합리하게 구성되어 있고, 문화관광부가 제시한 『표준정관』의 틀에서도 부분적으로 벗어나 있는 점이 발견되어 제10차 개정(2007. 7. 4)을 통하여 체계화시켜 제19대 학회에선 개정 없이 이어져 현재까지 연속성을 유지하고 있다. 제18대 학회에서의 기존의 제9차 정관은, ① 문장표현의 부적절[예: 이사 80인(줄일 수도 있음), 부회장 15인 이내(2003. 8)], ② 제25조의 번호누락으로 24조에 이어서 26조로 기술, ③ 주요 대강만을 명시한다는 관행을 벗어나 세부사항까지 적시(예: 분과학회 설립 절차 및 분과학회의 모학회 분담금 납입의무, 상임재정 운용 고문조항의 도입, 편집위원장의 임명절차 등), ④ 이사(각 위원회의 위원 포함)의 구분 모호로 이사회의 의결정족수 파악 불가 등의 불합리성이 발견되어 학회운영상 정관을 준수한다는 것은 매우 어려운 상황이었다. 따라서 제18대 학회에서는 정관개정위원장(김사헌 고문)을 임명하고, 위원장께 문화관광부가 제시한 『표준정관』의 틀에 부합하도록 개정 · 보완의 필요성에 관하여 진언을 드렸다. 이에 따라 개정 · 보완된 정관을 이사회 및 총회의 의결을 걸쳐 관계기관에 보고한 후, 승인을 받아 현재 제10차 개정에 이르러 있다(2008 한국관광학회 회원명부: 167-178).

둘째, 학술지의 증편: 학술지인 『관광학연구』를 2007년부터 격월간으로 년 6회 증편함으로써 논문게재에 있어서 더 많은 수용력이 확보되었다. 특히 종전의 『관광학연구』가 6월호를 각권 제1호로 발간하면서 혼란을 초래해 왔는데 매년 첫 출간 되는 2월호부터 각권의 제1호로 순서를 체계화하여 발행하고, 이러한 체계를 다음 학회에 이양함으로써 현재까지 그 지속성을 유지하고 있다. 더욱이 연간 6회(2, 4, 6, 8, 10, 12) 발행되는 학술지 중 6월과 10월호는 분과학회 주관의 특별호로 발간하게 함으로써 연간 약 100여 편 이상의 게재논문을 수용할 수 있게 되었다. 이로 인하여 종전에 비하여 연간 약 30편 이상의 옥고를 추가적으로 게재할 수 있게 되었다.

셋째, 학술지의 최우수 등급유지: 한국학술진흥재단에서는 등재학술지 평가와는 별도로 2002년도엔 교육부의 의뢰를 받아 학술지를 A급, B급, C등급으로 평가하는 사업을 병행하였는데, 이 사업 중에는 국내에서 발행되고 있는 지리학과 관광학의 두 학문 분야 학술지를 대상으로 공동으로 상호 비교분석 평가한 결과 A등급 판정을 받는 쾌거를 이룩함으로써 (편집위원장 한범수 교수), 2년 마다 재심사 받게 되는 등재학술지 평가의 심사를 1회 면제 받게 되었다. 그러므로 제18대 학회는 4년(2006. 12)만에 받게 되는 등재학술지 평가에서 94점으로 적격 판정을 받음으로써 등재학술지로서 최우수 등급의 지위를 유지하게 되었다.

넷째, 관광학술상 수여: 따라서 학술지 증편에 이어 등재학술지 등급유지 및 최우수 학회지로 거듭난 것을 자축하는 의미에서 관광학술상 심사 소위원회(위원장: 변우희 학술편집위원장)에 의뢰하여 임기 내에 『관광학연구』에 게재된 연구논문을 대상으로 심사 · 선정하여 제62차 정기총회에서 표 3-7-1과 같이 『최우수 관광학술상 1편과 우수 관광학술상 2편』을 각각 수상자로 선정하여 수여하였다. 또한 제18대 학회 중에 발간된 『관광학연구』지의 논문심사에서 체계적이고, 논리적으로 설득력 있는 심사를 통하여 게재논문의 질을 격상시키는데 크게 이바지한 심사자를 최우수 및 우수 학술논문 심사상의 수상자로 선정하여 수여하기도 하였다.

표 3-7-1. 최우수 및 우수 관광학술상 및 논문 심사상 수여 현황

최우수 관광학술상	김남조(한양대 교수)	지리정보시스템(GIS)을 이용한 관광지 수용력 적용모형 개발연구
우수 관광학술상	한경수(계명문화대 교수)	한국의 근대 전환기 관광(1880~1940)
우수 관광학술상	김수영(세종사이버대 교수)	다변량 판별분석과 로지스틱 회귀분석, 인공신경망 분석을 이용한 호텔 도산 예측
학술논문 심사상	정유경(세종대 교수)	최우수 학술논문 심사상
	민창기(거제대 교수)	우수 학술논문 심사상
	전병길(동국대 교수)	우수 학술논문 심사상

2. 정책적 멘토 역할과 학술대회의 체계화

첫째, 정책포럼 개최와 제18대 학회 출범: 18대 학회는 학회업무의 인수인계의 지연으로 9월 17일에야 인수인계가 이루어짐으로써 보름이상 학회업무의 공백상태를 가져오는 있을 수 없는 큰 오점을 남겼다. 그러나 대구컨벤션센터(EXCO)에서 열린『국가균형발전과 관광의 역할』이란 주제의 관광정책포럼(2005. 10. 8)은 제18대 학회의 능력을 가늠해 볼 수 있는 첫 행사로서 학회의 정책적 멘토로서의 역할과 위상 제고라는 전기를 마련하는 계기가 되었다. 여기에서의 관광정책포럼은 대한민국 지역혁신 박람회와 관련하여, 국가균형발전과 지역혁신을 위한 관광의 역할과 과제를 탐색해 볼 목적으로 개최되었는데, 본 행사에서는 약 300여명의 학회 회원과 대학생 80여명(경주대 변우희 교수 인솔)이 참석한 가운데 매우 체계적인 행사를 기획·운영했을 뿐만 아니라 이 행사와 함께 역대 학회장을 역임하신 고문님 (안종윤, 손해식, 김상무, 김사헌 고문)들이 배석한 가운데 임원진 임명장 수여와 이어지는 만찬식(株, HTC 김곤중 사장 재정지원)을 성황리에 거행하였다. 이에 따라 후원기관인 국가균형발전위원회로부터 행사에 참여한 타 학회에 비추어 볼 때, 가장 짜임새가 돋보이는 포럼이었다는 분에 넘치는 평가를 받기도 하였다.

둘째, 정책적 멘토 역할: 학회의 인수와 더불어 9월 18일은 한국관광학회 제18대 회장으로서 한국관광공사의 비상임이사로 임명되어(기획예산처장관), 관광공사의 의사결정기구인 이사회에 임기 3년간에 걸쳐 참여하게 됨으로써 학계와 공사간의 직간접적인 연관관계가 그 어느 때보다도 긴밀해 질 수 있었다. 또한 문화관광연구원의 비상임이사(2005. 12. 4~2008. 12. 3)와 문화관광부의 관광진흥개발기금운영 위원(2006. 5~2008. 5), 한국일반여행업협회의 여행불편처리위원회(2006. 6. 29~2007. 6. 29) 등의 활동을 함으로써 정책적 멘토로서의 전후방 연관관계를 극대화 할 수 있는 계기를 마련할 수 있었다.

셋째, 평양방문과 남북관광 정책포럼 개최: 이러한 계기는 한국관광공사 주관으로 2005년 10월 22일~25일까지 3박 4일 일정으로 남북교류협력 확대차원에서 관광산업계, 관광학계, 유관기관 등을 중심으로 추진되는 평양방문 계획 구상에, 관광 학계의 대표로서 학회회원들의 참여를 권유한 바 표 3-7-2의 회원들이 참여의사를 밝혀 왔다. 따라서 인천국제공항에서 평양 순안공항까지 직항로를 이용하여 도착한 후 미지의 세계, 역사적인 평양 및 묘향산 관광 길에 오르게 된 것이다.

표 3-7-2. 학계 대표의 평양방문단

정의선 회장(강릉대 교수)	조명환 수석부회장(동아대 교수)
김민주 부회장(경기대 교수)	김경숙 사무국장(강릉대 교수)
김상태 부회장(한관연 실장)	윤세환 부회장(안산공대 교수)
김성섭 이사(세종대 교수)	이진환 이사(삼척시청)

특히 ①평양 양각도 호텔과 묘향산 향산호텔에서의 숙박, ②옥류관과 평양단고기에서의 북한음식의 시식 및 체험, ③만경대 및 주체사상탑 견학, ④아리랑 공연 및 학생소년문화궁전 공연관람, ⑤가장 오래된 사찰로 일컬어지는 보현사 절터답사와 묘향산 등반, ⑥인민대학습당, 역사박물관, 동명왕릉 답사 등 희소성 있는 많은 관광자원들을 둘러볼 수 있었던 것은 잊을 수 없는 추억거리로 되새겨지고 있다. 학회 임원진의 평양 방문 경험을 바탕으로 약 한 달간의 준비기간을 거쳐 한국관광공사(주최)와 한국관광학회 및 북한경제전문가 100인포럼의 공동 주관으로 표 3-7-3과 같이 한국관광공사의 관광안내전시관(TIC)에서 『관광진흥에서 보는 남북협력, 남북협력에서 보는 관광진흥』 등 관광정책포럼을 개최하였다(2005. 11. 30).

표 3-7-3. 제18대 학회의 관광정책포럼 및 학술대회 개최 현황(2005-2007)

	개최연도(회수)	개최장소	대회 주체 / 발표논문 편수	비고
정책포럼	2005. 10	대구 컨벤션센터	국가균형발전과 관광의 역할	
	2005. 11	한국관광공사 관광안내전시관	관광진흥에서 보는 남북협력, 남북협력에서 보는 관광진흥	
	2006. 9	숙명여대 100주년 기념관	로그인 투어리즘 2006	국제대회
	2006. 11	일산 킨텍스	경기도 한국관광의 중심지, 그 가능성과 대안	
	2007. 9	JW메리어트 호텔	로그인 투어리즘 2007	국제대회

표 3-7-3. 제18대 학회의 관광정책포럼 및 학술대회 개최 현황(2005-2007)(계속)

	개최연도 (회수)	개최장소	대회 주체 / 발표논문 편수	비고
학술대회	2006. 2 (59차)	전남 목포시 신안비치호텔	지역관광개발과 관광레저 기업도시 조성방향	
	2006. 7 (60차)	강원 평창군 용평리조트	레저스포츠와 관광: 한국관광의 새 동력	국제대회
	2007. 2 (61차)	서울 세종대학교	호스피털러티와 프랜차이징	
	2007. 7 (62차)	인천 하얏트리젠시	동북아의 허브, 인천: 한반도의 신성장동력과 관광산업	국제대회

넷째, 국제관광 포럼 『로그인 투어리즘 2006』개최: 2006년 9월 8일부터 9일까지는 숙명여대 100주년 기념관에서 한국관광공사와 공동으로 국제관광 포럼행사인 『로그인 투어리즘 2006』을 개최하여 약 750여명에 달하는 많은 분들의 참여로 IT와 관광의 접목에 대한 관심을 불러일으켜 내용면에서 큰 성공을 거둔 행사였다는 평가를 자아냈다. 그리고 같은 해 11월 16일에는 일산 킨텍스에서 경기관광공사와 산학협약체결 및 『경기도 한국관광의 중심지, 그 가능성과 대안』이란 주제로 제7회 관광정책포럼을 성황리에 개최함으로써 한국관광학회의 행사추진 기획력과 체계적인 면모를 보여줄 수 있는 계기가 되었다. 이러한 연유로 한국관광공사와 공동으로 개최하였던 국제관광 포럼행사인 『로그인 투어리즘 2007』을 2007년에도 9월 14일(금)부터 1박 2일 일정으로 JW메리어트 호텔에서 개최할 계획을 수립하여 다음 학회의 연차적 이관사업으로 인계하여 지속화 하고 있다.

다섯째, 학술대회의 체계화와 위상정립: 한국관광학회 산하 관광자원개발학회(제4대 이장주 회장) 주관으로 『지역관광개발과 관광레저 기업도시 조성방향』이란 주제로 목포에서 개최한 제59차 학술대회와, 정기학술대회로서 『레저스포츠와 관광: 한국관광의 새 동력』이란 주제로 용평에서 개최한 제60차 국제학술대회 그리고 산하 호텔외식경영학회(제2대 차석빈 회장) 주관으로 『호스피털러티와 프랜차이징』이란 주제로 세종대학교에서 개최한 제61차 학술대회는 모두 질적 · 양적으로 대성황을 이룬 행사였다. 또한 제62차 국제관광학술대회는 인천 하얏트리젠시호텔에서 『동북아의 허브, 인천: 한반도의 신성장동력과 관광산업』이라는 주제로 2007년 7월 2일부터 4일까지 개최되었다(고재윤 부회장 겸 학술심포지엄위원장). 특히 약 1,000여명의 학회회원과 외국학자 및 내빈들이 참석한 가운데 영문 및 국문으로 소개되는 영상화면과 함께 매우 짜임새 있게 진행된 개회식 행사에 대하여 참석한 내빈들로부터 아낌없는 찬사를 받음으로써 한국관광학회의 위력을 대외적으로 과시할 수 있는 계기로 받아들여지고 있다. 더욱이 제60차와 제62차 국제관광학술대 회의 개최는 서울 광화문 광장의 옥외 전광판을 이용하여 널리 홍보함으로써 관광 학회의 위상정립과 저변확산에 크게 이바지한 일이 아닌가도 회상해 본다. 서울 광화문 광장의 전광판을 이용하여 2014평창 동계올림픽 공식후보도시 선정과 관련,『레저스포츠와 관광: 한국관광의 새 동력』이라는 주제로 2006 강원 국제관광학술대회겸 한국관광학회 제60차 학술심포지엄 및 연구논문 발표대회 개최를 6월 23일부터 전국민을 대상으로 홍보하였다.

서울 광화문 광장의 전광판을 이용하여『동북아의 허브, 인천 : 한반도의 신성장 동력과 관광산업』이라는 주제로 2007인천 국제관광 학술대회겸 한국관광학회 제62차 학술심포지엄 및 연구논문 발표대회 개최를 6월 18일부터 전국민을 대상으로 홍보하였다.

3. 학회의 권위와 한국관광진흥 및 기업경영 대상수여

첫째, 한국관광진흥대상 및 기업경영대상 수여와 학회의 권위: 제18대 학회에서는 학회다운 학회로서의 권위와 품위유지 및 위상정립을 역설하였다. 이를 위하여 학술대회의 개회식에서는 우리학회의『한국관광진흥정책 및 관광기업경영 평가지침』(제15대 학회시 김규호 부회장 제정)에 의거하여 2006년 제60차 학술대회에서는 한국관광진흥대상에 김종민 한국관광공사 사장(전 문화관광부 장관)을, 2007년 제61차에서는 이명박 전 서울시장(현 대한민국 대통령)을 한국관광진흥대상의 수상자로, 그리고 박상환 (주)하나투어 대표이사와 심재혁 (주)레드캡투어 대표이사를 관광기업경영대상의 수상자로 각각 선정하여 이를 기리기 위해 전체 1,500여 회원의 뜻을 담아 상패를 드린 것은 산학관의 유기적인 발전을 위하여 매우 의미있는 일로 회상한다. 그리고 제62차에서는 안상수 인천시장에게 한국관광진흥대상을, 그리고 (주)HTC의 김곤중 사장에게 관광기업경영대상을 드리게 된 것도 큰 기쁨으로 생각된다.

이러한 학회의 위상정립과 더불어 2006년 6월 12일부터 19일까지 7박 8일간에 걸쳐 관광학계의 대표(한국관광학회 회장)로서 독일 월드컵 개최에 따른 해외 관광마케팅 사업의 일환으로 독일을 비롯하여 영국, 프랑스 등을 방문하여 인바운드 관광객 유치를 위한 지원활동을 펼쳤으며, 2007년 5월 28일부터 30일까지에는 한국관광공사와 (주)현대아산 초청으로 금강산 온정각 면세점 개점식과 내금강 시범 관광에 참여함으로써, 한국관광공사 해외지사의 역할과 남북관광 활성화에 대한 새로운 패러다임 전환의 계기를 갖게 됨은 물론 학회의 권위 및 품위 유지와 관련하여 매우 가치있는 일로 회고되고 있다.

둘째, 관광활성화를 위한 테마관광 팸투어 활동: 2006년 12월 19일부터 1박 2일 간은 경상북도 초청으로『2007경북 방문의 해』를 맞이하여 경북관광을 활성화할 목적으로 역대 회장을 역임하셨던 고문님 네 분(안종윤 고문, 신현주 고문, 손해식 고문, 김상무 고문)과 100여명의 회원이 참여한 가운데 경북도청에서 제공한 전세 버스를 이용하여 경북테마관광 팸투어를 실시하게 되었다(한국관광학회보 제79호, 2007. 1. 1). 우리나라의 관광산업은 관광인프라의 미흡과 기대를 모았던 한류열풍이 점차 저조해짐에 따라 인 · 아웃바운드 간의 극심한 역조현상이 발생하고 있다. 이러한 점을 감안하여 여기에 대한 대안의 일환으로서 학회와 자치단체가 고심한 끝에 한국관광을 선도할『경북테마관광 상품개발』이라는 발상으로 학회 차원에서는 처음 시도해 본 팸투어 행사였다.

이어서 2007년 7월 4일에는 인천관광공사(최재근 사장) 후원으로 제62차 학술대회 행사의 부대행사로, 윤세환 부회장과 김경숙 사무국장으로 하여금 2박 3일간(1박 2일에서 기상악화로 귀환이 어려워 연장됨) 사전답사를 통하여 점검하도록 한 후, 제18대 학회의 마지막 사업으로 학회 고문님과 임원들을 모시고 매우 희소가치가 있는 백령도 투어 계획을 수립하였다. 그러나 백령도 투어를 위하여 유람선 선착장에서 출발하려고 대기하고 있는 순간 우천, 해무 등 기상악화로 인하여 출항이 어려워져 인천도심권 관광으로 대체할 수밖에 없는 상황에 직면하게 되었다. 따라서 ①차이나타운, ②일본제1은행, ③인천상륙작전기념관, ④대불호텔 부지(1888년 건립), ⑤자유공원 등을 대체

관람함으로써, 이 또한 역사문화와 인천관광에 대한 새로운 인식의 틀을 넓혀 줄 수 있는 매우 의미있는 투어로 생각되고 있다.

셋째, 대학생 국제교류와 대학원생 연구논문 발표 활성화: 표 3-7-4와 같이 문화관광부(주최), 한국관광공사(주관), 한국관광학회(운영)가 공동으로 2006년 9월 10일부터 15일까지 5박 6일 동안 일본 청년시장과의 교류 촉진과 문화적 이해를 도모할 목적으로 전국 20여개 대학이 참여하여 추진된『한 · 일 대학생 필드트립 교류회와 그 결과 보고회』는 관광학 관련 대학생들로 하여금 학술단체로서 한국관광학회의 역할과 위상을 깨닫게 하고, 전문가그룹의 역할을 느끼게 하는 가치있는 행사로 자부심을 갖는다.

표 3-7-4. 한일 필드트립 교류 참가자 현황

번호	성 명	소 속	일본방문경험
인솔자	이하영	문화관광부 국제관광과 주무	○
인솔자	설경희	한국관광공사 일본팀 과장	○
인솔자	김경숙	한국관광학회 사무국장(강릉대 교수)	○
인솔자	윤세환	한국관광학회 부회장(안산공대 교수)	○
1	김꽃샘	대구가톨릭대 관광학과 3학년	×
2	김민관	용인대 관광학과 4학년	×
3	김성진	동아대 관광경영학전공 3학년	×
4	라진석	세명대 외식경영학과 3학년	×
5	류은혜	호남대 호텔경영학과 3학년	×
6	박세웅	세종대 호텔관광경영학과 3학년	×
7	박정은	동의대 호텔컨벤션경영 3학년	×
8	박혜진	대구대 관광학부 4학년	○
9	변형은	한양대 관광학부 3학년	×
10	윤성서	강릉대 관광경영학과 3학년	×
11	이수만	경주대 관광경영학전공 4학년	×
12	이의회	제주대 관광경영학과 4학년	○
13	이정수	경기대 관광개발학과 4학년	○
14	이충욱	계명대 관광경영학과 4학년	×
15	정병인	강원대 관광경영학과 3학년	×
16	정의룡	청운대 호텔관광경영학부 3학년	×
17	차용우	목포대 관광경영학전공 3학년	○

표 3-7-4. 한일 필드트립 교류 참가자 현황(계속)

번호	성 명	소 속	일본방문경험
18	최유리	경희대 외식산업학과 3학년	○
19	태재원	순천향대 관광경영학과 3학년	○
20	한은영	부경대 관광경영학전공 4학년	○

이러한 교류회는 제18대 학회가 막을 내린 다음에도 일본학생들이 국내 대학생들과의 교류촉진을 도모하기 위하여 우리나라를 방문하는『한 · 일 대학생 필드트립 교류회』가 열림으로써(2007. 9. 3~8), 이 또한 다음 학회의 지속적 이관사업으로 추진되고 있다. 이러한 대학생 필드트립 교류회 및 그 결과 보고회는, 거슬러 올라 가면 제52차 부여학술대회(제16대 김상무 회장)때부터 도입된 대학생 제안 발표대회를 통하여 관광관련 전공학과 학생들의 관점에서 관광산업 활성화를 위한 참신한 아이디어 발굴과 관광산업 분야의 국제화 시대에 부합하는 새로운 꿈과 도전의식을 심어준 것이 외국학생들과의 교류 및 보고회를 성공적으로 수행할 수 있는 계기가 되었다고 판단된다.

또한 대학원생 연구논문 발표대회는 관광학술대회의 부대행사로서 대학원생들의 학술적 연구능력을 배양하고, 관광학의 발전에 기여할 수 있는 창의적이고 유용한 연구논문을 발굴하여 포상함으로써 학술적 연구에 관한 동기유발과 관여도를 증진시킬 목적으로 한국관광공사의 재정지원 사업으로 운영해 왔다. 따라서 제60차 강원 국제관광학술대회와 제62차 인천 국제관광학술대회에서는 각각 약 500여 명의 대학 및 대학원생이 참가하였다. 여기에 대하여 대학원생과 대학생들의 참여를 독려하면서 학문적으로 인도해준 회원여러분께 감사함을 전하고자 한다.

4. 학회 발전기금 확보와 사무국 이전

첫째, 학회의 발전기금 확보: 제18대 학회에서는 이전보다도 더 많은 학회의 발전기금 확보 등을 다짐하였다. 이를 위하여 학술대회 개최시마다 관계 및 업계와 한국학술진흥재단에 대하여 재정지원 요청과 확보에 심혈을 기울임으로써, ①약 1,000여 회원이 참여한 학술대회 개최 및 발표논문집 발간, ②학술지인 관광학연구지의 종전의 년 4회 발간에서 6회(2, 4, 6, 8, 10, 12)로 증편 발간, ③년 4회(1, 4, 7, 10) 뉴스레터 발행,

④각종 회의개최와 관련된 소정의 회의비 지출, ⑤조교 인건비, ⑥학회 고문 및 임원진 중심의 송년회(잠실 롯데호텔 2층 베네치아, 2005. 12. 18) 및 신년 교례회(호텔인터콘티넨탈 코엑스 아시안 레스토랑, 2007. 1. 8), ⑦추천위원회 위원임명과 회의소집, ⑧한국관광공사 10층으로 학회 사무국의 이전에 따른 책장 제작 등 제 소요비용을 공제하고 표 3-7-5와 같이 약 6천만원의 기금을 확보하여 이월하게 되었다. 이와 같이 제18대 학회의 결산보고서를 중심으로 철두철미한 회계감사와 재정운용의 효율적 집행에 관하여 과찬의 평가를 해준 한범수 감사, 이돈재 감사께 진심으로 감사드린다.

둘째, 학회사무국의 역할과 이전: 관광산업의 중요성과 더불어 업계, 관계, 정계를 망라한 많은 분들과 협력체계를 굳건히 강화하고, 우리학회의 1,500여 회원과 관계기관 등과 관련하여 현격히 늘어나고 있는 학회 사무국의 업무를 효율적으로 생산하기 위하여 한국관광공사의 협조를 얻어 사단법인 한국관광학회의 사무국을 대방동에서 한국관광공사 10층으로 이전하게 되었다. 그동안 학회의 알뜰한 살림 살이로 발전기금 확보와 학회사무국 총괄에 교두보 역할을 하면서 국제학술대회 등으로 빚어진 방대한 규모의 예산집행에 관하여 한치의 오차도 없이 결산하여 관계기관에 보고하느라 온갖 어려움을 극복해 온 김경숙 사무국장(강릉 원주대 교수) 과 정기학술대회 사상 처음으로 도입된 경품권추첨 행사를 비롯하여 환영 · 환송 만찬행사를 짜임새 있게 체계적으로 잘 진행한 최웅 총무이사(강릉 원주대 교수)의 노고도 한국관광학회의 위상제고에 피할 수 없는 업적 중의 하나라고 생각한다.

표 3-7-5. 제18대 학회의 재정인수 및 인계 현황

제18대 학회의 인수금	제18대 학회의 잔고 및 이월금
116,130,286원	175,322,895원

주: 한국관광학회보 제74호(2005. 10. 1)에서는 2005. 9. 17일 현재 118,414,819원으로 잔고잔액이 명시되어 있으나, 2005. 10. 31 현재 전 학회의 미지급금(전 조교월급, 임대료 및 관리비, 법인세 등)이 발생함으로써 이를 공제하면 인수금은 상기금액임.

셋째, 학회조교의 상시근무 체계 확립: 학회 사무국에서 늘 혼자 근무하고 있는 조교는 개인의 장래 발전을 위한 학문 및 외국어 연마의 필요성과 사생활 등을 희생해 가면

서 과중한 업무처리에 지친 나머지 조교직의 사임에 따른 잦은 교체로 이어져 학회업무의 공백 및 업무파악에 있어서 많은 문제점으로 노출되어 왔다. 이를 최소화하기 위하여 제18대 학회에서는 조교의 임기 준수와 공휴일만 제외하고 근무하는 상시업무체제로 시스템을 전환하려고 노력해 보았다. 따라서 강원도 삼척 시골마을 출신이기 때문에 서울에서의 거처가 불분명한 김상태(학회장의 제자) 군을 조교로 임명하여, 강남구청역 인근지역의 고시원에 투숙시켜 생활하게 하면서 가끔 삼겹살과 소주, 생맥주 및 막걸리로 격려해주면서 상시근무 하도록 권유하였다. 업계로부터 장학금 명목으로 소정의 지원을 받아 약간의 보상혜택은 제공했지만 학회 발전기금 확보라는 취약한 명분 때문에 학회 조교의 낮은 보수와 열악한 생활환경을 감안하면 너무나 혹사시킨 것이 아닌가 후회해 본다. 늘 희생을 감수하면서 토요일까지도 자발적으로 근무하는, 몸에 배어있는 성실함을 보여준 점 늘 미안하게 생각하고 고마움을 표하고자 한다.

● 결어

이상과 같이 제18대 학회(2005. 9. 1~2007. 8. 31)는 역대 회장을 역임하신 고문님, 임원진 및 회원, 조교, 관계, 업계 등 많은 분들의 도움으로 갚을 수 없는 빚더미에 쌓여있다. 그동안 학회발전에 협력해 주신 임원 및 회원 여러분과 업계 관계자들에 대한 고마움에 대한 기대 및 성원에 부합하기 위하여, 한국관광학회 제62차 정기총회(2007. 7. 4)에서는 표 3-7-6과 같이 공로패를 증정하고, 7월 15일부터 18일까지는 3박 4일 일정으로 여행경비의 50%에 해당하는 재원을 업계로부터 스폰서를 받아 윤세환 학술이벤트위원장의 계획하에 중국 청도, 연태를 방문하여 여행을 즐기고 친목을 다질 수 있는 인센티브 투어를 실시하였다. 즐거운 시간을 보내면서 진기하고 아름다운 자연풍경 관상으로 정신적 위안을 얻은 후, 연태공항을 통하여 귀국하려는 순간 갑자기 천둥과 번개를 동반한 폭우로 인하여 탑승하려는 항공기(아시아나항공)가 착륙하지 못하고 인천공항으로 회항함으로써 1박 연장과 함께 그 다음날 장시간에 걸쳐 육로로 이동, 위해공항을 이용하여 귀국하게 된 여정은 잊을 수 없는 또 한 가지의 스토리텔링이 되고 있다.

표 3-7-6. 제18대 학회의 공로패 증정 현황

구분		
공로패	변우희 편집위원장(경주대 교수)	고재윤 학술심포지엄위원장(경희대 교수)
	김상태 정책포럼위원장(한관연 정책실장)	오익근 국제협력위원장(계명대 교수)
	이희찬 산학협력위원장(세종대 교수)	김철원 영문편집위원장(경희대 교수)
	윤세환 학술이벤트위원장(안산공대 교수)	최재근 인천관광공사 사장
	김민주 학술출판위원장(경기대 교수)	박기석 ㈜시공테크 대표이사
	김경숙 사무국장(강릉대 교수)	장현우 ㈜하이파개발 대표이사
	최 웅 사무국 총무이사(강릉대 교수)	이상대 ㈜디파트너스 대표이사
인센티브	정의선 회장(강릉대 교수)	조명환 수석부회장(동아대 교수)
	이돈재 감사(용인대 교수)	고재윤 학술심포지엄 위원장(경희대 교수)
	변우희 편집위원장(경주대 교수)	오익근 국제협력위원장(계명대 교수)
	김규호 분과학회장(경주대 교수)	윤세환 학술이벤트위원장(안산공대 교수)
	김경숙 사무국장(강릉대 교수)	최 웅 총무이사(강릉대 교수)

관광학연구 제46권5호에 개제된 것을 재수록한 것임.

「역대 학회장 회고」:

관광학, 관광학회의 정체성 확립은 현재 진행형

조 명 환* (Cho, Myung-Hwan)
한국관광학회 제19대 회장

● 관광학의 정체성 확립 관련 노력들

2007년 9월 1일부터 2009년 8월 31일까지 학회 제19대 회장으로서 임무를 수행했다. 학회 회장직을 수행하기 이전부터 관광학의 정체성을 어떻게 확립시킬 것인가를 고민해 온 것도 사실이다. 이러한 고민을 해결하기 위한 구체적인 노력의 하나로 관광학대사전 편찬, 인접 학문과의 관계 설정, 관광 관련학문 분류체계 논의에 초점을 두기로 했다.

1. 관광학총론 출판

학회에서 『관광학총론』 출판을 하게 된 배경은 인접 학문이라 할 수 있는 경제학, 경영학 대사전을 접한 데 있다. 경제학, 경영학이 우리나라에 도입된 시기는 해방 이전이라 할 수 있지만 대학에서 본격적으로 강의를 한 것은 해방이후 1946년부터라 보면 된다. 이 시기는 자원 부족 국가에서 자원의 효율적 배분으로 생산성을 어떻게 높일 것인가, 제품 생산을 할 기업은 어떻게 운영할 것인가가 초미의 관심사였다. 연구자 단체들도 이러한 국가적 관심사에 호응을 하면서 한국경제학회, 한국경영학회가 창립되고, 학회 회원들이 주축이 되어 경제학대사전, 경영학대사전을 편찬, 출판하였다. 사전 편찬은 관련 학문이 강의되기 시작한 이후 30~40년이 소요된 것으로 볼 수 있다.

---

* 동아대학교 명예교수

이러한 추세 속에서 관광학이 대학 강단에서 강의되게 된 시간적 흐름을 관광학회도 검토하기로 했다. 1963년 경기대학(4년제) 신설인가를 받아 정경학부 소속 관광과 20명 학생을 1964년도부터 선발하여 교수들의 강의가 이루어진 이후 관광관련학과가 신설이 기하급수적으로 팽창하여 과연 관광관련 학과일까하는 의구심마저 생기는 전공들도 있을 정도였다.

관광학회는 이 문제를 해결하기 위한 노력의 일환으로 관광학대사전을 편찬, 출판하여 관광관련 지식들을 집대성하고, 그 용어들에 관한 정확한 정의를 제시하고자 했다. 또 다른 당위성으로 경제학, 경영학이 대학강단에서 강의된 이후 30~40여년만에 대사전이 출판되었다는 사실이다.

그러나 관광학대사전 출판의 당위성은 충분하지만 문제는 회장 임기 2년동안 이러한 대작업을 추진한다는 것은 무리라는 학회 임원들의 의견이 지배적이어서 그렇다면 관광학대사전 출판의 전단계로써 관광학총론을 발간하기로 임원들의 의견이 모아졌다.

관광학총론 출판 과정을 살펴보자, 집필자 수와 내용적 범위가 방대했던 것은 이 책에서 관광관련학문의 범주를 한정하고 가능하면 많은 학회회원의 교수,연구진이 참여하여 책과 관련된 이해를 공유하는 것도 관광학문의 정체성 확립에 도움될 것으로 판단하였기 때문이었다. 관광학총론 집필자 숫자를 보면 학회회원 교수 45명과 현업경영자, 실무자 10명 총55명이 참가하였다. 총론의 내용적 범위는 제1편 관광의 이해와 학문적 접근, 제2편 관광산업의 이해, 제3편 관광경영학의 이해, 제4편 관광자원개발과 관광정책의 이해, 제5편 오락, 스포츠, 문화관광의 이해, 제6편 관광의 새로운 발견으로 한정하였다. 총론 출판관련 감수의 글을 쓰신 고 안종윤 학회 고문은 관광의 주체인 관광객의 심리적, 행동적 특성 부문의 내용 강화와 공동집필로 인한 내용구성의 일관성을 제고시킬 것을 주문하였다.

2. 인접학문과의 관계성 설정

관광학이 학문적으로 연구, 강의되면서부터 연구자들 사이에 관광의 주체인 관광객의 행동적 특징으로 나타나는 관광현상과 관광대상인 관광객체, 관광객과 관광대상 사이를 연계해 주는 관광매체에 관한 학문적 효시는 유럽이라 할 수 있다. 이 당시는 관광현상 규명에 연구의 초점을 두었다. 미국으로 관광관련학문이 전파되면서부터 관광매체인 관광산업에 관한 연구가 많이 이루어졌고 관광관련 학문적 범위가 확대된 것도 사실이다.

그결과 관광연구자들은 관광연구의 특성을 다학제적 학문이다, 종합응용과학이다, 종합문화과학등으로 규정하였다. 관광학회에서는 한국적 관광배경하에서 인접학문과의 관계성을 고찰해 보기위해 학술대회때 기조연설과 특별세션 개설하여 관광과 문화인류학, 관광과 사회학 관계를 그 분야 연구의 권위자를 초청하여 발표 후 학회 회원들간에 심도있는 토론을 한게 기억에 남는다.

3. 관광관련 학문 분류체계 검토

당시 한국학술진흥재단(현,한국연구재단) 관계자으로부터 문화체육관광부가 관광관련 연구분야를 문화, 체육연구분야 다음으로 옮기면 하는 요구가 있다는 전언을 듣고, 학회로서는 한동안 고민했던 적이 있었다. 그러나 관광관련 학문 분류를 정부 해당부처 관계자 의도대로 움직이는 것은 바람직하지 못하며, 이 기회에 몇십 년을 거쳐오는 동안 학술진흥재단의 관광관련 학문분류체계도 검토해 볼 필요성이 있어 관계자를 학술대회 때 초청하여 발표를 듣고, 학문분류체계는 어떻게 이루어지는지를 알게 되었다. 한국학술진흥재단에서의 특정학문 분류체계 확정은 다년간 연구논문 신청자들의 논제를 중심으로 이루어지고 있다는게 관계자의 설명이었다. 현재 적용되고 있는 전체 학문 분류체계는 2016년도 이후 것을 그대로 적용하고 있었다. 2016년 이전 것도 관광관련해서 크게는 달라진게 없다. 참고적으로 관광관련학문분류체계는 표3-7-7과 같다.

크게 보면 관광주체, 매체, 객체 분야로 분류가능하지만 관광산업/레저산업,컨벤션/이벤트 산업분야는 그 범위을 한정시켜야 할 필요성을 절감하였다. 관광문화분야 연구논문들이 늘어나고 있어 문화관광이 아닌 관광문화로 분류체계를 변경시키는게 바람직하다는 학회 의견을 한국학술진흥재단이 수용하는 긍정적 효과도 있었지만, 지리학에 있는 관광지리를 관광학문분류체계내에로 이동시키는 것은 받아들여지지 않았다.

표 3-7-7. 한국연구재단의 관광학관련 학문적 분류체계 (2016년 2월 기준)

대분류	중분류	소분류	세분류
사회과학	관광학일반	관광정책	
		관광비교	
		관광정보	
		관광역사	
		관광법규	
		관광행정	
	관광경영/경제	여행사/항공사경영	
		호텔/외식산업경영	
	관광자원		
	관광개발		
	관광지계획 설계		
	관광사업/레저사업		
	국제관광		
	관광행동/심리		
	관광통역		
	관광문화		
	컨벤션/이벤트산업		
	기타관광학		
사회과학	지리학	인문지리	관광지리

학회의 외연 확장 노력들

1. 정부조직내 관광청 신설 건의

우리나라 관광관련 업무 전담 부서는 정권이 바뀔 때마다 동네북 신세를 면치 못한 게 사실이다. 그러한 예로, 처음에는 교통부에서 다음은 건설교통부로, 문화관광부로 현재는 문화체육관광부에 소속해 있다. 현재 지위는 제2차관 관할 하 관광정책국이 관광 관련 최고행정기관이다, 학회 역대 고문들께서도 기회 있을 때마다 관광관련 업무는 정부기관 전체와 관련이 있기 때문에 업무의 효율성과 신속성 제고 차원에서 one stop service할 정부기관이 필요하다는 건의를 해 왔다.

때마침 19대 학회장 임기 동안 문화관광부가 문화체육관광부로 부처명이 바뀐다는 문화관광부 관계자로부터 전언을 듣고 우리 학회로써는 좌시할 수 없는 상황이었다. 이 상황을 극복하기 위해서 당시 한나라당 소속 이상득 국회의원 보좌관과 접촉하여 관광청 신설이 필요하다는 의지를 표명하였다. 그리고 우리나라와 가까운 일본에서도 국토교통성 산하 종합정책국 종합관광 정책심의관이 관광업무를 총괄해 왔던 것을 2008년 10월11일 자로 국토교통성 산하 독립된 관광청 신설, 출범한 시기였다. 이상득 국회의원실에서 당시 국회 문화체육관광방송통신위원회 위원장인 고흥길 한나라당 국회의원에게도 학회로부터 이런 건의를 받았다는 예기를 전달하고, 고흥길 위원장은 학회가 주관이 되어 관광청 신설 관련 당위성을 발표해달라는 요청이 있었다. 학회는 당시 수석부회장인 한범수(제20대 학회장)회원과 장병권 부회장의 수고로 전국 시도 관광협회장이 동참한 가운데 국회의원 회관에서 관광청 신설 필요성을 역설하였다. 이러한 학회의 노력에도 불구하고 해당 부처의 장관과 관계자들의 무관심으로 성과를 달성하지 못했다. 이 문제는 학회가 해당 부처에 계속 강하게 건의할 과제로 남아 있다.

2. 관광직렬신설 관련 노력

직렬을 신설하여 신규 공무원을 채용한다는 건 매우 어려운 일이다. 그러나 관광 관련 전공 학생들이 한 해에도 몇천 명이 배출되는 그 당시 실정에서, 졸업생들에게는 취업 기회 제공, 재학생들에게는 전공 의식 고취라는 대명제하에 관광 직렬 추진위원회를 두고 당시 학회 부회장인 고동완 경기대 교수가 관련업무를 추진하고 학술대회 때 추진상황을 회원들에게 보고하기도 했다. 이때 인근 학회라 할 수 있는 (사)한국조경학회 회장이 조경직 신설을 위해 동분서주하고 있다는 소식을 접하고 그 조직의 회장을 만나 그간의 노력 과정을 경청하였고, 정말 오랜 시간이 소요된다는 점도 알게 되었다.

우리 학회의 많은 노력에도 불구하고 관광 직렬 신설이라는 목표는 달성하지 못했다. 이번 회고의 글을 준비하면서 조경학회의 조경직 신설여부를 검색해 본 결과, 2019년도 처음으로 국토부, 환경부에 5급 시설조경직과 7급 시설조경직과 산림조경직 공무원을 채용하고, 2022년도에는 9급 조경직 공무원을 채용하고, 2023년도에는 지방직 공무원시험에서 11개 지방자치단체가 9급 조경직 공무원을 채용해오고 있는 실정이었다. 우리 학회도 회장을 주축으로 전 회원이 단결하여 관광직렬 신설 필요성을 관계 부처에 강력하게 요구하여야 할 것이다. 전국자치단체의 업무추진목표도 대부분이 문화관광 활성화라는 슬로건을 제시하면서도 실제 업무는 전문가가 아닌 비전문가가 담당하고 있어 구호에 그치는 행정이 아닌가?

3. 관광교육인증에 관한 인식 제고

학문의 양적 성장도 중요하지만 질적 성장도 중요하여 우리나라에서는 공학인증제를 시발점으로 하여 급기야는 경영학교육인증제라는 제도 도입을 서두르게 된다. 이때 평가 지표로는 AACSB(The Association to Advance Collegiate School of Business)를 적용하였다. 이 평가 지표속에는 교수진,커리큘럼, 연구실적, 교육시설, 학생수준, 학점등 21개 부분을 검토해 총체적인 경영교육의 질을 평가해 (사)경영교육인증원에서 인증을 부여하는 것으로 되어있다.

우리 학회도 경영교육인증제에 신경을 쓸 수 밖에 없던 이유는 4년제 대학 특히, 관광경영학과의 경우는 경영학과와 마찰이 있을 수 밖에 없었다. 커리큘럼과 학점 부분에서 인증제에 참가할 경우 교과목 구성이 필수는 경영학 교과목으로, 전공필수는 소수의 과목이 되어야한다는 논리였다. 교과목도 그렇지만, 교수들의 강의책임시수도 문제가 될 게 분명해졌다. 이 문제 역시 학회로서는 좌시할 수 없는 상황이었다.

이 이슈를 해결하기 위해 학회는 지금 목포대학교에 재직 중인 이진형 교수의 수고로 이 제도와 관련하여 관광학 분야는 어떻게 대응할 것인지를 학술 대회 때 몇 차례 발표가 있었다. 관광경영학과만의 문제가 아니고 한 걸음 더 나아가 관광교육 인증이라는 화두와 관광관련 교육범위 한정과 관광교육의 질적 제고 측면에서는 향후 학회 차원에서 검토되어야 할 과제로 남아 있다. 2024년 9월 현재 경영교육인증원으로부터 인증을 받은 대학들의 통계를 살펴보니 국립대 8개교, 사립대 22개교였고, 경영교육질적 재고가 계속 이루어지고 있는 점에 주목할 필요가 있다.

학회에 바라는 제언

조직을 만들어 조직의 목표를 달성하려고 하면 쉬운 게 하나도 없다. 노력하는 과정에서 성과도 기대할 수 있을 것이다. 19대 학회장 임기 동안 학문과 학회의 정체성 확립 차원에서 부단히 노력했지만, 그 성과는 미미하고 아우성에 그친 것 같다. 회장 임기 동안 제기했던 문제들은 이 이후로도 현재 진행형이 되어 회원들 모두가 성과를 거두는 데 동참해야 할 것이다.

학회운영과 관련해서는 바깥세상과 다를 바 없다고 생각한다. 지금 바깥세상에서는 MZ 세대에 주목하고 있다. 이들의 라이프 스타일이 다른 세대와는 확연히 구분되기 때문이다. 학회도 의사 결정의 효율성 측면에서 이들 중심으로 운영을 하다보면 나머지 세대 회원들은 어떠한 반응을 보일 것인가도 생각해야 한다. 학회는 회장을 비롯한 임원진들의 많은 희생을 요구한다. 쉬운 길만 가는 것도 좋지만 가시밭길을 가면서 얻는 것도 많음을 아는 게 중요하다. 그리고 2022년도에는 학회창립 50주년의 해를 맞아 과거의 성과를 되짚어 보고 향후 50년을 향한 출발을 시작했다. 여기서 제안된 중장기 프로그램들을 차기 집행부에서는 실천해 가면서 당해 집행부만의 고유한 정책들을 가미시킨다면 분명 우리나라에서 최고가는 관광학회가 될 것으로 믿어 의심치 않는다.

「역대 학회장 회고」:
세상과 호흡하는 제20대 한국관광학회 회고

한 범 수* (Han, Beom-Soo)
한국관광학회 제 20대 회장

잠시 눈을 감았다 뜨면 '상전벽해'라는 말이 무색할 정도로 세상이 빨리 변하고 있다. 학회장을 맡았던 시기는 2009년 9월부터 2011년 8월까지이다. 인생에서 가장 뜨거웠던 시기이다. 학회장에서 물러날 때, 많은 분이 "시원섭섭하지 않냐?"라고 물었다. 그에 대한 답으로 "시원하지, 섭섭하지 않습니다."라고 했다. "손뼉 칠 때 떠나라."라는 말이 있듯이, 인생에서 진퇴를 분명히 할 줄 아는 것이 큰 행복이라며, "기차는 8시에 떠나가네"라는 글로 이임사를 대신했다. 그때가 엊그제 같은데 어느덧 11년이 흘렀다. 정말 세상 빠르다.

오랜만에 한국관광학회 홈페이지에 들어갔다. '세상과 호흡하는 한국관광학회'라는 캐치프레이즈가 눈에 들어왔다. 학회장을 맡으면서 홈페이지를 새롭게 구성했고, 앞으로 우리 학회가 지향하는 바를 '세상과 호흡하는 한국관광학회'라는 캐치프레이즈를 제시했다. 상아탑에만 안주한 이론 중심의 관광학이 아닌, 이론과 현실을 두루 섭렵하며 관광 현상을 연구하여 관광산업 발전에 이바지할 수 있는 관광학이 되었으면 하는 마음을 표현했었다.

9월부터 시작하는 학회 출발에 앞서, 8월 초에 제20대 임원단과 함께 강원도 태백 오투리조트에서 워크숍을 개최하였다. 우리 학회가 지향해야 할 바가 무엇인지, 또 위원회별로 어떻게 하는 것이 바람직한지에 대해 의견을 나누었다.

* 경기대학교 교수

8월 24일(월) 제19대 회장단으로부터 학회 서류 및 학회사무실 임대보증금 포함 나머지 1억9천217만2천531원을 인수・인계받았다. 8월 말, 2011년 세계육상선수권대회가 개최되는 대구시를 방문하여 제70차 학술대회 개최에 관해 의견을 나누었다.

9월 초, 문화체육부 관광산업국장, 한국관광공사 사장, 한국관광협회중앙회장과 만나 관광산업 발전을 위해 함께 노력하기로 하고, 매월 정례 모임을 하기로 협의하였다. 9월 18일(금)~19일(일), 전북도청 초청으로 2010년 7월 5일(월)~7일(수)간 개최될 제68차 학술대회 개최지인 대명리조트의 회의 시설을 점검하였다. 9월 26일(토) 제1회 이사회를 개최하여 새로 선임된 임원들께 임명장을 전달하고 학회 운영 방향에 대해 위원회별 발표를 했다.

이사회에서 학회지 증간에 따른 예산을 확보하는 방안으로 학술지의 인쇄 부수를 줄이고, 전자 북(e-book)으로 전환하는 안건이 의결됐다.

평생 회비는 전액 기금으로 전입되고 있어, 연간 회비 5만 원으로는 학회 운영비를 충당하기 어려웠다. 당시까지 학회지를 연간 6회 발간하고 있지만, 회원들의 논문을 많이 투고하고 있어, 적시에 게재하는 데 많은 어려움을 겪고 있었다.

20대 학회 출발 1차 연도에 2편을 증간하고, 중간평가를 통해 논문 투고량과 질적인 수준이 적절하게 유지되면 2차 연도에 2편 이상 더 증간하기로 했다. 학술지 증간에 드는 비용은 인쇄본발간을 최소화하고, 우편발송 중단으로 생기는 절감비 등으로 해결하기로 했다.

20대 학회에서 중점적으로 추진하겠다고 발표한 사업 내용은 다음과 같다. 관광교육인증제, 관광공무원직제 도입은 성과를 거두지 못했다.

첫째, 회원들이 관광학연구에 투고할 기회를 더 많이 가질 수 있도록 학회지 발간 횟수를 증간한다.

둘째, 한국 관광학의 국제화를 다지기 위해, 세계적으로 저명한 편집위원장과 편집위원들을 모셔서 우리 학회에서 발행하는 영문저널이 장차 SSCI 저널이 될 수 있는 초석을 마련한다. 이와 관련 영문으로 발표하는 논문을 시상하는 계획을 준비한다.

셋째, 학술대회의 포맷을 새롭게 바꾸고 학술 관련 워크숍을 개최한다. 새로운 학문 관심사, 방법론에 관한 워크숍 개최 등이 이에 포함된다.

넷째, 관광포럼을 활성화한다. 형식적으로 연 2회 개최하는 관광포럼이 아니라, 관광산업을 발전시키는 데 도움을 줄 수 있는 관광포럼이 되도록 한다.

다섯째, 관광교육 인증제를 추진한다. 관광 교육 인증제 추진을 통해 관광학 교육이 정상적으로 이루어지고 질이 제고될 수 있도록 교과목 정비, 교육 환경 개선 등을 도모한다.

여섯째, 시사성 있는 다양한 관광연구물을 출판한다.

일곱째, 관광공무원 직제 도입을 추진한다.

1. 2009년 하반기 학회 주요 사업

문화체육관광부 주최 2009 관광 분야 대학(원)생 정책 아이디어 공모전 시상식을 2009년 10월 28일(수) 14시~15시에 한국관광공사 지하 1층 TIC 상영관에서 개최하였다. 학술출판위원회는 2009년 12월 16일(수) 16시~18시 학회 사무국에서 (가칭) '관광학 위키 백과사전 사업'을 추진하기로 했다. 관광정책 포럼위원회는 3회의 정책포럼을 마쳤고, 2010년 문화체육관광부로부터 2010년 정책포럼 예산으로 5천만원을 받았다.

2. 2010년 학회 주요 사업

2010년은 천안함 침몰, 연평도 포격 사건 등 국가적으로 큰 어려움을 겪은 해였다. G20 개최를 계기로 관광산업에 관한 관심이 상당히 높아졌다. 외국인 관광객 유치 목표 850만 명 이상을 상회한 해였다. 신년 고문 및 임원 회의를 2010년 1월 29일(금) 16시~18시에 한국관광협회 중앙회(한국관광공사 8층)회의실에서 개최하였다.

편집위원회(장병권 편집위원장)는 연간 6편 발행하던 『관광학연구』 학술지를 연간 10편으로 발행하였고, 2010년 12월 말 한국연구재단으로부터 등재 학술지를 계속 유지한다는 통보를 받고, 학술지 발행 및 배포경비를 지원받았다. 영문저널 IJTS도 등재 후보지가 되었다는 통보를 받았다. 콜로라도 대학의 O'Leary 학장과 퍼듀대학의 장수청 교수가 영문저널의 업그레이드를 위해 홈페이지 개설, 세계적인 석학들로 편집위원회를 새롭게 구성했다.

관광정책 포럼위원회(이태희 위원장)는 8회의 관광정책 포럼을 개최하여 학회의 위상을 한 단계 업그레이드시켰다. 관광교육위원회(최규환 위원장)는 대전에서 개최된 국제학술대회 겸 포럼을 성공적으로 개최하였다. 관광직제 추진위원회(고동완 위원장)는 1,111명의 서명부를 작성하여 문화체육관광부에 전달하였다. 조명환 고문과 이진형 교수는 관광 교육 인증제 추진을 위해 UNWTO와 공동협력을 도모하였다. 김남조 학술출판위원장은 『관광사』 발간을 위한 준비 작업을 했다.

자원개발분과학회(김경숙 분과학회장)는 제 67차 강원 관광 학술대회를 2010년 2월 8일(월)~9일(화)에 엘리시안 강촌(구 강촌 리조트)에서 "녹색 강원: 관광상품개발의 수도권 화 및 선진화 전략"이라는 주제로 (사)한국관광학회 · 관광자원개발분과학회 · 호텔외식경영분과학회가 주최/주관하고, 강원도, ㈜디파트너사, ㈜EZpmp, 백산출판사, 뉴서울 호텔 후원으로 개최하였다. 국내학자 274명, 내빈 20명, 공무원 20명, 대학원생과 대학생 54명 등 총 398명이 참석했다.

학술대회조직위원회(위원장 이돈재)는 제68차 전북 국제관광학술대회를 2010년 7월 5일(월)~7일(수)에 부안군 변산반도 대명리조트에서 "전라북도 관광의 새로운 지평 내륙부터 해양까지"라는 주제로 전라북도와 공동 주최/주관하고, 문화체육관광부, 부안군, 한국관광공사, ㈜동호, ㈜도화종합기술공사, ㈜명소 IMC, 백산출판사, E&P 컨설팅, ㈜EZpmp 후원으로 개최하였다. 국내 학자와 전문가 404명, 해외학자 53명, 외부인사 31명, 대학생과 대학원생 384명, 자원봉사 98명 등 총 980명이 참석했다. 역대 최고로 규모도 컸지만, 내용과 질적으로도 많은 변화가 있었다. 학회 초유로 100명의 참가자가 한복을 입고 학술대회를 개최했고, 문화체육관광부 기금으로 영문논문을 대상으로 한 학술대회 상을 처음으로 수여하였다.

2010년 대전국제학술 포럼 및 워크숍을 2010년 4월 30일(금)~5월 1일(토)에 대전컨벤션센터에서 "2010 대 충청 방문의 해와 지역관광 진흥"이라는 주제로 개최하였다. 수변 관광 국제학술대회를 2010년 9월 9일(목) 국립중앙박물관 대강당에서 문화체육관광부, 한국관광공사, 한국문화관광연구원 후원으로 개최하였다.

2012년 중국인 관광객 300만 명 유치를 위한 정책 제안 사업을 2011년에 실시할 수 있도록 학관 연계사업으로 문화체육관광부에 1억 5천만원 사업비를 신청하였다.

3. 2011년 학회 주요 사업

2011년 2월 1일~2011년 6월 23일 기간의 결산보고 결과 잔액은 2억4천723만7,120원이다.

편집위원회(위원장 장병권)는 학회지 발간을 연 8회(2010년), 연 10회(2011년)로 증간하였으며, 이를 계기로 연간 160편 내외의 논문을 게재하도록 했고, 학술대회 활성화 차원에서 우수논문(Best Paper) 발표자를 20% 이내에서 선정하여 우수연구자 게재 인센티브를 제공하였다. 종전 10만 원이던 논문 심사료 및 게재비 29만 원이던 것을 20만 원으로 인하하였다. 한국연구재단의 전체 등재(후보) 학술지의 한국 학술지 인용색인(KCI) 지수 평가(2008년 자료 기준)에서 국내 488개 사회과학 분야 학술지 중 6위를 기록하여『관광학연구』가 국내 최고 수준의 학술지임을 입증하였다.

제69차 제주 관광 학술대회를 2011년 2월 15일(화)~16일(수)에 제주시 KAL호텔에서 "중국인 관광객 3백만 시대의 제주 관광의 현황 및 MICE 산업"이라는 주제로 (사)한국관광학회/호텔・외식경영분과학회, 관광자원개발분과학회 주최/주관으로 개최하였다.

제70차 관광학 국제학술대회를 2011년 7월 3일(일)~6일(수)에 경기대학교 텔레컨벤션센터/종합강의동, 팔레스호텔에서 "글로벌 관광도시의 도전과 과제"라는 주제로 (사)한국관광학회・(사)아시아태평양 관광학회・The UNWTO THEMIS Foundation 주최/주관으로, 문화체육관광부, 경기도, 수원시, 경기대학교, 한국관광공사, 한국관광협회중앙회, 한국 일반 여행업 협회, 경기관광공사, 경기문화재단, 강원랜드, ㈜오션앤랜드, ㈜EZpmp, ㈜파라다이스 카지노 워커힐, 그랜드코리아레저(주), (사)한국카지노업관광협회, ㈜팬스타라인닷컴, ㈜하이파디앤씨, ㈜시공테크, ㈜아시아나항공, ㈜앨리스여행사, 설악파크호텔&카지노, 한방 의료관광협회의 후원으로 개최하였다. 국내 학자와 전문가 352명, 해외학자 165명, 외부인사 100명, 대학생과 대학원생 283명, 자원봉사 100명, APTA 참가자 160명 등 총 1,160명이 참석했다.

「역대 학회장 회고」:
한국관광학회 회고와 미래

오 익 근* (Oh, Ick-Keun)
한국관광학회 제 21대 회장

한국관광학회가 50돌을 맞게 되기까지 수많은 선배, 동료, 후배 교수들의 땀과 정열이 밑받침이 되었음은 부인할 수 없다. 그 당시 익숙하지도 않고, 인문학처럼 젊잖아보이지도 않은 학문 분야에서 초석을 쌓는 데 고생하신 founding father들이 생각난다. 그 분들 덕택에 한국관광학회가 오늘날의 성장을 이룩하였고, 관광을 대표하는 학회로서의 위상을 정부와 지자체로부터 확보하게 되었다.

학회가 걸어온 길을 써달라고 요청받았지만, 저간의 이력을 정확하게 서술할 능력이 없어서 학회 역사를 왜곡할 수도 있다는 우려를 떨칠 수 없다. 50여년의 역사 중 극히 일부 기간만을 경험한 사람이 학회 역사의 객관성을 보여줄 수는 없는 것이다. 다만 개인적으로 걸어왔던 길을 잠시 반추하는 기회로 삼아도 실례는 되지 않을 것이라는 근거 없는 자신감에서 시작하게 되었다.

관광이라는 학문이 국내에서 알려진 것은 경기대학교가 1962년 3월에 관광과 40명을 모집하면서부터였다. 미국에서는 이 시기에 관광학(tourism)라는 것이 아예 없었던 시절이니 경기대의 혜안을 엿볼 수 있다(본인이 관광학을 공부하게 된 것도 군대에서 소대장을 할 때 이 대학 관광학과 출신 병사를 면담한 것이 계기가 되었다). 1960년대부터 1980년대 중반까지 관광분야를 이끌었던 대부분의 교수들은 호텔이나 여행사, 행정 분야에서 실무 경험을 쌓은 분들이다. 초창기 이 분야의 대표적인 대학이 경희호

---

* 계명대학교 명예교수

텔전문대(경희대 전신)와 수도여자사범대학 호텔경영학과(세종대 전신)였다. 자연스럽게 한국관광학회에서도 호텔과 여행사 전공 교수들이 주류를 형성하였다.

대학에서 학과 이름에 Tourism이 없었을 정도로 적어도 1980년대 중반까지 관광학과는 희귀한 존재였다. 미국에서는 Park & Recreation 학과에서 관광과목을 일부 개설할 정도였는데, Michigan State, Texas A&M, Pennsylvania State가 대표적이었다. 영국 Surrey 대학과 스페인 마드리드국립관광대학은 유럽의 대표 대학이었고. 학회 초창기에는 그 당시 주류를 형성했던 경기대, 세종대 출신들이 선도적인 일을 해주었고, 이들과 더불어 한양대, 경희대 출신들과 해외 유학파가 학회의 중추를 담당해오고 있다.

1984년 우리나라 대학 교수들과의 교류에서 연락책 역할을 우연히 하게 되었다. 특히 작고하신 한양대 안종윤 교수께서 회장으로 계실 때 적극적으로 나서서 위스컨신 대학교의 Jafari 교수를 한국으로 두세 번 초청하셨다. 그 분은 관광학과가 설치된 대학교 숫자가 미국보다 많아서 놀랐다고 말했다. 그 분에게서 석사과정 첫 수업인 관광학입문을 너무 재미있게 들었고, 그 인연으로 강의 조교도 하였고, 지도교수로 모셨기에 두 분의 연락을 담당하게 된 것이었다. 한국관광학회가 국제적인 네트워크를 가지게 된 것도 두 분의 관계가 근원이라고 생각한다.

2011년부터 2013년까지 2년간 제21대 한국관광학회장직을 별 탈 없이 수행한 것이 얼마나 다행인지 모르겠다. 지금은 기억이 온전하지 않음을 느끼지만, 역점을 둔 정책은 아직도 기억이 생생하다. 우선, 학회가 속한 문화체육관광부를 넘어서 다른 정부 부처와의 협력을 강화하고자 했다. 관광의 지평을 관광분야 외로 넓혀서 관광분야 먹거리(연구나 프로젝트)를 확보해야 한다는 전략적인 생각이었다. 관광은 학제적 학문이어서 관련 분야와의 협력이 무엇보다도 중요하게 생각하게 된 데에는 박사과정 시절 다양한 학문배경을 가진 교수진으로부터 배운 경험이 바탕이 되었다.

교육부, 통일부, 외무부 등 관광과 관련이 없을 법한 부처도 관광사업을 하고 있지만, 관광과 깊숙하게 연관된 부처는 국토해양부, 농림수산부, 산림청 등이다. 이들과는 연구뿐만 아니라 프로젝트에서 협력이 필요해서 추진정책으로 꼽은 것이다. 학회차원에서 2~3개 부처에서 연구비를 수주하였고, 학술대회 때 이들 분야의 전문가를 초청해서 특별세션을 개최하였다. 특히 국토부와 농림축산부 전 차관들이 2012년 울산학회에서 강연하였고, 국립공원공단, 산림청, 기재부 등에서 패널로 참석한 적이 있다. 관광을 중요하게 여기지 않는 정부부처의 분위기를 일시에 전환시킬 수는 없지만, 점차 노력하면 인식의 변화가 올 것이라고 기대했기 때문이었다.

관광학 발전을 위해서 다른 학문과의 교류가 중요하다는 생각은 1998년부터 2년간 관광학연구 편집위원장 시절에도 갖고 있었는데, 당시는 1년에 2번 발간하였다. 김사헌 교수께서 초대 편집위원장을 하시면서 학회지 편집의 골간을 잡아놓으셨다. 필자는 여기에 더하여 논문심사위원 선정에 전국 4년제 대학 부교수 이상으로 연구방법이나 분야 전문성을 가진 교수를 원칙으로 하였다. 주심은 관광학 교수로 하고, 부심 2명중 한 명은 연구방법, 다른 한명은 경영, 경제, 사회, 심리 등의 분야에서 명성 있는 교수를 초빙하였다. 여러 편집위원들과 지인으로부터 소개받은 교수들에게 직접 전화를 걸어 취지를 설명하고 심사위원직을 수락해주기를 간청했고, 수락해준 교수들에게는 손편지를 써서 학회 소개와 함께 감사의 인사를 전했다. 처음에는 이 분들이 심사한 논문 탈락율이 관광학 교수들이 심사한 것보다 높았지만, 시간이 갈수록 통과율이 관광분야 심사위원들보다 높게 나왔다.

학회 사정을 거의 모를 뿐만 아니라 극소수의 교수들만 알고 있던 필자가 제2대 편집위원장이 된 일화가 있다. 지금의 분위기로는 이해하기 힘들겠지만, 90년대 만해도 논문 투고가 흔치 않아서 편집위원장이 옥고(玉稿)를 투고해 달라고 간곡히 요청할 때였다(옥고라는 단어를 지금은 거의 사용하지 않지만). 말하자면 투고자가 갑이 되는 시절이었다. 12명 정도가 참석한 편집회의가 시작되었는데 중견 교수가 찾아와 논문심사에 탈락했다고 시작부터 불만을 제기하였다. 그 분과 친분 있는 대다수 교수들은 조용히 있었고, 편집위원장이 제지를 했지만 소용이 없었다. 그 때 논문심사에 대한 회의 주제가 따로 있는데도 불구하고 시작부터 이의를 제기하는 것은 적절하지 않고 때가 오면 하라고 필자가 언성을 높였다. 학부 때 역사를 전공하였고, 학위를 마치고 미국에서 조교수로 교편을 잡은 후 귀국하였기에 국내 교수들과 친분이 거의 없는 편이어서 강하게 나올 수 있었다. 논문심사에서 공정성을 유지할 수 있을 것이라는 점이 필자에게 위원장을 맡긴 결정적인 이유가 된 것이다.

다시 돌아와 학회장으로서의 강조한 일을 보자면, 대다수의 양적 연구방법 일변도로는 연구의 다양성을 충족시키지 못하기 때문에 질적 연구방법을 강조하게 되었다. 편집위원장을 할 때 질적 연구방법을 사용한 논문들이 쉽게 탈락하는 것을 보았는데, 심사위원들이나 연구자가 이 방법에 대한 이해도가 낮은 측면이 있었다. 그래서 학회 회원들에게도 꼭 권유하고 싶었기 때문에 질적 연구방법을 배우는 기회를 마련하였다. 방학 중에 서울대 교육학과 교수를 초청하여 한양대에서 첫 번째 강좌를 열었는데 전국에서 150여 명이 참석할 정도로 성황을 이루었다. 이 연구방법에 대한 관심이 워낙 높아서 부산과 대전에서 각각 1회씩 추가로 특강을 열었다. 이후로 질적 연구방법을 활용한 논문들이 「관광학연구」에서 늘어났다.

회장의 권한을 분산하는 노력도 하였다. 10여 개 위원회의 위원장을 회장이 선정하고, 위원들은 위원장 주도로 선정하게 하여 업무의 효율성을 높이려고 하였다. 이러한 원칙에 따라 그 당시 80명에 이르는 이사를 선정할 때도 회장이 추천하는 인원은 15명 정도로 줄이고, 나머지는 분과위원장인 부회장들에게 지역과 학교를 안배하여 대표성 있는 교수들로 이사를 선임해 주도록 요청하였다. 이러한 권한의 분산은 특정학교 중심의 인사를 방지하고, 전국적으로 교수들의 참여를 유도하려는 취지에서였다.

관광에 기여한 언론인을 기억하고, 우리 학회의 이름을 언론에 알리자는 목적에서 '관광언론인상'을 제정하였다. 별도의 위원회를 두어 관광전문기자뿐만 아니라 일반기자나 방송국 PD도 관광산업 발전에 지속적으로 기여한 사람을 후보자에 포함시켰다. 회장 재임시절에는 국내 유수의 중앙일간지 기자들이 수상하였고, 그 후에는 관광전문기자, 방송국 PD 등이 차례로 상을 받았다. 관광언론인상 수여는 지속할 가치가 있다고 본다.

2013년에는 빅데이타에 대한 관심이 커지고 있어 이에 대한 교육이 필요했다. 그래서 통계학회와 한국BI데이터마이닝학회 공동으로 고객 데이터 인식제고 및 통계 역량 강화 목적으로 관광데이터마이닝 대회를 개최하였지만, 관광학 전공생들에게는 이 분야가 생소한 것이어서 통계학을 공부한 학생들이 수상했다. 비록 관광학도들의 참여가 적었으나 이 분야에 대한 교수나 학생들의 관심을 높이는 계기가 된 것은 틀림없었다. 빅데이타로 연구하는 방법을 터득해서 제자들과 정성적인 논문을 다수 발표했는데, 그 후에 여러 연구자들도 이 분야에 관심을 갖고 깊이 있는 연구논문을 발표했다.

특히 인상에 남는 행사는 1998년 8월 충북 단양에서 개최된 국제학술대회이다. 외국에서도 120여명이 참여하였다. 단양 갈 때마다 들르는 곳이 있는데 대명콘도(소노문) 앞의 소금정공원에 있는 학회개최 기념탑이다. 여기에는 모든 참가자의 소속과 이름이 새겨져 있다. 온갖 어려움을 무릅쓰고 대회를 성공적으로 치러낸 김사헌 회장의 리더십과 한범수 사무국장의 아이디어가 빛을 발휘한 대회였다. 숙박시설이 번듯한 게 없는지라 군과 협력하여 여관과 모텔에 침대도 들여놓고 청결한 분위기를 만들어서 외국인들에게도 체면은 세울 정도로 바꿔놓았다. 청소년수련원 방의 거미줄을 쳐내고 말끔히 청소한 후, 면사무소의 책상을 차출해서 발표장에 넣었다. 교수 연구실의 에어컨을 떼어다가 발표장마다 설치했다. 대회가 성공적으로 끝나자 군수가 너무 만족해서 다음해에 또 개최해달라고 요청할 정도였다.

앞으로 학회가 추진했으면 하는 바램으로 몇 말씀을 드리고 싶다. 학회가 가장 최우선적으로 고려해야 할 이슈는 학문발전을 주도하는 일이다. 트렌드에 부합하는 새로운 주제나 연구 분야를 개척하고, 연구가치가 높은 문제를 찾아내어 해결하고, 실무적용이 가능한 연구를 수행해서 진정한 산학협동에 기여하는 노력이 필요한 것이다. 빅데이타에 이어 인공지능이 새로운 분야로 등장하고 있다.

관광의 범위가 잠재력이 큰 아웃도어 레저까지 확장되었으면 한다. 아웃도어 레저산업의 의류, 장비, 부품 시장은 시장규모도 상당하고, 일자리도 기대할 수 있다. 그러나 이 분야를 커버하는 학과가 없다는 점을 주목해서 학회에서 이 분야에 관심을 갖는다면 위상이 사뭇 달라질 것으로 본다. 관광자원개발분과학회에서 선제적인 역할을 할 수 있지 않을까 싶다.

학술행사나 이사 선임 등에서 학교와 지역이 편중되지 않도록 신경 쓰는 것도 중요하다. 물론 친한 사람들끼리 일을 하는 것이 당장은 일하기 편하고 효율성이 높을 수 있다. 하지만 공적인 성격의 학회에서는 회원들의 관심이 떨어질 수 있다는 점을 인식해 주었으면 한다. 공정한 운영을 하면 회장의 리더십도 훨씬 크게 발휘될 수 있을 것이다.

터를 닦고 여러 형태의 돌을 하나하나씩 세웠던 선배, 동료, 후배 교수들의 땀 덕분에 이만큼의 성장을 이루었다. 지금까지 잘 해왔듯이 앞으로도 회원들의 노력과 열정으로 대표 학회로서의 역할을 꾸준히 할 수 있기를 기원하는 바이다.

「역대 학회장 회고」:
제22대 한국관광학회장의 회고와 향후 발전 방향

김 경 숙* (Kim, Kyung-Sook)
한국관광학회 제 22대 회장

1. 한국관광학회장 재임시를 회고하며

제 22대 학회장직을 이임한지가 엊그제 같은데 어느덧 만 9년의 세월이 흘렀다.

제 15대 손해식 회장님을 비롯하여 김상무(16대), 김정만(17대), 정의선(18대), 조명환(19대), 한범수(20대), 오익근(21대) 회장님에 이르기까지 홍보이사, 홍보위원장, 홍보 및 출판위원장, 사무국장, 학술심포지엄위원장, 관광자원개발분과회장, 수석부회장으로 활동하면서 존경하는 일곱 분의 회장님과 회원 여러분과 함께 하였으며, 학회가 나날이 발전하고, 시종 화기애애한 분위기 속에서 보람이 있었기에 신명이 나서 그저 무작정 앞만 보고 달려왔다. 돌아보면, 임기 2년(2013. 9. 1.~2015. 8. 31.)동안 많은 일들이 있었으며, 그날들은 제 삶에서 가장 행복했던 시절이기도 하다.

제22대 학회장으로서 학회발전을 위해 역대 회장님들과 회원 여러분들이 애써 이룩하신 업적과 전통을 계승 · 발전시키는데 다음과 같이 최선을 다하고자 하였다.

* 강릉원주대학교 명예교수
김경숙 회장은 세종대학교에서 경영학(관광경영) 박사학위를 취득하고, 강릉원주대학교 교수 및 사회과학대 학장으로 근무하였다. GKL(그랜드코리아레저) 사외이사, 강원도 재정운영위원회 및 성과평가위원회 위원, 국토교통부 도로정책심의위원회 위원, 한국여행업협회 여행불편처리위원회 위원, 문화체육관광부 관광진흥기금운용위원회 위원, (사)대한민국가족지킴이 이사장 등을 역임하였다. 현재 강원특별자치도 재정 및 보조사업 일반행정위원회, 규제개혁위원회, 지속가능발전협의회 위원으로 활동하고 있다.

1) 정기 학술대회 개최

- 第75차 한국관광학회 전북국제학술대회는 2014년 2월 6-7일 무주 덕유산 리조트에서 관광자원개발학회 · 전라북도 주관으로『지역관광산업의 글로벌 전략』이라는 주제로 인원 500여명이 참가한 가운데 논문 118편이 발표되었는데, 참가인원, 예산규모, 논문수 등 규모측면에서 모학회 학술행사에 버금갈 정도로 철저히 준비함으로써 회원 및 전라북도로부터 높은 평가를 받았습니다. 지금도 장병권 회장을 비롯한 임원진들의 애쓰시던 모습, 이국적인 무주 리조트, 회원님들과 함께 밤늦도록 학문을 논하던 그 시절의 추억이 아련하다.
- 第76차 (사)한국관광학회 강릉국제학술대회는 2014년 7월 2-4일 강릉시 라카이샌드파인에서 (사)한국관광학회와 강릉시 공동주관으로『2018 동계 올림픽과 스포츠관광의 진흥』이라는 주제로 총 800여명이 참가하고, 동계올림픽 관련 논문 등 총 211편이 발표되었으며 홍콩폴리텍대학 전계성 학장, 퍼듀대 장수청 교수 등 국내 · 외 유명 학자들이 참석함으로써 학술대회는 더욱 빛났으며, 선후배 회원들과 함께한 강릉 경포대 횟집에서의 밤바다 추억은 생생하다. 특히 강릉시와의 사전회의와 답사과정에서 먼 길을 마다하지 않고 흔쾌히 달려와 준 최규환 학술위원장, 박근수 사무국장, 박상현 사무차장, 권기준 총무이사께 그저 미안하고 고마운 마음뿐이다.
- 第77차 (사)한국관광학회 학술대회는 2015년 2월 6일 동국대학교 서울캠퍼스에서 호텔외식분과학회가 주관하고, (사)한국관광학회와 대한불교조계종 한국불교문화사업단이 공동 · 주최하는『韓스테이와 한류 식문화의 가치 조명』이라는 주제로 개최되었다. 총 370여명이 참가하였고, 특별세션 3편, 특별논문 15편, 일반논문 48편, 대학원생 7편, 대학생제안서 15편(본선진출), 예선 등 총 91편이 발표되었으며, 사전준비과정에서 전병길 분과학회장, 학회 임원진, 진화스님(한국불교문화사업단장)과의 만남은 특별한 경험이었다. 성공적인 학회 개최를 위해 동분서주하면서 애쓰시던 전 회장님을 비롯한 임원진, 운영위원들의 모습은 수년이 지난 지금도 눈에 선하다.

- 78차 한국관광학회 국제학술대회는 2015년 7월 1-3일 The K-호텔 서울에서 (사)한국관광학회 · GKL의 공동 주관으로 『한국관광 콘텐츠 혁신과 카지노사업의 역할』이라는 주제로 개최되었다. 그 당시 메르스로 인해 국내외 학자 등이 해당 국가 및 학교로부터의 출국, 참가 불허로 인해 참석 취소도 잇따랐고, 철저한 방역조치를 의무적으로 준수해야 하는 등 학회를 예정대로 개최할 수 있을지 조차도 걱정해야 하는 매우 심각하고, 어려운 상황이었다. 그러나 다행히도 참가인원 총 790여명, 기조연설 1편, 일반 39편(국문), 일반 41편(영문), 카지노 13편(영문), 크루즈 11편(영문), 특별연구 22편, 신진연구 8편, 대학원생 16편, 대학생제안서 36편(본선진출), 특별세션 5편 등 총 195편 발표됨으로써 성료되었지만, 그때를 생각하면 지금도 아찔하다.

2) 학회 사무실 매입

- 한국관광공사 원주 이전으로 인해 사무국 이전이 불가피해서 2015년 1월 4차례 사무국 회의와 서울역, 광화문, 인사동, 강남역, 포스코 지역 등을 답사한 결과, 매물가격, 학회 예산, 입지조건(위치, 역세권, 주위환경), 향후 가치 등을 고려하여 2015년 1월 22일 서울시 강남구 역삼동 705-1외 3필지 역삼동 빅토리아 빌딩 501호(면적 50.3㎡, 분양면적 30평)를 매입하고, 2월 15일 이사일정 관계로 동일 건물 11층 1107호로 사무국을 임시 이전하였다.
- 그동안 수차례의 회의 및 이사회 인준 절차과정을 거쳐 1972년 학회가 설립된 이래, 최초로 2015년 2월 25일 (사)한국관광학회 명의의 등기절차를 완료하였다. 그 후, 2015년 7월 同빌딩 5층 501호로 완전히 이전하여, 이와 같이 학회 소유의 전용 사무실을 마련함으로써 회원들의 안정적인 학술 및 학회 활동에 일조했다고 생각한다.

3) 장학기금 조성

- 관광후학의 인재양성을 위해 기금확보에 주력함으로써 장학재단 설립을 위한 기틀을 마련하고자 하였다. 이를 위해 각 기관, 기업 및 개인들을 방문하여 목적 및

취지를 설명하였고, 기억에 의하면 확실하지는 않지만, 2,500-3,000만원 정도를 확보했으나, 생각만큼 쉽지는 않았다. 그리고 부회장님들의 추천을 받아 소정의 심사를 거쳐 2014년 7월 76차 강릉학술대회와 2015년 7월 78차 학술대회를 통해 각각 10명씩 소정의 장학금을 수여하였다.

4) 학회지/학회보 정시 발간, 평가 및 국제화

- 학술지는 정시 · 발간하였고, 2013년 12월 학술지 평가에서 등재학술지인『관광학연구』는 '등재유지', 영문지인 IJTS((International Journal of Tourism Sciences)는 '등재후보유지'로 평가받았다.
- 특히 영문학회지의 국제화를 위해 IJTS가 SSCI 저널이 될 수 있도록 별도의 T/F 팀을 구성하였고, 영국 테일러사와 계약을 맺었으며, 테일러사에서 학회지 발행이나, 마케팅활동을 적극적으로 수행하도록 하였다.
- 교육프로그램은 구조방정식모델분석관련 교육(2014. 1. 한양사이버대학), 2014 온라인 논문투고 · 심사시스템 사용설명회(2014. 8. 한국연구재단 대전청사), Q방법론 교육(2015. 2. 동국대학교 서울캠퍼스) 등 3차례 실시되었다.
- 한국관광학회보는 연4회의 학회뉴스레터지 정기 발행(94~101호)되었고, 국내외 회원, 학회 및 기관들에게 학회 홍보를 위한 홍보책자(영문판)를 발간하였다.

5) 산 · 학 · 관 간의 통합적 협력관계 강화

- 관광정책포럼은 한국관광협회중앙회와 공동주관의 '국내관광활성화를 위한 정책: 국민이 행복한 여행, 지역이 행복한 관광(2013. 9. 서울 소공동 롯데호텔)', '관광미디어가 본 국내관광 활성화의 과제와 방안(2014. 2. 코엑스 홀 H4)', '융복합관광 일자리 활성화 정책토론회(2014. 9. 코엑스 컨퍼런스룸)'를 개최하였다.
- 정부관련 행사는 '관광단체장 긴급간담회(2014. 4. 한국관광공사 회의실, 세월호 침몰관련 관광주간 국내관광객 안전대책강구)', '2014 관광주간(5월) 전국 대학생 모니터링 및 우수작 발표대회(2014. 4.-5., 참가대학 17개 시도대학)', '2014 관광산업 채용박람회; CEO 특강 개최(2014. 9. 코엑스 행사장 메인무대)', '계간『한국

관광정책』 제57호 가을호 좌담회(2014. 9. 한국관광공사 T2아카데미 외래 관광객 2천만 명 시대의 개막조건)' 등에 참여하였다.

- 그리고 2014/2015 관광인 신년인사회(1월), 2014년 제2차 관광진흥확대회의(2월), 중국관광의 해 개막식(1월), 2014/2015년 내나라 여행박람회 개막식(2월), 2015 한·일우호 관광교류의 밤(2월), 특히 한국관광공사 사옥 이전식(3월)에서의 기념식수 등 관광학계 모학회로서 참여하였다.
- 유관기관과의 연구사업 및 MOU 체결은 (사)한국 서비스 산업진흥원(2014. 5. 한국서비스산업진흥원), 한국리서치, 한국갤럽, 밀워드브라운리서치(2014. 6. 한국문화관광연구원), (주)전남관광(2014. 2. 경도리조트), 한국불교문화사업단(2014. 8. 템플스테이 통합정보센터)과 MOU 체결을 하였다.
- 이밖에도 문화체육관광부, 한국관광공사, 문화관광연구원, 여행업협회, 한국관광중앙회협회, 한국공항공사, 카지노협회, GKL(그랜드코리아레저), 각 지자체 등 일일이 다 열거할 수 없을 정도로 다양한 형태의 사업을 공동, 위탁받아 수행하였다.

위와 같은 성과를 달성할 수 있었던 것은 역대 회장님들을 비롯하여 2,000여 명의 회원님이 계셨고, 그리고 혼연일체가 되어 함께 했기에 가능하였다.

특히 장병권 자원분과학회장, 전병길 호텔외식분과학회장, 김남조 편집위원장, 김철원 영문편집위원장, 이정열 영문부편집장, 최규환 학술심포지엄위원장, 윤세환 대학생대학원생위원장, 이훈 정책포럼위원장, 정유경 신진연구위원장, 정병웅 지자체협력위원장, 김상태 산학연협력위원장, 고동완 연구프로젝트위원장, 박근수 사무국장, 박상현 사무차장, 권기준 총무이사, 이수영 간사 등과 같은 분들이 오로지 부족한 저를 믿어 주시고, 한분 한분이 혼신의 힘을 다한 덕분이라고 생각한다.

2. 향후 발전 방향

급변하는 국내·외 환경속에서 한치 앞도 예측할 수 없는 현실에서 향후 50년의 학회의 발전 방향을 감히 논한다는 것은 매우 어려운 일이지만, 저의 짧은 소견은 다음과 같다.

1) 양질의 일자리 창출

학회장 재임시절, 영문학회지 관련 협의차 홍콩을 방문했을때 홍콩폴리텍대 전계성 학장님께서 '홍콩은 4년째 대학출신이면 기업 불문하고 초봉이 동일하며, 졸업생은 전공을 살려 관광관련 일을 하는 것을 가장 자랑스럽게 생각한다'는 말씀을 듣고, 정말 부러웠다. 우리나라의 현실하고는 큰 차이가 있는 듯 하였다. 주지하듯이 관광전공 졸업생들이 취업을 해도 임금이 열악하니, 자부심도 없고, 동기부여가 되지 않으니, 빈번하게 이직을 하고, 다른 업종에 관심을 두는 것이 현실이다. 따라서 현재와 미래의 추세에 부합하는 양질의 일자리를 창출하는데 학회 여러분, 모두가 힘을 모아야 하겠다.

2) 미래 시대에 부합하는 현실성있는 교육

4차 산업혁명시대를 맞이하여 휴머노이드 로봇, 메타버스, NFT, 블록체인, AR/VR, Web3, 디지털 트윈, 머신 · 딥러닝, 자율주행, IoT, 컴퓨팅 등은 젊은 층들에게는 익숙하겠지만, 한편으로는 다소 생소한 용어이기도 하다. 이에 대응하여 우수한 인재 양성을 위해 교수자 개개인 자신의 커리큘럼과 주요 학습과정을 꾸준히 평가하고, 수정하여 교육함으로써 미래 직업과 관광 직종의 변화에 적극 대처할 수 있도록 학회가 앞서 견인해야 할 것이다.

3) 영문학회지의 국제화

전술했듯이 영문학회지의 국제화를 위해 IJTS가 SSCI 저널이 될 수 있도록 별도의 T/F 팀을 구성하였고, 홍콩 학회에서 테일러사 관계자와 협의하였다. 그 후, 영국 테일러사와 계약을 맺었으며, 테일러사에서 학회지 발행이나, 마케팅활동을 적극적으로 수행하도록 하였습니다만, 그러나 아쉽게도 제가 이임한 후로는 이에 대한 긍정적인 소식은 듣지 못하였다. 우선 국내에서 학회지의 양적 및 질적인 성장도 매우 중요하며, 나아가 국외에서의 위상을 높이는데 주력해야 할 것이다. 이를 위해 학회장님을 비롯한 회원님들이 투고시의 혜택 방안을 모색하는 등 향후 영문학회지의 국제화에 강한 의지를 갖고 추진했으면 한다.

(사)한국관광학회 구성원들이 회원으로서 긍지 및 자부심을 가지실 수 있도록 저 나름대로는 최선을 다했지만, 많이 부족하였다. 그동안 존경하는 여러분들과 함께 할 수 있어서 학회장, 개인으로서도 분에 넘치는 영광이었고, 정말 행복했다. 진심으로 감사드리는 바이다.

「역대 학회장 회고」:
학회장 재임시 역점사업과 미래발전에 관한 소회

변우희[*] (Byun, Woo-Hee)
한국관광학회 제 23대 회장

● 序言

본 논제를 접하면서 과거는 오늘의 역사이며 오늘은 내일의 거울이라는 생각이 들며 반성과 희망의 시간을 가져본다. 2년간이라는 짧은 재임기간동안 학회장으로서의 과거를 반추해보니 우선적으로 소임을 다하지 못하고 많은 과오로 인하여 부끄러운 생각이 먼저 든다. 그럼에도 불구하고 여러모로 부족한 회장을 뒤에서 묵묵히 도와주신 23대 한국관광학회 임원진과 회원여러분들에게 진심으로 고맙다는 말씀과 미안한 마음을 전달하고자 한다. 평소 학회 회원이 주인이며 회원이 스스로 동참하고 이끌어가는 민주적인 한국관광학회가 되고자 나름대로 노력했으나, 돌아보니 많은 과오와 시행착오가 있었음을 스스로 자인하고 싶다. 다행히 지면으로나마 이렇게 감사와 소명의 기회를 주신 이훈 회장님 이하 집행부 여러분들께 진심으로 감사드린다.

내용전개에 있어 가장 역점을 둔 사업으로는 한국최초로 120명의 관광학자들이 집대성한 교재를 편찬하는 작업이었다. 막상 기획을 하고 시작하였으나 과연 재임기간동안 해낼 수 있을까 하는 두려움 앞섰다. 그러나 기적처럼 저자들이 단합하여 최고의 옥고를 기한 내에 제출하여 교재를 완성하게 되었다.

무엇보다 고마운 분들로 늘 가슴속에 간직하고 있다. 특히 고은 시인, 백종원 대표

---

[*] 경주대학교 교수

등 문화계 명사들을 초빙하여 책의 품격을 높이는 데에 일조를 해주었다. 특히 한국연구재단 우수등재학술지 선정은 가장 어렵고 중요한 관문이었으며 이것은 전적으로 그동안 우수 학회를 질적으로 이끌어 주신 회원여러분들에게 영광을 돌린다. 또한 평창동계올림픽 비롯한 국제학술대회 개최, 특별위원회 제도창립, 우수관광업체와 기관과의 업무협약체결 등 나름대로 선도적 차원에서 추진했던 사업들이다. 다만 더욱 확고한 체제를 정립하지 못한 아쉬움이 있다.

말미에 제시해 본 50년 후를 바라본 필자의 발전적인 소견은 어쩌면 오늘 우리가 당면한 문제이자 적극 대응해야 할 과제로 보고 조심스럽게 접근해 보았다. 향후 더욱 발전적이고 세계가 주목하는 학회로 나아갈 것으로 믿어 의심치 않는다.

● 力點 事業

1. 관광학의 학문적 체계정립

- 59인이 참여한 문화와 함께 하는 관광학원론 교재출간, 2017
- 61인이 참여한 문화와 함께 하는 관광사업론 교재출간, 2017

59인의 관광학자들이 적극적으로 참여한 제1편『관광학원론』은 다학제적인 관광학의 특성에 따른 기본적인 개념을 정립하고 시대의 트렌드에 맞는 관광학의 이론적인 준거 틀을 제시하였다. 61인의 관광학자들이 적극적으로 참여한 제2편『관광사업론』은 실무와 이론을 집대성한 교재이다.

신사업군으로 각광받고 있는 관광사업의 가치성을 재조명하고 미래의 발전적인 관광사업의 발전 방향을 정립하였다. 특히 '문화와 함께하는 관광학 이해'라는 타이틀에 걸맞게 고은 시인, 백종원 대표 등 문화계 명사들을 관광사업론의 장르에 맞게 초빙하여 미래의 젊은 관광학도들에게 들려주는 메시지들을 수록하였다.

이를 통해 문화와 관광의 새로운 지평을 열고자 하였으며 관광학도들에게 자부심을 고취시키고자 하였다.

이 자리를 빌려 참여해주신 집필진들과 백산 출판사 진욱상 대표에게 감사의 말씀을 전한다.

2.『관광학연구』한국연구재단 우수등재학술지 선정(2017년 8월)

1977년부터 발간한 관광학연구는 2017년 엄정한 선정 과정을 통한 학술지 평가에서 우리나라 2,100여개의 전체학술지 가운데에 60여개만 선정되는 '우수등재지'에 선정되었다. 더욱이 치열한 경쟁 속에서 관광학 분야에서 유일하게 선정되었으며, 사회과학 분야 점수에서도 당당히 3위안에 드는 쾌거를 이루었다.

한국관광학회의 전 회원들의 헌신적인 도움과 협조로 최고의 성과를 이룩하였으나 고맙다는 인사를 못드려 이제나마 감사의 말씀을 드린다. 특히 2년 동안 어려운 여건에도 불구하고 자료수집 등 평가준비에 최선을 다하여 책무를 다한 편집위원장 이봉구 교수에게도 다시 한번 노고에 감사드린다.

3. 지역상생발전과 글로벌을 지향하는 국제학술대회 개최

1) 제79차 국제학술대회를 '2016 남도문화관광! 장흥(水), 강진(土), 영암(氣)의 가치 조명과 상생발전구상'이라는 주제로 개최되었다(2016년 2월25~27일). 유수한 관광자원을 보유하고 있고 인접 3개 지역이 관광벨트를 조성하여 상생발전을 도모하고 있는 장흥(水), 강진(土), 영암(氣)이라는 소단위지역을 국내뿐 아니라 세계적인 관광목적지로 부상시키고자 정부의 적극적인 지원 하에 국제학술대회를 개최하였다. 실제적으로 관광인프라와 재정규모가 열악한 지역을 상생발전이라는 슬로건을 통해 국내외에 알린 최초의 사례로서 정부차원에서 상당히 주목받은 학회로 평가받았다. 특히 분과학회 정병웅 회장이 주관하여 성공리에 행사를 마무리하였다. 행사 후 주요성과 중 하나는 3개 지역 모두 문화관광부 지원축제로 선정되어 정부예산지원을 받게 되었다.

2) 제80차 국제학술대회는 '2018 평창동계올림픽 성공을 위한 국제관광의 역할과 기대'라는 주제로 평창 알펜시아리조트에서 개최되었다(2016년 7월 13~15일).

2018년 평창동계올림픽 붐업 조성, 세계가 주목하는 국제적인 행사에 따른 해외 관광객 유치와 지역 경제 활성화, 사후 한국국제관광의 한 단계 도약을 위한 강원 배후 도시들의 관광 경쟁력 상승에 대한 다양한 전략을 모색하였다. 특히 국내외 관광정책전문가, 관광학자, 관광사업자들이 총망라한 메가이벤트 행사로서 한국관광학회의 위상을 높이는 중요한 계기가 되었다. 행사를 통해 올림픽 관광수용태세점검, 올림픽시설물을 활용한 관광마케팅, 평창올림픽 국제관광도시실현 등 행사 후 평창국제관광발전전략과 정부정책입안에 중요한 정책 자료를 제시한 실용학회로 평가받았다.

3) 제81차 학술대회는 '호텔 · 외식 · 관광의 NEW PARADIGM'이라는 주제로 세종대학교에서 개최되었다(2017년 2월 10일). 환대산업 분야의 급변하는 환경에 발맞추어 다양한 이슈와 새로운 관점 및 전략을 제시 및 급성장하는 외식산업에 대한 토론, 호텔의 등급제도 개선과 호텔산업의 발전 방안을 논의하였다.
카지노 산업의 발전과 환대산업과 IT산업의 융합에 대한 폭넓은 관점을 제시하였다. 특히 호텔 외식경영분과학회 정유경 회장이 주관하여 성공리에 마무리하였다.

4) 제82차 국제학술대회는 '전환기 시대의 새로운 지역관광 패러다임 모색: 울산관광의 성장과 도약'이라는 주제로 울산광역시에서 개최되었다(2017년 7월 5~7일). 울산광역시 승격 20주년을 기념하고 '2017 울산 방문의 해'를 계기로 관광 울산을 실현하기 위해 학술대회가 개최되었다. '지역관광의 새로운 패러다임 모색'이라는 주제로 울산의 주요 비전과 과제, 관광산업, 수용태세 등에 대해서는 깊이 있는 토론과 발표가 이루어졌다. 울산시는 본 국제관광학술대회를 계기로 울산관광을 세계에 알리고 한 단계 도약하는 계기가 된 것으로 평가하고 있다.

이러한 국제학술대회가 성공하기 위해서는 재정 및 예산확보가 선행되어야 하나 무엇보다 철저한 행사진행이 성공의 필수 조건이다. 당시 국제학술대회를 총괄해준 한국관광학회 학술대회 조직위원장 한경수 교수 이하 조직위원, 학술대회책임조직위원 이병철 교수, 사무총장 박종구 교수 이하 사무국 임원 여러분들의 도움으로 성공적인 학회로 마무리하였다. 그리고 부회장단, 대외협력국 및 선임이사진들 모두에게 감사의 마음을 전한다.

5) 제8차 2016 NERA국제포럼은 NEAR사무국과 (사)한국관광학회와 공동주관으로 '관광을 통한 동북아시아 협력과 발전'이라는 주제로 안동에서 개최되었다(2016년 11월 25일). 동북아 지방정부의 관광정책 성공사례를 소개한 행사이다. 회원단체 간에 관광 분야 협력 모색으로 신성장 동력 발굴, 미래 먹거리를 창출토록 하는데 주안점을 두었다. 주요 논점은 관광과 지역발전, 지속가능한 관광과 국제협력, 동북아시아 상호 관광협력 등을 다루었다. 행사 성과로는 각 국가별 관광홍보와 전시부스를 마련해 동북아 자치단체를 알리고 관광 상품을 소개하며 자치단체 간 실질적인 관광교류협력이 실행되었고, 참가자들에게 동북아 지방정부들에 대한 관심을 고취하고 이해를 돕는 기회를 제공하였다.

4. 산학협력체계 구축 및 회장선출제도 개선

1) 한국관광학회 특별회원위원회창립(2017년8월)

한국관광학회 산하에 특별회원 제도를 두어 산학협력을 도모하고 학회의 경쟁력을 확보하고자 창립하였다. 관광학 관련학과가 전국으로 분포되어 있는 관계로 17개 광역시도별로 지역특별분과위원회를 두어 실질적인 산학협력을 통해 학생취업, 재정확보 및 지역관광발전에 선도적으로 기여하고자 하였다.

2) 관광유관기관 MOU 체결

그동안 한국관광협회중앙회(사)와 상당한 업무교류가 있음에도 불구하고, 제도적 정비가 미비한 점을 보완하고 상호 실질적인 시너지 효과를 가지기 위해 전격적으로 MOU를 체결하였다(2016. 12. 12).

이어서 서울관광마케팅(주)와 (사)한국관광학회 업무협약체결(2016. 7. 5), 대명레저산업(주)과 한국관광학회와 업무협약체결(2016. 6. 21) 등 다수의 유수업체들과의 제도적 정책적인 협업체계를 도모하였다.

3) 한국관광학회회장 선출제도 개선

그동안 회장선출에 있어 업무의 효율성과 간접선거의 장점을 최대한 적용하여 원만하게 진행되어 왔다. 그러나 학회의 회원증가와 관광분야의 외연 확장으로 한국관광학회 전체회원의 의사를 최대한 반영하고자 직접선거제로 제도개선을 실행하였다. 당시 제도개선추진위원장이신 임은순 교수 이하 추진위원들에게 감사의 말을 전한다.

50년 후를 바라본다

1. 50년 후에도『관광학연구』지가 우수등재지의 위상제고와 지속적 발전방안 구축

자타가 공인하는 우수등재지인『관광학연구』가 50년 후 글로벌 시대에 발맞추어 더욱 경쟁력 있는 국제학술지로 발전하기를 바란다. 동시에, 보다 혁신적인 사고와 지속적인 발전방안을 구축하여 국제적인 평가기준에 능동적으로 대처하고 경쟁우위적인 학회로 더욱 발전하고 최고의 학회로서 지속성이 유지되기를 기원한다.

2. 한국관광학회 특별위원회의 정관개정 등을 통한 구조조정과 체질개선 필요

현존하는 특별위원회는 이사회와 총회를 걸쳐 회원모집, 운영방침 등을 정관개정이나 제도개선을 통해 보다 광역적이고 내실 있는 산학협력체제를 확립할 필요가 있다고 본다. 이것은 학회재정확보, 취업활성화 등과 직결되고 학회의 학문적인 발전과 합리적인 운영에 도움을 주는 본래의 설립 취지에 맞게 체질 개선이 필요하다고 사료된다.

3. 정년 퇴임후에도 시니어 회원들의 연구 환경조성과 평생연구 동기부여 필요

해외의 사례와 같이 정년 없이 노년에도 평생 연구를 할 수 있는 환경조성이 필요하다고 본다. 즉 70, 80대에 노벨상을 수상하거나 학문적인 역량을 더욱 높혀 사회발전에 공헌하는 외국의 사례를 타산지석으로 삼을 필요가 있다고 본다. 100세 시대와 다학제적 특성을 가진 관광학분야의 여건을 감안하여 한국관광학회가 대학 및 산업체 등에 실행 가능한 유용한 연구모델제시를 통해 그들을 움직이도록 하는 발상의 전환이 필요하다고 본다. 이번 회고록 형식의 연구발표도 일련의 과정으로 보여 지면으로나마 이훈 학회장, 장병권 시니어연구위원장에게 다시 한번 감사의 말을 전한다.

4. 학회 재정확보 수월성을 위하여 기본적인 회계시스템을 통한 회비자진납부 제도 정비

자본주의사회에서 재정이 약한 조직은 자연히 도태될 수 밖에 없다. 그동안 학회재정의 대부분은 회장 한 사람에게 지나치게 부담을 주는 경향이 있다. 차제에 열린 회계시스템을 구축하여 학회회원 한 명도 빠짐없이 회계연도 내에 회비자진납부 및 지원하는 분위기 조성 및 제도개선이 필요하다. 그리고 전술한 특별회원제도의 적극적인 활용과 전회원이 동참하여 재정확보를 위한 전략적인 동참을 유도 할 필요가 있다.

5. 통계적 관점에서 학회 관련 데이터베이스의 지속적인 관리와 활용

학회 차원에서 50년을 회고해 볼 때 가장 아쉬운 점은 통계적 데이터베이스 구축과 관리에 소홀한 측면이 있다고 본다. 한국관광학회를 거치고간 모든 회원들의 소중한 발자취와 연구업적들이 고스란히 간직하지 못한 아쉬움을 지적하고 싶다. 지금부터라도 평생회원을 포함한 학회회원 명부 재정리와 연구자료 및 역사의 흔적들을 세부기준 지표를 세워 50년 후를 대비한 자료정비를 부탁한다. 더욱이 비정형화자료도 활용되는 빅데이터 시대에는 더욱 중요시되는 데이터관리 작업이라고 본다.

6. 스마트시대에 맞는 학회 홈페이지 시스템 정비 필요

회원 누구나 학회자료들을 수월히 검색, 활용할 수 있도록 홈페이지를 전면 개선할 필요가 있다. 즉, 관광관련학과 교수채용정보, 학생들 취업정보, 각종 프로젝트 용역정보 등의 유용한 콘텐츠를 수록하고 언제든지 스마트폰으로도 활용할 수 있는 실용적인 연계형 관광정보시스템을 적용할 필요가 있다.

7. 타학문과의 지속적인 협력연구교류 및 공동연구 필요

응용과학으로서 관광학의 특성을 최대한 살려 인접학문과의 끊임없는 협력 및 공동연구를 추진해야 할 것이다. 전술한 특별회원과 시니어를 활용한 공동연구, 한국연구재단의 과제를 통한 협력연구 등 다면적인 차원에서 공동연구를 지속적으로 추진하여 한 차원 높은 관광학의 이론적인 발전과 실용학문으로서의 위상을 높힐 필요가 있다.

8. 관광 분야가 빅데이터, 인공지능, 블록체인 등에 최적화 분야로 인식

데이터 플랫폼 시대에 다학제적인 특성과 실용학문이 어우려져 있는 관광학과 관광산업분야가 빅데이터, 인공지능 및 블록체인의 점단기술에 가장 실무적으로 적합한 분야로 평가받고 있다. 실례로 인공지능과 자율자동차, 문화관광축제에 메타버스와 NFT 적용, 빅데이터와 관광정책 의사결정 등 관광학 분야와 첨단정보기술 분야와의 유관 적합성인 속성을 백분활용하여 관광학이 관광산업분야의 발전에 적극 기여 할 필요가 있다고 본다.

● 結語

본고를 마감하면서 한 가지 메시지를 전하고 싶다. 한국관광학회의 50년 후의 진정한 발전을 위해서는 통계학적인 데이터베이스 작업이 선행 되어야 한다는 것이다. 관광학은 주지하다시피 경험과학이다. 물론 규범과학으로서 철학적 배경과 형이상학적인 이념정립이 필요하나 실용학문으로서의 가치성과 중요성을 인식해야 할 것이다. 그래서 반드시 데이터 관리가 필요한 것이다. 모든 미래의 중요한 의사결정은 과거의 통계적인 데이터 분석을 통해 주관적인 불확성을 줄이고 최적의 합리적인 의사결정을 내릴 수 있는 것이다. 특히 정형화 비정형화 자료를 집대성한 빅데이터 시대에는 더욱더 데이터베이스 작업이 중요하다고 본다. 세월의 유수함을 실감한다. 회장직을 바쁘게 수행했던 시절이 바로 엊그제 같더니 벌써 몇 년이 지났다. 이대로 묻혀가는 회장시절의 역점사업들을 다시 회고 할 수 있는 기회와 시간을 가지게 되어 기쁨과 아쉬움이 교차한다. 기회를 주신분들에게 다시 한 번 감사드린다. 훌륭한 후배학자들이 건재하기에 든든하고 미래의 발전에 더욱 희망을 가져본다.

훌쩍 지나가 버린 한국관광학회의 반백년 역사 50년 동안, 훌륭하게 토대를 만들어주신 전 한국관광학회 회장님 이하 선배회원들에게 무궁한 찬사와 감사의 말씀을 드린다. 앞으로 50년은 현재 회원여러분들의 몫이자 소명이다. 늘 건강하기를 빌며 50년 후의 학회발전을 진정으로 기대해 본다.

「역대 학회장 회고」: 제25대 학회장 재임시 역점사업과 소회

정 병 웅* (Chung, Byung-Woong)
한국관광학회 제 25대 회장

1. 개관

2019년 전임 제24대가 회계연도의 조정으로 통상 여름부터 시작해서 여름으로 끝나는 회장임기가 한 학기 조정되는 바람에 3월부터 시작하게 되었다. 말하자면, 수석부회장 임기를 1년 6개월하고 회장임기를 시작한 셈이다. 그나마 한 학기 일찍 시작한 임기로 인하여 코로나19(COVID-19)의 영향을 받지 않고 2019년 한 해 동안 학회활동을 할 수 있었던 일은 다행으로 생각한다.

실제 2020년 2월부터 시작된 세계적 팬데믹 현상으로 2년의 임기 중, 반 이상은 학회활동을 하는데 절대적으로 큰 영향을 받았다. 제25대 학회는 COVID-19와 동행한 아쉬움이 큰 학회 활동 시기이기도 하다.

다소 급하게 전임 집행부로부터 인수인계를 받은 터라, 3월 초에 바로 있었던 한국연구재단의 연구 활동 신청공모준비를 학회 임기도 전인 2월말부터 준비를 하였지만, 역시 준비부족이었던지 선정되지 못한 아쉬움으로 시작한 학회활동이었다. 하지만 임기 첫 해는 비교적 의욕적으로 출발을 하였다. 여름 학회는 대전시와 협력하여 학회를 치르기로 결정하고, 대전시에서 첫 학회 워크샵을 곁들여 학회 준비를 하는 등 학회활동의 첫 달, 3월을 시작할 수가 있었다.

* 순천향대학교 교수

제25대 학회 집행부의 특징은 남북관광위원회와 지역관광위원회를 개설하면서 이 두 위원회를 중심으로 특화하고자 하였다. 그리고 제도개선위원회를 두어 학회 전반의 모습을 다듬어 나가고자 계획하였다. 그리고 학회장의 임기가 6개월 당겨지는 바람에 자연스레 차기 편집위원장의 임명은 현 집행부가 1년 경고한 시점에서 임명함으로써 편집위원장의 인사권이 최소한 집행부로부터 독립되도록 하였고 편집위원회의 예산도 독립할 수 있도록 하였다.

당시는 때마침 남북관광협력 분위기가 무르익고 있었기 때문에, 통일부는 물론 경기도 DMZ 담당 관계자와도 학회장 자격으로 협의를 지속하고 있었다. 그리고 경기도는 물론 서울시와 제주도와 그리고 심지어 대전시도 전국적으로 통일에 관한 주제로 열광하고 있던 시기였었다. 당연히 전체 학회에서도 통일 관련 주제로 관광의 역할을 논의하자는 분위기가 팽배해 있었다.

결과적으로 코로나19의 영향이 이후 1년 이상 지속됨으로써 전반적인 행사를 못한 영향도 있었지만, 이후 남북관계가 얼어붙어 이 분야를 특화시키지 못한 것이 큰 아쉬움이기도 하다. 실제 남북관광위원회에선 두만강지역 국제관광 협력과 개발이라는 주제로 한국해양수산개발원의 후원 하에 중국 연변대학에서 개최하면서 장차 남북관광을 특화하려는 모색을 하였다.

2차 연도에는 광역단체와 통일부의 후원 하에 DMZ 안에서 성대하게 국제학술대회를 개최하고자 계획했으나 모든 것이 무산되어지는 아쉬움이 지금도 진하게 느껴진다. 지역관광위원회 또한 지역별 순회 워크숍을 전국 기초지자체 위주로 여러 지역과 접촉하고 있었지만, 시행한 지자체보다는 취소된 지역이 많다. 이 역시 학회활동 2차연도를 지배했었던 코로나 영향을 피할 수가 없었다고 하겠다.

관광학연구 제46권 제5호(통권 제195호) 문화체육관광부와 대전시의 후원으로 한남대에서 개최된 2019년 여름학회에는 문화체육관광부의 예산 1억과 대전시에서 1억 등 총합 2억여 원으로 학회를 개최 하였고, 제25대 임기 중 첫 학회인 만큼 비교적 의욕적으로 학회를 개최할 수 있었다. 당시 박양우 장관이 어렵사리 학회를 방문하여 축사를 하는 등 대전시와 학회를 고무하는 가운데, 애초에 계획했었던 남북관광위원회에서 주관한 별도의 논의도 활발히 할 수 있었고, 대전시를 비롯한 지역관광 특별위원회도 개최할 수 있었던 것이 큰 성과였었던 것 같다.

대전시청 관계자의 적극적 후원과 집행부가 맞이하는 첫 번째 학회라서 그랬던지 다소의 시행착오도 있었지만 학회 행사 자체만은 의욕적으로 시작해서 성황리에 마칠 수 있었다고 자평하고 싶다.

1차 년도 후반기의 행사로는 7월의 학회에 이어 8월에는 한중일 관광장관회의 부대행사로 미래세대 포럼으로 한 · 중 · 일 대학원생 및 대학생 관광아이디어 경진대회가 있었다. 대학 · 대학원생 위원회에서 전적으로 주관하는 행사로 인천 컨벤시아에서 이틀간 한중일 대학생 및 대학원생의 관광아이디어 경진대회는 물론 교류와 화합의 행사를 성대하게 치를 수 있었고, 10월에는 대학원생 관광사례조사 경진대회도 개최하였다. 12월에는 지역관광위원회를 중심으로 한 해를 결산하는 의미에서 전체 회원을 대상으로 동해에서 팸투어 형식을 빌려, 워크샵을 겸하는 보람있는 행사를 진행할 수 있었다. 그 외에도 정책위원에서 중앙박물관과 협력으로 작은 예산으로나마 유산관광에 대한 정책포럼을 시행하였다.

2020년을 맞이하여 1월 15일 신년하례식을 필두로 2월에는 1박2일의 일정으로 부산 벡스코에서 호텔외식경영분화학회의 주관으로 '지속가능한 지역관광 및 마이스산업 경쟁력 강화'라는 주제로 87차 학술대회를 개최할 수 있었다. 부산학술대회는 코로나가 막 시작하는 분위기에 있었기 때문에, 학회의 개최 여부에 촉각을 곤두세운 가운데 개최하였고, 개최에 대한 우려가 높은 가운데 어렵게 학회를 개최할 수 있었지만 그나마 아무 사고 없이 분과학회로선 성대하게 치러낼 수 있었다.

그 이후 2020년도의 학회는 코로나 상황을 살펴가며 힘겹게 하나씩 간헐적으로 개최할 수밖에 없었다. 그 와중에도 인천공항의 국내관광 허브로서의 역할이라는 주제로 파라다이스 시티호텔에서 간이세미나도 개최할 수 있었고, 대전시 대덕구 공정생태관광지원센터와 업무협약은 물론 간단한 세미나도 개최하였으며, 부산국제관광도시 육성 기본계획수립 연구용역 등 몇 건의 용역을 수주하였다. 제한된 여건에서나마 활발한 학회활동은 이어질 수 있었다고 하겠다. 지역관광 활성화 차원에서 평창군 관광협의회 직무교육도 수주하여 시행하였다.

2020년 1월 시작된 COVID-19가 애초 시작할 무렵엔 앞선 다른 전염병처럼 짧게는

2~3개월, 길게는 6개월이면 유행을 하다 끝날 줄 예상했었지만 생각보다 길게 이어졌다. 이 글을 쓰는 2022년 7월 현재 2년 반이 지났지만 아직도 이 코로나 상황은 깨끗하게 청산되지 못하고 있고 세계적 팬데믹 현상은 아직도 진행 중이기도 하다. 하지만 벌써 2년이 지난 지금도 그 때를 생각하면 아찔하기만 하다. 실제 2차 연도의 88차 학술대회는 보다 성대하고 거창하게 치를 야심으로 일찍부터 TF팀을 가동시켰다. 때마침 대구시와 경상북도의 광역단체 통합과 상생 논의도 진행되고 있어 기회라고 판단했었다. 정부에도 가용한 예산을 이미 확정해서 신청해놓은 상태로 전에 없는 큰 학술대회 행사를 예상했었다.

하지만 코로나 상황이 지속함에 따라 행사를 몇 차례나 연기할 수밖에 없었다. 논의를 지속하는 가운데, 광역단체 관광 관계자의 관광학술대회에 대한 몰이해와 더불어 학술대회는 자꾸 축소될 수밖에 없었다. 따라서 1월부터 회의를 진행하며 준비해 온 제92차 국제 관광학술대회 특별세션: (사)한국관광학회 50년 회고와 미래 발전방향 모색에 대해 힘만 빼고 공전을 거듭할 수밖에 없었다. 더구나 막상 통합과 상생을 논의하던 대구시와 경상북도가 협상 테이블에 앉으니 제각각 이해관계가 달라 논의와 협의를 진행하는 것도 만만치 않았다. 게다가 당시 대구시에서 확진자가 무더기로 나옴으로써 대구시가 코로나 확산의 진원지가 되는 바람에 조기에 학술대회를 개최하는 것이 거의 불가능한 수준이었다.

그러나 여름이 되자 코로나가 약간은 누그러지는 기미가 보였고, 이틈을 이용하여 대구시와 경상북도의 양해를 구한 끝에 11월 19일부터 21일까지 '포스트코로나 시대의 지역관광활성화 방안, 상생과 협력'이라는 주제로 대구 엑스코에서 문자 그대로 우여곡절 끝에 학술대회를 개최할 수 있었다. 애초 예산의 절반 이상이 삭감된 학회 행사였지만 비교적 성황리에 끝난 학회였었다는 평이다. 무엇보다 이 학회를 개최하기까지의 협의와 행사준비가 더없이 어려웠던 점을 회상한다. 그나마 정부에서 애초 수립했었던 2억 예산이 있어 예산의 반은 이 행사에 지원하였고, 예산의 반을 들여 지역관광 순회포럼을 개최하였다. 코로나로 침체한 관광산업을 붐업시키고, 차제에 침체한 지역관광을 활성화시키자는 취지였었다. 코로나 상황이라는 어려운 여건이 만들어 낸 학회 최초의 지역순회포럼이기 하였다.

먼저 1차로 서울에서 수도권 순회포럼 출범식 및 개최를 하였고 일주일 단위로 다음은 대전(대전충청권)에서 그 다음은 강원도 평창(강원권)에서 이어서 광주광역시(호남권)에 잇달아 포럼을 개최하였다. 궁극으로 88차 학술대회가 개최되는 대구광역시에서 지역관광활성화 방안을 결집하는 순서를 가졌고, 동시에 가을로 연기하여 개최된 제88차 하계학술대회로서 피날레 형식을 갖추고자 하였다.

학회로선 가장 큰 행사인 하계 학술대회를 연기를 지속하는 가운데, 비교적 성황리에 마칠 수 있었던 것도 참으로 다행으로 생각한다. 학술대회가 끝난 바로 다음 주에 코로나 확진자가 다시 증가하는 현상이 발생했었기 때문이기도 하다.

이처럼 코로나 상황이 지속하는 가운데, 여러 기관과 업무 협약은 물론 학술 용역은 지속하였다. 그런 가운데, 광주광역시에서 21년 2월 학술대회의 마지막 행사로 제89차 동계학술대회를 관광자원개발분화학회를 중심으로 1일간 개최할 수 있었다. 그 외에도 어려운 여건에서나마 학술용역이라든가 학회원 교류와 협력에 관한 논의를 수차례 개최한 것은 큰 성과라 할 수 있다.

2. 학회활동의 성과와 반성

학회 활동의 가장 중심은 무엇보다 연구활동을 진작시키는 것이다. 그 점에선 편집권을 집행부로부터 독립을 강화시켰고, 학회 학술활동 예산은 바닥을 보이는 상황에서 편집 예산은 독립을 시켰다는 데서 제25대 학회의 작은 진전이 있었다고 하겠다. 특별히 이진형 편집위원장의 편집에 대한 판단력과 소신이 학술논문의 발간에는 차질없이 독립적으로 이루어졌다고 하겠다.

그리고 정기적으로 간행을 못하였지만, 수차례 뉴스레터를 발간함으로써 학회의 동정과 회원들의 소식을 공유하였다. 몇 차례의 워크숍과 지역관광 팸투어의 형식을 빌어 워크숍을 진행함으로써 회원 간의 교류와 친목을 도모할 수 있었던 점도 성과라 할 수 있겠다. 그리고 한국문화관광연구원을 비롯한 여러 기관과 업무협약을 맺어 관광협력과 활성화를 도모하였다.

무엇보다 어려운 가운데서도 2차례에 걸친 하계 학술대회를 성대하게 개최할 수 있었고, 2차례의 분과학회 역시 성황리에 개최할 수 있어, 학회를 중단 없이 지속가능한 학회로 유지할 수 있었던 일은 어려운 시기의 큰 성과라 할 수 있겠다. 그 와중에 관광정책위원회와 지역관광위원회 남북관광위원회, 대학대학원생위원회 등 여러 위원회가 저마다 역할을 충실히 수행할 수 있었던 점도 다행으로 생각하며, 각 위원회의 위원장에게도 학회장으로써 고마움을 느낀다. 국제학술대회를 치를 때마다 국제학술대회조직위원회도 큰 수고를 아끼지 않았다.

하지만 역시, 제25대 학회활동을 하면서 코로나 상황의 영향을 생각하지 않을 수 없고, 학회 활동을 이끌어 오면서 많은 노력을 기울였지만 성과는 작았던 것에 아쉬움을 금치 못한다. 물론 마침 문화체육관광부 장관이 관광전공자이고 몇가지 시대적으로 좋은 기회와 여건도 있었지만 살리지 못한 아쉬움이 크다. 무엇보다 우수등재지에 걸맞는 편집의 독립을 시켰으면서도 영문학술지를 활성화시키지 못한 점도 아쉬움이 크다고 하겠다. 학회 정관을 몇 차례 다듬었으며, 차기 학회장을 직선제로 뽑은 것도 큰 성과라면 성과라고 하겠다.

이전의 학회가 몇 차례 내홍을 거치며 제25대 학회 시기에 들어와서는 어느 정도 안정을 찾는 시기였었기 때문에 회원들을 아우르고 전체 학회를 통합하면서 내부결속을 다지고 외연을 확장할 시기였었는데 그런 점도 아쉽다. 여러 가지 재정을 확충할 수 있는 방안이 있었음에도 불구하고 시행하지 못한 것이 못내 아쉽고, 모학회 답게 전체 관광학회를 아우르는 통합학회를 개최하지 못한 것도 미련이 남는다. 그리고 당연히 부수적으로 민・산・관・학을 두루 아우르는 워크숍이나 포럼 등을 개최하고자 하였었는데, 이도 미련으로 남는다. 미국 한인관광학회와의 교류는 지속할 수 있었으나 더 확대하지 못하였다는 점도 아쉬움으로 남는다.

생각하면 의욕만 앞세웠지, 큰 성과를 내지 못한 제25대 학회였었던 같았다. 하지만 코로나라는 전대미문의 팬데믹 상황에서 학회 집행부 구성원 모두 누구나 열정과 협력을 아끼지 않았다는 점만은 높이 살만하다. 이 자리를 빌어 전체 학회원에게는 물론 학회를 도와 열심히 일해 주었던 여러 대의원, 이사 그리고 여러 위원회의 임원님과 학회집행부원에게 깊은 감사의 말을 전하고 싶다. 특별히 25대 학회 임기의 성공을 위해 힘써준 김규영, 김대관, 이인재, 이정열, 장병권, 전병길, 최규환 위원장님들께도 감사드린다.

「우수등재 학술지 등재를 위한 역대 편집위원장 회고」:
〈관광학연구〉의 우수등재학술지 선정을 위한 편집의 대전환

김 남 조* (Kim, Nam-Jo)
한국관광학회 제24대 회장 및 제22대 편집위원장

1. 들어가기

한국관광학회는 1972년 9월에 창립되었다. 50년이 지난 지금 우리 학회는 대한민국 관광학 분야의 대표학회로 우뚝 섰고 모학회로서의 역할을 성실하게 수행하고 있다. 오늘날의 〈관광학연구〉는 1977년 6월 서울시 충정로에 위치한 경기대학교 서울캠퍼스에서 〈관광학〉이란 표제로 창간되었다. 그동안 신생학문이라는 어려운 환경임에도 불구하고 전임 학회장들과 편집위원장들의 헌신에 힘입어 〈관광학연구〉는 1998년 한국학술진흥재단(현 한국연구재단)의 등재후보학술지, 2001년 등재학술지, 2002년 교육인적자원부 인정 A급 학술지로 거듭 높은 평가받았다. 특히 제13대 편집위원장이신 김사헌 교수님(경기대학교)은 〈관광학연구〉가 대한민국 관광학에서 반듯한 정통학술지가 되는데 결정적인 기여를 하셨다. 이후 제14대 편집위원장이신 오익근 교수님(계명대학교), 제15대 편집위원장이신 김성혁 교수님(세종대학교), 제16대 편집위원장이신 한범수 교수님(경기대학교), 제17대 편집위원장이신 최승담 교수님(한양대학교), 제18대 편집위원장이신 변우희 교수님(경주대학교), 제19대 편집위원장이신 이돈재 교수님(용인대학교), 제20대 편집위원장이신 장병권 교수님(호원대학교), 제21대 편집위원장이신 김철원 교수님(경희대학교), 제22대 편집위원장이신 이봉구 교수님(동의대학교), 제23대 편집위원장이신 전병길 교수님(동국대학교), 제24대 편집위원장이신 이진형 교수님(목포대학교), 제25대 편집위원장이신 조광익 교수님(대구가톨릭대학

* 한양대학교 교수

교)은 〈관광학연구〉가 2017년에 우수등재학술지가 되는데 기여했을 뿐만 아니라 그 지위를 유지하는데 큰 역할을 하셨다.

학술지 등재제도는 1998년에 처음 도입되었는데 당시에는 57종만 등재(후보)학술지로 인정받았다. 그러다가 2013년에 들어와 2,121종으로 대폭 늘어났다. 이에 대해 교육부는 '일정 기준만 충족되면 등재(후보)학술지가 되기 때문에 등재(후보)지가 과도하게 양산되었고 일반학술지와의 차별성이 약화되었다'는 점을 들어 2014년에 폐지를 예고했었다. 그러나 교육부는 학술지 등재제도가 폐지되면 대학 현장의 혼란이 우려된다는 점을 밝히면서 학술지 등재제도의 폐지를 유보하였다. 대신 그 대안으로 학술지의 질적 개선을 도모할 것이라고 하였다.

이러한 상황 속에서 필자는 2014년 1월부터 2015년 12월까지 〈관광학연구〉 편집위원장을 맡게 되었다. 필자는 〈관광학연구〉의 편집위원장을 맡으면서 〈관광학연구〉가 안고 있는 현안과제를 하나씩 해결하려고 노력하였다. 다행스럽게도 당시 편집위원회를 이끌고 가는 편집위원들의 적극적인 도움으로 의도한 계획들이 하나씩 성사되고 해결되었다. 이 글은 필자가 〈관광학연구〉 편집위원장을 맡았을 때 여러 편집위원들과 함께 시도한 여러 사안들을 담은 것이다. 결과론적으로 이러한 사안들이 〈관광학연구〉가 2017년 우수등재학술지가 되는데 밑거름이 된 점에 대해서는 아주 다행스럽고 감사하게 생각한다. 그렇지 않았으면 비판의 대상이 되었을 뻔했다는 생각을 그 당시에 수차례 했었다. 왜냐하면 편집위원장을 맡으면서 〈관광학연구〉를 너무나도 큰 폭으로 변화시켰기 때문이었다.

2. 편집위원장 맡기 전 학술출판위원장 임기 4년의 업무

2014년 1월부터 〈관광학연구〉 제22대 편집위원장을 맡기 전에 2010년부터 2013년까지 4년 동안 학술출판위원장을 맡았다. 그 동안 필자는 학회에서 편집위원, 분과학회 총무이사, 감사, 국제협력위원장, 학술출판위원장 등을 맡아 나름대로 역할을 수행하였다. 특히 학술출판위원장은 학회를 대표하는 〈한국현대관광사〉를 출간해야 하는 막중한 업무를 해야 하는 자리였다. 물론 학술출판위원장이 반드시 이 임무를 의무적으로 해내야만 하는 것은 아니었다. 위원회의 업무는 위원장이 자율적으로 정하면 되었었고, 반드시 해야만 하는 의무는 없었다. 사실 〈한국현대관광사〉는 백산출판사의 진욱상 대표의 무언의 압력에 의해 발간되었다고 하여도 과언이 아니다. 진욱상 대표는 관광학에 대한 애정이 넘치는 분인데, 진욱상 대표가 당시 학회에서 필자를 만나면 대한민국 관광학을 대표하는 한국관광학회에서 '한국관광사'를 출간해야 한다고 말하곤 하였다. 당시 그는 한국관광학회가 대한민국에서 관광학의 정통성을 갖추기 위해서는 '한국관광사'와 '한국관광백과사전'을 발간해야 한다고 필자한테 은근히 얘기하곤 하였다. 그래서 필자는 학술출판위원장을 맡으면서 2년의 임기 동안 일단 〈한국현대관광사〉를 출간하겠노라고 목표를 세웠다. 처음에는 '한국관광사'라는 표제로 저술 작업에 들어갔지만 이미 계명문화대학의 한경수 교수가 〈한국관광사〉(2011년 정림사 발행)를 출간해놓은 상태였다. 다만 한경수 교수의 〈한국관광사〉는 삼국시대부터 일제강점기까지의 내용을 담고 있었다. 아무래도 한경수 교수와 논의가 필요하여 이에 대해 논의를 하였는데, 한경수 교수는 이미 자신이 일제강점기까지 정리를 해놨으니 광복 이후 대한민국 현대사 관점에서 '한국관광사'를 집필하는 것이 좋을 것 같다는 의견을 개진하였고 이를 받아들여 〈한국현대관광사〉란 표제로 정하여 집필하게 되었다. 집필에는 모두 총 12분의 교수들이 참여하였는데, 자료를 밑바닥에서부터 모으고 정리하는 과정을 밟아야 하기 때문에 상당한 시일이 소요되었다. 학술출판위원장 임기 2년이 지나고도 집필 작업이 끝나지 않아 다시 차기 회장 임기 때 자발적으로 학술출판위원장 임기를 2년 더하였다. 〈한국현대관광사〉는 총 4년간 모든 집필자의 엄청난 봉사의 결과로 2012년 출판되었다.

3. 제 22대 편집위원장 소임의 시작

학술출판위원장의 소임을 다한 후 이어서 〈관광학연구〉 편집위원장을 맡게 되었다. 편집위원장 소임은 한편으로 명예로웠지만, 다른 한편으로는 꽤 부담스러운 자리였다. 사실 '편집위원장' 자리는 학술단체에서 가장 영예로운 자리이다. 학회의 존재 이유는 그 학회의 학술지고, 학회의 수준은 그 학회의 학술지로 평가되기 때문에 그 학회의 학술지는 학회의 얼굴이자 자존심이다. 이러한 점을 생각하니 〈관광학연구〉의 편집위원장으로서 많은 걱정이 밀려왔다. 〈관광학연구〉는 대한민국 정통 관광학술지이지 않은가! 그 동안 선임 편집위원장들이 이끌어왔던 〈관광학연구〉에 하나의 오점이라도 남기지 않고 과연 잘 유지시킬 수 있을지에 대한 염려가 앞섰다. 이 당시 대학가에서는 전문학술지에 대한 중요성이 더욱 커지고 있었다. 학술지 간의 경쟁도 더욱 치열해지고 있었으며, 국내의 경쟁을 넘어 국제적인 영역으로 학술지의 장을 넓혀가고 있는 상황이었다.

편집위원장의 소임을 맡으면서 〈관광학연구〉는 과연 어떤 위상으로 대처해야 할 지에 대한 고민이 앞섰다. 당시에는 학술지 등재제도의 변화에 대한 교육부의 움직임이 나타나고 있는 상황에서 더욱 고민이 많았다. 그래서 적극적으로 〈관광학연구〉가 처한 현실을 직시하고 교육부와 한국연구재단의 향후 방향을 주시하고 적극적으로 대처하는 것이 가장 좋은 접근일 것 같다는 생각이 들었다.

2014년 1월 1일부터 편집위원장의 책무가 시작되었지만 실상은 2013년 11월부터 그 업무가 시작되었다. 〈관광학연구〉 편집업무에 대한 인수인계 차원에서 2013년 11월 제 21대 〈관광학연구〉 편집위원장인 김철원 교수의 연구실을 방문하여 편집과 관련된 자료를 인계받았다. 여기에는 그해 마지막으로 출간되는 12월호에 대한 편집 업무 공동작업도 포함되었다. 당시 김철원 교수도 관광분야 최고의 전문학술지로 자부해왔던 〈관광학연구〉도 새로운 도전에 직면해있다고 지적하였다.

2013년 당시 김철원 교수는 〈관광학연구〉의 한국연구재단의 학술지 평가작업을 주도하였었다. 다행스럽게도 우수한 기획력과 수많은 서류작업의 완결성으로 〈관광학연구〉는 등재학술지로 지위가 그대로 유지되었다. 그러나 세부적인 평가결과를 살펴보면 결코 안주할 만한 결과는 아니라고 김철원 교수는 지적하였다. 특히 당시의 평가결과를 보면, 논문게재율과 논문투고자의 국내·외 분포도라는 평가항목에서 각각 7점 만점에 4점과 3점을 받았고, KCI 인용지수에서 10점 만점에 7점을 받았다. 등재학술지 유지점수가 85점 이상인데, 관광학연구는 89점을 받았다. KCI 인용지수(영향력지수)에서 〈관광학연구〉는 관광분야의 전문학술지에서 중위권에 머물고 있었다.

4. 편집위원회에서의 〈관광학연구〉 발전 방향에 대한 논의 [1]

2014년 1월 9일 제22대 편집위원회 1차 회의가 개최되었다. 편집위원들 간 신년하례를 하는 자리였지만 〈관광학연구〉의 발전에 대해 많은 얘기가 논의되었다. 이 회의에서 〈관광학연구〉가 높은 평가를 받기 위해서는 게재율이 낮아야 하고 인용률이 높아야 한다고 의견이 개진되었다. 한 해 동안 너무 많은 발간횟수와 게재논문수가 높은 게재율로 이어진다는 문제점이 지적되어 우선적으로 편당 게재논문수를 낮추는데 의견이 모아졌다. 또한 논문의 질이 우수해야 높은 인용률이 도출될 것이란 의견도 개진되었다. 여기에는 지금까지 논문 한 편당 23쪽으로 제한한 것을 풀자는 의견도 있었다. 사회과학에서의 논문 특성 상 쪽수가 많을 수도 있고 또한 PDF파일로 탑재되는 논문에 대한 이용이 점점 증가하는 추세에서 굳이 쪽수를 제한할 필요가 있겠느냐는 것이었다. 이제부터는 본격적으로 PDF파일로 발간되는 학회지를 기본으로 하고, 종이로 발간되는 학회지 이용에 대해서는 별도의 운송료를 받자는 의견도 있었다. 또한 모학회 편집위원회와 분과학회 편집위원회 간의 논문편수의 유기적 조정과 회계의 체계화도 논의되었다. 학술논문발표대회에서 발표된 논문의 자기표절성에 대한 논의도 있었다. 분명한 것은 〈관광학연구〉의 명성을 유지하고 그 질을 높이는데 모든 노력을 경주하자는 데 편집위원들은 공감하였다.

5. 한국연구재단의 학술지 등재제도의 변화

전술한 바와 같이 한국연구재단은 학술지의 등재제도 및 논문평가시스템에 대한 변화를 시도하였다. 2014년 3월 12일 한국연구재단은 서울청사에서 열린 설명회에서 학술지를 우수등재학술지, 등재학술지, 등재후보학술지로 차등화한다고 발표하였다. 특히 주목을 받고 있는 사항은 우수등재학술지에 관한 것이었다. 한국연구재단이 2014

---

1 여기서부터 기술한 글은 편집위원장직을 수행하면서 〈관광학연구〉 매호에 게재한 '편집인의 글'을 참고하여 작성하였다.

년 현재 총 2,171개로 등록된 등재 및 등재후보학술지 중에서 매년 40여 개씩 우수등재학술지를 선정하여 향후 5년간 총 200개의 우수등재학술지를 선정한다고 결정한 것이다. 이 제도는 2014년 계속평가를 받고 있는 학술지부터 바로 적용되는데, 〈관광학연구〉는 2016년에 계속평가 대상에 속해 이에 대한 대비가 필요한 상황이었다.

2014년 5월 13일 한국연구재단은 학술지 등재제도 개선방안을 학회에 공문으로 알려왔다. 이에 의하면 기존 등재제도는 2017년까지 종료되고 2018년부터는 새로운 등재제도에 의하여 학술지에 대한 평가 및 지원제도가 이행된다는 것이다. 앞서 2014년 4월 11일 서울대학교에서 개최된 '학술지 등재제도 개선방안을 위한 공청회'를 통해 확정된 내용을 공식화한 것이었다. 새로운 등재제도는 국내 학술지의 질적 수준 향상과 우수학술지의 해외로의 확산 및 공유 활성화에 있다고 하였다. 여기에는 학술지의 내용과 질 중심의 평가요소의 확대와 자발적인 질 관리체계를 마련한다는 명분이 내포되어 있었다. 즉, 등재 및 등재후보학술지 간의 변별력을 확보함으로써 국내 우수학술지의 육성을 강화한다는 것이었다. 등재학술지에 대해서는 재인증 제도를 강화하고 우수등재학술지와 등재학술지로 구분하여 학술지의 질을 제고한다는 것이었다. 이 당시 계속평가항목을 보면, 제시된 항목을 충족시키면 점수를 받을 수 있는 체계평가는 기존 55점에서 30점으로 낮춰졌고, 주관적인 판단에 의한 패널 및 인용평가는 45점에서 60점으로 높아지고, 신설된 학문분야 특수평가는 10점으로 주어졌다. 우수등재학술지는 학문분야별로 대한민국을 대표하는 학술지를 가려내고 국제적 수준의 SSCI급 학술지로 육성하기 위함이라는 명분을 내세웠다.

2014년 6월 25일 한국연구재단 대전청사 연구관 대강당에서 2014년 ECSAC KOREA Journal Editors Workshop이란 명목으로 국내 학술지의 질적 발전에 대한 논의가 전개되었다. 여기에서는 국내 우수한 등재학술지에 대한 SCOPUS 등재와 관련한 한국연구재단의 사전 검토 지원 방안이 제시되었다. SCOPUS 제1차 심사는 갖추어야 할 요건이 복잡하므로 한국연구재단이 컨설팅을 해주면서 학술지의 국제화를 유도하고 있다는 내용도 제시되었다. SCOPUS 및 주요 학술 DB에서 해당 학술지의 논문이 문헌검색에서 노출되고 인용률을 높이기 위해서는 논문의 내용이 명확하고 영어 표현이 정확하여 쉽게 이해가 가능해야 함이 강조되었다.

6. 새로운 학술지 등재제도에 대한 대응방향

학술지의 등재제도 및 논문평가시스템 변화가 긴박하게 진행됨에 따라 〈관광학연구〉도 이에 맞춰 신속하게 대응해야만 했다. 먼저 한국연구재단에서 개최되는 설명회 및 공청회 등에 적극적으로 참여하여 정보를 수집하고 대응전략을 마련하여야 했다. 한국연구재단에서 개최한 설명회는 모든 학술단체가 관리하는 학술지에 대한 발전방향을 결정하는데 중요한 내용을 담고 있었다. 편집위원회의 편집간사로 있는 민웅기 교수(현 목원대 교수)가 일부 공청회에 참가한 것 이외에 거의 모든 회의에 편집위원장의 자격으로 직접 참가하였다. 이러한 설명회를 참석할 때마다 느낀 점은 국내 학술지 관계자들의 학술지에 대한 관심과 열정이 아주 높다는 것이었다. 설명회에서는 우수등재학술지 선정에 대한 전반적인 설명이 소개되었고 한국연구재단 측과 학술지 관계가 간의 질의응답도 길게 이어졌었다. 설명회에서는 논문평가의 투명성 제고를 위한 '온라인 논문투고 및 심사시스템(JAMS 2.0)'의 도입, 논문 객체의 디지털 식별자인 DOI(Digital Object Identifier)의 도입, 논문의 국문 및 영문요약의 중요성이 소개되었다. 한국연구재단은 특히 JAMS 2.0의 운용을 종용하였고 이 시스템의 사용이 향후 학술지 평가에도 영향을 미칠 수 있음을 언급하였다. JAMS 2.0의 도입과 사용은 국내 학술단체의 정보화 기반을 마련하고 논문투고 및 심사과정을 투명화 함으로써 논문게재의 객관성 및 신뢰성을 증대하고자 하는 목적을 담고 있다고 한국연구재단은 분명히 밝혔다. 그래서 필자는 〈관광학연구〉의 편집위원장의 자격으로 2014년 5월 말에 한국연구재단과 JAMS 2.0 사용에 대해 협약을 맺었고, 8월 말에 이 시스템의 운용에 대한 교육을 받았으며, 10월 중순 경에 우리 학회의 고유 주소(https://tosok.jams.or.kr)를 할당받았다.

7. JAMS 2.0의 도입과 적용과정

사실 JAMS 2.0과 같은 온라인 논문투고 및 심사시스템을 〈관광학연구〉에 적용해보고자 하는 노력은 이번이 처음이 아니었다. 이전에도 온라인 논문투고 및 심사시스템 적용의 필요성이 우리 학회에서 이미 제기가 되었었고, 평가시스템도 어느 정도 개발이 되었었다. 그러나 우리 학회의 경우 모학회와 분과학회 모두 이 시스템을 적용할 것인가에 대한 문제, 동일한 시스템을 같이 사용하다 보면 모학회와 분과학회 편집위원회가 독립되어 운영되고 있는 상황에서 투고된 논문을 평가하는 심사위원들이 노출될 수 있다는 점, 그리고 모든 회원들 특히 투고자와 심사자가 이 시스템에 다시 재등록해서 논문심사를 진행해야 하는 문제 등 해결해야 할 사항들이 있었다. 물론 베타버전으로 개발되었으니 상당 기간 동안 이 시스템의 사용을 모니터링하고 개선을 계속해야 하는 문제도 있었다. 당시에는 모학회와 분과학회가 별도로 편집위원회를 구성하여 독립적으로 〈관광학연구〉를 출간하였다. 따라서 논문심사도 각 편집위원회가 투고자 및 심사자에게 이메일(e-mail)을 통해 독립적으로 운영하였다. 그러나 당시에 개발해서 적용하려고 한 베타버전의 온라인 논문투고 및 심사시스템은 각 편집위원회가 독립적으로 접근할 수 없도록 설계되었기 때문에 바로 적용하지 못하고 미루고 있는 상황이었다. JAMS 2.0을 도입해서 적용할 때도 이 문제가 큰 이슈로 나타났지만 논문투고의 투명성 제고가 더 중요하다고 판단되어 일단 모학회 편집위원회만이라도 JAMS 2.0을 적용해서 사용하기로 하였다. 분과학회 편집위원회는 당분간 예전과 같이 이메일로 논문심사를 진행하기로 하였다. 이렇게 이원화된 시스템으로 논문심사를 진행하다가 일정 시점이 지난 후에 모학회와 분과학회 편집위원회가 JAMS 2.0을 공동으로 관리해서 사용하기로 하였다. 이럴 경우 모학회 편집위원회에 논문을 투고할 때는 JAMS 2.0에 그냥 논문을 올리면 되지만 분과학회 편집위원회에 논문을 투고할 의향이면 논문 제목에 (00분과)라는 표시를 하도록 하였다. 이러한 표시가 없이 논문이 투고된 경우 논문 제목이 양 분과학회의 주제와 관련이 있다고 판단되면 투고자에게 일일이 전화를 걸어 모학회에 투고한 것인지 아니면 분과학회에 투고한 것인지를 확인하는 절차를 거쳤다. 지금도 이러한 방식으로 모학회와 분과학회의 편집위원회가 업그레이드된 JAMS 3.0을 같이 사용하고 있다.

JAMS 2.0를 도입해서 적용하는데 있어서 가장 힘든 부분은 논문투고자와 심사자가 JAMS 2.0에 먼저 자신의 정보를 등록한 후 논문투고 및 심사를 진행해야 하는 것이었다. 따라서 학회 회원뿐만 아니라 논문투고자와 심사자에게 일일이 전화와 이메일로 JAMS 2.0 사용방법에 대해 안내해야만 했다. 물론 JAMS 2.0 사용방법을 간단하게 이해할 수 있도록 매뉴얼을 만들어서 이메일로 송부해 등록을 종용했고 전화로도 확인하였다. 그러잖아도 〈관광학연구〉의 논문심사가 너무나도 엄격하고 까다로워 통과되기가 쉽지 않아 타 학술지로 투고한다는 여론이 있어 투고되는 논문의 수가 줄어들고 있는 상황이었다. 이러함 속에서 JAMS 2.0을 이용한 논문투고방법의 전환은 커다란 도전이었다.

어느 누구라도 새로운 시스템을 사용한다는 것은 불편하고 짜증나는 일이었다. 익숙해지는데 상당한 시일이 소요되는 것도 당연한 일이었다. 논문투고자는 당연히 이 시스템을 받아들이겠지만 논문심사자에게는 접근할 필요도 없는 시스템에 접속해서 자신의 정보를 등록하고 논문심사를 한다는 것은 너무나도 번거로운 일이었다. 자칫하면 엄청난 위기가 찾아올 수도 있겠다는 생각을 하지 않을 수 없었다. 그래서 필자를 비롯하여 민웅기 편집간사, 이진의 편집조교(현 전남연구원 부연구위원), 필자 연구실의 김상태 박사과정생(현 한국문화관광연구원 부연구위원) 등 박사과정생들이 총동원되었다.

어느 정도의 준비기간을 거쳐 2024년 12월호부터 JAMS 2.0으로 투고논문을 받았다. 편집위원회에서는 그 동안 이 시스템을 시험하였는데, 다소 서툰 점이 없지 않았지만 익숙하게 되면 편리하다는 점도 감지되었다. 12월 한 달 동안은 이 시스템과 이메일과 병행하여 논문투고를 받았으며, 2015년부터 본격적으로 JAMS 2.0을 통해 투고논문를 받았다.

8. 새로운 2단 편집 판형의 도입

〈관광학연구〉가 우수등재학술지가 되기 위해서는 JAMS 2.0의 적용이 필요한 조건일 뿐이었지 충분조건은 아니었다.. 한국연구재단은 국내 학술지의 국제화와 투명한 논문평가시스템의 적용을 통한 논문 질의 강화를 지속적으로 요구하고 있음에 따라 〈관광학연구〉도 이에 대비하여야 했다.

먼저, 〈관광학연구〉의 판형을 키워 연구자들이 투고한 논문에서 충분히 논의가 전개될 수 있도록 분량을 증가시켰다. 기존 1단 편집 판형(폭 130mm, 길이 205mm)을 2

단 편집 판형(폭 190mm, 길이 260mm)으로 전격적으로 변화를 준 것이다. 그동안 〈관광학연구〉는 사회과학분야의 현상을 분석하는데 있어 한정된 지면으로 인해 깊은 논의를 하지 못했다는 지적을 받았다. 질적 연구방법을 채택한 논문은 연구대상자의 사고를 정리한 진술로 논문을 구성하는 경우가 많은데 대체로 장문(長文)으로 작성되었다. 새로운 판형은 이러한 문제를 충분히 해결할 것으로 믿었다. 특히, 질적연구방법을 채택한 장문의 개념적 이론적 논문들이 많이 게재될 것으로도 생각하였다.

2015년 2월에 출간된 새로운 판형으로 발간된 논문을 살펴보면 대부분의 논문이 13쪽에서 19쪽 정도로 기본분량인 20쪽을 넘지 못했다. 물론 출간된 논문이 이전의 판형에 맞춰 논문을 작성하였기 때문에 20쪽을 넘지 못했다는 측면도 있었지만 새롭게 적용된 논문의 판형과 편집형식이 연구자들에게 더 많은 논의를 제공할 수 있게 된 점은 아주 긍정적인 신호였다. 이와 더불어 당시 논문심사비 10만원, 20면 기준 게재료 10만원으로 총24면을 넘지 않도록 한 규정도 그대로 준수하도록 하여 추가적 비용이 발생하지 않도록 하였다. 이렇게 함으로써 연구자들이 더욱 풍부하고 많은 논의를 할 수 있는 기회를 갖도록 하였다.

새로운 2단 편집 판형의 도입은 JAMS 2.0의 도입과 함께 편집위원장을 맡고 있는 필자에게 엄청난 도전이었다. 그동안 〈관광학연구〉는 1단 편집 판형으로 20년 이상을 사용하였다. 그러다가 갑자기 JAMS 2.0의 도입과 함께 2단 편집 판형으로 변경하고, 논문요약도 논문의 첫 쪽에 국문과 영문을 동시에 수록한 형식이 회원들에게 생소한 느낌으로 다가올까봐 많은 걱정을 하였다. 물론 비판을 받을 각오를 하면서 새로운 시도를 하였지만, 이러한 시도가 그동안 〈관광학연구〉가 쌓아올린 명성을 무너뜨릴까봐 한편으로는 걱정도 많이 했다. 그래서 새로운 판형의 도입에 대한 다양한 사례를 수집하고, 글자모양(폰트), 장평, 자간, 용지의 규격, 여백 등에 대해 수없이 시뮬레이션을 시도하여 최적의 대안을 찾고자 하였다. 이러한 과정 속에서 다행스럽다고 생각한 점은 투고자들이 스스로 논문편집을 하지 않아도 된다는 점이었다. 그동안 투고자들은 게재가 확정된 최종본을 본인이 1단으로 편집하여 편집조교한테 제출하였고, 편집조교는 이를 확인하여 편집을 수정하였으며, 출판사에서는 편집에 대한 별다른 노력 없이 간단하게 최종본을 확인한 후 인쇄하는 방식이었다. 그러나 2단 편집 판형은 논문

투고자뿐만 아니라 편집조교도 어려워하기 때문에 2단 편집 판형 도입 처음부터 출판사 편집부에 의뢰하여 출판사에서 인쇄본을 편집하도록 절차를 제도적으로 변화시켰다. 논문투고자는 단순히 적절한 형태로 논문을 투고하기만 하면 되었다. 논문투고자뿐만 아니라 편집위원회에서도 일손을 줄일 수 있게 된 셈이었다.

9. 〈관광학연구〉의 국제화 이슈

한국연구재단의 국내 학술지의 국제화를 부각시킴에 따라 〈관광학연구〉도 이에 대한 논의를 전개하였다. 한국연구재단에서는 어느 정도 정평하다고 평가를 받는 국내 학술지에 대해 SCOPUS 등재를 추진하라고 종용하고 있었다. 〈관광학연구〉 편집위원장을 맡으면서 이와 같은 국제화에 대한 이슈를 피할 수는 없었다. 그래서 우선적으로 논문 초록의 질을 강화하도록 하였고, 참고문헌도 완전한 APA style로 변경을 시도하였다. 논문초록은 논문내용을 전체적으로 전달할 수 있을 만큼 포괄적인 내용이므로 이해하기 쉽도록 작성되어야 한다. SCOPUS로의 등재는 이를 주요 평가기준으로 삼고 있다. 따라서 영문초록은 국문초록을 번역하면 되므로 우선적으로 국문초록의 질을 강화할 필요가 있었다. 비록 지금 당장 SCOPUS 등재를 위해서만이 아니라 우리 학술지 자체의 질의 강화를 위해 연구자들에게 연구목적, 연구방법, 분석결과 등을 일목요연하게 파악할 수 있도록 15줄 정도의 초록 작성을 권고하였다. 최종적으로 영문초록은 원어민 교수에게 이에 대한 감수를 의뢰하였다. 논문초록에 대한 이슈는 연구자가 일목요연하게 작성하여야 잘 작성되었다고 평가할 수 있는데, 이 부분에 대해서는 편집위원회가 어느 정도 개입하여야 할 지에 대해서는 당시에도 어려웠고, 현재에도 여전히 과제로 남는 것 같다.

학술지의 국제화는 한국연구재단에서 지향하는 목표이기도 하지만 우리 학회에서도 학술지의 국제화에 노력을 경주하였다. 우리 학회는 국제화를 위해 영문저널인 International Journal of Tourism Sciences (IJTS)를 2000년부터 발간하였다. 〈관광학연구〉도 이러한 국제화에 발맞추기 위해 SCOPUS (준SSCI)체제로 편집방향을 설정해야 할까라는 고민을 하였다. SCOPUS체제로 준비하기 위해서는 명확한 영문초록,

참고문헌의 영문표기, 본문 내 도표와 그림의 영문표기 등이 요구되었다. 그런데 당시 〈관광학연구〉 영향력지수 (Impact Factor: IF)가 예상보다 낮게 산출되다 보니 과연 SCOPUS체제로 전환하는 것이 IF를 향상시키는데 도움이 될 것인가에 대해 의문이 제기되었다. IJTS의 국제화가 순조롭게 진행되고 있는 상황에서 굳이 그럴 필요가 있느냐는 것이었다. 당시 세계적인 출판사인 Taylor & Francis 출판사가 IJTS를 발간하기로 하는 계약을 추진 중이었다. 이러한 상황에서 국내 관광학을 대표하는 〈관광학연구〉도 과연 국제화에 동조할 필요가 있을까에 대한 깊은 고민이 생겼다. 물론 국문초록과 영문초록의 질의 강화는 학술지의 국제화에 대한 필요성에서도 중요하였지만 〈관광학연구〉의 자체 질의 강화에서도 아주 필요한 사안이었다. 당시 편집위원장으로서 필자는 당분간 〈관광학연구〉는 대한민국 관광학을 대표하는 학술지로서의 위상이 더 중요하다고 생각하였다. 우리 학회에서 국제화를 대비하고 있는 IJTS를 발간하고 있기에 이 시점에서는 굳이 함께 할 필요는 없었다. 그러나 후에 IJTS가 큰 어려움에 빠짐에 따라 〈관광학연구〉의 SCOPUS 등재에 대한 필요성이 제기되었다.

10. 인용 및 참고문헌 작성법과 연구윤리규정의 개정

필자는 논문집의 구성과 체제의 완전성 및 가독성을 더욱 향상시키기 위해 '연구논문작성요강'을 대폭 강화하였다. 인용 및 참고문헌 작성법의 경우 APA style 메뉴얼을 참고하여 연구자들이 빈번하게 사용하는 사례들을 찾아 다시 작성하여 배포하였다. 편집위원장으로서 매번 마지막에 출고되는 논문들을 일일이 살펴봤는데, 인용 및 참고문헌 작성법을 소홀히 대하여 서지정보에 대한 정확성이 떨어지는 논문이 상당하다는 것을 인지하였다. 어떤 경우는 발간이 너무 임박할 때 인용 및 참고문헌 작성에 오류가 난 논문을 발견하였을 경우는 저자에게 되돌려주지 못하고 바로 수정한 사례가 제법 있었다. 논문이 온라인에 등록되는 마지막 순간까지 편집위원회에서 이러한 실수를 바로잡으려고 노력하였지만, 우선적으로 연구자들이 '연구논문작성요강'을 철저하게 참고하여 인용 및 참고문헌을 올바르게 표기할 책임이 있음을 통감하였다. 이에 필자는 APA style 매뉴얼 최신판을 참고하여 빈번하게 사용되는 표현법을 찾아 '연구논문작성요강'의 '인용 및 참고문헌' 작성법을 전면 수정하였다. 편집위원장이 편집에 대한 이해가 많고 모든 책임을 져야하기 때문에 직접 적절한 사례를 들면서 인용 및 참고문헌 작성법을 매호 논문집의 후기에 실었다.

이 당시 한국연구재단뿐만 아니라 각계각층에서 학술활동에 대한 연구윤리의 구체성과 엄정성을 요구하는 사회적 분위기가 고조되었다. 교육부와 한국연구재단은 연구윤리규정를 강화함에 따라 한국관광학회 연구윤리규정도 개정할 필요성이 발생하였다. 이에 필자는 편집위원들과 함께 '연구윤리 확보를 위한 지침'(2014. 3. 24. 제정, 교육부 훈령 제60호)을 근거로 '한국관광학회 연구윤리규정'을 2015년 7월 1일자로 개정하였다. 기존에는 총 5조로 간단하게 기술되었으나, 이번에는 한국연구재단에서 제시한 연구부정행위의 범위를 위조, 변조, 표절, 중복게재, 부당한 논문저자 표시 등을 명확하게 규정하여 총 7조로 구성된 연구윤리규정으로 개정하였다. 더불어 '투고자 연구윤리 서약서'의 양식도 개정하였다.

11. 모든 논문에 DOI 부여

2015년 2월호부터 〈관광학연구〉는 모든 논문에 DOI(Digital Object Identifier)를 붙였다. DOI는 온라인 상의 디지털 지적 재산에 부여하는 고유번호로 우리 학회는 고유식별자(prefix)로 10.170861을 부여받음에 따라 〈관광학연구〉에서 발간되는 각 논문은 'http://dx.doi.org/10.170861/JTS.2015.권.호.논문시작번호'로 표시되기 시작하였다. DOI는 영구불변이기 때문에 웹사이트의 주소가 바뀌더라도 논문을 언제든지 찾을 수 있다. DOI가 없으면 적어도 인터넷 상에서는 학술지로 인정받기 어려울 수도 있다고 해서 붙이기로 하였는데, 당시 논문 한 편당 DOI를 붙이는 가격으로 1달러를 지불하였다. 이러한 시도도 형식적이나마 〈관광학연구〉도 국제적 규율을 준수한다는 표시였고, 우수등재학술지로의 도약을 위한 최소한의 노력이었다고 하겠다.

12. KCI의 영향력지수 상승과 1월 1일로 발행 변경

〈관광학연구〉의 또 다른 도전은 한국학술지인용색인(KCI: Korea Citation Index)

시스템 상에 나타나는 논문의 영향력지수(IF)를 어떻게 하면 상승시킬 수 있을까였다. KCI는 IF뿐만 아니라 국내외(WoS)통합영향력지수, 보정영향력지수(자기인용을 제외한 영향력지수), 즉시성지수(Immediacy Index), 자기인용비율(%)과 같은 정보를 제공하고 있다. 당시 2008년부터 2012년까지 과거 5년간의 자료에 의하면 〈관광학연구〉는 사회과학 전체학술지 740건 중 52위로 비교적 상위그룹에 속해 있으나 관광분야에서는 8위를 기록하고 있었다. IF는 학술지에 수록된 논문의 수에 대한 학술지의 논문이 인용된 총횟수이고, 즉시성지수는 특정년도 한 학술지에 수록된 논문의 수에 대한 특정년도 한 학술지의 인용된 논문이 인용된 총횟수를 의미한다. KCI의 IF를 상승시키기 위해서는 우리 학회지에 우수한 논문이 게재되어 많은 연구자가 우리 학회지의 논문을 인용하게끔 하는 것이 가장 중요하였다.

그러나 IF는 지표산출에 있어 분모에 해당되는 '학술지에 수록된 총 논문의 수'에 큰 영향을 받고 있기 때문에 매년 발행되는 논문의 수를 적정한 수준으로 유지하게끔 하는 것도 중요하였다. 〈관광학연구〉는 10회에 걸쳐 총 120여 편의 논문을 발행하는데 매호마다 투고논문의 수가 줄어들고 있었고, IF의 관리와 매호 출간되는 논문수의 관리를 위해 발간횟수를 8회로 줄일 필요성이 제기되어 2015년부터 연 8회로 발간횟수를 줄였다.

즉시성지수는 당해년도에 발행한 논문이 그 해에 어느 정도 인용되었는가를 알려준다. 시의성이 있고 우수한 논문은 그해에 바로 인용된다고 볼 수 있는데 즉시성지수도 IF를 상승시키는데 영향을 미칠 것으로 보았다. 즉시성지수를 높이기 위해서는 시의성 있는 논문이나 이론이나 측정척도를 개발한 우수한 논문이 연초에 발행될 필요가 있다. 이러한 논문이 11월이나 12월에 발행된다면 그만큼 즉시성계수가 낮아진다고 볼 수 있다고 판단되어 12월 1일에 발행되는 논문의 시점을 1월 1일로 변경하였다.

13. 끝맺기

〈관광학연구〉의 편집위원장의 소임을 맡아서 하는 동안 가장 힘들었었고 도전적인 업무는 JAMS 2.0의 도입과 새로운 2단 편집 판형으로의 확대였다. 물론 이러한 도전을 필자 혼자만의 결심과 행동으로 성사되었다기보다는 당시의 편집위원, 역대 편집위원장과 역대 학회장, 학회회원, 논문투고자, 논문심사장들의 협력이 없었다면 이루기 어려웠을 것으로 본다. 이 자리를 빌려 이 모든 분들께 심심한 감사의 말씀을 전한다.

〈관광학연구〉는 2017년 8월 28일부터 '우수등재학술지'라는 최고의 지위를 부여받았다. 우수등재학술지는 2024년 9월 13일 현재 인문 · 사회분야와 의 · 이 · 공학분야를 합한 전체 등재 및 등재후보학술지 2,831개 중에서 67개 학술지만 선정되어 있다. 한국연구재단은 우수등재학술지를 SSCI급의 학술지, 대한민국 각 학문분야를 상징하는 대표학술지로 발전시키려는 의도를 갖고 있다.

대한민국의 관광학계가 추문에 휘말려서 사회 각층으로부터 비판을 받은 적도 있고, COVID-19로 관광산업계가 전대미문의 위기에 봉착한 적도 있다. 〈관광학연구〉가 우수등재학술지 선정되어 현재 그 지위를 유지하고 있지만 주어진 영예에 자만하면 언제라도 추락할 수도 있다. 〈관광학연구〉가 우수등재학술지를 넘어 대한민국 관광학을 대표하는 K-Tourismology의 요람이 되기를 기대해본다. 이를 위해 현 관광학자와 미래 관광학자, 관광전공자와 타 분야 전공자 모두의 협력과 노력이 필요하다. 한국관광학회 100주년에는 K-Tourismology가 국제사회에서 일반명사로 통용되기를 고대한다.

「우수등재 학술지 등재를 위한 역대 편집위원장 회고」:
2017년『관광학연구』우수등재 학술지 선정 회고록

이봉구* (Lee, Bong-Gu)
한국관광학회 제23대 편집위원장

우리나라 관광학 분야 성장을 선도해 온 (사)한국관광학회 창립 50주년에 즈음하여 진행되고 있는 학회 50년사 편찬은 지난 반세기를 되돌아보고 앞으로 다가올 50년 아니 100년을 고민하는 변곡점이 될 것이다. 일반적으로 학회 활동 영역은 학회지 발간, 학술대회, 산 · 관 · 학 협력 분야로 나누는데, 학회 위상을 가장 잘 대변하는 영역은 발간 학회지의 질적 수준이라 할 것이다. 한국연구재단(이하 재단으로 표기)은 국내 학술지의 질적 수준 향상, 국내 연구자들의 연구경쟁력 제고 및 연구성과 공유 활성화, 그리고 국제경쟁력 강화 등을 목적으로 등재(후보지) 학술지에 대한 평가를 시행하고 있다. 한편 재단은 2015년부터 △학회 창립 10년 이상의 역사, △5년 이상 등재지 자격 유지, △연간 4회 이상 발간, △연간 논문게재 편수 20편 이상, △당해 연도 계속 평가 점수 90점 이상 등의 조건을 충족한 학문 분야별 등재 학술지 상위 10% 내외를 '우수등재 학술지'로 선정하고 있다(2015년 15종 선정, 2016년 3종 선정).

『관광학연구』는 1977년 국내 최초로 관광학 분야 논문을 수록한 창간호를 발간하였다. 이후 1998년 등재 후보지로 선정, 2001년 등재지로 선정, 2013년 교육과학기술부 선정 국내 대표 학술지로 선정(국내 발행 5,634개의 학술지 중 66개), 2017년 관광학 분야 최초로 재단 '우수등재 학술지'로 선정(852개 평가대상 학술지 중에서 34개)되는 등 양적 · 질적 성장을 거듭했다. 이제 7년이란 시간이 흐른 시점에서 제23대 편집위원장으로서 학회 회원들의 절대적인 협조를 바탕으로 '우수등재 학술지' 선정을 위한, 결

* 동의대학교 교수

코 긴장의 끈을 놓을 수 없었던, 준비 과정에 대해 되돌아보고자 하니 또 다른 긴장감이 밀려온다.

『관광학연구』는 2013년 재단 학술지평가에서 '등재지'로 재선정되었고 2017년 정기평가를 앞두고 있었다. 재단의 '우수등재 학술지' 선정 사업 시행 직후 제22대 회장단(회장 강릉원주대 김경숙 교수)을 중심으로 『관광학연구』가 가진 실적과 자타가 인정하는 관광학 분야에서의 입지를 고려했을 때 2017년 평가에서 반드시 '우수등재 학술지'로 선정되어야 한다는 염원이 팽배해가고 있었다. 이에 따라 제22대 편집위원장(한양대 김남조 교수)은 온라인논문심사시스템(JAMS) 구축 및 이를 통한 논문투고와 심사제도 도입, 학술지의 정시 발간, 연구윤리 규정 제정 등 필요한 준비를 차근차근해오고 있었다. 『관광학연구』의 '우수등재 학술지'선정에 대한 염원은 제23대 회장단(회장 경주대 변우희 교수) 출범과 함께 더 불타올랐고, 제23대 편집위원장이란 막중한 직분을 지게 된 본인은 본격적으로 임기(2016.1.1.~2018.12.31.)가 시작되기 전부터 신청에 필요한 준비를 자연스럽게 시작하였다.

2017년 『관광학연구』 평가를 위한 준비 첫걸음은 학회장 주된 사업계획과 위원회별 사업계획 논의 및 공유를 위해 개최된 제23대 학회 임원 워크숍(2015.11.14.~15. 장소: 경주 대명리조트)에서 이루어졌다. 이 자리에서 제23대 편집위원회는 『관광학연구』의 2017년 학술지평가에 대한 철저한 준비를 통해 학회지가 국내 관광 및 사회과학 분야 '우수등재 학술지'로 선정되어 학회와 학술지의 위상을 높일 것임을 천명하였다. 관련하여 논의된 구체적인 사항들은 △2016년 1월호(제40권 1호)부터 재단 학술지평가 지침을 반영한 심사 및 학회지 발간, △회원의 JAMS 가입 독려(2015년 11월 10일 현재 350명→700명 확대), △학회지 발간의 공정성・투명성・일관성 제고를 위해 관광자원개발 및 호텔외식경영분과 주관 발간 학회지(4월, 6월, 10월, 11월)의 JAMS 통합, △편집위원회의 정례화 등이었다. 변우희 회장은 사무국과 '우수등재 학술지' 선정을 위해 긴밀한 협조체제 유지 및 정보 공유, 평가 준비 전담 임시 연구원 채용과 인건비 지원(2016.1.~2017.4.) 등 전폭적 지원을 약속하였는데 이는 평가 준비에 아주 큰 힘이 되었으며, 이 지면을 통해 감사드린다.

제23대 임원 워크숍 직후 모 학회와 분과학회 전・신임 편집위원장들과 편집 조교들을 대상으로 별인 별도의 워크숍(2015.11.21. 장소 한양대학교)을 통해 학술지의 '우수등재 학술지' 선정에 필요한 사전 준비사항을 논의하였다. 논의 결과 △2016년부터 모 학회와 분과학회 다 같이 JAMS 2.0을 통해 논문 접수 및 심사 진행(분과학회도 더 이상 e-mail 논문 접수 불가), △논문투고 시 모든 투고자 학회 홈페이지 및 JAMS에 반드시 회원가입 후 투고 의무화, △2016년 1월부터 논문투고 시 KCI 문헌 유사도 서비스 검사 (https://tosok.jams.or.kr에서 가능) 혹은 표절 방지 프로그램 검사 결과 첨부 의무화 등에 대해 회원들에게 공지하기로 하였다.

본인의 편집위원장직 임기 시작(2016.1.1.)과 함께 임시 연구원도 채용하는 한편 2017년에 예정된 학술지평가 준비를 본격화하였다. 무엇보다 재단에서 마련한 학술지 평가지표를 바탕으로 2014년 이후 학회지에 게재된 논문들을 분석하는 한편 제40권 1호의 발간을 준비하였다. 또한『관광학연구』제40권 1호 발행인 인사말에 한양대 워크숍(2015.11.21.)에서 논의된 내용과 학회지의 질적 관리 강화 방안으로 편집 및 투고 규정 준수, 본문과 참고문헌 인용의 동일성 확인, 학회지 게재 논문 5편 이상 반드시 인용 등에 대한 당부의 말을 담았다.

재단의 학술지평가는 먼저 △발행의 규칙성 및 정시성(최근 3년 학술지의 규정상 발행일과 실제 발행일 간 평균오차가 14일 미만), △논문당 심사위원 수, △연구윤리 제정 여부, △논문명 및 저자명의 외국어화, △논문투고 다양성(동일 기관 논문투고 비율 1/3 미만), △한국 학술지 인용색인(KCI) 등록 등을 자체적으로 확인한다. 모든 항목이 충족되면 체계평가, 내용평가, 종합평가 등 3단계로 나누어 실시되는 본 평가를 받는다(표3-8-1 평가지표 참조). 단계별 평가 점수가 체계 21점 미만, 내용 42점 미만이거나 과락 적용 항목 중 하나라도 0점이 있으면 총점과 관계없이 탈락한다. 내용평가에는 평가항목에 대한 평가와 학문 분야 특수 평가로 구성되는데, 학문 분야 특수 평가는 학문 분야의 전문성 · 정체성 · 특수성 확보 노력, KCI 인용지수, 발행기관과 학술지의 특성을 고려하여 학술지 및 학문 분야의 발전전략을 10점 만점으로 평가한다. 3단계 종합평가는 1단계~2단계 평가내용 검토 및 평가 결과를 바탕으로 이루어진다.

재단 평가지표를 바탕으로 2014년부터 발행된『관광학연구』현황을 분석한 결과 주요 문제점으로 다음과 같은 부분들이 도출되었다. 요건 충족과 관련하여 △논문투고 다양성(일부 대학교에 저자 편중 현상 보임), 체계평가와 관련하여 △논문게재율(투고 논문 수 부족과 이에 따른 70%대 초반의 게재율)과 △주제어 및 논문초록의 외국어화(영문초록의 불완전성), 내용평가와 관련하여 △논문집의 구성과 체제의 완전성 및 가독성(참고문헌 정보의 부정확성 및 불완전성), △학문 분야 특수성(KCI 인용지수, 관광학 분야의 전문성 · 정체성 · 특수성) 등에 있어 집중 관리의 필요성이 도출되었다. '우수등재 학술지'로 선정되기 위해서는 일부 평가항목에 대한 과락 없이 90점 이상을 획득해야 하므로 평가신청서 제출 전까지 각 평가항목에 대한 성과관리(만점 획득 가능한 항목은 만점 획득, 높은 점수 획득 불가 항목은 최대한 획득 가능한 점수 확보) 노력을 중점적으로 추진하기로 하였다.

표 3-8-1. 한국연구재단 학술지 평가 지표

구분	항목	배점	비고
체계 평가	1. 연간 학술지 발간 횟수	3	
	2. 학술지 및 수록 논문의 온라인 접근성(KCI 등록 포함)	7	항목과락
	3. 주제어 및 논문 초록의 외국어화	5	항목과락
	4. 게재 논문의 투고, 심사, 게재확정일자 기재	4	항목과락
	5. 논문게재율	5	
	6. 편집위원의 균형성	4	
	7. 편집위원장의 안정성	2	
	7개 항목	**30**	**배점과락**
내용 평가 (정성)	1. 게재 논문의 학술적 가치와 성과(계속 평가의 경우, KCI 인용지수 활용)	10	
	2. 편집위원(장)의 전문성(편집위원회 관련 규정의 구체성 등)	15	
	3. 논문집의 구성과 체제의 완전성 및 가독성(참고문헌 또는 각주 정보의 정확성및 완전성)	10	
	4. 투고논문 심사제도의 구체성 및 엄정성(학술지 실태점검 포함)	15	
	5. 논문초록의 질적 수준	5	
	6. 연구윤리 강화 활동의 구체성 및 엄정성	5	항목과락
	6개 항목	**60**	**배점과락**

이후 제23대 편집위원회에서는 투고되는 모든 논문에 대한 공정하고 엄중한 심사과정을 적용하였다. 또한 논문 심사 결과 "게재가" 또는 "수정 후 게재가" 판정을 받은 논

문 저자(들)에게 △논문투고 규정 준수 여부, △인용 표시 및 서지 정보의 정확성 및 완전성 여부, △국영문 초록의 형식 및 내용, △『관광학연구』게재 논문 5편 이상 인용 여부 등에 대해 최종 보완과 확인을 요청하였다. 한편 영문 제목, 영문 초록의 질적 수준 제고를 위해 원어민 편집위원을 활용하면서 『관광학연구』40권 1호, 2호, 3호. . .를 순차적으로 발간하였다.

재단 학술지평가 준비 과정에서 당면한 어려웠던 부분들은 한둘이 아니었는데 무엇보다 JAMS 도입 초창기인 관계로 학회 회원들이 이의 활용에 익숙하지 않아 JAMS 활용 방법(회원가입, 논문투고, 논문 심사 등)에 대한 문의가 한 시간이 멀다 하고 빗발쳐 다른 업무가 마비되곤 했다. 그렇지 않아도 평가 준비를 위해 해야 할 업무가 많은데 JAMS 활용 관련 문의에 답변은 담당자에게 커다란 스트레스로 다가왔었다. 논문 투고자들의 투고 규정 미준수 상황 역시 준비 과정을 힘들게 만들었다. 최종 심사 통과 논문의 저자(들)에게 인용 표시 및 참고문헌의 정확성 및 완전성에 대해 몇 차례 주지했음에도 불구하고 불완전한 논문이 한두 건이 아니었고, 결과적으로 논문집 정시 발행 날짜를 맞추기 위해 마감 날짜를 앞두고는 수정과 확인을 위해 밤낮없이 전전긍긍하였던 상황은 지금 생각해도 아찔하다. 또 다른 어려움은 논문 심사위원들의 심사 지연이었다. 논문을 투고한 연구자들의 입장을 고려하여 가능한 빠른 기간에 투고논문에 대한 심사를 마무리하기 위해 심사위원들에게 심사에 필요한 시간을 넉넉히 주진 못했지만 정해진 기한 내에 심사가 이루어지는 경우는 많지 않았다(본인도 요청받은 논문에 대한 심사를 정시에 끝내지 못한 적이 대부분이지만). 따라서 한 편의 투고논문에 대한 심사가 완료되기까지 심사위원에게 정시 심사 부탁 메일을 몇 차례씩 전달하는 경우가 비일비재하였다(타 학회는 약소한 논문심사비라도 지급하지만 재능기부(?)로 심사를 해 주셨던 심사위원들에게 심사 독촉을 했다니 죄송하고 감사한 마음이다). 아무튼 호(號)마다 정해진 논문 편수(12편)를 담아 정시 발간하기 위해 전쟁을 치렀던 기억이 지금도 생생하다.

사실 학술지평가 준비 과정의 가장 어려웠던 점은 논문투고 편수가 많지 않았던 점이다. 『관광학연구』의 경우 그 위상에 걸맞게 대체로 엄격한 잣대에 의해 논문 심사가 이루어지다 보니 연구자들은 관광 분야 타 학술지에 비해 『관광학연구』에 논문을 게재하기란 어렵다는 강한 인식을 하고 있었고, 따라서 다른 학술지에 논문을 투고하는 추세가 팽배하였고, 결국 학회지 발간에 필요한 투고논문 수가 충분하지 않은 상황으로 이어졌다. 호(號)마다 정해진 편수를 준수해야 하다 보니 낮은 수준(60% 미만)을 유지해야 하는 게재율 쪽에서 당연히 문제가 발생하였다. 당시 이 문제 해결 방안으로 두 가지를 생각했는데 첫째는 아무리 노력해도 게재율 측면에서 만점을 얻기는 어려운 상황이므로 얻을 수 있는 최대점수(5점 만점 중 3점)를 얻자는 것이었고, 두 번째는 학회 회원들 특히 편집위원과 학회 임원들의 협조를 적극적으로 끌어내는 것이었다.

투고논문 수를 늘리기 위한 첫 번째 노력은 제79차 국제학술대회(2016.2.26., 장소: 전남 영광)에서 개최된 편집위원회 회의에서 편집위원들에게 게재율의 적정선(60% 중반) 유지를 위해 주변 연구자들의 논문투고를 적극적으로 유도해달라는 부탁을 하였다. 이후 투고논문의 수는 약간 증가하기는 했으나 유의미한 수준이 되지 못해 변우희 회장에게 요청하여 『관광학연구』 평가 대비 TF 1차 회의(2016.5.6. 장소: 동대구역 회의실 101호)가 열리게 되었다(참석자: 변우희 회장, 김남조 수석부회장, 박종구 사무국장, 김혜련 재무이사, 박은경 총무이사, 강신겸 편집부위원장, 허진 편집부위원장, 이봉구 편집위원장, 이유하 편집 조교 등). 이 자리에서 재단의 평가지표 하나하나에 대한 폭넓은 논의와 대책 마련이 이루어졌다.

그림 3-8-1. 한국관광학회 등재학술지 평가 대비 TF 1차 회의

주요 사항으로는 △사무국 학회지 창간호부터 모두 소장하고 있는지 확인 후 PDF 파일로 보유하고 언론 홍보, △투고논문 수 증대를 위해 대학원생 지도 회원들의 논문투고 적극 권장, △학술대회 발표 우수논문 투고 시 특전(약식 심사 후 게재) 제공, △

학회 정체성의 공고화를 위해 지역 순회 세미나/교육 추진, △학회지 게재 논문의 학술 가치와 성과 제고를 위해 인용 편수 7편 의무화, △매호 발간 논문 홍보 및 매호 우수 논문 시상, △투고논문 심사제도의 구체성 및 엄정성 확보를 위해 논문투고 규정에 저작권 활용 동의 절차 및 권한 관련 조항 신설, △재단 전문가 초청 특강을 통한 회원들의 연구윤리 강화, △미국 거주 한인 교수 모임(KTR) 초청 및 MOU 체결, △사회적 기여를 위한 특별회원 모집 등이었다. 이후 TF팀 회의는 6차까지 계속되어 학술지평가에 필요한 논의를 이어나갔다.

TF팀 1차 회의 이후 학술지평가 준비는 차근차근 진행되었으나 논문투고 편수는 기대만큼 늘어나지 않아 대책 마련을 위한 고민은 계속되었다. TF팀 회의와 제80차 국제학술대회 (2016.7.13.~7.15., 장소: 강원 평창) 기간 중 열린 편집위원회 회의 논의 결과 학회 임원들을 대상으로 협조 메일을 보내기로 하였다. 이에 따라 2016년 8월 학회 임원들에게 2016년 11월 말까지 논문 1편 투고 및 투고 시 학회지 발간 논문의 최대한 인용을 부탁하는 e-mail을 발송하였다. e-mail을 통한 협조 부탁 이후 감사하게도 투고 논문 수 늘어났는데, 그로 인해 발생한 또 다른 난관: 투고된 논문에 대한 심사위원 배정과 (평가를 위해서는 2016년 12월 말까지 심사를 완료해야 했으므로) 끊임없이 이어진 심사 독촉 메일 발송! (특히 이 기간에 다양한 일로 바쁜 일과 속에서 무리한 부탁임에도 불구하고 요청한 날짜에 맞추어 심사해 주신 심사위원들에게, 특히 논문 여러 편을 동시에 심사해 주신 심사위원들에게, 무한한 감사의 말씀을 드린다.)

학술지평가 준비 과정에서 투고논문의 심사와 게재 관련 업무 이외에도『관광학연구』게재 논문의 학술 가치와 성과에 대한 분석(특히 관광학 분야 타 학술지와 비교하여), 편집위원회 특별 세션 운영을 통한 새로운 연구방법론 소개,『관광학연구』의 성과와 과제 세미나 개최, 참신한 이론 및 연구 방법 소개를 위한 '연구 TIP' 게시판 운영, 찾아가는 관광특강 프로그램 운영, 편집위원회 소식지 발간, 학회 회원 대상 온・오프라인 연구윤리 특강, 편집위원들의 국내외 연구・사회 활동 현황 수집, 사무국과의 협조를 통한 학문 분야 특수 평가 준비에 필요한 자료(학술지 및 관광학 분야의 특성에 맞는 학회의 전문성・정체성・특수성을 높이기 위한 실적과 발전전략 등) 확보 등의 활동을 계획적으로 수행하였다.

2017년 시작과 함께 그동안 축적한 자료들을 정리하는 한편 학술지 평가신청서를 한 페이지 한 페이지 작성하기 시작하였다. 평가신청서는 신청 자격 부문, 자체평가 부문, 내용평가 부문, 학문 분야 특수평가 부문, 논문투고 대장, 임원명단 등 총 6개의 파일로 구성되어 있다. 정량적 평가가 이루어지는 신청 자격 부문과 내용평가 부문의 경우 각 신청서 항목에 가장 적합한 내용을 증빙자료 제시와 함께 큰 어려움 없이 하나하나 작성해 나갔다. 그러나 정성적 평가가 이루어지는 내용평가와 학문 분야 특수평가 부문은 내용을 어떻게 작성하는가에 따라 평가 결과가 많이 달라질 수 있기에 커다란 부담감을 간직한 채 일차적으로 작성한 후 수정 또 수정하는 과정을 무한반복 할 수밖에 없었다. 드디어 평가 준비와 동반되었던 생각, 말, 감정, 행동 등이 멈춘 2017년 5월 12일. 아침 일찍부터 작성된 신청서에 대한 최종 검토 후 온라인으로 접수하고 신청서를 인쇄하여 동의대학교 근처 부산진우체국에서 빠른 등기로 발송!! 그리고 기다림. 그리고 2017년 7월 어느 날 들려온 낭보 . . . 『관광학연구』가 '우수등재 학술지' 34종(인문예체능분과 4종, 사회과학분과 12종, 과학기술분과 18종) 중 하나로 당당히 선정되었다는(『관광학연구』는 2022년 정기 평가를 통해 '우수등재 학술지'로 재인정되어 그 위상을 지속해서 드높이고 있음은 한국관광학회 회원의 한 사람으로서 자부심을 느끼게 한다).

2017년 학술지평가에서 『관광학연구』가 '우수등재 학술지'로 선정되어야 한다는 학회 회원들의 강렬한 염원이 팽배한 상황에서 제23대 편집위원장의 직책을 과분하게 맡았을 때, 무엇을 어떻게 준비해야 하는가에 대한 막연함과 바라던 결과를 얻을 수 있을까 하는 두려움, 준비를 제대로 하고 있는가 하는 불안감은 쉽게 떨칠 수 없는 감정들이었다. 그러나 盡人事待天命이라고 했던가? 어차피 혼자서는 할 수 없는 일. 주변 사람들의 협조와 응원 덕분에 『관광학연구』의 '우수등재 학술지' 선정을 위한 준비 과정을 무사히 거치고 목표를 달성하는 기쁨을 맛보았다. 학술지평가 준비 과정에서 물심양면으로 도움을 주신 한국관광학회 제23대 변우희 회장님, 김남조 수석부회장님, 박종구 사무국장님을 비롯한 한국관광학회 회원들에게 감사드린다. 또한 옆에서 학술지평가에 필요한 자료의 수집과 정리, 학술지 발행, 신청서 작성을 위해 밤낮으로 묵묵히 수고한 이유하 편집 조교 겸 연구원에게도 깊은 감사의 말을 전한다. 한국관광학회 창설 50주년을 축하하고 학회와 『관광학연구』의 무한한 성장을 기원한다.

4 한국관광학회의 미래 비전

- 고문 및 역대 편집위원장 초청 대담회
- 대한민국 관광학의 미래

고문 및 역대 편집위원장 초청 대담회

개요

- **일시:** 2024년 9월 27일(금) 14:00~18:00
- **장소:** 서울역 회의실
- **참석자**
  - **고문:** 조명환 고문, 김경숙 고문, 오익근 고문, 한범수 고문
  - **전임 편집위원장:** 장병권 교수, 조광익 교수, 이봉구 교수
  - **한국관광학회:** 고계성 회장, 이진형 편찬위원장,
    정진영 교수, 박창환 교수, 이예진 교수, 정젤나 교수

대담 주요 내용

1) 학회 운영

- 전통적인 관광, 문화체육관광부 중심적인 모습을 탈피하여 타 부처와의 협력 기회 확충 필요
- 해양, 농촌 등 융합관광 측면에서 여러 방면으로 외연 확장 필요
- 학회 예산의 효율적 운영 방안 강구 필요

2) 관광학, 관광교육

- 관광의 중요성은 사회에서 점점 더 강조되고 있음에도 불구하고 오히려 관광학은 위기
- 관광분야만의 자격증 개발 등 타분야 전공자와 차별화할 수 있는 방안 모색 필요

3) 학술지, 학술대회, 국제교류

- 관광학연구는 1975년 첫 발간 이후 지속해서 발전해 왔음
- IJTS(International Journal of Tourism Sciences) 활성화 방안 마련 필요
- 학술대회에서 학생 발표의 과도한 의존을 지양, 내실화 방안 수립 시급

대담 내용 발췌

(※분량이 방대하여 맥락을 해치지 않는 범위 내에서 편집, 요약)

1. 인사말씀

- **이진형** 위원장

오늘 대담회는 우리 학회가 50년사 편찬을 하는 데 있어서 고문님들 또 전임 편집위원장님들 말씀을 들어서 우리 학회의 앞으로 나아갈 방향을 같이 고민해 보는 그런 자리를 마련해 봐야겠다라는 생각에서 마련하게 되었습니다. 고문님들께서도 이렇게 큰 관심 가져주셔서 항상 큰 힘이 됩니다. 저희가 오늘 이렇게 대담회를 통해서 앞으로 우

리 학회에 또 다른 50년 동안 나아갈 방향에 대해서 방향성을 한번 생각해 보는 게 좋을 것 같고, 어떤 비판적인 관점도 있을 수 있지만 앞으로 미래 방향을 어떻게 갈 것인가에 대해 얘기를 나눠보면 의견이 모일 수 있지 않겠나 생각을 합니다. 오늘 대담회는 학회운영, 학문으로서의 관광학, 그리고 학술지 및 학술대회 등 크게 3가지 주제로 진행하려고 합니다. 먼저 회장님께서 간단히 모두 발언을 해주시도록 하겠습니다.

• **고계성** 회장

모두 바쁘신데 이렇게 와 주셔서 감사합니다. 제가 지금 회장을 하는 해가 학회 역사로는 52년 차가 되겠고요, 26대 이훈 전 회장님께서 50년사 위원회를 꾸려 가지고 열심히 하셨지만 제가 최종적으로 50년사를 더 좀 완성시켜보자라는 생각에서 이제 이 일을 시작했습니다. 그 와중에 옆에 계시는 이진형 교수님께서 또 흔쾌히 동의를 해 주셔서 같이 준비를 하고 있고, 학회 50년사를 회고도 해보고 진단도 해보면서 앞으로 또 100년을 내다보는 학회로서 우리가 또 어떠한 방향성을 모색해야 하는지 그런 뜻깊은 자리는 있어야 되지 않겠는가하는 생각을 하였습니다. 그래서 오늘 이 자리에서 여러 의견도 듣고 좋은 의견 주시면 좀 더 취합할 수 있도록 최선을 다할 수 있도록 하겠습니다.

• **이진형** 위원장

그러면 바로 이제 대담회를 시작할 텐데요. 고문님들이나 편집위원장님들은 상호 간에 잘 아실 텐데 저희 50년사 편찬위원들, 미래세대 또 젊은 연구자들도 같이 하면 좋겠다해서 편찬위원님들 같이 참석하셨습니다. 50년사 편찬위 부위원장을 맡고 계시는 국립인천대학교 정진영 교수님, 편찬위원이신 동서대학교 박창환 교수님, 그 다음에 편찬위원이신 경희대학교 이예진 교수님, 우송대학교 정젤나 교수님이십니다. 이외에 2분이 더 계신데 오늘 사정이 있어서 참석을 못 했고요. 저희가 3월 29일 날 편찬위원회가 구성이 되었고 임명장을 그때 받았습니다. 편찬위원회를 구성하고 난 다음에 회의를 여러 차례 같이 했는데, 일단 학회지, 학술대회 등 5개 분야로 나누어서 리서치를 지금 계속해오고 있거든요. 그리고 그런 것들을 중간점검도 하고 또 원고 초안을 지난

6월 여수국제학술대회 때 특별세션을 만들어서 거기서 발표도 해서 우리 학회 회원들이랑 공유하는 과정을 거쳤습니다.

2. 학회운영

• **장병권** 교수

우리 관광학회의 발전사를 말하자면, 관광학회 창립은 1972년도에 했는데 아마 1975년도에 학술지가 처음 나왔을 거예요. 1993년까지는 연간 1회 발간하였으며, 1994년부터 99년까지 2회, 또 2006년까지는 4회 정도, 2008년까지는 6회 그 다음에 2009년에 8회, 2011년부터 10회. 이때가 아주 가장 급속하게 증가한 그런 시점이었다고 볼 수 있습니다. 이런 걸로 보면 한국관광학회가 우리나라 관광발전에 기여도 많이 했으며, 관광학회 학술지가 양적인 성장을 넘어 질적인 성숙으로 이어져서 현재까지 오고 있습니다. 우리 관광학회가 50년의 역사를 통해서 우리나라의 관광 발전에 기여하고 또 관광을 연구하고자 하는 수 많은 분들의 학문적인 욕구와 수요도 충분히 충족해 왔다고 생각을 합니다. 역대 편집위원장이나 많은 분들이 우리 관광학회의 발전을 위해서 학술적인 편집이라는 측면에서 많은 기여를 하셨다라고 이야기하고 싶습니다.

• **한범수** 고문

과거를 한번 쭉 살펴보자면 관광이 폭발적인 분위기가 있었던 시대는 전국적으로 관광학과들이 많이 생기고 각 대학에서 대학원 과정이 많이 생기고 이때가 정말 전성기였던 것 같습니다. 그리고 1990년대 중반 정도부터 한국관광학회가 거의 독보적인 관광 학술단체인 상황이었고 중앙정부라든지 지방정부라든지 늘 어떤 일을 할 때 제일 먼저 찾는 곳이 한국관광학회였습니다. 그런 점에서는 50년 동안 우리 한국관광학회는 충분히 그 역할을 다 해왔다라고 자평을 해도 괜찮지 않을까 생각이 듭니다. 한국관광학회 주관으로 국제행사 등 큰 행사도 많이 했고 관광학연구 학술지도 학교에서 인정받는 저널로서 역할을 굉장히 많이 했던 것도 사실입니다. 우리나라의 발전과 더불어서 한국관광학회도 관광 산업발전과 더불어 많은 역할을 아주 잘 해왔으며 여기 계신 고문님들, 역대 회장님들, 회원님들, 무엇보다도 현재 중책을 맡고 계신 임원들의 역할이 크다고 생각을 합니다.

근데 여기서 한번 돌이켜 봐야 할 것은 항상 현재에 안주하다 보면 다음 단계가 안 보일 수 있다고 생각합니다. 끊임없이 비전을 제시하고 뭔가를 혁신할 수 있는 아젠다를 끊임없이 발굴하지 않으면 어느 순간 뒤처지는 것도 사실인 것 같습니다. 또한, 앞으로 학회의 예산 확보를 어떻게 하는 것이 바람직한가 생각해 봐야 할 것입니다. 공공에서 지원받는 현재의 형태가 앞으로도 계속 유효할 것인가? 다른 방법은 없겠는가? 아마 이런 것들도 생각을 해야 될 거 같습니다.

• **김경숙** 고문

관광 전공자들의 설 자리가 자꾸 없어지고 있습니다. 타 분야 전공자들도 전부 다 관광을 이야기하고 전공한다고 얘기하고 다닙니다. 결국 우리의 목소리도 적어지고 나중에 우리 학생들이 설 자리는 더 없어지겠구나 하는 생각이 들면서 이런 안타까운 현실을 저는 지금 보고 있습니다. 오늘 논의 주제가 지난 50년사를 돌아보는 것도 있지만 우리의 미래를 논하는 것으로 생각됩니다. 앞으로 우리가 무엇을 어떻게 할 것이고, 어떻게 혁신할 건지, 어떻게 개선할 것인지. 이것이 상당히 중요해요. 50년사에는 이때까지 우리들이 해왔던 것이 중심이 되어야 하고, 이를 바탕으로 이때까지는 어떻게 했는데 향후 어떠한 방향을 찾아서 우리가 할 것인가하는 것이 또 중요합니다. 예전에 우리가 활성화되었을때는 엄청났잖아요. 50년사 편찬을 통해 우리가 그동안 잘한 것을 잘 정리하고 지팡이를 들어 미래 세대에게 보여주면 따라올 것이라 생각합니다. 오늘 대담회로만 끝나는 게 아니라 여러 의견을 전부 모아서 잘 정리하는 작업이 필요하지 않을까 생각이 듭니다. 과거가 있어야 현재가 있고, 현재가 있어야 미래가 있습니다.

• **오익근** 고문

저도 학회 운영에 관해 말씀드리겠습니다. 지금까지 지자체가 우리 학회의 아주 중요한 재원이었고 따라서 많은 지자체에 대해서 그 지역에 있는 교수들이 적극적으로 나서는 방안, 즉 지자체와 로컬 대학 교수들과의 연구 관계를 정책적으로 한국관광학회에서 확대 시키는 방안을 추진하면 우리 학회가 정통학회로써 권위를 확보할 수 있는 기회도 될 수 있다라고 말씀을 드리고 싶습니다.

또 하나는, 우리가 문화체육관광부의 대표적인 학회로 인정되고 있는 것은 사실이지만 앞으로 다른 정부 부처와의 관계를 좀 더 확대해서 교수들이 많은 프로젝트에 참여하고 예산 지원을 받을 수 있도록 학회에서 준비하는 작업을 지속적으로 하는 게 어떻겠나 제안을 드립니다. 우리는 그동안 전통적으로 호텔, 외식, 관광 쪽으로만 쏠리는 경향이 있었는데, 이게 나쁘다는 뜻이 아니고 우리가 좀 더 먹거리를 확보할 수 있도록 노력해야 한다는 뜻입니다. 그래서 그런 쪽으로도 예산 확보 차원에서 노력해도 좋겠다는 말씀을 드립니다.

• **조명환** 고문

학회 운영에 관해 얘기하자면 좀 열린 시각으로 학회 위원회 제도를 활용해 볼 수 있습니다. 예를 들어서 해양관광, 농촌관광이 활성화된다고 하면, 이런 내용의 위원회를 두고 관련 회원들이 참여하면 좀 더 활력적인 모습이 나올 수 있기 때문에 우리가 외연을 확장하는데 있어서 생각해 볼 필요가 있지 않겠느냐 생각합니다. 두 번째 학술대회 예산 문제는 학회 초창기부터 돈 안 드는 학교에서 할 것이냐 아니면 외부에서 할 것이냐는 문제는 늘 있었고 초창기에는 대부분 대학에서 개최하였습니다. 그러다가 학회의 존재를 알리기 위해 학교 밖에서 학술대회를 개최하고 지자체 도움도 받고 그렇게 된 것입니다. 하지만, 지자체 예산을 확보하는 것이 학회 회장 입장에서는 대단히 힘들거든요. 그렇기 때문에 이제는 회장께서 조금 노력해 대학에서 하고 그다음에 기업과 연계하여 정부가 조인하는 형태로도 하고 이렇게 이어 나가자는 얘기입니다. 학교에서 하면 시시하니깐 외부로 나가야 한다는 식이 되어서는 안되겠다는 생각이 듭니다.

• **이진형** 위원장

맞습니다. 재정의 확충 방안도 중요하지만 재정을 줄일 수 있는 방안 마련도 그만큼 중요하다는 포인트를 말씀해주셨습니다.

3. 관광학 그리고 교육

• **이진형** 위원장

지금까지 저희가 학회 운영을 잘하기 위해서 내실도 기하고 외연도 확장하고, 가능하다면 재정도 좀 줄일 수 있는 방안도 모색해야 한다는 말씀들을 주셨습니다. 이와 연관하여 우리의 학문발전도 중요한 주제라 생각합니다. 우리 학문이 어떻게 하면 보다 인사이트를 줄 수 있는지, 앞으로 더 발전할 수 있는 여지는 없는지 등을 같이 한번 논의를 해 봤으면 좋겠습니다.

• **조광익** 교수

저는 이제 관광하고 관광학을 좀 구분을 해야 된다고 봅니다. 사회에서 관광의 필요성이나 관광의 중요성은 이제 더 이상 의문을 제기하지 않고 모든 분야, 거의 모든 정부 부처에서 관광의 필요성과 중요성은 다 잘 알고 있고 관광을 통해서 무언가를 하려고 늘 노력하고 있습니다. 하지만, 이런 중요한 관광의 사회적 필요성에 대응하여 관광학자들이 전문성을 제공하고 있느냐 하는 점은 저는 솔직히 의문이 들고 회의적입니다. 즉, 사회적으로 관광의 필요성은 인정 받아 왔지만 관광학의 필요성은 인정을 못 받고 있구나라고 생각합니다.

또한, 아까 학회 운영 관련 말씀주신 내용에 전적으로 공감하는 게 학회 학술대회가 너무 외형적인 면에 치중하여 과다한 지출을 요구하는 형태로 이루어지고 있다고 생각합니다. 학술적인 면이 중점이 되는게 중요한데 오히려 비학술적인 면이 중요하게 되고 의전이 중요하게 되고 있다고 생각합니다.

• **이봉구** 교수

지방의 경우 관광 분야에 대한 어떤 희망 가능성 이런 부분들을 다 잊어버린 것 같습니다. 언제 회복될 거라는 확신도 없는 것 같고, 대학들은 학생들을 모집하는 데에도 상당히 어려움을 겪고 있습니다. 또 어렵게 모집한 학생들도 빠져나가기도 하고 더 중요한 것은 이 학생들이 이 관광 분야로 취업하는 애들이 거의 없습니다. 현재 학교 교육이 현실에 부합하는 뭔가를 제공해 주고 있지 못하고 있다는 생각이 듭니다. 지금 세상이 너무 빠르게 변하고 있음에도 불구하고 대부분 70년대 후반 80년대 초반 만들어진 커리큘럼을 그대로 가지고 있습니다. 한국관광학회에서 태스크포스 같은 것을 꾸려가지고 이렇게 계속 변화하는 시대에 맞게 새로운 커리큘럼을 제안해주시는 노력도 필요하지 않을까 싶습니다.

• **조광익** 교수

저는 2가지 관점으로 나눠서 생각해야 된다고 생각하는데, 먼저 연구 측면에서는 스스로 연구자들과 관광학자들이 스스로 자기의 전문 분야를 만들어내고 깊게 좀 의식적으로 노력해야 되지 않을까 싶습니다. 외국저널인 Annals of Tourism Research만 보더라도 지금 관광학은 하나의 전공이 아니거든요. 이제는 관광이 굉장히 세분화된 영역이 돼 가지고 정말 아주 깊이 있는 연구들이 나오고 있습니다. 그래서 의식적으로 전공을 좀 심화해야 되고, 그렇지 않으면 진짜 영원히 제너럴리스트로 머무르지 않을까 하는 생각이 듭니다. 두 번째 교육 측면에서 말씀드릴 점은 시중에 나오는 교재는 상당히 많은데 NCS 등 공인된 시험 출제에 활용할 수 있는 제대로 된 교재가 많지 않다는 것입니다. 같은 주제의 교재라도 내용이 제각각이고 같은 내용에 대한 답도 다른 경우도 많은 것이 현실입니다. 따라서 학회에서 예를 들어서 전문성 있는 교수님이 전공 분야별로 편찬하도록 지원을 한다던지해서 관광 교육의 토대를 만들어야 한다는 생각이 듭니다.

• **장병권** 교수

비관적인 측면이 있습니다. 아마 10년 뒤에는 더 큰 위기가 와 있을 거라고 생각하는데 지금 관광 교육이 황폐해지고 있고 지방의 경우 학생들이 안 오니깐 정규 학생 대상 학과는 폐과하고 성인학습자를 대상으로 하고 있을 정도입니다. 향후 10년간 우리나라 특히 지방 대학에서의 관광교육은 어떻게 될 것인가하는 점에 대해 우려를 하게 됩니다. 그래서 한국관광학회에서 관광 교육의 위험 신호에 대해 위기 의식도 느끼고 TF도 만들고 하면서 우리가 어떤 방향으로 나갈 것인가하는 점을 고민했으면 합니다. 다행히 요즘 관광공사, 관광재단 등 고학력자가 취업할 수 있는 관광 조직이 늘고 있습니다. 따라서 위기가 있지만 기회도 있다는 것이 느껴지기 때문에 한국관광학회에서 현 상황, 그리고 미래 상황을 잘 파악한 다음에 학회 차원에서 공론화도 하고 대학의 관광교육을 어떻게 이끌어 나갈 것인가, 인재를 어떤 방향으로 하고 어떻게 많이 진출시킬 것인가, 또 정부와는 어떻게 협력할 것인가 등을 고민하는 것이 차기 학회의 과제들이 아닌가 저는 생각을 해 봅니다.

4. 학술지, 학술대회, 국제교류

• **이진형** 위원장

이제부터는 학회의 국제교류나 영문학술지 같은 부분도 저희가 논의해 봐야 할 부분이 아닌가 생각이 듭니다. IJTS도 크게 보면 우리 학회가 국제적인 학회로서도 인정 받을 수 있는 통로라고 생각이 되는데 그동안 많은 분들이 굉장히 애를 많이 쓰셨음에도 불구하고 아직 충분하게 우리가 그동안 노력했던 만큼 성과를 못 내고 있는 건 좀 아쉬운 점이 있는 것 같습니다. 그래서 국제교류와 우리 영문학술지의 발전 방향 이런 부분들 꼭 필요한 건지 꼭 안 해도 되는 건지 등 같이 논의해 봤으면 좋겠습니다.

• **조명환** 고문

일단은 영문 학술지를 처음에 만드는 과정에서는 참 잘했다 생각합니다. 다만 SSCI급 등재에 대해 처음에 낙관적으로 봤던 분위기가 이후 계속적인 투고가 이루어지지 않고 또 그 시점에 다른 회장님들이 별로 신경을 안 쓰시다 보니깐 잘 안 됐던 것 같습니다. 우리하고 같이 시작한 한국무역학회는 영문 학술지가 등재되어 지금 나오고 있습니다. 그런 점을 생각해 보면 지금 우리 영문 학술지 상황은 지금까지 들어간 돈이 너무 아깝다 이겁니다. 그래서 SSCI급은 아니더라도 Scopus라도 등재할 수 있도록 편집위원장님이 좀 더 노력하면 좋지 않을까 생각합니다. 이건 사실상 우리 한국관광학회 역량을 키우는 것 중의 하나거든요. 좀 더 우리가 냉철하게 생각해 가지고 좀 어려운 과정이 있더라도 추진을 하는 게 어떤가 하는 생각이 듭니다.

• **한범수** 고문

영문 학술지 편집위원장은 한 사람이 오래 맡아 가듯이 우리도 학회장이 바뀌더라도 한 사람이 10년 이상 오래 쭉 가야한다고 생각합니다. 또한, 학술대회 우수논문 상금을 높이고 수상한 논문을 영문학술지에 출간하는 방향도 고려할만합니다. 예전 학술대회에 상금을 걸었을 때 해외참가자가 정말 많이 왔었습니다.

• **이진형** 위원장

지금 전체적으로 의견이 모아지는 거는 영문학술지 IJTS는 살려야 된다. 과거에 좋은 경험들도 있었으니까, 그리고 편집위원장을 정말 오랫동안 하실 수 있는 역량있는 분으로 좀 모셔서 예산지원도 하는 방향으로 발전이 필요하다는 데 전체적으로 많은 공감을 하시는 것 같습니다. 또 하나는 국제교류인데 우리가 문화체육관광부나 한국관광공사에 비해 상대적으로 PATA나 UN투어리즘 등의 국제기구와 교류를 그동안 좀 못하지 않았나 그런 생각도 좀 들기도 합니다. 전세계적인 관광산업의 어떤 이슈나 관광 정책 이슈들에 우리도 발맞추어 간다는 측면에서 우리 학회도 그런 기구들과 협력을 하는 것들도 필요하지 않겠나 생각이 듭니다. 그러면 이제 마지막 주제로 관광학연구 학회지 발간과 학술대회 개최에 대해 좀 더 얘기해보았으면 합니다.

• **조광익** 교수

아까도 말씀드렸듯이 우리 학술대회 외형은 굉장히 화려하고 큽니다. 또한 관광학연구 학술지도 중요한 특징 중의 하나가 학생들하고 같이 쓰는 논문이 많습니다. 과거에는 1인이 연구를 해서 논문을 쓰는 경우가 많았는데, 2000년 이후부터 2인, 3인의 공동연구가 많이 늘어나는데 그게 학생들 논문 증가와 연관이 됩니다. 다른 전문 분야의 공동연구자와 같이 발표해서 저자수가 많아지는 것이 아니라 학생의 졸업논문을 지도교수와 출판하는 식이죠. 관광학연구만 아니라 학술대회 발표논문도 마찬가지라 아무래도 이게 긴장감도 떨어지고 학생이 발표하고 교수가 토론하는 분위기라 이게 학술대회인지 논문 지도하는 곳인지 모르겠습니다. 학술대회는 프로페셔널이 되어야 하는데 점점 아마추어리즘으로 흘러 가고 있는게 현재 우리의 현실이고 이런 상황이 점점 더 심화되고 있는 것은 사실입니다.

• **이봉구** 교수

저도 정말 동감을 하는데요. 이런 현상이 발생한 배경에는 예를 들어서 학교에서 학위 논문을 발표하기 전에 학회에서 발표를 한번 해야 한다는가 아니면 논문 1편을 게재해야한다던가 하는 조건들은 가지고 있기 때문으로 생각합니다. 그러다 보니까 학생들은 조건을 충족시키기 위해서 학회에서 발표를 할 수밖에 없는 그런 상황인 것 같고요. 이 부분은 미래 경험을 해보게 한다는 차원에서 긍정적인 측면도 있는 것 같습니다. 제 생각으로는 이 문제를 조금 개선시킬 수 있는 방안으로는 학술지라든가 학교 논문 발표에 대해서 평가를 하고 적극적으로 선별하여 우수논문을 시상하는 식으로 나름에 조금 좀 개선될 수 있지 않을까 생각합니다.

• **조광익** 교수

저는 분리해야 된다고 봅니다. 논문을 쓰는 게 학생들 교육 차원에서 당연히 필요할 수도 있고 인정합니다만 학생들이 주도자가 되어 작성한 논문들은 미국의 학술대회같이 같은 학술대회에서도 별도의 장을 만들고 좀 구분이 되어야지 지금처럼 이렇게 하는 것은 아니라고 생각합니다.

• **오익근** 고문

저도 공감을 많이 하는 게 좌장 들어가보면 발표하는 사람은 있는데 지도하는 교수는 없고 세션장에 학생들만 있고 토론자와 저 말고 사람이 거의 없습니다. 그러니까 사람들이 많이 참여해서 서로 의견을 개진해서 지식을 넓혀야 하는데 그런 물리적 공간이 확보가 안 되었다고 생각합니다. 두 번째는 최근 몇 년동안 좌장하면서 느낀 점은 완성되지 않은 논문이 너무나 많은 겁니다. 그냥 연구 프러포절을 발표하는 사람도 많습니다.

• **조명환** 고문

예전에 논의가 있었던 부분인데 학회에 열심히 출석하는 교수의 경우 학술지에 투고했을 때 편집위원회에서 그걸 어느 정도 감안하는 방안도 고려해 볼 수 있을 것 같습니다. 학술대회에서 편집위원장님이 주축이 되어서 한번 시도해 보면 어떨까 생각합니다.

• **장병권** 교수

제가 마지막으로 제안하는 것은 학회의 고객 관리를 좀 잘해야 되겠다라는 점입니다. 정부도 고객이고 우리 회원도, 기업체도 고객이고 지자체도 고객이고 산업체 또 학생, 대학도 고객인 것 아닙니까. 이번 여수 학술대회 시니어세션이 역대 최고였습니다. 좋은 주제로 발표가 있었고 많은 분들이 공감했습니다. 그런데 다음번에는 시니어 비중이 줄어들 거라는 우려가 있기도 합니다. 그래서 학회 구성원을 전체로 보지 말고 좀 세부 시장도 보면서 각각의 세부그룹들이 뭘 원하는가? 이런 것도 고민을 하면서 좋은 제도를 많이 만들면 좋지 않을까 생각합니다. 학술대회 갔을 때 고객들을 많이 참여시키고 당첨되거나 상 받는 사람에게는 최후의 어떤 프라이드를 느낄 수 있는 그런 무형적인 서비스를 정부, 지자체, 고객 각각을 대상으로 더 개선한다면 좋을 것 같다는 생각입니다.

- **이봉구** 교수

회원들의 학회에 참여하고 하는 것은 물론 거기서 발표된 여러 가지 새로운 지식 습득하는 기회도 있겠지만, 궁극적으로는 네트워킹 아니겠습니까? 친목을 도모할 수 있는 기회가 중요한 것 같습니다. 오찬, 만찬 그런 건 있지만 그냥 사회자 진행하는 순서에 따라서 식사하고 끝나는 경우가 대다수입니다. 물론 투어 프로그램도 있겠지만 그런 부분에 참여하는 프로그램들이 많지 않았던 것 같습니다. 학회 기간 동안에 회원들과 네트워킹 할 수 있는 그런 기회 시간들을 좀 다양한 프로그램을 통해서 만들어 주시면 어떠실까 생각이 듭니다.

- **조광익** 교수

저는 아까 말씀 드린대로 학술대회의 퀄러티 컨트롤 이건 꼭 필요하다고 봅니다. 발표 논문의 규모는 줄여야 되는 게 맞는 것 같아요. 그래야 집중이 되고 다른 학문 학회를 예를 들면 발표하는 게 영광이고 크레딧이기 때문에 굉장히 수준 높은 담론이 오가는 것을 볼 수 있습니다. 그리고 지자체에서 후원받는 것을 꼭 학회 학술대회와 연관해야 된다는 생각도 저는 탈피해야 된다고 봅니다. 다만 지자체에서 그런 어떤 수요나 이런 것들은 정책포럼이나 세미나 같은 형태로 수용을 하는 방법이 있을 것으로 생각합니다.

- **한범수** 고문

학교에서 하더라도 식사를 포함해서 이것 저것 하다보면 결국 돈이 많이 듭니다. 예산을 줄이려 노력하더라도 회장으로서는 적정한 등록비로 회원들 참여를 독려해야 하는 현실적인 문제에 봉착할 수 밖에 없습니다. 학회에서 1년간 들어가는 돈을 모든 회원들이 N분의 1로 자부담을 해서 충당하면 문제가 깔끔한데 현실적으로 불가능합니다.

• **이진형** 위원장

오늘 저희가 한국관광학회 50년사 편찬 과정에서 고문님들, 편집위원장님들 모시고 크게 우리 학회의 운영 방식, 재정이나 회원 협조 방안, 또 외연의 확대의 부분들 얘기를 했고 또 우리 관광학의 발전과 관광 교육의 문제에 대해서도 얘기를 했습니다. 또 관광학연구 학술지, 영문 학술지, 국제교류, 그리고 학술대회의 발전방안을 포함해서 여러 가지에 대해서 우리가 논의를 하다보니 3시간이 금방 지나간 것 같습니다. 오늘 말씀해주신 내용들은 편찬위원회에서 잘 정리해서 우리 회원님들께 같이 공유하고 공감을 얻어서 우리 학회가 발전해 나가는데 도움이 되었으면 합니다. 이것으로 오늘 대담회를 마치겠습니다.

「대한민국 관광학의 미래」:
대한민국 관광학 연구의 다음 50년을 위하여

김 남 조 (Kim, Nam-Jo)
한국관광학회 제24대 회장 및 제22대 편집위원장

1. 초창기 대한민국 관광학

대한민국의 관광학은 관광산업 종사자를 양성하기 위한 실무적 차원에서 시작되었다. 1962년 우리나라에서는 처음으로 경기실업초급대학(현 경기대학교)에 관광과가 개설되었다. 이 관광과는 1964년에 4년제 대학으로 개편되었지만 교육과정은 관광산업에 필요한 실무과정을 익히는 것에 주안점을 두었다. 대한민국에서 관광학이 학문적 정립을 시도하기 시작한 때는 1972년 대한민국 최초의 관광분야 학술단체인 한국관광학회가 설립되고, 1977년 대한민국에서 최초로 관광분야의 전문학술지인 〈관광학〉이 창간되고 나서부터라고 볼 수 있다. 1972년에 학회가 설립되고 5년이 지난 후에 비로소 관광학의 담론을 토론할 수 있는 학술지가 창간되었다고 하니 그 당시 관광학의 열악한 학문적 토대를 쉽게 짐작할 수 있다.

1977년 〈관광학〉 창간호(편집위원장 안종윤)에서 한국관광학회 제3대 회장인 박용호 교수는 창간호의 첫 장을 장식하는 권두언에서 관광학 연구의 이론적 체계의 필요성을 다음과 같이 역설하였다.

“이제 평화를 추구하는 온 인류의 염원에 부응하기 위하여 사회과학자 및 기타학자들도 협력하여 지상에서 평등과 자유에 입각한 인간상호존중, 상호이해 및 상호공존번영을 이념으로 하는 관광학의 이론적 체계화에 온 지성과 지혜를 경주하여야 할 시점에 도달하였다고 판단된다. 〈중략〉 지금과 같이 구체적인 관광교류를 방편으로 하여 그 현실에로 방향을 돌리도록 조건이 성숙된 적이 없었다. 우리는 누구나가 현실적으로 평화의 실현가능한 이론 제시를 희망하여 왔으며 또한 이제와서는 인류장래를 위해 그 길만이 생존의 길이란 점을 아무리 강조하더라도 과언이 아니라고 확신한다. 그러나 현실은 아직도 인류의 염원인 평화에 직결하는 생활속에 뿌리박는 건전한 관광철학이 확립되지 못한 채 세계 각지의 일부 경솔하고 무책임한 자들의 직접적 물질적 경제적 이익만을 두둔하는 주장에 좌우되어 근시안적으로 관광교류가 편협하게 논의하는 듯한 느낌을 갖게 하고 있음은 지극히 유감된 일이라 아니할 수 없다. 〈중략〉 인류본연의 염원인 평화실현으로 유도하는 치밀하고도 정확한 과학적 이론을 조속히 마련하여 제시하여야 할 줄로 안다."

〈관광학〉 창간호(제1권 제1호)에 게재된 논문은 총 8편으로 게재된 순서대로 소개하면 다음과 같다.

표 4-2-1. 관광학 창간호(1977) 목차 및 저자

관광학 창간호

- 관광의 현대적 개념-관광의 기본개념 확립을 위한 서론적 고찰 (한연수, pp.5-15)
- 대청댐 건설에 따른 관광개발 연구 (김상훈, pp.17-31)
- 백암온천관광지의 지역분석과 개발 (김병문, pp.33-51)
- 관광농업입지 결정에 대한 계량적 접근 (이장춘, pp.53-65)
- 관광자원으로서의 한국별전(別錢)에 대한 고찰 (이선희, pp.67-79)
- 비교관점에서 본 호텔후론트 오피스의 방향 (손대현, pp.81-94)
- 관광기본법의 성격과 지도원리(指導原理) (안종윤, pp.95-102)
- 한국관광정책 장기구상의 고려점 (박용호, pp.103-114)

관광학에 대한 학문적 접근을 시도한 창간호 학술지답게 한연수 교수의 논문은 관광의 개념, 관광의 구조, 관광의 사회적 배경, 관광의 현대적 의의를 논하였다. 그는 우리나라에서 관광이라는 용어가 현재 사용되고 있는 의미로서 일반화되기 시작한 것은 정

부에서 관광사업의 중요성을 깊이 인식하고 관광사업의 진흥을 위한 기본적인 "관광사업진흥법"을 제정하게 된 1961년 이후부터라고 주장하였다(p.5). 특히 그는 관광의 개념을 일본서적에서 참고하여 소개하였다. 이제는 거의 일반화되어 알고 있는 관광의 기원을 일본학자인 岡庭博의 觀光論概要에서 인용하였다. 예를 들면, 岡庭博은 관광의 어원을 「易經」 가운데 「觀國之光 利用賓于王」이라는 구절에서 유래했다는 식이다(p.2). 이 구절에 대한 해석 또한 津田昇의 國際觀光論에서 인용한 것으로 나타난다. 이에 의하면 관(觀)은 보다 관찰하다의 의미와 동시에 보인다 과시하다는 뜻을 가지고 있고, 광(光)은 훌륭한 것 아름다움 자랑스러움을 의미한다고 해석하는데 결국 광화(光華)의 의미로서 훌륭한 문화, 아름다운 풍광의 뜻을 내포하고 있다는 식이다(p.6).[1]

1977년 당시 우리나라의 1인당 GDP는 1,034달러였다. 또한 역사상 처음으로 수출 100억 달러를 달성한 해였다. 1960년대와 1970년 중반까지 우리나라의 경제가 매우 어려웠기 때문에 관광학도 달러를 벌어들이기 위한 경제・산업적 측면에서 접근하였다. 1970년대 후반으로 갈수록 국가경제가 좋아짐에 따라 관광학도 인간의 기본욕구에 관심을 두기 시작하였다. 김병문 교수는 이러한 상황에 대해 "1960년대 이후 경제의 고도성장은 국민소득과 여가의 증대를 초래하였고 생활의 세분화는 피로축적에 촉매가 되었다"고 기술하였다(p.33). 한연수 교수도 이러한 측면에서 다음과 같이 기술하고 있는데, 그로부터 50년이 지난 지금에 와서도 그 가치관은 다르지 않다.

현대의 관광은 과거의 산수를 유람하는 경우와는 본질적인 차이점을 갖고 있다. 즉, 내일의 생활을 위한 활력을 유지하려는 인간생존의 기본조건으로서 현대의 필연적인 사회현상이 되어 버렸다고 할 수 있다. 관광이나 레저활동은 인간 생존의 필수조건화되어 가고 있다. 이러한 중요성이 충분히 인식되지 못한 것은 사람들의 인간생활의 가치기준을 노동에 두고 여가는 그 나머지로서의 의미밖에 부여하지 않았던 사회적 가치관 때문이었다(p.13).

---

1 한연수 교수는 國際觀光論(津田昇 著, pp. 1-3; 동양경제신문사, 1969)에서 인용하였다고 밝혔다.

이장춘 교수는 관광입지론에 대한 계량적 접근을 통해 관광학 이론의 정립에 기여하고자 하였다. 그는 "한국의 경우에는 아직 한편의 참고자료나 논문을 발견할 수 없는 실정이기 때문에 먼저 관광농업에 입지론적 접근방법이 가능하느냐의 문제제기에서 출발하였다(p.61)"고 논문에서 밝히고 있다.

이처럼 관광학에 대한 학문적 접근을 처음으로 시도된 초창기에는 모든 것이 부족하였다. 그러나 우리나라만이 이러한 상황에 직면한 것은 아니었다. 서양에서도 관광학의 정립에 대한 학문적 접근은 타 학문분야에 비해 비교적 늦었다. 현재 관광학 분야에서 최고의 학술지라고 지칭되는 Journal of Travel Research(1968년 창간), Annals of Tourism Research(1973년 창간), Tourism Management(1980년 창간; 원제 International Journal of Tourism Management)도 그렇게 오랜 역사를 가지진 않았다.

2. 1994년 이후 성장기의 관광학

한국관광학회가 창립된 지 50년이 넘었고 학술지인 〈관광학연구〉도 창간된 지 거의 50년이 되어 간다. 그 동안 관광학의 학문적 위상도 높아졌지만 여전히 노력해야 할 부분도 존재한다. 1994년 9월부터 1998년 8월까지 4년간 〈관광학연구〉의 편집위원장이었던 김사헌 교수는 〈관광학연구〉의 심사규정 및 평가기준을 마련하였고, 투고한 논문에 대해 처음으로 2인 익명심사제도(blind referee)를 도입하였다.[2]

당시 김사헌 교수는 "사회과학 연구는 이론과 방법론의 조합으로 압축된다. 과학의 목표는 논리적으로 연결된 명제군으로서의 이론구축이 목표이지만 이론에 도달하기 위해서는 논리적 객관적 과정이 필요하다"고 지적한 후 "〈관광학연구〉도 이론화의 전초단계로서 방법론을 중시하지 않을 수 없다"라고 역설하였다.[3] 그 후 〈관광학연구〉에 게재된 논문들은 이전에 비해 좀 더 과학적이고 체계적인 접근을 하게 되었다. 익명심사제도가 도입된 이후, 많은 논문들이 객관적 검증이 용이한 실증적 접근방법

---

2 1996년 9월(20권 1호)부터는 3인 익명심사제도로 강화되었다

3 김사헌 (1995). 편집인 노트: 「관광학 연구」의 목표가치. 〈관광학연구〉, 18(2), p.229.

(empirical approach)을 채택하였다. 엄격한 심사로 인해 2000년 이후에 투고된 논문들은 대체로 심리적 구성개념과 연구모형을 검증하는 통계적 방법을 사용하였었는데, 이러한 측면이 너무 치우친 경향으로 나타났다. 이로 인해 관광의 주체인 관광자에 대한 충분한 이해와 깊은 사고가 전개되지 않고 관광산업적인 측면에서 피상적이면서 반복적인 연구가 지속된다는 비판을 받게 되었다.

이에 대해 김사헌 교수(2008)는 우리나라에서 관광학은 학문의 前進이 아니라 退行하고 있다는 느낌이라고 비판하였다. 학회지가 새롭고 창의적인 탐구, 기존 연구에 대한 비판 등 진정한 지식 발전의 場 역할을 다하지 못하고 오로지 회원들의 '一回性' 연구실적물 채워주기용의 들러리 역할에만 충실했다는 느낌이라는 것이다. 그는 대부분의 연구가 참고할 내용(이론)도 방법론도 없는 '눈 가리고 아웅'하는 식의 신뢰할 수 없는 임의 조사와 타당하지 않은 고급분석 기법으로 치장된 연구라고 강하게 비판하였다. 또한 그는 主流觀光學徒들이 여전히 관광현상을 경제 · 경영 현상으로만 관광현상을 파악하려 하고 있고, 관광현상을 소비자(이용자)가 아닌 '공급자' 측면으로만 고집스럽게 바라보는 시각을 우리 관광학계가 극복해야 할 과제라고 지적하였다. 학회는 '끼리끼리'라는 학문의 폐쇄성을 탈피하여 타 분야 학자들에게도 문호를 개방하고 상호교류하여 관광학의 학문적 발전을 도모해야 한다고 지적하였다.[4]

장병권 교수(2008) 또한 현재의 관광학의 연구에 대해 근심어린 조언을 하였다. 그는 무엇보다도 관광학을 일개의 연구주제 또는 기술에서 하나의 독립된 과학으로 승화시킬 수 있도록 관광학을 나날이 새롭게 정의하고, 학문적 체계를 정립하는 것이 중요하며, 인접학문의 이론을 수용하되 '관광이론화'하는 자세는 물론 연구대상에 대한 다양한 조사방법론의 활용, 그리고 한국적 상황에 맞는 관광학을 세우는 것도 매우 시급하다고 지적하였다. 나아가 관광산업이 다른 산업의 발전에 기여하고 있듯이 관광학도 이제는 다른 학문에 영향을 줄 수 있는 위치(즉, 기브앤테이크형 학문)로 격상시키는 것이 시대적 소명임을 주장하였다.[5] 장병권(2008). 관광학과 인접학문간의 관계. 〈관

---

4 김사헌(2008). 관광학의 새로운 正體性을 찾아서: 회고와 과제. 〈관광학연구〉, 32(4), pp.28-30.

5 장병권(2008). 관광학과 인접학문간의 관계. 〈관광학연구〉, 32(4), p.91.

광학연구〉, 32(4), p.91. 윤혜진 · 조광익 교수(2022) 또한 국내 관광학의 경우 학문 공동체가 형성되어 있고, 실제 많은 이론적 논의와 활동이 나타나고 있으나, 아직 고유한 철학 및 이론 체계와 방법론 등의 학문적 정체성이 부족하다고 평가하였다.[6]

그러나 최근 필자가 2020년 1월~2024년 5월까지 『관광학연구』에 출간된 논문의 중심 주제와 연구방법에 대한 분석을 기초로 하여 대한민국 관광학의 현재의 수준을 살펴봤을 때[7], '대한민국 관광학은 비교적 건강하게 발전하고 있다'라고 진단할 수 있었다. 초기에는 1970~80년대에는 일본의 자료를 참고한 연구와 교과서가 상당했지만, 지금은 미국과 영국을 비롯한 다양한 국가에서 수학한 연구자들이 국내에서 수학한 연구자들과 협력하여 다양하고 심도있는 연구를 수행하고 있음을 엿볼 수 있었다. 연구주제가 외식업, 관광자원, 이론, 관광행동, 호텔, 스마트관광, 항공사 순으로 집중되고 있으나, 농촌관광, 면세점, 아웃도어 레크리에이션, 의료관광, 한류, 관광콘텐츠, 국제관광, 남북관광 등과 같은 영역이 소수지만 투고된 논문 수(연구자수) 등을 두고 볼 때 전반적으로 다양한 주제를 다루고 있다고 평가할 수 있다. 연구의 분석방법의 측면에서는 구조방정식분석을 가장 많이 사용하고 있지만 빅데이터분석, 현상학과 근거이론, 심층면접 등 과거와 다르게 관광 현상을 양적 질적으로 과학적이고 체계적으로 분석하고 이론화를 시도하고 있다는 점에서 긍정적으로 평가할 수 있다.

1990년대에 PC가 본격적으로 보급되고 정보통신기술(ICT)이 일반되고 있는 상황에서 2008년 경에 출시된 스마트폰은 온 세상을 급격하게 변화시켰다. VR · AR · MR · XR · 블록체인 · 메타버스와 같은 신기술이 개발되고, 공유경제라는 새로운 경제 및 사회시스템은 스마트폰의 범용화로 더욱 탄력을 받게 되었다. 관광학도 이러한 시대적 환경을 반영하여 빅데이터 분석 기반의 스마트관광이라는 새로운 연구영역이 창안되었다. 또한 기후변화에 대한 위기가 고조되고 있는 가운데 2000년 초부터 약 4~5년간의 간격으로 나타난 SARS, H1N1(신종 인플루엔자), MERS, COVID-19는 이전에 생각해본 적도 없었던

---

6 윤혜진, 조광익(2022). 관광학의 학문적 정체성 탐색을 위한 일고(一考). 〈관광학연구〉, 46(6), p.30.

7 김남조(2024). 대한민국 관광학 연구,어디로 가야 할까? : K-Tourismology 정립을 위하여. 한국관광학회 제96차 전남 · 여수국제학술대회 발표논문집 시니어 특별세션(소노캄여수). pp. 174-190.

새로운 연구환경을 만들었다. 여기에 연구성과를 중시하는 사회적 분위기가 고조되어 연구자들은 경쟁적으로 논문을 작성하게 되었다. 이러함 속에 논문평가에 대한 공정성과 투명성, 새로운 연구주제를 갈망하는 연구자의 태도 등이 어우러져 2024년 현재의 대한민국 관광학은 이전과 다르게 다양한 연구주제와 방법론으로 무장되었다.

3. 다음 50년을 향한 대한민국 관광학 연구에 대한 제언

1960년대 1인당 국민소득은 약 100달러정도였다. 우리나라의 경제와 사회문화적 기틀을 바꾼 1988년 서울하계올림픽 때는 4,520달러였고, 2002년 한・일 월드컵 축구경기 때는 12,850달러, 2018년 평창동계올림픽 때는 32,750달러였다. 2024년인 오늘날 우리 국민의 1인당 국민소득은 35,000달러에 이른다. 한국관광학회 창립 100주년이 되는 2072년에는 이보다 훨씬 많은 소득을 우리 국민들이 가질 수 있으리라 본다.

다음 50년을 향한 여울목에서 대한민국의 관광학 연구는 이제 나름대로의 학문적 정체성을 가질 필요가 있다. 정체성은 상당 기간 동안 일관되게 유지되는 고유한 실체로 타인 또는 다른 사회적 집단과 구별되는 특성을 의미한다. 대한민국 관광학이 학문적 정체성을 갖는다는 것은 타 학문 또는 타 사회적 집단과 구별되는 우리만의 고유한 학문적 독자성을 가져야 함을 의미한다. 필자는 대한민국 관광학의 학문적 정체성을 K-Tourismology라고 지칭하고자 한다. 여기서 K는 Korea (대한민국)이고, tourismology는 tourism과 ~화, ~론, ~학, ~설, ~과학 등을 의미하는 ~ology를 결합한 조어이다. tourismology는 조어지만 그러나 이 용어의 출현은 이전에도 있었다. 1979년 박용호 교수는 독립된 관광학을 바라는 염원에서 '관광학 이론체계형성을 위한 새로운 접근'[8]이란 논문을 작성하였는데, 이때 새로운 관광학이란 의미에서 tourismology를 제시하였다. K-tourismology은 대한민국 관광론(또는 관광학)의 의미를 갖는다. K-tourismology은 타 국가와 차별되고 타 학문 분야와 구별되는 우리나라 관광학의 특성이 나타나는 학문으로 마치 K-Wave나 K-Pop처럼 세계 관광학 분야에

---

8 박용호(1979), 관광학 이론체계형성을 위한 새로운 접근. 〈관광학〉, 3(1), p.2.

서 우리나라 관광학이 주도하는 특정 학문분야를 의미한다고 규정할 수 있다.[9]

K-tourismology는 대한민국 관광학자들이 중심이 되어 관광학 연구를 이끌어가야 한다. K-tourismology을 정립하기 위해서는 대한민국 관광환경과 토대 위에서 관광연구를 수행하고 타 국가의 다양한 연구자와 함께 공동연구를 시도해서 대한민국 관광연구의 영역을 확장하여야 한다. 이를 위해 우리 연구자들은 다음을 고려할 필요가 있다.

- 대한민국 관광의 정체성을 나타낼 수 있는 다양한 연구 주제(대상)에 연구를 시도할 필요가 있다. 이를 위해 (지역)문화, 대중문화(한류, K-pop)와 연계한 학제적 연구, 또는 이와 관련된 연구 분야(예: 관광콘텐츠)를 시도하고 학부 및 대학원 과정에서 이러한 분야를 담당할 수 있는 전문가를 육성할 필요가 있다. 한옥, 템플스테이, 전통민속마을, 한식 등의 영역에 대한 관광자와 관광환경, 관광사업체에 대한 연구주제를 발굴하여 연구를 수행하거나, 역사적 사료를 근간으로 하는 관광(예: 조선시대 유산기, 근대관광)에 대한 연구도 수행할 필요가 있다. 새롭게 창안된 관광 형태(예: 도심 등산 관광 - 국립공원 기반 아웃도어 레크리에이션)에 대한 연구도 지속적으로 발굴하여 수행할 필요가 있다.
- 개별 관광산업계와 관련 관광연구자가 협력하여 좀 더 심층적인 연구를 수행할 수 있는 환경을 마련할 필요가 있다. 관광학 분야는 호텔업, 외식업, MICE, 농촌관광, 의료관광, 웰니스관광 등과 같이 산업적 기반이 갖춰진 영역이 상당 수준으로 갖춰져 있는데 다수의 실용적 연구 토대를 통해 각 분야에 대한 이론화를 시도할 필요가 있다. 또한 인적자원관리(HRM)와 관광교육훈련을 연계한 연구도 우수한 관광종사자 양성을 위해 필요한 분야이다.
- 대한민국의 관광학자들은 단독으로 연구를 수행하면 더욱 좋겠지만 경우에 따라 타 분야 타 국가의 연구자와 함께 세계 관광학계가 주목할 수 있는 우수한 연구를 지속적으로 수행하여 유명 학술지에 게재할 필요가 있다. 세계 유수의 학술지가

---

9 K-Tourismology에 대한 논의는 김남조(2024, pp.174-190)에서 인용하였다.

논문을 수용하는데 있어서 중요한 조건으로 i) 이론 수립의 독창성 및 논리성, ii) 연구방법론의 타당성과 신뢰성, 그리고 체계성과 창의성, iii) 새로운 이론이나 방법론의 소개 및 적용일 것이다. K-Pop이 세계 pop 음악계에 새로운 장르로 승격되고 전 세계인들로부터 주목받고 있듯이 K-tourismology도 세계 관광학계에 주목받을 수 있는 기회가 오기를 고대한다.

그렇다면 향후 50년간 과연 어떤 과제들이 K-tourismology의 맥락 속에서 다뤄질 수 있을까? 관광학은 호텔, 외식업, 여행사, MICE, (복합)카지노, 테마파크, 관광자원개발, 여객운송업, 항공업, 관광정책 등 다양한 산업적 토대 위에서 연구를 수행하여 왔다. 관광학은 개별 산업의 영역에서 그 산업적 특성을 포착할 수 있는 이론 개발도 필요하고 동시에 관광학의 근간을 이루는 핵심이론의 정립도 필요하다. 대한민국 관광학자들은 관광의 주체가 되는 관광자에 대한 연구와 개별 산업적 연구, 그리고 관광학의 핵심이론의 개발과 정립을 위해 여전히 노력하고 있지만, 대한민국이 처한 정치 · 경제 · 사회문화 · 기술 · 환경이라는 외부적 요인을 고려하지 않을 수는 없다.

앞으로 다가올 미래를 예측하기가 쉽지 않지만 감히 관광학 연구에 영향을 줄 외부적 요인을 살펴보면, 정치적으로는 자유민주주의와 공산사회주의의 이념적 대립, 부국과 빈국의 상호협력과 갈등, 종교의 정치화, 국제관광의 일반화 등을 들 수 있을 것 같다. 경제적인 측면에서는 세계 경제가 전반적으로 상승하는 국면 가운데 세계화와 자국보호주의가 나타나 무역과 ESG경영이 영향을 받을 수 있다. 사회문화적인 측면에서는 개발도상국은 젊은 인구, 선진국은 노령인구가 많을 것이고, 탈분화적 지방소멸과 생활관광이 흔하게 나타나는 가운데 개인가치와 웰니스를 추구하는 사회상이 나타날 것으로 보인다. 기술적인 측면에서는 인공지능(Artificial Intelligence)이 모든 영역에 반영되어 자율주행자동차, UAM(Urban Air Mobility)가 상용화되고 스마트관광이 더욱 성숙되는 가운데, 우주관광, 심해관광과 같은 새로운 영역에 대한 도전이 가속화될 것으로 보인다. 환경적인 측면에서는 기후위기가 가속화되어 감염병이 주기적으로 발생하고 지구위기에 대한 위기감이 팽배됨에 따라 탄소중립과 지구환경에 대한 보호적 조치가 전 세계적인 당면과제로 강하게 부각될 것으로 보인다.

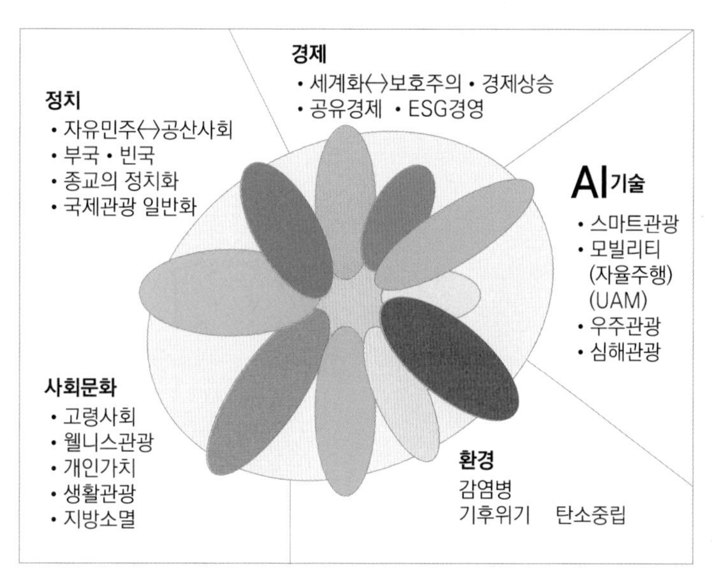

그림 4-2-1. 미래 환경변화와 관광학 연구분야

이러한 미래 환경변화 속에서 과연 관광학에서는 과연 어떤 연구주제가 나타날까? 향후 50년이란 장기의 연구과제를 예측하기가 쉽지 않지만 감히 예상되는 몇몇 주요 연구과제를 살펴보면 다음과 같다.

- **AI와 관광.** AI는 인류의 삶 전반에 걸쳐 큰 영향을 미칠 것이다. 모든 영역에 AI 요인이 들어가 AI가 생활화될 것이다. ICT와 AI의 혁신적 발전은 자율주행자동차와 UAM을 상용화하게 되고 이에 의존하는 관광패턴도 나타날 것이다. 현재에서도 CHAT GPT, NotebookLM, Claude 등과 같은 AI가 연구를 수행하는데 있어서 보조적 수단으로 사용하고 있다. 이러한 AI 프로그램이 나날이 기능을 업그레이드를 하고 있어 과연 어디까지 그 기능이 가능할지 가늠하기 어렵다. 분명한 것은 이제 관광학 연구에서도 AI와 관련된 연구가 증가하여 스마트관광을 넘어 AI관광이 새로운 이슈로 나타날 것이란 점이다. AI는 관광학 연구의 주요 대상이 되기도 하지만 관광학의 연구방법론을 한층 발전시킬 수 있는 도구이자 독자적인 연구방법론으로 발전할 수도 있을 것이다.

- **탈분화적 관광.** ICT를 기반으로 하는 관광이 일반화됨에 따라 시공간의 구분이 없어지고 관광공간과 일상공간의 경계도 점점 엷어지고 있다. 물리적 장소를 실질적인 관광이라고 여길 수 있겠지만 사이버공간을 기반으로 하는 관광도 점점 일상화될 것이다. 시뮬라시옹(simulation)의 현시적 이미지를 갖는 가상의 관광체험도 더 이상 진짜와 가짜라는 분리된 개념이 아니라 일반적으로 통용되는 그러한 시대, 일상공간의 관광화 또는 생활관광이 일반화됨에 따라 전통적인 관광의 정의가 다르게 내려질 수 있다. 미래의 관광은 이러한 측면에서 관광의 정의를 재해석하여 연구를 진행할 수 있을 것이다.
- **기후위기와 관광.** 지구온난화는 이제 지구열대화(global boiling)로 불릴 정도로 지구의 기온은 급격하게 상승하고 있다. UN은 각 국가마다 2030년까지 실행계획을 수립, 실천하여 2050년까지 탄소중립을 실천할 것을 강하게 요구하고 있다. 그러나 관광학 분야에서는 아직 이에 대한 연구가 충분히 진행되고 있지 않다. 기후변화는 관광산업 전반에 지대한 영향을 미칠 것으로 보이므로 자의반 타의반으로 이에 대한 연구가 나타날 것이다.
- **감염병과 관광.** 인류는 전대미문의 코로나-19 상황을 경험하면서 큰 변화의 물결을 경험하였다. 지금은 인류가 각고의 노력으로 코로나-19의 암울한 터널을 벗어났다고 하고 있지만 기후변화가 빠르게 진행되고 있는 상황에서 코로나-19와 같은 감염병이 다시 나타나지 않는다고 보장할 수는 없다. 관광자의 이동을 전제로 하는 관광학과 관광산업이 코로나-19가 확산되는 동안 관광자의 이동이 금지됨에 따라 지금까지 경험해보지 못했던 위기와 새로운 기회와 도전을 경험하게 되었다. 감염병의 확산이 언제라도 나타날 수 있기 때문에 관광학도 이러한 측면을 고려한 연구가 지속적으로 나타날 것으로 보인다.
- **노령사회와 관광.** 우리나라의 제1차 베이비부머세대는 1955년부터 1963년 사이에 태어났고, 제2차 베이비부머세대는 1964년부터 1974년 사이에 태어난 사람들이다. 베이비부머세대는 우리나라의 경제가 밑바닥일 때부터 최고점에 이를 때까지 다양한 산업적 경제적 사회문화적 환경적 경험을 겪었다. 베이비부머세대는 타 계층에 비해 물질적으로 풍요로우며 이미 직장에서 은퇴를 했거나 은퇴를 준비 중인

위치에 있다. 베이비부머세대는 의학기술의 발달로 액티브 시니어(active senior)로서의 역할이 한층 기대되고 있으므로 관광학에서도 이들에 대한 연구가 더욱 많아질 것으로 보인다.

- **자아중심적 관광.** 이 시대의 소비를 주도하는 세대는 MZ세대이다. M세대(대략 1980년~1995년 사이에 태어난 세대)는 10대 때부터 PC를 사용하기 시작하였고, Z세대(대략 1996년~2010년 사이에 태어난 세대)는 태어나면서 주변에 인터넷으로 연결된 PC와 스마트폰이 있어서 이러한 기기의 사용에 익숙한 세대이다. 2010년 이후 소위 신인류라고 지칭되는 알파세대도 등장하였고 그 이후에도 새로운 특성을 갖춘 세대가 나타날 것이다. 사회적 분위기가 비혼, 미혼, 1인 가정 등이 증가하고 있는 가운데 개인의 가치관과 최신 문명의 이기를 앞세운 관광자들이 등장할 것으로 보이므로 이에 대한 연구가 지속적으로 필요할 것으로 보인다.
- **모두를 위한 웰니스관광.** 최첨단 문명의 이기에 의존하다 보면 반대급부로 인간성 회복에 대한 관심이 증가한다. 인간의 존엄한 가치를 중요시 하는 휴머니즘은 노령계층 · 중년계층 · 젊은계층 구별 없이 이 사회를 아름답고 행복하게 만드는 중심 사상이다. 최첨단 문명은 현대인의 생활을 편리하게 하지만 한편으로는 발달할수록 인간 마음의 한구석에 소외감을 남긴다. 미래사회는 더욱 더 물질적인 환경에 휩싸일 것으로 예상됨에 따라 관광을 통해 심리적 정신적 위로를 찾는 사람들은 증가할 것이다. 의료와 치유 행위뿐만 아니라 사람들과의 진실한 관계를 맺으면서 자아를 성찰하고 건강과 행복을 추구하려는 웰니스관광에 대한 연구도 지속적으로 요구된다.
- **지방소멸과 관광.** 우리나라의 인구가 점점 감소할 것이란 예측은 기정사실로 받아들여지고 있다. 현재 행정안전부에서는 인구감소지역을 89곳을 지정하고 있으나 시간이 지날수록 그 개수는 증가할 것으로 보인다. 인구절벽 · 지방소멸이라는 구조적 위기에 직면하고 있는 가운데 수도권으로 향하는 인구는 증가하거나 유지되고 있다. 국토가 수도권을 중심핵으로 하는 1극 체제로 굳어져 가고 있는 상황에서 지방을 회생시키려는 노력은 한층 강화될 것이다. 정부에서 지방소멸에 대응하는 하나의 전략으로 생활인구의 개념을 도입하였는데, 그 중심에는 관광이 중요한

역할을 할 것이란 기대가 깔려있다. 우리나라에서 지방소멸에 대한 이슈는 발등의 불처럼 절박한 데 이에 관광학에서 이러한 상황을 연구의 주요 주제로 다룰 것으로 보인다.

- **우주관광.** 2021년 7월 11일 영국의 버진 그룹 소속의 민간 우주관광기업 버진갤럭틱이 최초로 민간인 우주여행에 성공하였고 동년 7월 20일에 아마존의 CEO 제프 베이조스가 만든 민간 우주관광기업 블루오리진의 유인비행선 또한 우주여행에 성공하였다. 이후 버진갤럭틱은 2024년 6월 8일 7번째 상업용 준궤도 우주관광을 마쳤고, 블루오리진은 2024년 8월 29일 8번째 우주관광을 마쳤다. 한번 비행 시 관광객은 4~6명 정도로 소수이고 탑승비가 수억 원에 이를 정도로 고가이나 수백 명의 사람들이 예약 · 대기하고 있다고 한다. 현재는 우주경계선(고도 800~100km)에서 잠시 무중력을 체험한 뒤 돌아오는 준궤도여행이지만 기술 수준이 높아지면 우주정거장까지 다녀오는 궤도여행이 올 것으로 보인다. 우주관광은 비단 소수의 사람들이 참여할 수 있지만 워낙 상징성이 있는 여행이기 때문에 이에 대한 연구도 비록 한계가 많겠지만 다양한 방면으로 연구가 진행될 것으로 보인다.
- **해양 및 심해관광.** 육지에서의 관광 연구에 비해 해양에서의 관광 연구는 비교적 활발하게 진행되지 않았다. 일반적으로 1인당 국민소득이 3만 5천 달러에 이르게 되면 요트에 대한 관심이 높아진다고 한다. 해양관광에 참여자가 많아질수록 해양관광에 대한 연구가 증가할 것이란 예상을 쉽게 할 수 있다. 해양은 해변 · 해상 · 해중 · 섬에 대한 영역에서 이루어지는 스포츠관광의 형태를 띠는 것이 많다. 이와 더불어 해중 더 나아가 심해에서 극한 체험인 할 수 있는 심해관광도 나타날 수 있을 것으로 본다. 심해관광은 우주관광보다 기술적으로 더 어렵다고 알려지지만 심해에 대한 궁금증을 해소하려는 일부 극한 관광체험자의 도전을 막지는 못할 것이다. 2023년 6월 18일 해저 4000m 아래로 침몰한 타이타닉호를 관광하러 내려간 잠수정 '타이탄'은 심해에서 침몰하여 5명의 탑승자 전원이 사망하는 사고가 발생하였지만, 영화 '타이타닉', '아바타'로 유명한 제임스 카메론 감독이 '딥시 챌린저'호를 타고 북태평양 마리아나 해구의 심연 11km를 성공적으로 탐험하였다. 심해

관광에 대한 연구 또한 비록 소수의 연구자만이 시도할 수 있겠지만 또 다른 형태의 극한관광에 대한 연구라 상징성이 큰 연구라고 볼 수 있겠다.

현시점에서 볼 때 다음 50년은 분명 우리나라를 비롯한 각국의 경제가 성장하고 여가시간도 증가할 것이다. 증가된 개인의 가처분소득과 여가시간은 관광자로 하여금 더욱 다양하고 새로운 관광활동에 참여할 수 있는 기회를 제공할 것이다. 이로 인해 관광활동은 국가 및 지역에 경제적 사회문화적 환경적으로 큰 영향을 미칠 것이고 관광학 연구의 중요성도 또한 커져갈 것으로 보인다. 우리나라의 관광학 연구는 지난 50년간의 연구성과를 반추하고 성찰하여 다음 50년을 대비해야 할 시점에 도달하였다.

대한민국 국민은 특유의 역동성을 갖고 있다. 대한민국의 관광학자 또한 그 역동성을 갖고 있으므로 우리 모두 그 역동성을 적극 발휘하여 다음 50년에는 반드시 K-Tourismology가 세계 관광학계에서 정립될 수 있도록 노력을 경주하여야 한다. 그러기 위해서는 위에서 제시한 내용을 참고하여 관광의 주체인 관광자와 다양한 관광산업을 이끄는 관광종사자를 중심으로 하는 연구를 심층적으로 연구할 필요가 있다. 관광자와 관광종사자는 일반인과 타 직업의 종사자와 분명 다른 특성을 갖고 있다. 관광학의 정체성은 아마도 이러한 구별되는 특성을 파악하고 이론을 개발하고 발전시킴으로써 정립되리라 본다. 이와 더불어 나날이 변모되어 가는 새로운 환경에 능동적으로 적용할 수 있는 관광학 교육과정의 개편을 통해 우수한 인력을 양성하여야 하고, 주변의 관련 학문영역과 긴밀한 협력을 통해 우수한 연구자를 육성할 필요가 있다. 여전히 많은 노력이 들어가야겠지만 관광산업분야에서 우수한 일자리 창출을 위해서라도 필요할 것으로 보인다. 다음 50년 대한민국 관광학을 이끌 연구자와 교육자들에게 열렬하게 응원하고 그 활약을 고대한다.

1972~2022 TOSOK 50th Anniversary
th
관광 발전을 위한 50년
관광 미래를 위한 100년

Appendix

• 그림 목차 • 표 목차

그림 목차

- **그림 3-1-1.** 관광학연구의 첫 서문, '관광학 창간호를 발간함에 즈음하여'/82
- **그림 3-1-2.** 관광학연구 발간 호 수(상) 및 발간 논문 수(하)/87

- **그림 3-2-1.** International Journal of Tourism Sciences 초판 발행본(표지)/104
- **그림 3-2-2.** International Journal of Tourism Sciences, 초판 발행본(속지)/104
- **그림 3-2-3.** International Journal of Tourism Sciences, Taylor & Francis 발행본(표지)/105
- **그림 3-2-4.** International Journal of Tourism Sciences, Taylor & Francis 발행본(속지)/105
- **그림 3-2-5.** 연구 제목 기반의 단어 클러스터(2000-2022)/111
- **그림 3-2-6.** 키워드 기반의 단어 클러스터(2000-2022)/115

- **그림 3-3-1.** 1980년대 학술대회 발표 모습/144
- **그림 3-3-2.** 2000년대 학술대회 자료집 표지/146
- **그림 3-3-3.** 2010년대, 2020년대 학술대회 자료집 표지/147
- **그림 3-3-4.** 학술대회 프로그램 일정표 비교/150
- **그림 3-3-5.** 1998년 단양국제관광학술대회 자료집(영문) 및 초대장/153

- **그림 3-4-1.** 국민 삶의 질 향상을 위한 문화체육관광 정책의 성찰과 향후 과제의 모색 포럼/163
- **그림 3-4-2.** 전국 순회 지역관광포럼(수도권) 사진/164
- **그림 3-4-3.** 관광미디어가 본 국내관광 활성화의 과제와 방안 포럼 안내문/166
- **그림 3-4-4.** 2016 NEAR 국제포럼 초청장/167
- **그림 3-4-5.** 차기 정부에 요구하는 관광정책 방향 세미나 사진/171

- **그림 3-5-1.** 1회 관광기업가상 수상 자료/176
- **그림 3-5-2.** 인물광장 자료/176
- **그림 3-5-3.** 학회에서 발간하는 뉴스레터 예시/177
- **그림 3-5-4.** 학회에서 발행하는 상장 예시/177
- **그림 3-5-5.** 제1회 관광기업가상 수상 자료/180
- **그림 3-5-6.** 학회 뉴스레터 관련 자료/180
- **그림 3-5-7.** 96 관광기업상 우수관광논문상 시상식 자료/181
- **그림 3-5-8.** 39회 관광학대회 겸 관광기업상 시상식 자료/181
- **그림 3-5-9.** 관광학술상 수여 자료/182
- **그림 3-5-10.** 한국관광경영대상 수여 자료/182
- **그림 3-5-11.** 한국관광진흥대상 수여 자료/183

- **그림 3-5-12.** 관광기업경영대상 수여 자료/183
- **그림 3-5-13.** 제56차 단양 국제학술 심포지엄 수상 관련 자료/184
- **그림 3-5-14.** 전북 국제관광대회 특별상 관련 자료/184
- **그림 3-5-15.** 전북 국제관광 학술대회 시상식/185
- **그림 3-5-16.** 학회 뉴스레터 관련 자료/186
- **그림 3-5-17.** 학회 뉴스레터 관련 자료/186
- **그림 3-5-18.** 관광정책대상 수상 자료/187
- **그림 3-5-19.** 한국관광언론인상 수상 자료/188
- **그림 3-5-20.** 관광대상 시상식 자료/188
- **그림 3-5-21.** 관광대상 시상식 관련 자료/189
- **그림 3-5-22.** 공로패 수여 관련 자료/189
- **그림 3-5-23.** 제75차 한국관광학회 전북학술대회 시상 자료/190
- **그림 3-5-24.** 학회 뉴스레터 관련 자료/190
- **그림 3-5-25.** 제안서 지도 교수상 수상 자료/191
- **그림 3-5-26.** 제78차 한국관광학회 국제학술대회 수상 자료/191
- **그림 3-5-27.** 한국지방자치관광대상 관련 자료/192
- **그림 3-5-28.** 제80차 한국관광학회 강원·평창국제학술대회 관련 자료/192
- **그림 3-5-29.** 한국관광서비스대상 수상 자료/193
- **그림 3-5-30.** 제81차 한국관광학회 학술대회 수상 자료/194
- **그림 3-5-31.** 대학생 공모전상 수상자료/194
- **그림 3-5-32.** 포스터 연구상/195
- **그림 3-5-33.** 관광빅데이터 리서치상/195
- **그림 3-5-34.** 창립 50주년 기념 엠블럼 공모전 포스터/196
- **그림 3-5-35.** 50주년 기념 엠블럼 공모전 최종결과/197

- **그림 3-8-1.** 한국관광학회 등재학술지 평가 대비 TF 1차 회의/332

- **그림 4-2-1.** 미래 환경변화와 관광학 연구분야/359

표 목차

- **표 3-1-1.** 역대 관광학연구 편집위원장/83
- **표 3-1-2.** 관광학연구의 국문 및 영문 명칭 변경/84
- **표 3-1-3.** 관광학연구 위상 변화/84
- **표 3-1-4.** 관광학연구 표지 및 내지의 변화/85
- **표 3-1-5.** 키워드 빈도분석 결과: 연구대상 중 관광산업/89
- **표 3-1-6.** 키워드 빈도분석 결과: 연구대상 중 관광목적지/90
- **표 3-1-7.** 키워드 빈도분석 결과: 연구부문 중 개발이용정책/91
- **표 3-1-8.** 키워드 빈도분석 결과: 연구부문 중 경영관리/92
- **표 3-1-9.** 키워드 빈도분석 결과: 연구부문 중 관광객심리행태/93
- **표 3-1-10.** 키워드 빈도분석 결과: 분석현상 및 방법/94
- **표 3-1-11.** 키워드 빈도분석 결과: 배경 및 이슈/95
- **표 3-1-12.** 연결성 분석 결과/96
- **표 3-1-13.** 관광학총론(2009)의 목차 및 저자/98
- **표 3-1-14.** 한국현대관광사(2012) 목차 및 저자/99
- **표 3-1-15.** 관광학원론(2017)의 목차 및 저자/100
- **표 3-1-16.** 관광사업론(2017)의 목차 및 저자/101
- **표 3-1-17.** 문화관광론(2024, 제3판) 목차 및 저자/102

- **표 3-2-1.** IJTS 편집위원회(2000년 기준)/106
- **표 3-2-2.** IJTS 편집위원회(2022년 기준)/107
- **표 3-2-3.** 역대 편집위원장 명단/107
- **표 3-2-4.** 연도별 출판된 논문 수/108
- **표 3-2-5.** 연구 제목 기반의 단어 클러스터(2000-2022)/113
- **표 3-2-6.** 키워드 기반의 단어 클러스터(2000-2022)/116
- **표 3-2-7.** 단어 클러스터의 차이를 바탕으로 한 관광 연구 트렌드 변화/118

- **표 3-3-1.** 한국관광학회 학술대회 (1970, 80년대)/145
- **표 3-3-2.** 한국관광학회 학술대회 (1990년대)/148
- **표 3-3-3.** 한국관광학회 학술대회 (2000년대)/151
- **표 3-3-4.** 한국관광학회 학술대회 (2010년대 이후)/154

- **표 3-4-1.** 역대 포럼 개최 현황/159
- **표 3-4-2.** 역대 세미나 및 심포지엄 개최 현황/169
- **표 3-4-3.** 역대 교육 프로그램 운영 현황/172

- **표 3-5-1.** 학회에서 수여한 상명 및 수상자(연도순)/178
- **표 3-5-2.** 수여 대상과 상명/198

- **표 3-6-1.** 역대 한국관광학회(회장단)의 재임기간과 基數/203
- **표 3-6-2.** 역대 한국관광학회의 회원 규모/209
- **표 3-6-3.** 韓觀 前期의 학술대회 개최 추이(1977-1998)/212
- **표 3-6-4.** 韓觀 後期의 학술대회 개최 추이(1998-2003)/214
- **표 3-6-5.** 韓觀의 국제학술대회 개최 개요/215
- **표 3-6-6.** 韓觀 창립이래 관광학연구誌 통권 및 게재논문 편수 추이/216
- **표 3-6-7.** 韓觀 정기 학술지의 성장 추이/218
- **표 3-6-8.** 한국관광학술상 수상자 및 수상논문 개요/220
- **표 3-6-9.** 관광진흥 대상과 관광기업 대상 수상 개요/220
- **표 3-6-10.** 국내외 학술지의 연구방법별 비교(1996-1998)/224
- **표 3-6-11.** 관광학연구誌 투고논문의 연구 접근방법별 추이/224
- **표 3-6-12.** 학술지 투고자의 관광전공 여부 비교/225
- **표 3-6-13.** 韓觀 관광학회지의 투고논문 인용도/226

- **표 3-7-1.** 최우수 및 우수 관광학술상 및 논문 심사상 수여 현황/262
- **표 3-7-2.** 학계 대표의 평양방문단/264
- **표 3-7-3.** 제18대 학회의 관광정책포럼 및 학술대회 개최 현황(2005-2007)/264
- **표 3-7-4.** 한일 필드트립 교류 참가자 현황/268
- **표 3-7-5.** 제18대 학회의 재정인수 및 인계 현황/270
- **표 3-7-6.** 제18대 학회의 공로패 증정 현황/272
- **표 3-7-7.** 한국연구재단의 관광학관련 학문적 분류체계/276

- **표 3-8-1.** 한국연구재단 학술지 평가 지표/330

- **표 4-2-1.** 관광학 창간호(1977) 목차 및 저자/351

한국관광학회 50년사 출판을 함께 준비한 사람들

한국관광학회 회장

고계성(경남대학교)

50년사 편찬위원장

이진형(국립목포대학교)

50년사 편찬부위원장

정진영(국립인천대학교)

50년사 미디어홍보위원장

김영국(강원대학교)

50년사 편찬위원

한승훈(호남대학교)

김태린(상지대학교)

박창환(동서대학교)

정젤나(우송대학교)

이예진(경희대학교)

채혜정(한국관광학회)

50년사 미디어홍보위원

남장현(경북대학교)

한진석(동국대학교)

한국관광학회 50년사

(사)한국관광학회 50년사 편찬위원회

위 원 장 이진형(국립목포대학교)
부위원장 정진영(국립인천대학교)
위 원 한승훈(호남대학교)
김태린(상지대학교)
박창환(동서대학교)
정젤나(우송대학교)
이예진(경희대학교)
채혜정(한국관광학회)

(사)한국관광학회 50년사 미디어홍보위원회

위 원 장 김영국(강원대학교)
부위원장 남장현(경북대학교)
위 원 한진석(동국대학교)

한국관광학회 50년사

2025년 2월 1일 인쇄
2025년 2월 5일 발행

발행 (사)한국관광학회 50년사 편찬위원회
제작 백산출판사

등 록 1974년 1월 9일 제406-1974-000001호
주 소 경기도 파주시 회동길 370(백산빌딩 3층)
전 화 02-914-1621(代)
팩 스 031-955-9911
이메일 edit@ibaeksan.kr
홈페이지 www.ibaeksan.kr

ISBN 979-11-6639-502-4 93060
값 50,000원